Margrit Brückner
Frauen- und Mädchenprojekte

Margrit Brückner

# Frauen- und Mädchenprojekte

Von feministischen Gewißheiten
zu neuen Suchbewegungen

Leske + Budrich, Opladen 1996

Gedruckt auf säurefreiem und altersbeständigem Papier.

Die Deutsche Bibliothek – CIP-Einheitsaufnahme
**Brückner, Margrit**
Frauen- und Mädchenprojekte : von feministischen Gewißheiten zu neuen Suchbe-
wegungen / Margrit Brückner. – Opladen : Leske und Budrich, 1996

**ISBN 3-8100-1656-X**

© 1996 Leske + Budrich, Opladen

Druck: Druck Partner Rübelmann, Hemsbach
Printed in Germany

# Inhalt

# Vorwort

Mein Dank gebührt an allererster Stelle den Projektfrauen für ihre Bereitschaft, sich an dieser Untersuchung zu beteiligen und die damit verbundene Extra-Arbeit auf sich zu nehmen. Ohne ihre Mithilfe und Offenheit wäre das Vorhaben nicht möglich gewesen.

Bedanken möchte ich mich ebenfalls bei allen Frauen, die an dieser Studie beteiligt waren und ihre Arbeitskraft, Energie und Phantasie auf das Projekt verwandt und alle an der empirischen Arbeit mitgewirkt haben:

Dipl. Soz.arb. Simone Holler (Lehrbeauftragte) zusätzlich für die kontinuierliche Mitarbeit und die Weitergabe ihrer Kenntnis der Projekte und die Vermittlung vieler Kontakte;

Dipl.Päd. Karin Krah insbesondere für die Zeitbudgetauswertung im Rahmen eines Werkvertrages;

Prof. Dr. Irmgard Vogt zusätzlich für die Methodenentwicklung und Kategorienentwicklung zur Interviewauswertung im Rahmen von zwei Werkverträgen und später im Rahmen von Lehrveranstaltungen als Gastprofessorin;

den (ehemaligen) Studentinnen Iris Altmann, Anne Buchert-Senft, Petra Eckert, Barbara Feißt, Monika Hubert, Conny Huger, Karin Lube, Natalie Rikulas, Christine Schäfer, Maria Schneider, Monika Schwarz, Anita Veith-Wieder, Elke Voitl, Doris Wilde für ihre engagierte Beteiligung an der Feld- und Auswertungsarbeit.

Ein großes Dankeschön geht an Dr. Karin Flaake, Professorin an der Universität Oldenburg, für ihre weiterführenden, kritischen Anmerkungen zum Manuskript und an Dr. Hans Wicki für die gewinnbringende, geduldige Durchsicht desselben.

Dank schulde ich auch Ulrike Schöbel für die kompetente Transkription von Interviews und den Satz.

Finanzielle Voraussetzung für die Arbeit war die Gewährung von Frauenforschungssondermitteln des Landes Hessens im Jahre 1992 und 1993.

# I. Auf der Suche nach dem Anderen

## 1. Die Frauenprojektebewegung im Umbruch

„Frauenprojekte sind mittlerweile zum festen Bestandteil der sozialen und kulturellen Infrastruktur der Stadt geworden. Ihre Angebote werden von vielen Frauen genutzt, ihre Qualität und Notwendigkeit sind unbestritten. Frauenprojekte leisten gesellschaftlich notwendige Arbeit in Bereichen wie Gewalt gegen Frauen und Mädchen, Gesundheit, Therapie und Sucht, Kulturelles und Multikulturelles, Forschung, Bildung und Beschäftigung, Prostitution und Aids, Wirtschaft und Existenzgründung.

Frauenprojekte sind mehr als reine Beratungs-, Informations-, Bildungsorte. Sie [...] versuchen, mit Parteilichkeit und herrschaftsfreien Räumen auf die Autonomie und Selbstbestimmung von Frauen hinzuwirken. Es ist die alltägliche Arbeit an der Chancengleichheit – sowohl für die Projektmitarbeiterinnen, als auch für die Besucherinnen. Frauenprojekte sind ein entscheidendes Forum, wenn es um die gesellschaftliche Emanzipation von Frauen geht." (Flugblatt eines Zusammenschlusses Ost- und Westberliner Frauenprojekte (FAKT), in: Rundbrief 1995)

Die Frauen- und Mädchenprojekte sind aus der Neuen Frauenbewegung hervorgegangen und nehmen für sich in Anspruch, „anders" zu sein als herkömmliche Einrichtungen im Dienstleistungssektor, wo Frauen und Mädchen häufig eine marginale Rolle spielen oder aber Angebote und Zielsetzungen die Grenzen des patriarchalen Geschlechterverhältnisses nur selten überschreiten.[1] Die Projekte verstehen sich hingegen explizit als Orte, die frei von patriarchaler Vorherrschaft sind, Hilfe gegen männliche Einengungen und Übergriffe anbieten und darüber hinaus eine eigenständige Entwicklung ermöglichen. Daher sind die Projekte ihrem Selbstverständnis nach immer mehr als nur ein konkretes Angebot für die Adressatinnen und mehr als nur ein Arbeitsplatz für die Mitarbeiterinnen. Die praktischen Unterstützungsleistungen und Weiterbildungsmöglichkeiten stehen im politischen Kontext des Aufbruchs der Frauen und der Veränderung gesellschaftlicher Strukturen. Dem propagierten Ideal des Anderen liegt das Prinzip der Solidarität als politisch verstandene Gemeinsamkeit unter Frauen zugrunde. Es beruht auf einem Frauenbild, das einerseits von Unterdrückung geprägt

---

[1]  Zur Entwicklung der Neuen Frauenbewegung und der daraus hervorgegangenen Projektebewegung vgl. den Überblick von Rosemarie Nave-Herz (1993); zur Zielsetzung der Frauenbewegung und deren wellenförmiger Traditionslinien vgl. Ute Gerhard (1994a, 1995) zur Entwicklung der Frauenprojektebewegung vgl. Margrit Brückner (1996, 1994a, 1992, 1991a, 1991b, 1990a, 1987a, 1982)

ist, andererseits aber nicht darin aufgeht, da Frauen die Fähigkeit haben, ihr Leben in die eigene Hand zu nehmen, wozu sie der Hilfe von Frauen bedürfen. Doch diese Hilfe will keine karitative sein, sondern Unterstützung, die im Sinne der Parteilichkeit für Frauen auf Gegenseitigkeit beruht (vgl. Chrysanthou u.a. 1993).

Allein in den alten Bundesländern sind insgesamt etwa 2000 solcher Projekte in den letzten zwanzig Jahren gegründet worden (Runge 1992, S. 175/176). Hinzu kommt eine schnell wachsende Zahl[2] in den neuen Bundesländern, wo sich Ende 1989 schon um 50 Frauenprojekte und -initiativen entwickelt hatten (Rieger 1993, S. 54). Diese vielfältigen Ansätze auf der Basis eines frauenpolitischen Engagements führten im Sozialbereich zur Gründung von Einrichtungen, die Schutz und Hilfe bei Gewalterfahrungen anbieten, Frauen und Mädchen durch Beratung in persönlichen und beruflichen Fragen neue Perspektiven ermöglichen und durch das Schaffen frauenspezifischer Bildungsangebote weibliche Arbeits- und Lebensmöglichkeiten erweitern (Brückner/Holler 1990). Entstehen und rasches Wachstum der Projektebewegung beruhen nicht zuletzt auf einer von vielen sozial Engagierten und sozial Tätigen geteilten Kritik an den bestehenden Sozialinstitutionen mit ihrem patriarchalen Frauenbild, ihren hierarchisch eingebundenen Hilfeformen und Arbeitsmethoden. Die verfestigten Strukturen der Sozialinstitutionen produzierten nicht nur in der praktischen Arbeit einen erheblichen *gender bias*, sondern unterstützten auch die weitgehende gesellschaftliche Ignoranz gegenüber frauen- und mädchenspezifischen Belangen, damit einhergehende frauendiskriminierende Praktiken und Blindheit gegenüber Gewalt an Frauen und Mädchen (Brückner 1992). Dagegen haben die Projekte Räume geschaffen, in denen diese tabuisierten Probleme und vernachläßigten Interessen aufgriffen wurden, durchdrungen von der Idee, daß Frauen und Mädchen grundsätzlich Gleiche sind, deren Gemeinsamkeit darin besteht, daß ihr Leid kein Gehör und ihre Kenntnisse und ihr Wissen keine Anerkennung finden.

---

2  Das schnelle Wachstum beruht nicht immer auf der Durchsetzungskraft der Frauen in den NBL, teils wurden die Projekte offiziell eingerichtet und in den ersten Jahren nach der Vereinigung mit ABM-Stellen gut ausgestattet, um das Problem der Frauenarbeitslosigkeit zu entschärfen. Unter den Frauen der NBL selbst sind eigenständige Frauenprojekte zunächst kein wichtiges Thema (Hede Urban, DPWV-Tagung „Frauenprojekte gemeinsam vorwärts oder zurück?" Eisenach, Okt.1993). Welche Auswirkungen diese Implementationspolitik auf Arbeitsweise und Arbeitsstruktur der Projekte hat, müßte gesondert untersucht werden. Einen guten Einblick in die Situation der „Ost"projekte gibt Renate Rieger (1993) und ein aufschlußreiches Projektbeispiel findet sich bei Claudia Buckwar/Steffi Schild (1993). Wichtige Unterschiede der Ost- zu Westprojekten benennt Barbara Hömberg (1995): Stärkere Einbeziehung von Kindern und Männern, weniger Probleme mit Institutionalisierungen, pragmatischeres Politikverständnis. In letzter Zeit findet angesichts der Finanznöte eine Annäherung zwischen Ost und West in Richtung West statt (Haustein 1995).

Selbstorganisation, Hierarchiefreiheit, basisdemokratische Entscheidungsformen und Abschaffung dominierenden Expertentums sind zentrale Werte in der Gründungsphase der Projekte. Die meisten Aktivistinnen begriffen sich in erster Linie als politische Initiatorinnen im Kampf gegen Frauenunterdrückung und als Organisatorinnen ihrer eigenen Interessen. Erst allmählich entstanden aus den Projekten berufliche Kontexte mit bezahlter Arbeit und einem beruflichen Selbstverständnis.[3] Diese politische Entstehungsgeschichte macht für einen großen Teil der Projektmitarbeiterinnen die Selbstdefinition als Frau mit einem spezifischen Fachwissen problematisch, denn sie kollidiert mit der anfänglichen Forderung, die Frauen und Mädchen selbst als die Expertinnen ihres Problems zu sehen. Verberuflichung der Projektarbeit ist daher sowohl ein Schritt nach vorn im Sinne von Professionalisierung und verläßlicher, qualifizierter Angebote als auch ein Schritt zurück, da die Gleichheits- und Gemeinschaftsideale der Anfangszeit herkömmlichen Differenzierungen zwischen Anbieterinnen und Abnehmerinnen von Frauenarbeit gewichen sind. Krass gesagt, beruflich organisierte, soziale und pädagogische Arbeit mit Frauen und Mädchen ist nötig geworden, weil sich die Erwartungen der Projektgründerinnen an Selbstorganisation und an politische Problemlösungen nicht erfüllt haben. Das macht die autonom geschaffenen Räume mit ihrem frauenorientierten Selbstverständnis und ihren spezifischen Ansätzen keineswegs überflüssig, sondern erst recht notwendig, wirft aber gleichzeitig für die Projekte und deren Mitarbeiterinnen, die ursprünglich etwas anderes wollten, die Frage einer Neuorientierung auf.

Angesichts wachsender sozialer Probleme bei gleichzeitiger Mittelverknappung und eines frustrierten, partnerschaftlichen Berufsverständnisses vieler MitarbeiterInnen im Sozialbereich ist das Bedürfnis nach neuen Lösungen allgemein groß. Das andere Selbstverständnis der Projekte kann daher richtungsweisende Funktionen für soziale Berufe insgesamt erhalten, bezogen auf praxisnahe, aber dennoch emanzipatorische Zielsetzungen, berufliche Haltungen und Organisation der Arbeit. So schließt Ursula Rabe-Kleberg aus ihrer Analyse der Strukturen sozialer Berufe in herkömmmlichen Institutionen angesichts mangelnder Entscheidungsfreiheit im Arbeitsprozeß,

„daß Autonomie und Professionalisierung als Einheit von Hilfe und Kontrolle für Frauen unter Umständen nur in der Abgeschiedenheit schlecht oder gar nicht finanzierter, selbstorganisierter Projekte zu haben sind" (Rabe-Kleberg 1993a, S. 231).

Als Einstimmung in die Suche nach dem Anderen der Frauen- und Mädchenprojekte sollen einige der Mitarbeiterinnen der vorliegenden Untersu-

---

3  Ein lebendiges Beispiel für einen derartigen Entwicklungsprozeß am Beispiel von Wildwasser (Berlin) bietet der Bericht von Gisela Polzin (1992), in dem auch das Schmerzhafte und Schwierige dieser tiefgreifenden Umwälzung deutlich wird.

13

chung selbst zu Wort kommen. „Anders" als auf herkömmliche Weise zu arbeiten und Mädchen und Frauen zu unterstützen, sind wesentliche Bestandteile ihres beruflichen Selbstverständnisses. Daß der Anspruch des Anderen Positives, aber auch Schwieriges in sich birgt, wird in den höchst unterschiedlichen Äußerungen dreier Frauen deutlich, die für verschiedene, in den Projekten vorfindbare, charakteristische Positionen stehen[4]. Während die erste Position emphatisch das Positive des Anderen hervorhebt und die betreffende Mitarbeiterin weiterhin von der Tragkraft der Projektideen überzeugt ist, wird in der zweiten auch das Problematische des Anderen deutlich, indem diese Mitarbeiterin berichtet, wie leicht frau sich in den damit einhergehenden Ansprüchen verlieren kann. In der dritten Position wird ersichtlich, wie sich Arbeitshaltungen durch die allmähliche Institutionalisierung eines Projektes ändern können, sei es, weil die Mitarbeiterinnen ihre Orientierungen im Laufe der Jahre modifiziert haben oder weil sie erst später in ein Projekt eingestiegen sind.

## Die erste Position: Die innovative Kraft des Anderen

Nora, Mitarbeiterin in einem Bildungsprojekt, das sie maßgeblich mitentwickelt hat, faßt zusammen, was für sie die Arbeit in einem Frauenprojekt bedeutet. Ihr Statement liest sich wie eine Darstellung dessen, wofür Frauenprojekte stehen, weshalb sie gegründet wurden und weshalb sie für Frauen attraktiv sind: Die Vielfalt der Arbeit, die Möglichkcit, alle Schritte selbst zu machen oder zumindest nachzuvollziehen, die sinnvolle und nutzbringende Tätigkeit mit den Teilnehmerinnen und die Integration des Gefühlslebens in den Arbeitsprozeß. All das unterscheidet für sie die Arbeit in einem autonomen Projekt von einem normalen Arbeitsplatz. Nora gehört zu jenen Frauen der Gründerinnengeneration, die es geschafft haben, ein seit Jahren erfolgreiches Projekt auf die Beine zu stellen und heute zufrieden auf ihre Pionierinnentätigkeit zurückblicken, mit der sie sich noch aufs engste verbunden fühlen. Sie haben nicht nur für sich und andere Frauen einen Arbeitsplatz geschaffen und Generationen von Teilnehmerinnen zur beruflichen Weiterentwicklung verholfen, sondern sind auch in der Fachwelt und in der politischen Öffentlichkeit gefragt.

Nora (K7): Ich habe an vielen Arbeitsplätzen gearbeitet, es ist einfach etwas ganz anderes, in einem Projekt zu arbeiten. Ich habe unglaublich viel gelernt, was ich an keinem Arbeitsplatz hätte lernen können. Es fängt ja wirklich vom Geldbesorgen an und hört damit auf, daß die Frauen, die zu uns kommen – die sich weiterbilden wollen – hier waren, weggehen, etwas mitnehmen, selbständig sind und zurechtkommen [...]. Das finde ich was Tolles, und lerne auch noch dazu; das gilt, glaube

---

4    Die drei Beispiele sind unseren Interviews entnommen. Untersuchungsaufbau und -ablauf werden im folgenden Abschnitt erläutert.

ich, für alle Frauen hier. Wenn eine Frau die Verwaltung macht – so eine Verwaltung macht man nur in einem Projekt! In Betrieben lernt man sicher andere Sachen, aber ich habe hier das Gefühl, wir lernen alle sehr viel mehr, und natürlich macht es uns selbstbewußt, weil das gut funktioniert. [...] Mit Macht umzugehen zum Beispiel, dieses Negative und Positive (daran) kennenzulernen, finde ich wichtig. Und fachliche Kompetenz, gut, die lernt man in jedem anderen Beruf auch, wenn man das Glück hat, Weiterbildung zu machen. [...] Projekt ist das, wo es noch Freiräume gibt, noch Platz und Raum, um zu phantasieren, sich etwas Neues auszudenken, kreativ zu sein und das umsetzen zu können oder auch, um über Gefühle zu reden. Das ist etwas sehr Frauenspezifisches. [...] Und damit verbinde ich Projekt. (S. 24-26)

## Die zweite Position: Entfaltungsspielräume und Überforderungen

In Doris Resümee des Anderen, einer Frauenhausmitarbeiterin, wird ebenfalls der Reiz der Aufgabenvielfalt deutlich; sie nennt aber auch die negativen Seiten dieser Art Arbeit. Doris spricht typische Schwierigkeiten vieler Mitarbeiterinnen an: das „Andere" der Tätigkeit begrifflich zu fassen und mit der kaum greifbaren Fülle und Heterogenität der Anforderungen umzugehen, die sich zumeist zeitlich noch überschneiden. Ihre Selbstdarstellung hat etwas von einem Tausendsassa, der alle Probleme auf einmal löst; gleichzeitig haftet ihrer Arbeitsbeschreibung etwas Überwältigendes und Sisyphushaftes an. Zunächst eilt sie tatkräftig ihren Aufgaben voran, später erweckt sie eher den Eindruck, ihnen hinterherzuhecheln. Dieses Dilemma ist charakteristisch für Projektarbeit, die zwar in ihrer Vielfalt etwas sehr Attraktives hat, jedoch genau dadurch erhebliche objektive und subjektive Probleme aufwirft. Das Innovative und die großen Freiräume machen die Arbeit interessant, gleichzeitig steckt darin ein Moment der Belastung bis hin zu Überforderung. Das gilt insbesondere für diejenigen Mitarbeiterinnen, die kaum am Aufbau des Projektes beteiligt waren, oder denen es nicht ausreichend gelungen ist, die Arbeit zielgerichtet zu organisieren. Die Gefahr, sich im Alltag zu verlieren, ist in denjenigen Projekten am größten, in denen Arbeit und Wohnen/Leben am meisten verknüpft sind – und das ist in den Frauenhäusern der Fall.

Doris (F9): Als wir die Bögen (für die Zeitbudgetstudie, M. B.) ausfüllten, haben wir festgestellt, daß man dieses Andere oft nicht benennen kann, daß man nicht wußte, was man eintragen sollte. Das Verrückte ist, wenn du im Frauenhaus bist, kann eine Frau anrufen, am Heulen sein und in Gott weiß was für einer Phase. Dann hast du eine halbe Telefonberatung. Da kann der Vermieter anrufen und will irgendwas klären, da kann das Sozialamt anrufen und will eine Kostenzusicherung besprechen für eine Frau. Das ist erstmal überhaupt nicht strukturiert. Das ist der Alltag. Das ist das Andere, glaube ich. [...] Selbst die Personen, mit denen du Kontakt hast, können unterschiedliche Sachen von dir wollen. Die Anrufe machen deutlich, wie breit das ist, aber die Tätigkeiten machen das noch deutlicher: Es muß schnell mal zu Metro oder Ikea gefahren werden. Es muß zur Bank oder zum Rathaus gegangen werden; zum Postfach, zum Bahnhof, eine Frau abholen. Das ist genauso bunt wie die Anrufe. Das kann man ganz schlecht in Worte fassen. Was habe ich eigentlich gemacht? Das Strukturierte ist: Beratung mittwochs, offene Bürozeit montag vormittags – das ist die Theorie. Die Praxis ist, daß permanent alles mögliche kommen kann oder du gehen mußt. Das wechselt von inhaltlicher, theoretischer Arbeit bis zu ganz praktischer. [...] Wenn du dir nicht etwas vornimmst, kannst du es vergessen, daß du strukturiert irgendwas durchziehen kannst. Dann hast du zwar die Ordner und wolltest heute die Finanzen machen; wenn du das acht Stunden machen wolltest, kommst du vielleicht drei Stunden dazu, die anderen fünf Stunden warst du irgendwo und hast irgendwas aktuell gemacht, was irgendwie gekommen ist, wo du darauf reagiert hast. (S. 10-11)

## Die dritte Position: Das Ende des großen Engagements

In Karins Bericht, einer Bildungsmitarbeiterin wie Nora, wird aus einer negativen Perspektive, nämlich inzwischen erfolgter Institutionalisierung ihres ehemals autonomen Projektes deutlich, was für sie das Besondere der Projektarbeit ausgemacht hat. Sie stellt dar, was sie nur für ein Projekt, nicht aber für eine Einrichtung bereit ist zu leisten. Mit dem Projekt hat sie sich identifiziert und wenig nach Geld und Arbeitszeit gefragt. Jetzt nimmt sie eher eine Arbeitnehmerinnenhaltung ein, ohne ganz den Projektanspruch aufzugeben. Dadurch wird das Andere noch einmal hervorgehoben und zugleich dessen Bedingtheit und Vergänglichkeit sichtbar. Diese Position teilen inzwischen in der einen oder anderen Weise nicht wenige Mitarbeiterinnen der zweiten und dritten Generation, die institutionalisierte Projekte, ob autonom oder nicht, vorgefunden haben. Nicht mehr gemeinsame Aktion und Politik stehen im Vordergrund, sondern das Interesse an einem sinnvollen, angenehmen Arbeitsplatz im Frauenbereich.

Karin (K2): Das Ganze ist wirklich mehr als Projekt entstanden. Früher gab es offiziell keine Hierarchien. In der Aufbauphase war es notwendig, daß sich alle Mitarbeiterinnen unheimlich engagieren, viel Zeit dort verbringen, nicht so genau auf die Uhr gucken, wann Feierabend ist, auch bereit sind, sonntags eine Veranstaltung zu machen. Da wurde unheimlich viel Engagement erwartet, was auch notwendig war, damit überhaupt etwas entstanden ist. Wir sind aber jetzt kein Projekt mehr, sondern eine ganz klassische Institution, und das kollidiert oft. Dann finde ich es zum Beispiel nicht mehr unproblematisch, sich in der Art und Weise zu engagieren. Mehr Geld gibt es dadurch ja nicht, das ist eigentlich mehr eine Ausbeutung. Es ist auch keine Anfangsstruktur mehr, daß man so viel Zeit investiert – aber trotzdem noch genügend. Ich sehe als Problem, auf der einen Seite zum Teil noch den Anspruch zu haben, es ist irgendwie ein Projekt, möglichst auch noch eines von Gleichen. Aber de facto sind wir eingebunden in eine ganz knallharte Institution. (S. 21-22)

Die drei Positionen vermitteln einen ersten Eindruck von der Spannweite der Projektebewegung, den heterogenen Entwicklungsphasen und den unterschiedlichen Umgangsweisen mit dem Anderen, abhängig vom jeweiligen Selbstverständnis der Mitarbeiterinnen: Die einen fühlen sich weiterhin produktiv und innovativ und sind stolz auf ihre Leistungen wie Nora, für andere nimmt der Kampf um Strukturierung viel Raum ein wie bei Doris, noch andere stehen wie Karin am Ende der Pionierphase und sehen in ihrem Projekt wenig anderes mehr als einen Arbeitsplatz für und mit Frauen und sind nur noch zu einem „normalen" Engagement bereit.

## 2.  Ziele und Methoden der Studie

Ziel unserer Untersuchung[5] ist die Darstellung und Analyse beruflicher und politischer Anforderungen in Frauen- und Mädchenprojekten vor dem Hintergrund des Emanzipationsgedankens der Frauenbewegung, in der Hoffnung, das professionelle Selbstverständnis von Mitarbeiterinnen ebenso wie das Innovative des Anderen der Projekte zu stärken. Dieses Anliegen setzt Kenntnis der Aufgaben und der Arbeitsbedingungen von Projektmitarbeiterinnen voraus, die nur erfaßbar sind, wenn das Spannungsfeld von Frauenbewegung und beruflicher Arbeit, in dem sich die Projekte befinden, einbezogen wird. Dazu notwendig ist sowohl ein möglichst umfassendes Wissen um die derzeitige politische, organisatorische und arbeitsmethodische Situation in den Projekten als auch ein Verständnis für die dem Projektgeschehen zugrundeliegenden psycho-dynamischen Prozesse. Denn es ist davon auszugehen, daß sich der Anspruch „anders" zu sein und zu arbeiten nicht nur in besonderen Wertvorstellungen und Arbeitsprofilen zeigt, sondern ebenso spezifische Gruppenkonstellationen in Gang setzt und besondere Wünsche und Hoffnungen produziert, die die Arbeitsabläufe mitbestimmen und auf der Folie widersprüchlicher Erwartungen aus Politik und Beruf zu interpretieren sind.

Unser Interesse an der Suche nach dem Anderen der Frauen- und Mädchenprojekte ist von der Faszination des Aufbruchs geprägt, den die Projekte wie vielleicht keine weitere Errungenschaft der Neuen Frauenbewegung verkörpern und gleichermaßen von der Irritation über Grenzen dieses Aufbruchs, die durch unerwartete Schwierigkeiten, Mißverständnisse und Ent-

---

5   Die Untersuchung ist aus einem Forschungsprojekt zum Thema „Qualifikationsanforderungen in Frauenprojekten" (Brückner 1994b) an der Fachhochschule Frankfurt, Fachbereich Sozialarbeit hervorgegangen. Leiterin war die Autorin, mitgearbeitet haben Dipl. Soz.arb. Simone Holler, Dipl.Päd. Karin Krah, Prof. Dr. Irmgard Vogt und die Studentinnen Iris Altmann, Anne Buchert-Senft, Petra Eckert, Barbara Feißt, Monika Hubert, Conny Huger, Karin Lube, Natalie Rikulas, Christine Schäfer, Maria Schneider, Monika Schwarz, Anita Veith-Wieder, Elke Voitl, Doris Wilde. Das Projekt erhielt 1992 und 1993 eine kleinere Förderungssumme aus den Frauenforschungsmitteln des Landes Hesse.

17

täuschungen sichtbar geworden sind. Der Idee des Anderen scheint sowohl Kraft – die Stärke der Frauensolidarität – als auch Verhängnis – das Sich-Auftürmen von kontraproduktiven Ansprüchen und Erwartungen innezuwohnen. Wie Mitarbeiterinnen in diesem Kontext ihre Aufgaben definieren, politische sowie professionelle Fragen angehen, innovativ tätig sind und Probleme bewältigen, wollten wir versuchen zu ergründen. Ein derartiger Klärungsprozeß ist keineswegs nur für die Projekte, sondern ebenso für die Planung und Durchführung reformfreudiger, klientinnenorientierter Ansätze im sozialpädagogischen und sozialpolitschen Bereich insgesamt von Bedeutung, dreht es sich doch bei den zu behandelnden Fragen um wenig geklärte Aspekte sozialpädagogischer und politischer Arbeit, die angesichts der Experimentierfreudigkeit der Projekte lediglich besonders deutlich zu Tage treten. Themen wie mögliche Zielsetzungen der Arbeit, Prozesse der Institutionalisierung und Professionalisierung und Abklärungen der konkreten Arbeitsorganisation sind für soziale Einrichtungen ebenso relevant wie für die Projekte, letztere haben es nur insofern noch einmal schwieriger, als sie zusätzlichen Ansprüchen genügen wollen und müssen (vgl. Schuijt 1995).

Unsere Untersuchungsfragen sind zum einen aus langjährigen Erfahrungen mit Frauenprojekten erwachsen, zum anderen aus Ergebnissen einer früheren empirischen Arbeit über Frauenprojekte hervorgegangen (Brückner/Holler 1990). Diese Studie hatte den Charakter einer Bestandsaufnahme und wies auf Unklarheiten des praktischen Gehalts vorherrschender Prinzipien der Frauenprojektarbeit (bezogen auf Arbeitsinhalte und Arbeitsstrukturen) hin und auf das Spannungsverhältnis zwischen unterschiedlichen Anforderungsebenen. Eine genauere Analyse der Projektebewegung, ihrer Zielsetzungen, arbeitsethischen Grundlagen und Handlungsorientierungen schien ein sinnvolles Vorhaben, da das Besondere der Projektarbeit angesichts der vielen Ungeklärtheiten in der Unübersichtlichkeit und Vielfalt unterschiedlichster Angebote im sozialen Sektor verloren zu gehen droht. Die derzeitige Verunsicherung vieler Mitarbeiterinnen über erwartete und erwartbare Leistungen schaffen ein Arbeitsumfeld und ein Arbeitsklima, welche die Gefahr des *burn-out* in sich tragen oder aber zu vorschnellen technizistischen Problemregulierungen reizen. Neue Überlegungen, welche Aufgaben sinnvoll und machbar sind, welche Überzeugungen festgeschrieben und welche verändert werden sollten, stehen angesichts knapp zwanzigjähriger Erfahrungen und tiefgreifender Veränderungen an. Die Etablierung der Projektebewegung macht ein klares Profil, eingebettet in überschaubare Strukturen, zunehmend notwendig, um der sich abzeichnenden Wende von einer Verankerung in der Frauenbewegung zu einer wachsenden Einbindung in professionelle soziale Angebote nachzukommen. Hinzuzufügen ist, daß diese Wende nur dann zum Nutzen der Frauen und Mädchen gerät, wenn es den Projekten gelingt, inhaltlich und strukturell an ihrer Frauenorientierung im Sinne der Neuen Frauenbewegung festzuhalten.

Bisher liegen erstaunlich wenig Analysen über die Projektebewegung vor. Zwar gibt es eine Reihe anregende Aufsatzsammlungen (zuletzt: Frauenberatung Wien (Hg.) 1993, Koppert (Hg.) 1993, Rieger (Hg.) 1993) und eine ganze Anzahl aufschlußreicher Einzeluntersuchungen im Rahmen wissenschaftlicher Begleitforschung (am bekanntesten: Frauenhaus Berlin (Hagemann-White u.a. 1981), Notruf Mainz (Teubner u.a. 1983), Wildwasser Berlin (Thürmer-Rohr u.a. 1993), Ausländerinnenarbeit Berlin (Heinrich u.a. 1990)) und darüber hinaus eine richtungsweisende Untersuchung von Carol Hagemann-White (1992) über Projekte und institutionelle Angebote im Bereich Gewalt gegen Frauen in Niedersachsen, aber keine breiter angelegte Forschung zu dem Anderen in Frauen- und Mädchenprojekten. In der vorhandenen Literatur werden politische Positionen und praktische Probleme diskutiert, Projekte beschrieben und analysiert und Strategien im Umgang mit zentralen Themen wie Gewalt gegen Frauen aufgezeigt. Diese Ansätze und Ergebnisse werden an thematisch passenden Stellen in unsere Untersuchung einbezogen[6].

In unserer Studie gehen wir von einer Projektdefinition aus, die folgende Merkmale umfaßt: Die untersuchten Einrichtungen sollen im Zusammenhang mit der Frauenbewegung gegründet worden sein, an Themen der Frauenbewegung anknüpfen (z.B. Gewalt, Gesundheit, frauenspezifische Bildung), und weitgehend autonome Strukturen und Organisationsformen haben. Die anschließende Projektauswahl erfolgte nach drei Kriterien:

– Zuordnung zu sozialer Arbeit im weitesten Sinne, um ein Maß an Vergleichbarkeit zu erhalten;
– Unterschiedliche Bereiche, um das Spektrum der Projekte zu erfassen;
– berufliche Organisation der Arbeit (über einen längeren Zeitraum mindestens eine Fachkraft mit mindestens einer 1/2 Stelle), um Prozesse der Professionalisierung nachzuzeichnen.

---

6 Im Bereich sozialer Arbeit liegen zwei Studien zur Erforschung von Arbeitsvollzügen vor, die berufliches Handeln in sozialen Institutionen erforscht haben. Die breit angelegte quantitative Studie von Inge Helfer (1971) belegt die auf einem zersplitterten Arbeitstag beruhende „Allround-Tätigkeit" von SozialarbeiterInnen, die von Unsichtbarkeit des Erfolgs der meisten Maßnahmen geprägt ist. Ein Ergebnis, das sich auf viele Projektmitarbeiterinnen übertragen läßt.
Die Bielefelder Untersuchung (Otto 1991) über professionelles Handeln im Jugendamt zeigt ebenfalls den heterogenen Arbeitsalltag von SozialarbeiterInnen auf. Drei Tätigkeitsprofile werden unterschieden: der interaktive Typus mit einem überdurchschnittlichen Anteil an KlientInnen- und KollegInnenkontakten, der bürokratische Typus mit einem überdurchschnittlichen Anteil an Verwaltungshandeln und der heterogene Typus, der am häufigsten Kontakt mit anderen Institutionen und zum sozialen Umfeld der Betroffenen aufnimmt. Diese Unterschiede beruhen nicht auf arbeitsbereichsspezifischen Variablen, daher kann auf einen bedeutsamen Einfluß subjektiver Präferenzen in der Gestaltung des Arbeitstages geschlossen werden, ein Ergebnis, das auch auf Projektmitarbeiterinnen zutrifft, wie im folgenden auszuführen ist.

Das Untersuchungsgebiet haben wir aus organisatorischen Gründen auf ein westdeutsches, großstädtisches Ballungsgebiet mit ländlichem Umfeld eingegrenzt. Im Untersuchungszeitraum 1992/93 gab es dort ungefähr 50 Projekte von denen wir vermuteten, daß sie in etwa diesen Kriterien entsprechen. Manche dieser Projekte waren ungeeignet (uneindeutige Stellensituationen, unspezifische Aufgabenbereiche); zu einigen erwies es sich als schwierig, Kontakt zu halten (derzeit keine festen Stellen, momentane Umstrukturierungen); nur von zwei der angefragten Projekte erhielten wir Absagen. 28 Frauen- und Mädchenprojekte haben wir für eine Mitarbeit gewonnen, womit wir weit über die ursprünglich geplante Größe der Studie hinausgegangen sind, da uns die Vielfalt der Projekte und die Kooperationsbereitschaft der Mitarbeiterinnen begeistert haben.

Die Kontaktaufnahme zu den Projekten erfolgte zunächst schriftlich anhand unserer Projektkenntnisse sowie öffentlich verfügbarer Adressenlisten, dann telefonisch. Die Auswahl der jeweiligen Mitarbeiterinnen überließen wir den Projekten, wobei unsere Vorgabe war, daß es eine hauptamtliche, bezahlte Frau sein sollte, die im weitesten Sinne soziale Arbeit leistet. Zumeist wurde die gleiche Mitarbeiterin unsere Partnerin für die gesamte Untersuchung, d.h. wir haben sie befragt, interviewt und beobachtet.[7]

Die untersuchten Projekte wurden drei zentralen Arbeitsbereichen zugeordnet, um Untergruppen bilden und Gemeinsamkeiten sowie Unterschiede feststellen zu können: zehn Frauenhäuser (F), elf Beratungsprojekte (B) und sieben Bildungsprojekte (K).

Wir haben verschiedene qualitative und quantitative Methoden[8] angewandt, um der Mehrdimensionalität der Fragestellung gerecht zu werden, die Vielschichtigkeit der Projektarbeit zu erfassen und Ambivalenzen und Widersprüche sichtbar werden zu lassen (zur ausführlichen Begründung siehe: Vogt 1992a, Krah 1993; zu den Untersuchungsinstrumenten siehe: Anhang):

1. Ein Sachfragebogen zur Abklärung der Rahmenbedingungen der Projektarbeit (Träger, Finanzierung, Ausstattung, Arbeitsbereiche, Arbeitsplätze, Organisations- und Entscheidungsstruktur).

---

7   Zur Auseinandersetzung mit Methoden in der Frauenforschung vgl. Angelika Diezinger u.a. (1994). In diesem Sammelband gehen Autorinnen wie z.B. Ursula Müller und Marlies Krüger davon aus, daß es zwar keine feministischen Methoden im engeren Sinne gibt, aber Frauenforschung sich zunehmend selbstsicher verschiedenster, insbesondere qualitativer Methoden bedient, wichtige Postulate der Frauenbewegung wie Parteilichkeit und Selbstreflexion (vgl. insbes. Regina Becker-Schmidt) für sich in Anspruch nimmt und durch die Vielfalt ihrer Ergebnisse an Einfluß gewinnt.

8   Die Erhebungen wurden von den Frauen der Forschungsgruppe ausgeführt und alle Mitglieder, ob Lehrende oder Studierende haben sich daran beteiligt. Die Frauen haben sich „ihre" Projekte (1 - 2) selbst ausgewählt und während des Forschungsprozesses vom ersten Kontakt bis zum letzten Untersuchungsschritt begleitet, so daß ein positiver Bezug hergestellt werden konnte, der das Verstehen des Projektzusammenhangs erleichtert hat.

2.  Qualitative Expertinneninterviews mit jeweils einer Mitarbeiterin aus jedem Projekt über ihre Arbeit und insbesondere die darin enthaltenen Dimensionen des Anderen. Das auf etwa anderthalb Stunden Dauer angelegte Interview bestand aus einem narrativen Teil (vgl. Schütze 1983) mit einer Einstiegsfrage zum Tagesablauf und einem Leitfaden-Teil mit offenen Fragen (vgl. Hopf 1991) zu folgenden Themenbereichen:
    –   der individuelle Arbeitsplatz – Aufgabenschwerpunkte und methodische Vorgehensweisen,
    –   der Umgang mit Expertinnentum im Projekt, persönliche Expertise und erforderliche Kenntnisse und die Bewältigung expertinnenferner Arbeitssituationen,
    –   die Situation im Team bezüglich des Umgangs mit Konflikten, Macht und Hierarchie,
    –   Umgang mit den Mädchen und Frauen und die Bedeutung des Kontaktes zu den Adressatinnen für eigene Lernprozesse,
    –   Nähe und Distanz zwischen den Mitarbeiterinnen,
    –   Politischer Anspruch und Wertorientierungen des Projektes und Qualifikationsanforderungen an Mitarbeiterinnen,
    –   Darstellung und Einschätzung der Projektstruktur.
    Die Interviews wurden auf Tonband aufgenommen und transkribiert.
3.  Teilnehmende Beobachtungen je einer Mitarbeiterin pro Projekt über zwei Tage durch ein Mitglied der Forschungsgruppe. Die Beobachtungen wurden handschriftlich protokolliert, mit Zeitangaben versehen und durch spontane Eindrücke und persönliche Reaktionen ergänzt.
4.  Eine Zeitbudgetuntersuchung diente dem Erfassen der Tätigkeitsmuster. Dazu wurde ein Schema der Arbeitsformen und -inhalte, unterteilt in zeitliche Abschnitte, erarbeitet. Mindestens eine Mitarbeiterin pro Projekt hat die Bögen über eine Woche ausgefüllt, die von Karin Krah (1993) mit Hilfe statistischer Verfahren ausgewertet wurden.[9]

Unsere Auswertung stützt sich überwiegend auf Befragung und Beobachtung einzelner Mitarbeiterinnen, nur manchmal wurden ganze Teams beobachtet[10]. Es kann dennoch davon ausgegangen werden, daß für die Projektbereiche insgesamt zutreffende Bilder entstanden sind. Möglicherweise von den jeweiligen Projektmehrheiten abweichende Positionen stellen ebenfalls einen Ausschnitt der Projektrealität dar und können als Teil des Gesamteindrucks gesehen werden. Die Aussagen und Beobachtungen der einzelnen Mitarbeiterinnen sind zudem situationsgebunden, als sie Ausdruck der Ta-

---

9   Alle studentischen Gruppenmitglieder haben vor der Feldphase Schulungssequenzen durchlaufen (vgl. zur Kritik an der mangelnden Qualifikation von InterviewerInnen Hopf 1991). Der Umgang mit qualitativen Interviews wurde ebenso geübt wie die teilnehmende Beobachtung.
10  Alle Personen- und Sachangaben wurden anonymisiert, letztere sind häufig durch realitätsnahe, fiktive Angaben ersetzt worden, um den Lesefluß zu erleichtern.

gesstimmungen und momentanen Gefühlslagen sind. Eine Mitarbeiterin, die im Interview begeistert über ihr Team oder über ihre Arbeit mit den Frauen und Mädchen berichtet, kann zu einem anderen Zeitpunkt ihre Enttäuschung in der Arbeit und die Kontroversen im Team in den Vordergrund rücken und vice versa. Die Interviewtexte geben somit Sicht- und Handlungsweisen wieder, wie sie in Frauenprojekten vorkommen und durch die Arbeit ausgelöst werden, wobei es sicher individuell unterschiedlich ist, wie und in welcher Art und Weise Ereignisse erlebt und dargestellt werden. Dennoch scheinen hinter den individuellen Haltungen, Einschätzungen und Reaktionsmustern angesichts der größeren Zahl untersuchter Projekte und der Methodenvielfalt allgemeinere Strukturen auf, die Rückschlüsse auf die Projektarbeit insgesamt ermöglichen.[11]

## 3. Vorstellung der untersuchten Frauenhäuser, Beratungs- und Bildungsprojekte

Um einen ersten Einblick in die untersuchten Projekte und die berufliche Situation der Mitarbeiterinnen zu gewähren, sollen im folgenden die Rahmenbedingungen der Arbeit skizziert werden. Zunächst gilt es, die wichtigsten Arbeitsbedingungen und -anforderungen hinsichtlich der Arbeitszeiten und der Organisation anfallender Tätigkeiten zusammenzufassen.[12] Dann folgt die Vorstellung der drei ausgewählten Projektbereiche, bezogen auf die jeweilige Aufgabenstellung und den Projektaufbau, die Ausstattung und Finanzierung und die Mitarbeiterinnenstruktur.[13]

*Allgemeine Arbeitsstrukturen in den drei Projektbereichen*

Ein wichtiger Grund für die Mitarbeit in einem autonomen Projekt liegt in der Selbstorganisation der Arbeit. Daher kommt den Arbeitsabläufen eine besondere Bedeutung zu (Krah 1993). Die Möglichkeit flexibler Gestaltung

---

11  Die Forschungsgruppe hat die untersuchten Projekte dreimal in verschiedenen Etappen der Auswertung eingeladen und Teilergebnisse vorgetragen. Es kam zu lebhaften Diskussionen, die die Motivation der Forscherinnen bestärkt, Fragestellungen geklärt und für die Mitarbeiterinnen eine Chance der gemeinsamen Reflexion ihrer Erfahrungen geboten haben. In diesen Gruppengesprächen wurden die vorliegenden Forschungsergebnisse von den Mitarbeiterinnen bestätigt.

12  Diese Zusammenfassung basiert auf den Auswertungsergebnissen der Zeitbudgetstudie von Karin Krah (1993) im Rahmen unserer Untersuchung, die im Abschlußbericht (Brückner 1994b) veröffentlicht wurde.

13  Die folgende Zusammenstellung beruht auf der Auswertung unserer Projektdatenerhebung.

von Arbeitsbedingungen und Arbeitszeiten wird von den Mitarbeiterinnen genutzt, um berufliche, familiale und private Belange in Einklang zu bringen. Ungefähr die Hälfte aller befragten hauptamtlichen Mitarbeiterinnen arbeitet Teilzeit, am häufigsten in Frauenhäusern mit vergleichsweise großen Teams und am wenigsten in den zumeist kleinen Beratungsprojekten. Neben dem persönlichen Wunsch nach Teilzeitarbeit spielen in den Projekten Geldmangel und politische Entscheidungen zugunsten einer größeren Mitarbeiterinnenzahl eine Rolle. Entgegen verbreiteter Annahmen, daß Frauen kurze Tagesarbeitszeiten bevorzugen, geben erstaunlich viele Mitarbeiterinnen lange Arbeitstage (9 Std. reine Arbeitszeit) auch bei Teilzeitarbeit an (mindestens einmal die Woche). Offenbar ist es für nicht wenige Mitarbeiterinnen günstig, die Arbeitszeit zu blocken, was auch daran deutlich wird, daß etwa ein Drittel der Mitarbeiterinnen selbst an längeren Arbeitstagen keine Pausen macht. Relativ häufig wird an frühen und späten Abendstunden gearbeitet, selten an Wochenenden und gar nicht nachts. Die Spannbreite persönlicher Entscheidungsfreiheit wird ersichtlich, wenn etwa die Hälfte aller Mitarbeiterinnen zu unterschiedlichen Zeiten innerhalb einer Woche ihre Arbeit beginnt, worin ein hohes Maß an Selbstbestimmung liegt, was gleichzeitig aber auch die Planung des Arbeitsprozesses erschweren kann.

In allen drei Bereichen überwiegen direkt auf die Adressatinnen bezogene Aufgaben, allerdings weniger deutlich im Beratungsbereich, da hier signifikant mehr Öffentlichkeits- und Gremienarbeit als im Frauenhaus- und Bildungsbereich angegeben wird. Ebenfalls in allen Bereichen wird die Verschiedenartigkeit der Tätigkeiten sichtbar, die eine hohe Flexibilitätsanforderung mit sich bringt. Insgesamt typisch für die Arbeit ist eine große Kommunikationsdichte, ob mit den Adressatinnen, innerhalb des Teams oder mit VertreterInnen anderer Institutionen, so daß das Bedürfnis vieler Frauen, mit Menschen zu arbeiten, befriedigt wird. Demgegenüber kommen allein ausgeführte Tätigkeiten selten vor.

Zusammenfassend läßt sich sagen, daß Mitarbeiterinnen in den Projekten Arbeitsmöglichkeiten vorfinden, die dem Wunsch vieler Frauen nach flexibler Arbeits-, insbesondere auch Arbeitszeitorganisation und nach zwischenmenschlichen Kontakten entgegenkommt. Gleichzeitig wird deutlich, daß aufgrund der Aufgabenvielfalt hohe Anforderungen an die einzelnen gestellt werden und das bei vergleichsweise schlechter Absicherung der Arbeitsplätze.

## Die Frauenhäuser

Die Frauenhäuser gewähren Frauen und ihren Kindern, die physische und psychische Gewalt in der Ehe erlitten haben, Schutz und Unterkunft und bieten ihnen Hilfe zur Neuorientierung an. Einige der Projekte spezifizieren, daß sie keine obdachlosen und suchtmittelabhängigen Frauen und keine Söhne über 14 Jahre aufnehmen. Eines der Häuser ist speziell ausgerichtet auf Frauen mit einem spezifischen gesundheitlichen Problem (ohne Unterbringungsmöglichkeiten von Kindern) und wurde nur in Teilaspekten in die Untersuchung einbezogen.

Die Mehrheit der Frauenhäuser entstand in den achtziger Jahren. Alle Projekte verfügen über Häuser (im Gegensatz zu Wohnungen) und können zwischen 15 und 40 Frauen und Kinder aufnehmen. Sie haben Büroräume für die Mitarbeiterinnen, die meist auch für Gespräche mit den Frauen genutzt werden, Wohnräume für die Frauen und ihre Kinder, die sie manchmal mit anderen Frauen und deren Kindern teilen müssen, Gemeinschaftsküchen, ein Kinderzimmer und häufig einen Aufenthaltsraum. Einige verfügen über einen Hof oder einen Garten. Überfüllung und Enge prägen die zumeist vollbelegten Häuser. Sechs der Projekte in eher ländlichen Gegenden besitzen ausgelagerte Beratungsstellen zur präventiven und nachgehenden Beratung und mindestens zwei einen ausgelagerten Treffpunkt mit offenen Angeboten und Veranstaltungen. (Diese ausgegliederten Bereiche wurden nicht in die Untersuchung einbezogen).

Die Frauenhäuser sind, wie fast alle anderen Projekte auch, gemeinnützige Vereine und finanzieren sich zum kleineren Teil über Spenden, Bußgelder und Vereinsbeiträge, zum weitaus größeren über öffentliche Mittel der Städte bzw. Kreise und des Landes. Ein Großteil der Bewohnerinnen erhält Sozialhilfe, wobei der Wohngeldanteil zumeist direkt als Mietkosten den Häusern zugute kommt.

Die Grundstruktur der Frauenhäuser ist im Gegensatz zu den anderen beiden Projektbereichen recht einheitlich – bezogen auf Umgang mit den Frauen, Regelungen des Gemeinschaftslebens und Projektstruktur. Alle Häuser arbeiten mit dem Bezugspersonensystem (jede Mitarbeiterin ist im Sinne einer Einzelbetreuung für bestimmte Frauen zuständig: führt Aufnahmegespräche, begleitet sie zu Ämtern etc. und bietet Beratungsgespräche an. Der Besuch der regelmäßig stattfindenden Hausversammlung ist obligatorisch, hier werden Aufgaben geklärt (z.B. Putzpläne), Konflikte geregelt und allgemeine Themen angesprochen. Teamsitzungen, Supervisionen und Verbundtreffen mit anderen Häusern spielen eine wichtige Rolle im Arbeitsverständnis der Mitarbeiterinnen. Der Umgang mit Kindern ist unterschiedlich organisiert: Ein Großteil leistet gruppenbezogene Kinderarbeit, manche allerdings nur zeitweilig, je nach Stellenbesetzung; ein Projekt bietet zusätzlich Einzelbetreuung für jedes Kind an.

Wichtige Dinge, um die sich vieles im Haus rankt, sind für die Bewohnerinnen der Münzfernsprecher und Waschmarken für Münzwaschmaschinen; für die Mitarbeiterinnen Telefon, Schlüsselkasten und Teambuch, in

24

das alle wichtigen Ereignisse eingetragen werden und das als Informationsquelle von großem Nutzen ist.

Zentrale Arbeitsbereiche sind betreuende und beratende Frauenarbeit, Kinderarbeit, Finanzen und Verwaltung, hinzu kommen an weniger prominenter Stelle die Organisation des Hauses inklusive Hausmeistertätigkeiten, Wahrnehmen institutioneller Kontakte (z.B. zum Sozialamt), Gremien- und Öffentlichkeitsarbeit. Verwaltung und Finanzregelung sowie ein Teil der nicht so bedeutenden Aufgaben werden entweder als eigene Bereiche verstanden und von einzelnen Mitarbeiterinnen übernommen oder unter mehrere Mitarbeiterinnen aufgeteilt, die entsprechend entlastet werden. Zusätzlich zu den bisher genannten Arbeitsbereichen bieten einige Häuser Gesprächsgruppen und Freizeitgestaltungen an.[14]

Die Organisationsstruktur orientiert sich an den Arbeitsbereichen und wird vom Team (bei Unterprojekten vom zuständigen Teilteam) beschlossen. Einzelne Arbeitsbereiche (zumeist die weniger zentralen) rotieren, indem sie in Abständen neu verteilt werden, wobei dies ein eher rückläufiges Modell ist, da persönliche Fähigkeiten und Vorlieben ein zunehmendes Gewicht erhalten. Nur eine Mitarbeiterin erwähnt die Hausversammlung der Bewohnerinnen als Bestandteil der Organisationsstruktur des Projektes, was auf deren geringe Bedeutung in diesem Kontext verweist. Oberstes Entscheidungsgremium ist das Team, zum Teil wird noch der Verein respektive der Vereinsvorstand genannt, die aber nicht selten mit dem Team bzw. Teilen des Teams identisch sind. Ebenfalls nur eine Mitarbeiterin erwähnt die Hausversammlung als Entscheidungsgremium, dem einige wenige Entscheidungen zukommen. In diesen Angaben spiegelt sich die Entwicklung der Frauenhäuser zu professionellen Einrichtungen wider.

In den untersuchten Häusern arbeiten vier bis neun Mitarbeiterinnen (inklusive derjenigen in ausgelagerten Projektteilen). Die große Mehrheit erhält BAT IVa und IVb Gehälter. Von insgesamt 64 Mitarbeiterinnen haben 40 eine Ausbildung als Sozialarbeiterin/Sozialpädagogin, zehn als Pädagogin, drei als Erzieherin, die restlichen Mitarbeiterinnen sind Betriebs-

---

14 Ergänzend die häufigsten Tätigkeiten der Mitarbeiterinnen nach unserer Zeitbudgetstudie: „Die Frauenhäuser verwenden die meiste Zeit, nämlich insgesamt 15,4%, auf soziale Betreuungstätigkeiten wie Begleitung, Hilfe beim Umgang mit Behörden, RechtsanwältInnen, ÄrztInnen usw., auf Einzelgespräche (12,1%) und Teambesprechungen/Supervision (11,0%). Einen großen Stellenwert haben ferner mit insgesamt 9,0% gruppenbezogene Angebote wie gemeinsame Mahlzeiten, Hausbesprechungen, therapeutische Gruppensitzungen, aber auch Haushaltsarbeiten (8,2%), die vielfältige Tätigkeiten zusammenfassen wie z.B. Aufräumen, Beaufsichtigen und Durchführen von Reparaturen, Transporte, Einkäufe, Wäschemarken und vieles anderes, das bei Wohnprojekten in mehr oder minder regelmäßigen Abständen anfällt. Buchhaltung (6,6%), Gremien- und Vernetzungsarbeit (5,6%), Projektsicherung (5,6%) und Schriftverkehr (4,0%) nehmen einen hinteren Rang ein, nur noch gefolgt von anderen, nicht weiter ausdifferenzierten Tätigkeiten (2,3%) und der Öffentlichkeitsarbeit (1,9%)." (Krah 1993, S. 29)

wirtin, Lehrerin, Soziologin, Psychologin, Architektin, ohne Ausbildung und zwei Verwaltungsfachfrauen. Mindestens zwölf der Mitarbeiterinnen verfügen über eine beraterische oder therapeutische Zusatzausbildung.

## Die Beratungsprojekte

Von den elf Beratungsprojekten beschäftigen sich fünf mit Gewalt gegen Frauen, indem sie Hilfen, Unterstützung, Aufklärung und Öffentlichkeitsarbeit für vergewaltigte Frauen, mißbrauchte Frauen und Mädchen und für gehandelte Frauen anbieten. Die sechs weiteren Projekte richten sich an spezifische Gruppen von Frauen und Mädchen, indem sie sich Gesundheitsproblemen, der Situation von Prostituierten und sexuellen Minderheiten annehmen oder sich den Interessen und Problemen von Mädchen widmen. In einigen der Projekte spielt die Arbeit mit Migrantinnen eine große Rolle, das gilt ebenso für die beiden anderen Projektbereiche.

Ein Teil dieser Projekte (z.B. im Mädchenbereich) wollte zunächst nicht schwerpunktmäßig Beratung anbieten. Aufgrund der Nachfrage ist Beratung jedoch immer mehr zu einem Hauptarbeitsgebiet geworden, obwohl für sie Bildungs- und Öffentlichkeitsarbeit weiterhin bedeutsam sind. Gerade jene Projekte machen die Vielfalt der Anliegen und Aufgaben sinnfällig, die die Zuordnung zu nur einem Bereich nicht voll erfassen kann, dennoch aus Gründen der Schwerpunktbildung und Vergleichbarkeit für unser Forschungsvorhaben nötig war. Das gilt ebenfalls für die Lobbyfunktion vieler Projekte und ihre Aufklärungs- und Fortbildungsarbeit, die einen Aspekt der jeweiligen Projektidentität darstellen.

Die Beratungsprojekte wurden – wie die anderen Projekte auch – mehrheitlich in den achtziger Jahren gegründet. Einige sind aus anderen Projekten hervorgegangen, die durch ihre Arbeit im Bereich Gewalt gegen Frauen, Lücken im Hilfsangebot entdeckt hatten. Insgesamt weisen die Beratungsprojekte sehr unterschiedliche Charakteristika und Größen auf; einige haben Verbundcharakter, wo sich mehrere Projekte zusammengeschlossen bzw. aus einer Initiative herauskristallisiert haben. Die Einzelprojekte sind hingegen eher klein und verfügen über wenige Büro- und Beratungsräume, vorhandene große Räume (teils alte Ladenräume) dienen als offener Treff, Gruppenraum oder Kurs- und Veranstaltungsraum. Die Beratungsprojekte finanzieren sich zu einem kleineren Teil von Einnahmen aus Therapien, Fortbildungen und Veranstaltungen und zu einem größeren aus öffentlichen Mitteln (Stadt, Land, Bund, Arbeitsamt), minimal von Spenden, Bußverfahren und Beiträgen.

Die Grundstruktur der Projekte ist so verschieden, daß kaum verallgemeinerbare Aussagen gemacht werden können. In vielen Projekten spielen neben Beratungssitzungen telefonische Beratungen und Auskünfte, offene

Angebote und Gruppenangebote, sowie unterschiedlichste Formen von Vernetzung und Aufklärung eine große Rolle. Wichtiges Arbeitsinstrument ist das Telefon und nicht selten der Anrufbeantworter. Die Arbeitsbereiche erstrecken sich entsprechend auf individuelle Beratung und Betreuung sowie Gruppen- und Bildungsangebote, Bürodienste (inklusive Telefondienst), Verwaltung/Projektsicherung und Öffentlichkeitsarbeit. Hinzu kommen bei einigen Projekten Therapie, Fortbildung und/oder offene Bereiche und Freizeitangebote.[15]

Organisation und Ausführung der Arbeit werden von den Mitarbeiterinnen festgelegt; zum Teil haben sich Schwerpunkte herausgebildet und einzelne Mitarbeiterinnen verfügen über spezifische Zuständigkeiten. In den Großprojekten mit bis zu 50 Frauen (vorwiegend Honorarkräfte und einige Frauen mit Kassenzulassung) kommen alle Projektmitglieder neben den Einzelprojekttreffen zu Gesamtplena zusammen. Zentrales Entscheidungsgremium ist das Team, manchmal gibt es darüber hinaus andere Entscheidungsinstanzen wie Geschäftsführerinnen und Projektleiterinnen. Bei der Mehrheit haben sich jedoch basisdemokratische Strukturen erhalten (Plenarentscheidungen und Konsenssuche). Selbstverständnis und Aufbau der Beratungsprojekte reichen von stark ehrenamtlicher Arbeit und aktivem Plenum wie in früheren Frauenzentren bis zu hochprofessionalisierten Projekten mit hierarchischen Elementen.

In den Projekten bzw. Teilprojekten arbeiten zwischen zwei und sechs fest angestellte Mitarbeiterinnen und zusätzlich Honorarkräfte. Die Eingruppierungen liegen zwischen BAT Vb und BAT II, wobei BAT IVa+b am häufigsten sind. Unter den insgesamt 38 festangestellten Mitarbeiterinnen sind 18 Sozialarbeiterinnen/Sozialpädagoginnen, sechs Pädagoginnen, vier Soziologinnen, zwei Psychologinnen (zuzüglich derjenigen, die auf Honorarbasis oder nach Kassenvereinbarung arbeiten), jeweils eine Dolmetscherin, Betriebswirtschaftlerin, Politologin, Ethnologin, Krankenschwester, Studentin und zwei Verwaltungsfachfrauen.

---

15 Zur Veranschaulichung die quantitative Rangfolge: „Die häufigsten Tätigkeiten sind erwartungsgemäß bei den Beratungsstellen Einzel- und Beratungsgespräche mit 14,3% [...], als nächsthäufige Tätigkeiten (folgen): Öffentlichkeitsarbeit (13,5%) und Gremienarbeit/Projektevernetzung (9,4%), Teambesprechungen/Supervision (9,1%) und Projektsicherung/-planung (8,9%) sowie gruppenbezogene Angebote (6,9%), die auch allgemeine Öffnungs- und Cafézeiten miteinschließen. Arbeitsbereiche wie Schriftverkehr (6,8%), Buchhaltung/Finanzen (6,1%) und Haushaltsarbeiten (6,2%) hingegen fallen, relativ zu den anderen Tätigkeitsgruppen, weniger an. Dasselbe gilt in noch geringerem Umfang für die Vor- und Nachbereitung der Beratungsgespräche (5,3%), Begleitung (3,9%), Anderes (3,3%) und Kinderarbeit (0%)." (Krah 1993, S. 28)

## Die Bildungsprojekte

Ebenso unterschiedlich wie die Beratungsprojekte sind die sieben Bildungs- und Kulturprojekte. Sie verbindet miteinander, daß sie Lernangebote machen, die im umfassenden Sinne erwerbsarbeitsorientiert sind oder der allgemeinen Selbstbehauptung dienen. Ersteres gilt für die vier auf deutschsprachige Frauen ausgerichteten Projekte stärker als für die drei Projekte, die sich vornehmlich an Migrantinnen richten. Bei letzteren spielen auf Integration und Wertschätzung unterschiedlicher Kulturen gerichtete Angebote (vom Deutschkurs über Nähkurse bis zu interkulturellen Festen) eine zentrale Rolle. Alle Projekte bieten auch Beratung an, manche als vorgesehenes, eigenständiges Angebot, andere eher aufgrund des Bedarfs, sozusagen der Not gehorchend. Zwei der Projekte verfügen über einen eigenständigen, offenen Bereich, den Frauen zum Kontaktknüpfen nutzen können und fast alle Projekte haben eine Caféecke für die Teilnehmerinnen.

Der Hauptunterschied zwischen den Projekten liegt in dem Grad der Spezialisierung, der zumeist mit höherer Professionalisierung einhergeht. Am einen Ende der Skala finden sich auf spezifische Zielgruppen angelegte, langfristige Programme mit Qualifizierungsmöglichkeiten, am anderen Ende allgemeine, nicht abschlußbezogene Kurse oder Veranstaltungen, die der Aufnahme einer Erwerbsarbeit zugute kommen, ohne direkt darauf bezogen zu sein (z.B. Sprachkurse). Die Projekte lassen sich nach drei Ausrichtungen gliedern: Weiterbildung/Umschulung mit angehängter Beratung und angehängtem Zentrum; allgemeinbildende Kurse mit angehängter Beratung und eventuell angehängtem Zentrum; Zentrum mit angehängter Bildung und Beratung. Die Zielgruppen der Projekte sind entsprechend unterschiedlich, sei es, daß sie Frauen nach der Familienphase, erwerbslose Frauen, Frauen in beruflichen Entscheidungssituationen oder Migrantinnen zwecks Förderung ihrer Eigenständigkeit und an anderen Kulturen interessierte deutsche Frauen ansprechen wollen.

Bis auf ein älteres Projekt, entstanden alle anderen in den achtziger Jahren. Auch diese Projekte variieren sehr in Struktur und Größe, je nachdem, ob sie ein festumrissenes Anliegen vertreten oder eher ein Konglomerat aus verschiedenen Einzelprojekten bilden, die für sich genommen relativ autonom arbeiten. Die Einzelprojekte verfügen über wenige Büroräume, einige Gruppenräume bzw. einen zentralen Raum, der auch als Treffpunkt genutzt wird und eventuell über zusätzliche Räume für besondere Aktivitäten. Die Beratung findet teils in den Büros, teils in eigenen Räumlichkeiten statt.

Für die Finanzierung der Projekte spielen Spenden, Bußgelder und Beiträge kaum eine Rolle, dafür Kursgelder und vor allem, wie für die anderen Projekte auch, öffentliche Mittel (in größerem Umfang auch vom Bund und aus dem EG-Sozialfond). Zudem erhält die Mehrheit derzeit Mittel vom Arbeitsamt.

Die Arbeitsbereiche sind aufgeteilt in Veranstaltungsangebote, Beratung, Organisation/Planung und Verwaltung/Finanzen; hinzu kommen in einigen Projekten die Betreuung des offenen Angebotes und Freizeitgestaltung.[16] Auch in den Bildungsprojekten nehmen die Teams (manchmal bestehend aus Teil- plus Gesamtteams) in der Organisationsstruktur eine zentrale Stellung ein. Dennoch verfügt die Mehrzahl der Projekte über eine Leitung, eine Geschäftsführung oder einen Vorstand, die ihre jeweilige Funktion ausüben und nicht nur als Formalie begreifen, wenn auch unter möglichst weitgehender Berücksichtigung des Teamwillens. Alle Mitarbeiterinnen benennen diese hierarchischen Gremien, was auf deren Bedeutung in Entscheidungsfragen schließen läßt. Hingegen führen in den anderen Bereichen (insbesondere Beratungsprojekte) nur wenige Mitarbeiterinnen formal vorhandene hierarchische Elemente auf, weil das Selbstverständnis stärker von basisdemokratischen Vorstellungen geprägt ist. Gründe für diese von den übrigen Projekten abweichende Struktur und Haltung der Bildungsprojekte sind in der aufgabenbedingten stärkeren Arbeitsteilung, den hohen Maßnahmekosten, den Vorgaben der Geldgeber und der teils persönlichen Haftung der Vorstandsfrauen zu sehen, die eine Konzentration der Verantwortlichkeit geboten sein lassen.

Die Zahl der festen Mitarbeiterinnen (ohne Honorarkräfte) rangiert für die Einzelprojekte zwischen drei und fünf Frauen, wobei drei Projekte Teil größerer Gesamtprojekte mit sehr viel mehr Frauen sind, die hier aber unberücksichtigt bleiben. Die Gehälter reichen von BAT V/VI (für Verwaltungsfachfrauen) bis BAT II (häufiger als in Beratungsprojekten), wobei die mittleren Tarife BAT III und IV a + b überwiegen, dennoch verfügen die Bildungsprojekte über mehr gut bezahlte Stellen als die anderen Projektbereiche. Von den 27 erfaßten Mitarbeiterinnen der befragten Unterprojekte stellen diesmal die Pädagoginnen mit 13 Frauen die größte Berufsgruppe, gefolgt von Soziologinnen und Sozialarbeiterinnen/Sozialpädagoginnen (je 4), Lehrerinnen/Linguistinnen (3), Ethnologin, Studentin und Bürokauffrau (je 1) (zuzüglich etwa 25 Mitarbeiterinnen anderer Teilprojekte). Diese

---

16  Die Tätigkeiten in der Reihenfolge ihrer Häufigkeit: „Bei den Bildungs- und Kulturprojekten folgen auf die gruppenbezogenen Angebote (26,8%), wozu auch Kurse und Seminare zählen, Finanzen (16,9%), Einzel- und Beratungsgespräche (9,4%), die Vorbereitung der Gruppen- und Beratungsarbeit (9,4%) und Öffentlichkeitsarbeit/Institutionenberatung (8,6%). Bezogen auf die Gesamtarbeitszeit nehmen Teambesprechungen/Supervision (7,7%) und Teamkoordinationen (4,5%) einen mittleren Rang ein. Bei den Bildungs- und Kulturprojekten haben Schriftverkehr (3,8%), Projektsicherung (3,8%) und Gremien- und Vernetzungsarbeit (3,7%), bezogen auf die insgesamt anfallenden Arbeiten, vergleichsweise eine eher untergeordnete Bedeutung. Behördenkontakte für und mit den Frauen und andere betreuende Tätigkeiten aus dem sozialarbeiterischen Spektrum fallen ebenso wie Arbeit mit Kindern in den von uns untersuchten Bildungs- und Kulturprojekten gar nicht an." (Krah 1993, S. 28/29)

durchschnittlich höhere akademische Qualifizierung erklärt teilweise die besseren Eingruppierungen.

Diese skizzierten Rahmenbedingungen der Projektarbeit sind von den Projektgründerinnen in vielen Aspekten selbsttätig geschaffen worden, insbesondere im finanziellen Bereich sind sie allerdings häufig auch Resultat von Förderungsvoraussetzungen und -grenzen. Sie geben erste Hinweise und Aufschlüsse über das Andere der Projekte (z.B. bezogen auf den Umgang mit Hierarchien), ebenso wie Einblick in notwendige Kompromißbildungen (z.B. bezogen auf Zahl und Bezahlung von Mitarbeiterinnen), die in Kauf genommen werden müssen. Konzipierung und Realisierung des Anderen bewegen sich zwischen ökonomischen Notwendigkeiten, feministischen Prinzipien und den Möglichkeiten und Grenzen gemeinsamer Zielsetzungen und Handlungsansätze unter Frauen im derzeitigen gesellschaftlichen Kontext.[17]

---

17  Sehr viel ausführlicher als hier möglich, wird die Arbeitsweise der Projekte in dem umfangreichen Abschlußbericht unserer Untersuchung vorgestellt (Brückner 1994b).

# II. Das Andere im Spiegel der Projektarbeit – aus der Sicht von Mitarbeiterinnen

Professionalisierungsprozesse in den Projekten haben dazu geführt, daß die hauptamtlichen Mitarbeiterinnen schon bald eine zentrale Bedeutung gewonnen haben. Sie prägen den Charakter des Projektes und seine berufspolitische Ausrichtung und bestimmen Zielsetzung, Arbeitsorganisation und Arbeitsmethoden weitgehend oder gänzlich in Eigenregie. Mit ihnen steht und fällt die große Mehrheit der Projekte, denn die Bedeutung der Trägervereine und von Vereinsmitgliedern, die nicht gleichzeitig Teammitglieder sind, ist in den meisten Projektbereichen sehr zurückgegangen. Das macht die Gruppe der Mitarbeiterinnen eindeutig zu Expertinnen aller die Projekte und ihre Strukturen betreffenden Fragen wie Umsetzung feministischer Prinzipien und Ansprüche, Entwicklung von Projektstrukturen, Verhältnis zu den Adressatinnen, Arbeitsprofile und Qualifikationsanforderungen. Die Sicht der Mitarbeiterinnen gewährt Einblick in die heutige Situation der Projektarbeit aus der Binnenperspektive und gibt Auskunft über den Niederschlag des „Anderen" in der alltäglichen Praxis. Schlußfolgerungen über die derzeitige Verortung der Projekte zwischen Frauenbewegung einerseits und sozialpädagogischen Institutionen andererseits werden möglich, indem der Grad der Verwirklichung der Projektanliegen aufgezeigt und Einblicke in die kritische Reflexion des Erreichten und in Perspektiven für die weitere Arbeit durch die Protagonistinnen gewährt werden.

Wir sind in diesem Teil der Untersuchung dem Anderen der Frauen- und Mädchenprojekte durch die Auswertung der qualitativen Interviews mit Mitarbeiterinnen aller in die Studie einbezogenen Projekte nachgegangen. Die meisten Ergebnisse wurden aus den offenen Fragen gewonnen, deren Beantwortungen folgendem Kategorienschema zugeordnet wurden: das Andere, die Projektstruktur, der Arbeitsplatz, die Gefühle. Lediglich die Analyse des beruflichen Selbstverständnisses der Mitarbeiterinnen beruht auf dem narrativen Teil der Interviews zum Tagesablauf und der anfallenden Arbeit und wurde mit Hilfe tiefenhermeneutischer Gruppenverfahren (Lorenzer 1970, 1986) interpretiert.[1] In beiden Teilen der Befragung haben sich die Interviewerinnen – auf der Basis der vorgegebenen Fragen – an den Regeln non-direktiver Gesprächsführung (Rogers 1972) orientiert, d.h. sich auf

---

1    Vgl. die ausführliche Darstellung dieser Methode in Kap. III.1

verständniserweiternde Rückfragen beschränkt, so daß die Interviewten einen breiten Beantwortungsspielraum erhielten und ihre subjektive Haltung erkennbar wurde. Die Interviewtexte wurden jeweils getrennt nach den drei Arbeitsbereichen – Frauenhäuser, Frauenberatung, Frauenbildung – ausgewertet.

Zusammenfassend ließe sich sagen, daß es in diesem Teil der Arbeit darum geht, unterschiedliche Facetten des Anderen auf verschiedenen Stufen der Konkretisierung aufzuzeigen. Dabei wird deutlich, daß die Praxis sehr viel bunter, uneinheitlicher und widersprüchlicher ist als die gemeinsamen grundlegenden Ideen der Frauenprojektebewegung vermuten lassen. Der Hauptgrund dürfte neben dem generell schwierigen Verhältnis von Theorie und Praxis darin liegen, daß die Projektebewegung Ziele und Ideale formuliert hat, die sich in einem Spannungsverhältnis zur professionellen Arbeit befinden. In der Initiierungsphase standen weder Umsetzungsfragen noch Handlungsprobleme im Zentrum des Interesses, sondern die politische Durchsetzung von Orten für Frauen und Mädchen als Zufluchtsstätten, Oasen weiblicher Freiheit und individueller sowie kollektiver Selbstverwirklichung. Gegenwärtig sehen sich die Projekte und ihre Mitarbeiterinnen vor die schwierige Aufgabe gestellt, Wege zwischen den hohen Anforderungen und Erwartungen (durch Frauenbewegung und Adressatinnen) einerseits und erschwerten Bedingungen (durch politische, gesellschaftliche und persönliche Realitäten) andererseits zu suchen und zu beschreiten. Wichtig in dieser belastenden Lage sind frauenpolitische Überzeugungen und Hoffnung auf selbstorganisierte Arbeitsplätze, die zusammen Kraft vermitteln, für Frauen – sich selbst und andere – etwas Neues zu schaffen und über Durststrecken und Unsicherheiten, wieviel des Erhofften realisiert werden kann, vorerst hinwegzuhelfen vermögen. Zentrale Themen, die in verschiedenen Variationen und unterschiedlichen Zusammenhängen diese von Verunsicherung und Ungewißheit gekennzeichnete Projektsituation widerspiegeln und dem Anderen sein reales Gesicht verleihen, beziehen sich auf das Verhältnis von Frauenpolitik und Professionalität, Gleichheit und Differenz, Nähe und Distanz. Das darf jedoch nicht darüber hinwegtäuschen, daß die Komplexität des Alltagshandelns in den Projekten „große" Fragen nicht selten in den Hintergrund drängt, ihnen aber dennoch eine wichtige Funktion zukommt, indem sie eine gewisse Leitlinie darstellen, an denen Projektarbeit zu messen ist und auch gemessen wird.[2]

---

[2]    Die in den folgenden Kapiteln zitierten Textpassagen sind den Expertinneninterviews entnommen. Die Interviewtexte wurden in lesbare Form gebracht, d.h. Sätze grammatikalisch richtig gestellt, Füllsel herausgenommen, ebenso Satzabbrüche etc., soweit es nicht auf diese sprachlichen Wendungen ankam, um latente Inhalte zu erfassen. Zudem wurden Passagen herausgenommen respektive verändert, die die Anonymität gefährdet hätten. (Alle Orts- und Personennamen und Projektangaben sind fiktiv.) Die Verschlüsselung der Interviews bezieht sich auf den Bereich (F=Frauenhaus, B=Beratung, K=Bildung) und auf die Projektnumerierung, die teils mit den Kapiteln wechselt (Zahl oder Buchstabe).

# 1. Feministische Prinzipien: Identitätsstiftende Funktion – begrenzte Anwendung

Anders zu sein, anders zu denken und anders zu handeln, bezeichnen die Grundfesten der frühen Projektebewegung. Fundament dieses Anderen ist das Durchbrechen patriarchaler Tabus und kultureller Festschreibungen, das Aufgreifen Frauen und Mädchen betreffender Themen und Problemlagen und das Schaffen von Orten der Hilfe und Unterstützung. Anders-Sein meint, Frauen neu zu sehen, nämlich nicht als nachgeordnete Gefährtin des Mannes, sondern als Menschen in eigenständigem Recht, mit eigenen Interessen und Lebenszusammenhängen, deren autonome Entfaltung zu fördern ist. Mit Entwicklung der Projekte zu kontinuierlichen, beruflich organisierten Angeboten haben sich die Vorstellungen des Anders-Seins in grundlegenden Prinzipien niedergeschlagen, die seither in den meisten Diskussionen und Schriften über Projektarbeit auftauchen (z.B. Rieger (Hg.) 1993) und im Sinne von Anders-Denken Ziele vorgeben und damit der Arbeit eine Richtung verleihen. Diese Prinzipien haben den Charakter von Leitlinien für feministische Projektarbeit angenommen. Ihre Entstehung verdanken sie weniger einer systematischen Entwicklung aus der Arbeit heraus, vielmehr werden sie ihr als Essenz feministischer Werte vorangestellt (vgl. Henschel 1993, S.279 ff., Schuijt 1995, Kap. 5). Darin liegt ihr Problem, denn *wie* sie auf die Arbeit, das Anders-Handeln bezogen werden sollen und können, ist weitgehend undiskutiert geblieben; gleichwohl gab und gibt es aus politischen und beruflich-praktischen Erfahrungen geborene Konkretionen und Zuspitzungen, denen ein gewisser Konsens innewohnt. Der Wandel dieser Prinzipien beruht zum einen auf zunehmenden Differenzierungsprozessen unter Frauen, die das Solidaritätsgebot verändert haben und zum anderen auf spezifischen Arbeitserfahrungen mit Frauen, die veränderte, distanziertere Sichtweisen angebracht scheinen lassen. In den vorliegenden Interviews werden sowohl Aspekte des alten Wertehimmels deutlich, an dem die meisten mit Abstrichen festhalten, als auch der zumeist pragmatische Umgang mit den einzelnen Prinzipien, je nach Grad der Identifikation mit den Idealen der Frauenbewegung und je nach praktischen Erfordernissen und Realisierungsmöglichkeiten.

Die feministischen Grundprinzipien autonomer Projektarbeit haben vor allem in den Begriffen Ganzheitlichkeit, Parteilichkeit und Betroffenheit ihren Niederschlag gefunden (Brückner 1991a). Ganzheitlichkeit ist ein häufig verwendeter, von Anfang an schillernder Begriff, der sich darauf bezieht, Belange von Frauen und Mädchen als Einheit zu sehen und nicht in verzerrende Teilaspekte zu zerlegen, z.B. wenn nur die Probleme und nicht die Fähigkeiten und Stärken gesehen werden. In den ganzheitlichen Ansatz wird die gesamte Lebenssituation einer Frau und teilweise auch ihr soziales

33

Umfeld einbezogen. Das erforderliche Maß an Verständnis und Einfühlungsvermögen soll sich durch gemeinsame Erfahrungen als Frau herstellen. So sinnvoll eine ganzheitliche Betrachtung ist, enthält sie doch in der Praxis die Gefahr der Vereinnahmung einerseits und der Überforderung andererseits, eine Kritik, die in einem Teil der Interviews aufscheint. Speziell für Frauen ist die Erfahrung legitimer Trennung zwischen verschiedenen Sphären ebenso wertvoll, z.B. die Wertschätzung der eigenen Leistungsfähigkeit unabhängig von jeweiligen Bindungen und Gefühlen. Die Maxime der Ganzheitlichkeit enthält somit beides: das mögliche Überdecken von Differenzen und Widersprüchlichem und das Zusammenfügen zersplitterter und auseinandergerissener Lebensbereiche und Probleme.

Parteilichkeit meint: Ohne Einschränkung auf seiten der Frau oder des Mädchens zu stehen und deren Belange an die erste Stelle zu setzen. Parteilichkeit ist eindeutig, wenn es um die Konfrontation mit patriarchaler Macht geht. Schwieriger ist Parteilichkeit im Arbeitszusammenhang selbst zu definieren: Wenn es z.B. um das Aufdecken schwieriger Eigenanteile oder um dem Projektziel widersprechende Wünsche geht. Als Prinzip enthält Parteilichkeit ein Moment der Ungleichheit, denn gemeint ist nicht länger gegenseitige Solidarität, sondern die Parteinahme der Mitarbeiterinnen gegenüber den Projektnutzerinnen. Hier tritt die Differenz zwischen frühen Idealen der Zweiten Frauenbewegung und heutiger Frauenarbeit im professionellen Kontext deutlich zutage, ohne daß diese Veränderung den beteiligten Frauen immer bewußt ist. Aber sie wird in der gewachsenen Distanziertheit zwischen Mitarbeiterinnen und Adressatinnen sichtbar.

Unter Betroffenheit wird die von allen Frauen geteilte Erfahrung gesellschaftlicher Unterordnung gefaßt, die Nähe und besonderes Verstehen unter Frauen mit sich bringt und die Basis des gemeinsamen Kampfes gegen weibliche Benachteiligung darstellt. Was es jeweils bedeutet, mittelbar oder unmittelbar betroffen zu sein und welche Differenzierungen sich daraus ergeben, zeigen die nachfolgenden Interviewpassagen. Das Prinzip der Betroffenheit macht vielleicht am meisten deutlich, daß es sich um eine politisch-ethische Maxime handelt, nicht notwendigerweise um ein direkt auf die Praxis übertragbares Instrumentarium, denn eine erfolgreiche Zusammenarbeit setzt nicht nur Einfühlung auf der Basis von Nähe und Gleichheit voraus, sondern ist ebenso an die Fähigkeit zur Distanz – zur Anerkennung der Differenz zwischen dem Ich und der Anderen – gebunden. Heute steht der Begriff häufig allgemein für Mitgefühl unter Frauen.

Die Auswirkungen dieser Grundprinzipien des „Anderen" auf Arbeitsvollzüge und Projektstrukturen sind bisher kaum dargestellt worden und nur schwer faßbar, denn die Transformationsprozesse, die von der Wertvorstellung bis zur konkreten Handlung oder auch nur bis zum praxisbezogenen Konzept durchlaufen werden müssen, sind äußerst vielfältig.

Unsere Untersuchung zeigt, daß die Abstraktheit der drei Begriffe es für die Projektmitarbeiterinnen schwierig macht, deren Aussagekraft für die Arbeit zu bestimmen und darin enthaltene Anliegen umzusetzen. Diese Schwierigkeit gilt insbesondere für den Begriff Ganzheitlichkeit, der am ehesten umstritten ist und die größte Bedeutungsvielfalt aufweist. Am klarsten mutet der Begriff der Parteilichkeit an, der eindeutigen Zuspruch findet, in der Praxis aber durchaus Fragen der Grenzen aufwirft. Betroffenheit spielt für die Mitarbeiterinnen nach wie vor eine Rolle, wenn auch häufig nicht mehr in dem ursprünglich gemeinten politischen Sinne.

## 1.1 Unübersichtliche Ganzheitlichkeit

Die große Mehrheit der Mitarbeiterinnen aller drei untersuchten Bereiche sieht den *Begriff selbst* positiv und auch die Skeptischen unter ihnen gewinnen ihm zu bejahende Seiten ab. Einige der Frauenhausmitarbeiterinnen halten ihn nicht sinnvoll für ihre Arbeit, bemühen sich aber dennoch um positive Definitionen. Ganz verabschieden wollen sie sich von dem Begriff wohl nicht. Am zwiespältigsten reagieren die Mitarbeiterinnen im Beratungsbereich. Knapp die Hälfte tut sich schwer mit dem Begriff, während der andere Teil ihn als wesentlichen Aspekt des Projektansatzes und ihrer Arbeit begreift. Die Polarisierung der Beratungsmitarbeiterinnen beruht wahrscheinlich darauf, daß Ganzheitlichkeit als professioneller Anspruch von Beratung und Therapie im Rahmen humanistischer Ansätze eine hohe Wertschätzung erfährt und sich die einzelnen Mitarbeiterinnen entweder mit diesem Anspruch identifizieren oder aber sich dadurch festgelegt bzw. überfordert fühlen. Von ihnen wird der Begriff vielleicht weniger mit der Frauenbewegung assoziiert und dürfte daher in engem Zusammenhang mit dem Grad der Professionalisierung und der eigenen Ausbildungsrichtung stehen. In den Bildungsprojekten befürworten fast alle Mitarbeiterinnen den Begriff.

Die im allgemeinen positive Einstellung zu dem Begriff sagt noch wenig darüber aus, welche unterschiedlichen *Bedeutungen* ihm zugemessen werden. Zwei Hauptrichtungen lassen sich unterscheiden: die einen beziehen ihn auf die Frauen und Mädchen, die ins Projekt kommen, die anderen auf die Arbeit und zwar sowohl auf die eigene Arbeitssituation als auch auf das vorhandene Angebot:

– Der ganzheitliche Blick auf die Frauen umfaßt für einen Teil der Mitarbeiterinnen die ganze Person: entweder im Sinne der Trias Körper-Geist-Seele (wie bei Lisa aus dem Bildungsbereich) oder im Sinne unterschiedlicher Facetten der Persönlichkeit (wie bei der Frauenhausmitarbeiterin Doris, der Beratungsmitarbeiterin Birgit und der Bildungsmitarbeiterin Claudia).

Lisa (K3): Für mich ist es ganz klar, daß der ganze Mensch mit seinem Körper, seiner Seele und seinem Geist dazugehört. [...] Wenn ich das Bewerberinnentraining nehme, daß ich nicht nur dieses Formale, sondern den ganzen Menschen nehme, die Frau, wie sie sich fühlt, was sie von sich hält. (S. 22-23)

Doris (F9): Die ganze Person, nicht nur die geschlagene Frau zu sehen. [...] Es gibt ähnliche schlechte Erfahrungen, die die gemacht haben in ihrem Leben, aber wie sie die verarbeiten und was für eine Persönlichkeit daraus geworden ist, ist so unterschiedlich, wie es nur sein kann. (S. 33)

Birgit (B9): Ganzheitlichkeit heißt für mich, daß ich die Klientin nicht auf eine Problematik reduziere, bei der sie Hilfe braucht, sondern daß ich sie als ganze Person sehe, vor allen Dingen auch ihre Stärken. Das ist ein Punkt, um Heilung zu bewirken. (S. 21)

Claudia (K5): Es geht immer um die ganze Person und nicht nur um Leistung. Wenn jemand gut oder schlecht ist, dann will ich auch wissen, wer sie noch ist, was sie noch macht. [...] Wenn man eine Technik lernt – wie man argumentiert, daß das eingebettet ist in das Konzept der eigenen Persönlichkeit. (S. 11)

Der andere Teil der Mitarbeiterinnen versteht unter ganzheitlichem Blick auf die Frau, deren Umfeld – im Sinne von Lebenszusammenhang, sozialem Nahbereich und gesellschaftlichen Einflüssen – zu beachten.

Xenia (B7): Ganzheitlichkeit heißt für mich, daß wir in unserer Arbeit die Mädchen nicht aufgliedern. Die Mädchen kommen mit Leistungsschwächen in der Schule oder mit Kopf- oder Bauchschmerzen, und wir konzentrieren uns nicht auf diesen einen Teil, sondern gucken, was spielt noch alles mit: die familiäre Situation, die Wohnsituation, Belastung in der Schule. (S. 17)

Vera (B3): In unserer Arbeit meinen wir damit, daß in eine Beratung oder Diskussion über eine bestimmte Problematik alles einbezogen wird: die Lebensumstände, die Situation der Frau in der Gesellschaft, ihre psychische Situation, ihre Familiensituation und körperlicher Zustand. (S. 23)

Insbesondere im Beratungsbereich überwiegt dieses umfassendere Verständnis des Begriffs, während ein näher an der Person orientiertes, im Frauenhausbereich am häufigsten zu finden ist.

– Dem ganzheitlichen Blick auf die Arbeit wohnen wiederum verschiedene Bedeutungen inne.

Eine davon wird nur von Beratungsmitarbeiterinnen genannt: die Möglichkeit nichtentfremdeter Arbeit, deren Chancen und Herausforderungen.

Ute (B2): In bezug auf meine Arbeit heißt Ganzheitlichkeit, daß das für mich nicht ein Job ist, den ich acht Stunden mache, nach Hause gehe, den sozusagen ablege und am nächsten Morgen wieder hingehe, sondern, daß ich eine Arbeit mache, mit der ich mich identifiziere [...]. Ich funktioniere nicht irgendwie, sondern achte darauf, wie es mir geht, was mir zu viel ist und was nicht. (S. 24)

Ilse (B11): Ganzheitlichkeit heißt, daß ich an den Inhalten beteiligt bin. Also finde ich den Austausch mit den Kolleginnen wichtig und daß ich nicht völlig distanziert neben der Sache stehe. Ganzheitlichkeit ist ansatzweise immer gegeben, weil ich und meine Geschichte miteingehen in die Arbeit. (S. 11)

Ansonsten wird der Begriff in unterschiedlicher Weise auf das Projektangebot bezogen: als Integration verschiedener Arbeitsbereiche (Wilma, Dalia) oder als erfahrungsbezogener Arbeitsansatz (Jutta).

Wilma (B6): Das finde ich bei dem Projekt sehr positiv, daß wir die Möglichkeit haben, nicht nur diesen defizitären Bereich, sondern auch diese andere Seite abzudecken: Freizeit und diese Sachen. So eine Kombination einfach. (S. 23)

Dalia (K6): Ganzheitlichkeit versteht sich aus dem Konzept der Arbeit. Nicht umsonst haben wir in unserem Projekt Kursangebote, Bildungsveranstaltungen oder Freizeitangebote. Wobei die Frauen die Möglichkeit haben, Freundschaften untereinander zu schließen und in solch einer Atmosphäre sich ein Stück heimisch und in einer Beratungssituation wohler fühlen können. (S. 8)

Jutta (K1): Das heißt, daß ich von den ganz persönlichen Erfahrungen (der Frauen) ausgehe, versuche, zu einer Verallgemeinerung zu kommen und daraus eine Extraktion zu bilden. Das würde für mich Ganzheitlichkeit bedeuten, mehr bezogen auf den Erfahrungshintergrund. (S. 16)

Eher selten enthält die Kennzeichnung der Arbeit als ganzheitlich eine explizit politische Dimension, indem das doppelte Anliegen der Projekte – konkrete Hilfe und gesellschaftliche Kritik – aufgeführt wird wie bei Olga und Ute.

Olga (F2): Ganzheitlichkeit (heißt), die gesellschaftlichen Umstände in die Einzelarbeit, die Arbeit im Frauenhaus immer ist, einfließen zu lassen. Die Frauen als einzelne Person in Beziehung zu ihrer Familie, zur Gesellschaft zu sehen. [...]. Das bedeutet neben unserer Betreuung, die wir mit den Frauen machen, auch politische Arbeit, Öffentlichkeitsarbeit. Wir bleiben ja nicht mit unseren Frauen und deren Schicksal hier sitzen und versorgen die Frauen, sondern versuchen, ihnen Stabilität zu geben, daß sie Sachen erkennen können und andere auf das Frauenhaus und auf Gewalt an Frauen aufmerksam zu machen. (S. 12-13)

Ute (B2): Zu diesem ganzheitlichen Ansatz gehört auch der politische Hintergrund. Daß wir die Gewalterlebnisse der Frauen in einen politischen Zusammenhang stellen und daß, was wir tagtäglich erleben und erfahren in Form von Kritik an die Gesellschaft zurückgeben, daß wir im Blick haben, daß Gewalterfahrungen von Frauen nichts Individuelles sind, sondern einen gesellschaftlichen Hintergrund haben in diesem patriarchalen System. (S. 24)

Die Frage der *Umsetzbarkeit* ganzheitlicher Überlegungen und Ansätze scheint am meisten die Frauenhausmitarbeiterinnen zu beschäftigen, die dieses Problem am ehesten thematisieren und nicht selten skeptisch beurteilen. Von den Beratungs- und Bildungsmitarbeiterinnen äußert sich kaum eine kritisch dazu. Möglicherweise liegt das daran, daß letztere stärker als die Frauenhausmitarbeiterinnen Ganzheitlichkeit als konzeptionellen Bestandteil ihres Projektes sehen, der nicht erst in einer besonderen Anstrengung hergestellt werden muß. Gründe könnten zudem darin bestehen, daß die von einem ganzheitlichen Ansatz erhoffte Wirkung auf die Selbstentfaltung der Adressatinnen weniger überprüfbar ist als im Frauenhauskontext oder die Adressatinnen dieser Projekte offener für ganzheitliche Ansätze sind und die eigene Arbeit daher positiver eingeschätzt wird. Die Grenzen der Umsetzbarkeit werden nicht so deutlich wie im Frauenhaus, wo die Differenz zwischen Anspruch und Realität greifbarer ist, weil der Zusammenhang zum Alltag unmittelbar ist.

Die Frauenhausmitarbeiterinnen selbst sehen Ursachen für die schwierige Umsetzung von Ganzheitlichkeit z.B. in ihren eigenen Grenzen, wie der Unmöglichkeit, sich „um alles zu kümmern".

Sylvia (F8): Ganzheitlichkeit ist nach wie vor ein Ziel, wobei ich jetzt Abstriche mache. Weil ich mich nicht um alle Belange kümmern kann, da überfordere ich mich. Dazu ein Beispiel: von einer Frau, die ich betreue, hat meine Kollegin erzählt, daß sie zu viel Zucker in den Tee macht und die Kinder haben schon schlechte Zähne. [...] Ich kann die Frau, wenn es sich ergibt, darauf ansprechen, aber ich sehe es nicht als explizites Dings, daß ich mich da auch noch einschalten muß. (S. 24)

Zum anderen liegen sie in den Grenzen der Frauen, die mal mehr, mal weniger Veränderungen ermöglichen (Doris). Negative Verhaltensweisen, wie Verschweigen von Vorkommnissen im Haus (Beate) und Probleme mit der Haushaltsführung und den Kindern (Carola) sollen nicht ausgeblendet werden, sind gleichzeitig aber schwer einzubeziehen.

Doris (F9): Eine sehr individuelle Herangehensweise heißt für mich Ganzheitlichkeit. Die Person zu sehen, wie sie ist, und ganz unterschiedlich damit zu arbeiten. [...] Kein Ding drüberzustülpen: so, das ist die Methode und da gehe ich stur mit um. (S. 33)

Beate (F3): Ganzheitlichkeit ist für mich, die Frau in ihrer Gesamtsituation zu sehen. [...] Wir kriegen nur einen Bruchteil von dem mit, was hier abläuft im Haus. Insofern ist es schwer, das in die konkrete Arbeit einfließen zu lassen, weil viele Situationen, die passieren, wenn wir nicht da sind, nie aufgedeckt werden, weil die Frauen sich decken. (S. 21)

Carola (F5): Ich erlebe die Frau von vielen Seiten, wie sie mit ihren Kindern umgeht, wie sie ihr Zimmer in Ordnung hält oder nicht, wie sie mit anderen Frauen umgeht, wie sie mit mir umgeht und das, was sie mitbringt und erzählt. Ich versuche, das alles wahrzunehmen und in Gesprächen miteinzubeziehen. [...] Ich kann zum Beispiel nicht übersehen, wenn eine Frau ihre Kinder nicht richtig versorgt, dann kann ich das nicht ausblenden. Ich bin gezwungen, sie damit zu konfrontieren. (S. 6)

Carola beschäftigt sich darüber hinaus mit dem Widerspruch, daß es trotz des Anspruchs auf Ganzheitlichkeit Ausgrenzungen durch die Mitarbeiterinnen gibt – nämlich Männerbeziehungen –, wodurch ein wichtiger Lebensaspekt der meisten Frauen unbeachtet bleibt.

Carola (F5): Die Beziehung zu Männern – das grenzen wir zumindest am Anfang sehr aus. Weil klar ist, die Frau flüchtet und muß geschützt werden vor dem Mann. Und wir sind parteilich für die Frau. Der Mann ist erst mal der Feind. In der letzten Zeit habe ich mir oft Gedanken darüber gemacht, daß es für die Frau ja weitergeht, sie wird wieder Beziehungen zum Mann aufnehmen und erlebe mit, oft sind es wieder ähnliche Beziehungen; daß das ein Punkt ist, der zur ganzheitlichen Betrachtung dazugehört und den wir, oder ich, sehr oft ausblende. (S. 6-7)

*Resümee*: Das heterogene Verständnis der Mitarbeiterinnen von Ganzheitlichkeit macht deutlich, wie nötig eine projektübergreifende Debatte über den Begriff und seine Bedeutung für die jeweiligen Arbeitsfelder ist, soll er nicht zur Chiffre gerinnen, wo nur noch klar ist, daß verschiedene Aspekte der Persönlichkeit oder unterschiedliche Dimensionen der Arbeit zusammenzusehen sind. Zu Beginn der Projektebewegung war es einfacher, Ganzheitlichkeit als allgemeine Leitlinie positiv zu besetzen, denn es ging um Abgrenzung von tayloristischen Problemsichten. Heute jedoch steht die Frauen- und Mädchenarbeit vor der Frage, welche Aspekte jeweils zusammengebracht und als Einheit verstanden werden sollen, wie das praktisch umzusetzen ist. Dazu gibt es bisher wenig befriedigende Überlegungen, weder bezogen auf Grundfragen noch auf Abklärungen in einzelnen Arbeitsbereichen.

Die insbesondere von den Frauenhausmitarbeiterinnen geäußerten Bedenken machen aufmerksam auf folgende Fragen:

–   Eine Mitarbeiterin soll zwar die Situation der Frauen und Mädchen ganzheitlich erfassen, aber für welche dieser vielfältigen Aspekte sie dann zuständig ist und für welche nicht, ist völlig ungeklärt. Wer entscheidet, welche Aspekte angegangen werden, die Mitarbeiterin, die betroffene Frau oder beide zusammen? Soll die Mitarbeiterin das ganzheitlich Erfaßte letztlich der Frau unter dem Stichwort Selbstverantwortlichkeit zurückgeben oder ist diese damit überfordert?

–   Macht ein ganzheitlicher Ansatz umfassendes Wissen über eine Frau nötig? Oder belastet ein derartiger Anspruch das auf Selbständigkeit bedachte Verhältnis zwischen Mitarbeiterinnen und Frauen übermäßig? Wie schmal ist der Pfad zwischen einer „gläsernen" Frau und erforderlichen Kenntnissen über die Frauen?

–   Schließt Ganzheitlichkeit die Suche nach nichtpatriarchalen Wegen ein, um das Verhältnis zu Männern stärker in das Konzept einzubeziehen? Zumindest bedarf es der Überlegung, weshalb Männerbeziehungen, die die meisten Frauen ja eingehen, so wenig als Aspekt der ganzen Person und der Arbeit gesehen werden und ob sich an diesem Punkt Parteilichkeit und Ganzheitlichkeit widersprechen.

## 1.2 Parteilichkeit zwischen Solidarisierung und Abgrenzung

Die Mitarbeiterinnen aller Arbeitsbereiche sind sich über die positive Bedeutung des Begriffs Parteilichkeit einig. Sie verstehen darunter, auf seiten der Frauen und Mädchen zu stehen und sich für deren Belange vorbehaltlos einzusetzen.

Für Frauenhausmitarbeiterinnen enthält das Credo, explizit für die Frauen dazusein, verschiedene Konnotationen:

– Weder den Mann (Doris) noch die Institution (Else) in den Vordergrund zu rücken:

Doris (F9): ... daß es die Frauen manchmal wundert, wie stark ich sie in den Mittelpunkt stelle und den Mann und alles andere außen vorlasse, aber das ist für mich Parteilichkeit. (S. 35)

Else (F6): ... daß ich grundsätzlich keine Auskünfte über Frauen gebe. Auch durch konkrete Handlungen, indem man versucht, an bestimmten Stellen sich für diese Frauen einzusetzen. Zum Beispiel, wenn man jemand vom Sozialamt anscheißt, weil der diese Frau zum 5.000ten Mal wirklich fies behandelt. (S. 7)

– Den Frauen Glauben zu schenken:

Carola (F5): Parteilichkeit besteht auch darin, das, was die Frau erzählt, so zu nehmen, wie sie es erzählt, ohne es zu hinterfragen, weil Frauen das oft noch nicht erlebt haben. Da kann objektiv was anderes mitgespielt haben, aber das erst mal so zu nehmen, wie sie das erzählt und ihr zu glauben. (S. 8)

Die Mitarbeiterinnen der Beratungsprojekte wollen ebenfalls für die Frauen und Mädchen „Partei ergreifen" (B8, S. 14) und eine „grundsätzlich solidarische Haltung" (B2, S. 26) ihnen gegenüber einnehmen, indem sie sie unterstützen und das Gesagte nicht anzweifeln. Besonders wichtig ist ihnen diese eindeutige Haltung in der Mädchenarbeit aufgrund vielfältiger Abhängigkeiten der Mädchen (Xenia) und in der Arbeit gegen Gewalt aufgrund der untergeordneten gesellschaftlichen Stellung von Frauen und Mädchen (Birgit).

Xenia (B7): Parteilichkeit heißt für mich, daß wir überall da Stellung beziehen, wo wir sehen, daß Mädchen diskriminiert werden, daß wir die Mädchen unterstützen gegen andere Personen oder Institutionen und bei den Mädchen bleiben, also nicht in Gesprächen mit Eltern versuchen, uns in die Position des Vaters reinzudenken oder, was viel schwieriger ist, zu vermeiden, die Schwierigkeiten der Mutter zu sehen, sondern wirklich dabei zu bleiben, was ist in dem Moment für das Mädchen wichtig, weil wir sonst schnell in Rollenkonfusion kommen. Parteilichkeit heißt, den Mädchen die Möglichkeit zu geben, ihren eigenen Weg zu finden. (S. 17)

Birgit (B9): Parteilichkeit bedeutet für uns, was geschehen ist, aus dem Blick der Frau zu betrachten, sich in sie hineinzuversetzen und was sie dabei empfunden hat, nachzuvollziehen oder zumindest es zu versuchen. Es geht nicht um eine karitative Teilnahme, sondern darum, daß Frauen in dieser Gesellschaft nicht gleichberechtigt sind, daß sie keinen Raum haben, was ihnen angetan wurde, auszusprechen und keine Gelegenheit, was in ihnen ist, zu entfalten. (S. 21)

Auch die Mitarbeiterinnen der Bildungsprojekte sehen sich „auf seiten der Frauen" (K3, S. 23), indem sie sie unterstützen, ihre Sicht ernst nehmen und ihnen, wie Karin ausführt, eine Chance geben, eigene Interessen zu vertreten.

Karin (K2): Parteilichkeit fließt mit ein, wenn ich in den Kursen versuche, mit den Frauen so zu arbeiten, daß die herausfinden, was ihre Bedürfnisse sind. [...] Wo ich versuche, Frauen zu unterstützen, Forderungen und Bedingungen zu stellen. [...] Es ist mir ein besonderes Anliegen gerade bei den ausländischen Frauen, ihnen etwas an die Hand zu geben, damit sie unabhängiger werden, daß ihnen mehr Möglichkeiten offenstehen. (S. 18)

Dennoch gibt es deutliche Unterschiede zwischen den Mitarbeiterinnen der drei Arbeitsbereiche und zwar bezüglich der Thematisierung von *Grenzen der Parteilichkeit*. Insbesondere die Mitarbeiterinnen von Frauenhäusern erachten es als notwendig, gegenüber den Frauen Grenzen zu setzen. Für die Beratungs- und Bildungsmitarbeiterinnen hingegen scheint das nur von untergeordneter Bedeutung in diesem Zusammenhang und wird entsprechend seltener erwähnt, am wenigsten in Beratungsprojekten.

Über die Hälfte der Frauenhausmitarbeiterinnen zieht diese Grenze, indem sie aufführen, daß Parteilichkeit für sie nicht einhergeht mit:

– Kritiklosigkeit

Else (F6): Parteilichkeit heißt nicht, jemand nur mit Fürsorge zu ummanteln, sondern auch versuchen, Kritik zu üben oder daß ich gerne bereit bin, mir von den Frauen Kritik anzuhören. (S. 7)

– Identifikation

Doris (F9): ... daß ich nicht Parteilichkeit als Identifikation verstehe, 'wir sind alle Frauen und halten zusammen', sondern Abgrenzungen habe, 'das bist du und das bin ich', das ist für mich relativ klar und da mache ich keinen Hehl daraus. (S. 35)

– und Akzeptanz quälerischer Beziehungen.

Tine (F10): Die Frauen zu akzeptieren und anzunehmen, zu gucken, sie lebt in einer Beziehung, die wir als fürchterlich empfinden und wo mich ein kalter Schauer überläuft und sie trotzdem, wenn sie bleiben will, dort lassen zu können; an solchen Stellen fällt Parteilichkeit schwer. Da fängt Parteilichkeit an, manchmal Haken zu bekommen. (S. 17)

Zudem wägen viele Frauenhausmitarbeiterinnen zwischen ihrer Parteilichkeit für die Frauen und derjenigen für die Kinder ab.

Anna (F1): Wenn es um das Sorgerecht geht, werden wir oft gefragt. Und dann erst mal bei dem zu bleiben, was die Frau sagt. Aber es geht nicht mehr so weit, daß ich denke, die Frauen könnten nicht auch Anteile haben. Es geht nicht so weit, daß ich alles verstehe, was sie machen, zum Beispiel, wenn eine Vernachlässigung von Kindern da ist, auch das Jugendamt einschalte. Also nicht so ein fester Schutzmantel für alles, was die Frauen machen. (S. 22)

Petra (F4): Was die Kinder betrifft, da sind wir oft hin und hergerissen. Wir hatten schon Frauen, da stand unsere Parteilichkeit für die Kinder über der Parteilichkeit für die Frau, wenn wir wußten, daß es für ein Kind unzumutbar ist, in die alte Situation zurückzugehen. Da gab es schon Fälle, da haben wir das Jugendamt informiert oder uns in irgendeiner Form um das Kind gekümmert. Aber die Parteilichkeit für die Fauen steht im Normalfall an allererster Stelle. (S. 16)

Nur wenige Beratungs- und Bildungsmitarbeiterinnen sprechen über die begrenzte Anwendbarkeit des Parteilichkeitsprinzips und zwar bezogen auf die Mitverantwortlichkeit der Frauen für Beziehungsstrukturen:

Vera (B3): Das ist ein wichtiges Prinzip, daß wir erst mal davon ausgehen, daß das, was die Frau erzählt, so stimmt. Man könnte im Einzelfall u.U. feststellen, daß es nicht unbedingt stimmt, was sie sagen und was sie über den Mann erzählen, nur die eine Hälfte des Problems ist. [...] Dieses Parteiliche kann auch heißen, daß es mal parteilich einseitig ist. Daß wir Frauen in irgendwas bestätigen, meinetwegen auch gegen Männer, wo das, wenn du das als Psychologin sehen würdest, nicht unbedingt gerechtfertigt wäre. (S. 24)

*Resümee*: Parteilichkeit ist im Vergleich zu Ganzheitlichkeit ein sehr viel eindeutiger genutzter Begriff und steht für die grundsätzliche Frauenorientierung der Mitarbeiterinnen. Schwierig wird er, wenn Mitarbeiterinnen das Gefühl haben, er verbiete jede distanzierende Bewegung, vor allem für diejenigen, die auch für das Wohl der Kinder verantwortlich sind. Der Begriff bezeichnet eine politische Position und läßt Differenzierungen, die im Arbeitsalltag nötig werden offen. Dennoch ist er zur Bestimmung der Projektposition und der eigenen Arbeitshaltung nach wie vor von Bedeutung. Als einziges wäre wichtig zu klären, wie Mitarbeiterinnen sich im Falle von Kollisionen verhalten und trotzdem das Gefühl wahren können, sich an feministischen Prinzipien zu orientieren.[3] Das scheint insbesondere für die Frauenhäuser zu gelten, denn hier ist die Begegnung mit den Frauen und ihren Kindern am intensivsten, da sie den Alltag einschließt.

---

[3]  Wie differenziert Parteilichkeit inzwischen gehandhabt wird, soll an zwei Beispielen verdeutlicht werden: Ortrud Wulf (1994), Mitarbeiterin einer Frauenberatungsstelle, sieht Parteilichkeit als mögliche „Rollenfalle", nämlich trotz entgegengesetzter Zielsetzung stellvertretend aktiv zu werden. Den schmalen Grat zwischen Entmündigung und Überforderung betonen auch die Mitarbeiterinnen eines Mädchenprojektes, indem einerseits Entscheidungen gemeinsam erarbeitet werden sollen, andererseits versucht werden muß, traumatisierte Mädchen von selbstzerstörerischen Handlungen abzuhalten. (Feministische Mädchenarbeit e.V. 1993)

## 1.3 Betroffenheit als Leitbild und als Leerformel

Auch mit dem *Begriff* Betroffenheit tut sich, ebenso wie mit dem Begriff Parteilichkeit, keine der Mitarbeiterinnen schwer. Allerdings sehen ihn nicht alle Frauen positiv, einige wenige äußern sich negativ, da er Gleichheit suggeriere; Claudia z.B. schlägt statt dessen Parteilichkeit vor, da dieser Begriff die unterschiedliche Situation von Mitarbeiterinnen und Adressatinnen ausdrückt und gleichwohl unterstützend ist:

Claudia (K5): Parteilichkeit ist mir im Grunde genommen lieber, weil Betroffenheit eher eine scheinbare Gleichheit herstellt. Ich bin in einer anderen Rolle als die Frauen und mir ist es wichtig, Parteilichkeit herzustellen und nach außen zu dokumentieren. Das bedeutet nicht, daß ich alles gutheiße, was sie machen, sondern ich bin da, damit sich beruflich etwas verändert und da bin ich natürlich auf seiten der Frauen. (S. 9)

Ähnlich wie bei dem Begriff Ganzheitlichkeit gibt es recht unterschiedliche Definitionen von Betroffenheit. Während die Frauenhausmitarbeiterinnen etwa zu gleichen Teilen entweder die *politische Dimension* hervorheben oder aber ein individualisiertes Verständnis des Begriffs haben, überwiegt in den Beratungsprojekten das individualisierte Verständnis und bei den Bildungsprojekten dominiert es eindeutig.

Es sind vor allem Frauenhausmitarbeiterinnen, die den Begriff noch so nutzen, wie er einst in der Frauenbewegung definiert wurde:

Tine (F10): Daß wir alle Frauen hier im Haus sind. Allgemein auf einer gesellschaftspolitischen Ebene, daß wir alle in einem Boot sitzen in dieser Diskriminierung, die wir im Alltag über unser Geschlecht erfahren. Das ist ein theoretischer Hintergrund, der eine Rolle spielt, der auch Solidarität schaffen kann – natürlich spielt Betroffenheit auch eine Rolle, daß mich das Schicksal einzelner Frauen mitnimmt und beeinflußt. (S. 15)

Rose (F7): Ein Stückweit versuche ich, die Betroffenheit zum Beispiel in Öffentlichkeitsarbeit umzusetzen, daß ich das nach außen trage und dadurch was bewirke für das Projekt. Für mich selbst reflektiere ich das nochmal, was mich so betroffen gemacht hat, ob das vielleicht was mit mir zu tun hat, mit meinen Erfahrungen. (S. 12)

Auch für die Beratungsprojekte hat Betroffenheit als frauenpolitische Kategorie noch einige Bedeutung, wenn auch nicht in dem Maße wie für die Frauenhäuser. Diese Mitarbeiterinnen sehen einen engen Zusammenhang zwischen der allgemeinen Frauensituation und sich als Frau, beides fließt gleichermaßen in ihre Arbeit ein und ist Bestandteil ihres Reflexionsprozesses.

Ute (B2): Wir machen die Arbeit aus unserer eigenen Betroffenheit heraus, weil wir als Frauen alle von Gewalt betroffen sind. Entweder wir waren es schon in massiverer Form oder wir sind es im täglichen Umgang mit Männern. Das fängt bei blöder Anmache an und geht über massivere sexuelle Belästigungen bis hin zur Vergewaltigung. Je nachdem, was in den Beratungen vorkommt, unsere eigenen Ängste anspricht, sind wir von einer Beratung auch unterschiedlich betroffen. (S. 20)

Vera (B3): Weil wir als Betroffene im weitesten Sinne diese Arbeit angefangen haben, fühlen wir uns u.a. kompetent, was darüber zu sagen oder Frauen zu helfen. Das ist ein wichtiger Motor, diese Härten, die so eine Arbeit hat, über Jahre zu machen und was man als Idealismus bezeichen würde (ein Teil der Frauen hat lange für sehr wenig Geld gearbeitet, M.B.), kann man nur darüber erklären. (S. 21)

Die *individuell ausgerichteten Definitionen* des Begriffes weisen wiederum unterschiedliche Facetten auf. Während in Frauenhäusern darunter überwiegend verstanden wird, sich in die Situation der Frauen hineinzuversetzen, steht für die Beratungsprojekte das Thema Selbstbetroffenheit im Vordergrund und für die Bildungsprojekte etwas, das nur dort vorkommt: die Auseinandersetzung mit den Frauen als Anderen im Sinne einer Begegnung mit fremden Lebensentwürfen.

Mitarbeiterinnen in Frauenhäusern, die eine individuelle Perspektive haben, übersetzen den Begriff überwiegend als Mit-Leiden, einige auch als Wiedererkennen eigener Erfahrungen insbesondere hinsichtlich Beziehungsproblemen. Beide Male folgern sie daraus, daß sie die Bewohnerinnen verstehen können, da sie Gemeinsamkeiten zwischen sich und den Frauen empfinden und ihnen jene nicht als „ganz Andere" erscheinen. Hier beispielhaft die Überlegungen von Doris, die das Bemühen deutlich machen, Parallelen zu entdecken und darüber Nähe herzustellen:

Doris (F9): Bei dem Thema Gewalt gegen Frauen und der eigenen Betroffenheit, kann man natürlich pauschal sagen, alle Frauen sind von Gewalt betroffen. Die Beziehungsdynamiken, die die Frauen haben, sind absolut normal in Anführungstrichen. Da sind Parallelen wie Verantwortung für die Beziehung zu übernehmen, die habe ich oft übernommen in meinen Beziehungen. Daß das sich zuspitzt und zu einer gewalttätigen Beziehung wird sind oft nur Nuancen von Dynamiken, die ansatzweise in ganz vielen Beziehungen sind. [...] Ich dachte, ich will nicht dieses Abstrakte 'Gewalt in einer Beziehung, das habe ich nie erlebt und kann mir nicht vorstellen, wie das ist', sondern ich fange ganz unten an: Wie entsteht so eine Beziehung? Wie kann es dazu kommen? (S. 30-31)

Betroffenheit im Sinne von Selbstbetroffenheit spielt für die Mitarbeiterinnen im Beratungsbereich eine wesentliche Rolle für die Wahl dieser Arbeit. Selbstbetroffenheit wird dabei entweder gefaßt als allgemeine Voraussetzung der Arbeit und zwar insbesondere von Projekten, die stark in der Tradition der Selbsthilfegruppen stehen, oder als Eigendefinition von Mitarbeiterinnen, die als Teil der Qualifikation gesehen wird.

Bildungsmitarbeiterinnen äußern in diesem Zusammenhang ihr Interesse an dem Fremden von Frauen, denen sie in ihren Projekten begegnen und das sie betroffen macht. Dieses interessierende Fremde zeigt sich sowohl gegenüber traditionellen Familienfrauen (Jutta) als auch gegenüber Migrantinnen (Karin), beide Male stehen die Frauen in Lebenszusammenhängen außerhalb der eigenen Erfahrungen.

Jutta (K1): Wenn die Frauen ihre familiäre Situation schildern, merke ich schon eine Betroffenheit. [...] Theoretisch ist mir vieles klar. Aber es macht mich immer wieder betroffen, wenn ich diese Ignoranz, teilweise Arroganz von Männern höre, wie die Arbeit der eigenen Ehefrau beurteilt wird. (S. 16)

Karin (K2): Mich macht betroffen zu spüren, welche Feindlichkeit es gibt gegen sie, wo ich manchmal denke, wenn ich das im Fernsehen sehe, solche Leute hast du jeden Tag bei dir. [...] Das Heimweh, das ich spüre, rührt mich sehr. Zu sehen, daß die aus einem vollkommen anderen Kulturkreis kommen und manchmal hier so verloren sind oder manchmal bewundere ich auch, wie sie das auf die Reihe kriegen. (S. 16)

Die meisten Mitarbeiterinnen setzen sich im Zusammenhang mit Betroffenheit mit Fragen von *Distanz und Distanzierung* auseinander. Insbesondere Frauenhausmitarbeiterinnen finden es bisweilen schwierig, sich zu distanzieren. Gleichzeitig sind sie die einzigen, die eine wachsende Distanziertheit problematisieren. Hingegen berichten vor allem Beratungsmitarbeiterinnen über andere Lösungen des Nähe-Distanz-Problems, zum Beispiel indem sie sich aus der Arbeit mit den Frauen und Mädchen zurückgezogen haben und heute (auch) andere Aufgaben wahrnehmen. Dazu paßt, das einige der Beratungsmitarbeiterinnen ihre mangelnde Distanzierungsfähigkeit als Hauptschwierigkeit empfinden. Auch ein Teil der Bildungsmitarbeiterinnen setzt sich mit Abgrenzungsfragen als Problem und als Notwendigkeit auseinander.

Alle Frauenhausmitarbeiterinnen bezeichnen sich im allgemeinen als fähig, sich von dem Leid der Frauen zu distanzieren. Voraussetzung war ein Lernprozeß, vermittelt über Berufserfahrungen (Beate) oder Zusatzausbildungen (Rose):

Beate (F3): Das hat sich verändert über die Zeit, daß ich glaube, relativ gut Grenzen ziehen und abschalten zu können. Klar ist, daß ich Sachen mit nach Hause nehme und mich darüber austausche; ich würde es unnatürlich finden, wenn ich hier im Haus bin und es wäre mir alles vollkommen egal. (S. 20)

Rose (F7): Das habe ich in meiner GF-Ausbildung und der TZI-Ausbildung gelernt, daß das nicht so in mein Leben reingreift. Ich kann schon Anteil nehmen und auch betroffen sein, und trotzdem ist da die Klientin und da bin ich. (S. 12)

Dennoch berichten viele über Ausnahmen, wo sie von dem Schicksal einer Frau so erschüttert sind, daß sie sich unter starken Handlungsdruck gesetzt sehen. Andere wiederum reflektieren ihre zunehmende Distanziertheit und sehen sie nicht nur als Erleichterung, sondern auch als fragwürdig an:

Else (F6): Manchmal frage ich mich, bin ich inzwischen schon abgebrüht? Müßte ich langsam mal die Stelle wechseln? Wenn ich mein Handeln sehe, wie es am Anfang gewesen ist und wie es jetzt ist – wir haben eine Kollegin, die noch nicht lange dabei ist, und wo ich mich oft wiedersehe, was sie gibt, was ich inzwischen nicht mehr mache, weil es mich auffrißt. (S. 6)

Tine (F10): Professionalität ist auch dadurch gekennzeichnet, sich ein Stückweit abgrenzen zu können. Ich erlebe aber immer wieder Frauen, die neu in den Bereich einsteigen. Daß es manchmal hilfreich sein kann, wenn Betroffenheit da ist, daß die Frau sieht, da ist eine Praktikantin, die das tief beeindruckt, daß das was Angenehmes hat. Es kann für die Arbeit auch sinnvoll sein. (S. 15)

Zwar beschreiben auch die meisten Mitarbeiterinnen der Beratungsprojekte eine mit der Berufserfahrung wachsende Distanzierungsfähigkeit, aber darüber hinaus scheint es eine breitere Palette von Möglichkeiten zu geben, mit dem Problem umzugehen, z.B. neue Aufgabenfelder wie Geschäftsführung oder Öffentlichkeitsarbeit zu übernehmen. Andere sehen in ihrem Projektbereich kaum Schwierigkeiten im Umgang mit Betroffenheit, da die Themen und Problemlagen zumeist noch Handlungsmöglichkeiten und damit positive Beratungssituationen zulassen. Einige der Mitarbeiterinnen fühlen sich jedoch nach wie vor häufiger sehr betroffen, entweder weil die Thematik stark ihr eigenes Leben berührt oder aber Gewalt im Spiel ist. Dennoch verbleiben sie vorerst in ihrem Arbeitsbereich.

Feli (B1): Du mußt unglaublich gut Abgrenzungen beherrschen, noch und nöcher. Ich weiß gar nicht, ob du Abgrenzungen so gut beherrschen kannst, ohne daß es dir auch nahe geht. (S. 3)

Ute (B2): Die zunehmende Erfahrung mit Beratung führt dazu, daß ich eher ein Stück Distanz hinkriege zu dem, was passiert ist oder zu dem, was die Frauen erzählen und ich nicht jedes Mal völlig fertig bin. Aber es gibt immer wieder Sachen, die sehr gewalttätig gelaufen sind und da fällt es mir sehr schwer, mir das anzuhören und mich da völlig rauszunehmen. (S. 20)

Bei beiden Mitarbeiterinnen wird deutlich, wie wichtig eine Differenzierung im Beratungsprozeß zwischen notwendiger innerer Anteilnahme und ängstigender Überwältigung ist, um Empathie von mangelnder Distanzierungsfähigkeit unterscheiden zu können. Während Einfühlungsvermögen eine zentrale Voraussetzung für Beratung ist, wird diese durch zu starke Identifikation und verschwimmende Ich-Grenzen eher verunmöglicht, beides ist jedoch nicht immer einfach von einander zu trennen; starre Abgrenzung stellt jedoch nur scheinbar einen Ausweg aus dem Dilemma dar.

Am offensten setzt sich Zillie mit dem Problem der Abgrenzung auseinander, das sie zunächst als Frage der eigenen Professionalität versteht.

Zillie (B10): Das gibt mir einen Beigeschmack von Unprofessionalität, daß ich mich leicht aus einer Arbeit rausreißen lasse. [...] Ich fühle mich ziemlich oft gestört, aber das hat sicherlich damit zu tun, daß ich mich immer noch nicht richtig abgrenzen kann. Ich will nicht zu jeder Zeit für alles verfügbar sein. (S. 8)

Zillie belasten ihre Abgrenzungsschwierigkeiten physisch und psychisch.

Zillie (B10): Manchmal (sind es) ganz elendige Geschichten, wo ich merke, es ist ein Nackenschlag nach dem anderen. Das manifestiert sich bei mir in Nackenverspannungen. [...] Ich bin nicht als Mitleidende gefragt, sondern als Begleiterin. Das kriege ich nicht immer hin. Ich leide erst mal eine Zeitlang mit. Was den Frauen nicht unbedingt hilft. (S. 18-19)

Es ist fraglich, ob es im Bereich der Frauenarbeit und sozialer Arbeit generell so etwas geben kann wie eine ein für allemal gelungene Form der Distanzwahrung, ob es nicht bestenfalls immer wieder zu einem inneren Ausbalancieren kommt, um sich nicht entweder innerlich von den Problemen zu verabschieden und damit Empathie einzubüßen oder aber sich auffressen zu lassen und ständig zu überfordern. Die Suche nach einer angemessen, inneren Haltung gegenüber der jeweiligen Beratungsaufgabe ist Teil der permanenten professionellen Anforderung. Entlastungsmöglichkeiten finden die Mitarbeiterinnen am ehesten in Gesprächen mit Kolleginnen, in der Supervision oder im Verfassen von Beratungsprotokollen.

Auch viele Mitarbeiterinnen in Bildungsprojekten finden hier und da Abgrenzung nach wie vor nicht einfach. So beschreibt Friedel in drastischen Worten, wie sie sich von dem Schicksal der Frauen innerlich zu distanzieren sucht, aber offenbar wird sie mehr ergriffen als ihr lieb ist, so daß sie sich vehement dagegen verwahrt.

Friedel (K4): Die meisten Frauen, die zu mir kommen, sind in tiefen Krisen. Der Großteil in Trennungskrisen, die mich natürlich berühren, weil Trennung kein fremdes Thema für mich ist. Aber ich versuche, mich zu distanzieren. Wenn die Frau aus der Tür raus ist, daß ich nicht mehr daran denke, was die gesagt hat. [...] Ich bin verwundert, welche tiefen Probleme existieren. Aber es rührt nicht an meinen Gefühlen. Es ist so wie – das wäre vielleicht ein bißchen komisch ausgedrückt – wie gegessen (lacht) und vorbei. (S. 13-14)

Nora geht offener als Friedel mit ihren Gefühlen um und drängt ihre Gefühlseinbrüche weniger zurück.

Nora (K7): Mir fällt es manchmal schwer, die Distanz zu wahren, die ich als (Kurs)Leiterin haben müßte. [...] Das sind Schicksale (bei ausländischen Frauen), die kannte ich in dieser Härte nicht. Dann muß ich mich schwer zusammennehmen. [...] Zu gucken, wie kann sie ihr Schicksal meistern. Aber wenn ich das den Kolleginnen erzähle, bin ich nahe dran zu heulen. Im Kurs kann ich das ganz gut. Aber das mußte ich lernen. (S. 19)

Ganz anders geartet ist Claudias Umgang mit Abgrenzung, denn sie sieht ihre Distanzierungsfähigkeit als wichtiges Vorbild für die Frauen, um ihnen einen neuen Blick auf sich selbst zu ermöglichen.

Claudia (K5): Sie brauchen parteiliche Beraterinnen. Aber sie brauchen auch eine gehörige Distanz zu sich selbst. Die kann ich ihnen besser vermitteln, wenn ich sie selber habe. Wir duzen die Frauen nicht. Was früher unvorstellbar war in Ausbildungsgruppen. Wir haben das bewußt eingeführt. (S. 7)

*Resümee*: Zunehmende Berufserfahrung wirkt distanzerweiternd für die Projektmitarbeiterinnen aller Bereiche, während wachsende Einfühlungsfähigkeit als Element von Professionalität wenig genannt wird. Die Mitarbeiterinnen haben wohl das Gefühl, einen Überschuß an Einfühlungsvermögen und einen Mangel an Distanzierungsfähigkeit mitzubringen. Dabei wird allerdings häufig Betroffenheit (= meine Gefühlsreaktion auf die Andere) mit Empathie (= meine Fähigkeit, mich in die Andere hineinzuversetzen) gleichgesetzt, ein schwerwiegendes Mißverständnis. Denn Empathie setzt voraus, zwischen dem Ich und der Anderen gefühlsmäßig trennen zu können, im Gegensatz zu einer unterschiedslosen Identifikation mit der Anderen.

Betroffenheit ist vermutlich die Kategorie, die aufgrund des Betroffenheitskultes im letzten Jahrzehnt am meisten ihren spezifischen Gehalt eingebüßt hat und nicht selten zur Leerformel „das macht mich betroffen" / „ich fühle mich betroffen" geworden ist. Betroffenheit meint dann jedwede nichtfröhliche Gefühlsregung und kann sowohl Mitleid als auch Gerührtheit, aber auch verdeckte Wut oder Entsetzen umfassen. Dennoch bleibt der Begriff in seinem ursprünglichen Gehalt als gemeinsame geschlechtspezifische Erfahrung im Zusammenhang mit Gewalt an und Unterdrückung von Frauen von Bedeutung. Ebenso spielt er noch eine Rolle bei der Neufassung des Expertinnenbegriffes durch Einbeziehen persönlicher Erfahrungen. Beide Male wird ein wichtiges Credo der Frauenprojekte berührt, nämlich nicht karitativ zu wirken, sondern Selbsthilfe und damit Frauensolidarität mit Professionalität zu verbinden. Voraussetzung einer so verstandenen Betroffenheit ist der gemeinsame Diskurs, denn Betroffenheit muß immer erst hergestellt und kann auch unter Frauen nicht als schon vorhanden vorausgesetzt werden (Becker-Schmidt 1985).[4]

## Gesamtresümee

Ein zentrales Problem der Gundprinzipien Ganzheitlichkeit, Parteilichkeit und Betroffenheit für die praktische Arbeit im Frauen- und Mädchenbereich besteht darin, daß sie Nähe, Gemeinsamkeit und Solidarität nahelegen und Distanz, Verschiedenheit und Austragen von Interessenkonflikten eher erschweren bzw. mit Schuldgefühlen belegen. Dennoch symbolisieren diese Prinzipien gerade wegen der Betonung der Gleichheit aller Frauen zentrale feministische Überzeugungen, auf denen die Stärke der Frauenbewegung und damit die Gründung und schnelle Verbreitung von Frauenprojekten beruhen. Ohne diese – alle Frauen verbindenden – Maximen hätte der Gedan-

---

4  Gegen eine leichtfertige Verwendung des Begriffs Betroffenheit (und des Begriffs Parteilichkeit) wendet sich Gabriele Freytag (1994) und verweist darauf, daß auch Mitarbeiterinnen in Frauenprojekten sich Frauenfreundlichkeit erst erarbeiten müssen.

ke der Selbsthilfe nicht wie ein zündender Funke gewirkt. Aber als Leitlinien professioneller Arbeit müssen sie neu diskutiert werden, um zur Bestimmung von Arbeitsinhalten beizutragen und Projektmitarbeiterinnen zu größerer Entscheidungssicherheit zu verhelfen. Auch wenn der Wert dieser Prinzipien für die alltägliche Arbeit geringer als urspünglich erhofft sein mag, sind sie dennoch für das Selbstverständnis der Projekte wichtig. Weitere Erfahrungen und größere Handlungssicherheiten werden ihre Bedeutung zukünftig entweder erhöhen, wenn sie stärker auf die Projekte zugeschnitten werden oder sie werden angesichts fortschreitender professioneller Differenzierungsprozesse an Gewicht verlieren und durch berufsspezifischere Ideale ersetzt. Meine derzeitige Einschätzung ist, daß dem Begriff der Parteilichkeit die größten Chancen zukommen, da ihm am ehesten sowohl praktische als auch frauenpolitische Qualitäten innewohnen[5]: Ein Moment der Solidarität unter Frauen und ein Maß an Distanz zwischen Mitarbeiterinnen und Adressatinnen.

## 2. Politische Ansprüche – spannungsgeladene Umsetzungen

### 2.1 Umformung oder Verflüchtigung des Politischen?

Die Projekterfahrungen der letzten zwanzig Jahre haben das Spannungsverhältnis zwischen angestrebter öffentlicher Einflußnahme und notwendigen alltäglichen Aufgaben deutlich werden lassen. Die schwierige Balance zwischen frauenbewegtem Engagement und praktischer Hilfeleistung zeigt sich in der Gewichtung beider Erfordernisse und deren jeweiliger Einschätzung: Wird die Arbeit an sich als wesentliche Umsetzung des politischen Anspruches begriffen oder wird sie eher als sozialarbeitsnah verstanden, der eine politische Praxis gegenübergestellt werden muß? Alle Projekte verdanken ihre Existenz den politischen Aktivitäten der Frauenbewegung, doch das sagt zunächst nicht viel darüber aus, ob damit alles, was in den Projekten geschieht, seinerseits politisch ist und vor allem über Jahre seine politische Relevanz beibehält. Für einen Teil der Mitarbeiterinnen ist die Beantwortung dieser Frage an eine unterschiedliche Bewertung ihrer Arbeit geknüpft, nämlich ob sie „nur" soziale Arbeit leisten oder damit politisch tätig sind. Die Hierarchisierung beider Tätigkeitsbereiche beruht darauf, daß soziale Arbeit nichts grundlegend verändere, sondern nur kurzfristig Löcher stopfe, hingegen wird von politischem Engagement weitergehende Wirkung erhofft.

---

5   Der Begriff der Parteilichkeit ist weit über die Projektebewegung hinaus bedeutungsvoll. So hat ihn sich der DPWV, einer der großen Träger der freien Wohlfahrt, zu eigen gemacht und als Leitprinzip seiner Mädchenarbeit übernommen (Paritätischer Wohlfahrtsverband 1995).

Zusammenfassend läßt sich sagen, daß die Beratungsmitarbeiterinnen ihre Projektarbeit am ehesten als politische Tätigkeit sehen, wenn auch nicht ohne Zweifel, ob dieses als Aktivität ausreicht. Die Mitarbeiterinnen der anderen Projektbereiche setzen ihre berufliche Aufgabe seltener mit politischer Arbeit gleich, möglicherweise weil sowohl im Frauenhaus- als auch im Bildungsbereich der Selbsthilfegedanke weniger stark verankert ist als im Beratungsbereich, in dem eine Reihe der Projekte von selbstbetroffenen Frauen gegründet wurde. Erstaunlicherweise beschäftigen sich vor allem Frauenhaus- und Beratungsmitarbeiterinnen kritisch mit dem Verhältnis von sozialer und politischer Arbeit. Ein Grund könnte darin liegen, daß erstere das Spannungsverhältnis besonders stark empfinden und letzteren die Deckungsgleichheit von politischer und beruflicher Arbeit am meisten am Herzen liegt. Hingegen scheint diese Auseinandersetzung für Bildungsmitarbeiterinnen nicht so bedeutungsvoll, vielleicht weil sich Bildungsarbeit im eigenen wie im gesellschaftlichen Selbstverständnis weniger legitimieren muß als soziale und psychosoziale Arbeit und durch Herstellung von Aufstiegschancen und Zukunftssicherung per se gesellschaftlich akzeptiert ist. Allerdings finden sich im Bildungsbereich gleichzeitig die kritischsten Einschätzungen über die politische Aktivität des Projektes.

Für die Frauenhausmitarbeiterinnen steht der Rückgang politischer Zielsetzungen im Vordergrund der Auseinandersetzung, da sich der soziale Aspekt der Hilfeleistung im Laufe der Jahre stark in den Vordergrund geschoben hat. Sie beschäftigen sich am intensivsten mit der Veränderung ihres politischen Anspruchs. Die Ursache dieses Engagements könnte darin liegen, daß Frauenhäuser am tiefsten in die Lösung gravierender ökonomischer, sozialer und häufig auch rechtlicher Probleme von Frauen und ihren Kindern eingebunden sind und am ehesten ein sozialarbeitsnahes Profil entwickelt haben. Daher ist für Frauenhäuser die Bewältigung des Zwiespalts zwischen immensen alltäglichen Aufgaben einerseits und der Aufrechterhaltung einer inhaltlich-politischen Differenz zum Sozialsystem andererseits besonders notwendig, um die eigene Identität – als prominentester Teil der Projektebewegung – zu wahren. Autonomie wird von ihnen mehrheitlich als unverzichtbar und als wesentlicher Aspekt ihres politischen Selbstverständnisses betont. Noch aus einem weiteren Grund ist Autonomie für Frauenhäuser ein aktuelles Problem: etwa die Hälfte aller Frauenhäuser ist nicht autonom und ein Teil bewegt sich in umstrittenen Zwischenräumen.

Die Veränderungen des politischen Anspruchs werden zumeist im Rückgang gesellschaftsverändernden Aufbruchdenkens gesehen und als Gründe werden genannt:
– Schwierigkeiten, politische Ziele durch Frauenhausarbeit zu erreichen, wobei entweder Enttäuschung über mangelndes Engagement in Team und Verein (wie bei Anne) oder Hoffnungsschimmer im Vordergrund

stehen, indem aufkommende Skepsis im Zaum gehalten wird (Olga) und
kleine Erfolge betont werden (Carola):

Anna (F1): Wir sind inzwischen sehr auf die Arbeit mit Frauen runtergegangen und
die Verwaltung vom Haus. [...] Nach außen sind wir sehr ruhig. Wir leiern immer
mal was an, wenn es um unser Geld geht. Es wurde für uns im Verein klarer in
letzter Zeit, daß wir gern wieder politisch aktiver würden und zu anderen Frauenthemen Veranstaltungen oder mal eine Stellungnahme machen wollen. Aber bei
diesem politischen Teil der Arbeit, der sich nicht nur auf unser Frauenhaus, sondern
auf frauenpolitische Themen bezieht, reduziert sich der Kreis bei uns ganz oft. (S.
23)

Olga (F2): Unser politischer Anspruch ist, Gewalt an Frauen öffentlich zu machen.
Dafür zu kämpfen, daß sich (lacht)..., das ist so abgenutzt! Deswegen fällt es mir
schwer, das zu sagen: Zu versuchen, daß sich die Gesellschaft verändert. Und ein
stärkeres Selbstbewußtsein der Frauen, daß die sich nicht alles gefallen lassen. Ziel
ist eine gleichberechtigte Gesellschaft, wobei das auch illusorisch ist. Aber das ist
der politische Anspruch der Arbeit. Die Gewalt an Frauen und die Ungerechtigkeiten öffentlich zu machen und den Frauen, die hier wohnen, bewußt zu machen. Und
die Arbeit mit Projekten, die ebenso denken und arbeiten. (S. 14)

Carola (F5): Frauenhäuser sind angetreten mit der Devise, Gewalt gegen Frauen öffentlich zu machen und die Gewalt abzuschaffen. [...] Ich bin mittlerweile der Meinung, das erste, Gewalt öffentlich machen und immer wieder darüber zu reden, ist
weiterhin unser politischer Anspruch. Aber die Gewalt abzuschaffen, halte ich für
eine Utopie. Ich kann höchstens sagen, mein politischer Anspruch ist, etwas in dieser Gesellschaft zu verändern, daß Frauen in die Lage versetzt werden, sich gegen
diese Gewalt, die sowohl von einzelnen ausgeht als auch strukturell ist, zur Wehr zu
setzen. So vor fünfzehn Jahren war der Anspruch, die Frauen, die in die Frauenhäuser kommen, verändern die Gesellschaft, das ist nicht so. Die Frauen sind oft nicht
in der Lage, für sich selbst zu sorgen, also können sie auch keine Gesellschaft verändern. Aber, ich sehe schon, daß kleine Ansätze da sind, wenn eine Frau nach einem halben Jahr im Frauenhaus einige Sachen für sich regeln kann, ist sie nicht
mehr jeder Gewalt ausgesetzt, auch dieser strukturellen Gewalt (nicht). (S. 10)

– Die Übernahme des Themas durch konventionelle gesellschaftliche Institutionen:

Sylvia (F8): Unser Anspruch ist immer noch, Gewalt gegen Frauen öffentlich zu machen, wir sind in verschiedenen Arbeitskreisen und Gremien. Aber die Brisanz, die
es vorher hatte, hat es nicht mehr. Das ist nur noch Detailarbeit. Ich habe erlebt, daß
autonome Frauen ein Thema aufgreifen, zum Beispiel Gewalt gegen Frauen und das
wird dann von anderen Stellen an Land gezogen und vermarktet. [...] Und die anderen Stellen, die wachgerüttelt worden sind, versuchen jetzt, ihr Schäfchen ins Trok-
kene zu bringen. (S. 26-27)

– sozialpolitische Veränderungen, insbesondere steigende Wohnungsnot:

Beate (F3): Der politische Anspruch, sofern uns das möglich ist und was im Moment
unheimlich brach liegt, ist, auf die Situation der Frauen aufmerksam zu machen. [...]
Er ist im Moment mehr praxisbezogen. Zu fordern, daß Wohnungen freigestellt werden für Frauen. Die politische Arbeit hat sich in den letzten zwei Jahren fast aus-

schließlich darauf konzentriert, weil die Wohnsituation immer schlimmer wird. (S. 23-24)

Trotz oder besser wegen der anklingenden Verunsicherungen gegenüber dem eigenen politischen Anspruch, haben die Frauenhausmitarbeiterinnen vor einiger Zeit begonnen, sich auf Landesebene mit konzeptionellen Fragen grundlegend auseinanderzusetzen:

Petra (F4): Die Gruppe ist aus dem Interesse einiger Frauenhäuser entstanden, über unsere Konzeption, über Autonomie zu reden, weil über uns der hehre Anspruch eines feministischen Frauenprojektes hängt – in Abgrenzung zu den nichtautonomen Häusern. Wir müssen unter Umständen das Konzept überprüfen, ob die damaligen Prämissen noch Gültigkeit haben. Die Gruppe hat überlegt, sind Frauenhäuser noch Selbsthilfeprojekte oder sind wir, das war dann provokativ auf die Spitze getrieben, Dienstleistungsunternehmen bzw. Hotels, die die Frauen in Anspruch nehmen, ohne irgendwie politisch wirken zu wollen. (S. 3)

Eine Chance, den politischen Anspruch aufrechtzuerhalten, sieht Petra über die Konzeptarbeit hinaus in verstärkter Bildungsarbeit im Rahmen des Frauenhauses, wobei sie die Erfolge eher vorsichtig einschätzt:

(Petra F4): Unser Anspruch ist, nicht nur Einzelfallhilfe zu leisten, sondern öffentlich zu machen, daß es ein gesellschaftliches Problem ist, das alle Frauen betrifft und direkte Gewalt gegen Frauen nur die Spitze des Eisbergs ist. [...] Was wir im Rahmen des Projekts in bezug auf Bewohnerinnen und im Zentrum durch Bildungsarbeit und Veranstaltungen versuchen, weil wir denken, nur Frauenhaus, das ist zu wenig, nur Krisenintervention, das ist so eine Feuerwehrfunktion. Aber es ist schwer, mit dieser Bewußtseins- und Bildungsarbeit an die Frauen ranzukommen, über den eigenen Tellerrand hinauszugucken und festzustellen, daß es nicht nur mir so geht, sondern vielen Frauen und die Möglichkeit besteht, Einfluß zu nehmen. Das ist ein Entwicklungsprozeß der nicht von heute auf morgen entwickelt werden kann. (S. 18)

Ein Dilemma des politischen Anspruchs besteht für Frauenhausmitarbeiterinnen offenbar darin, ihn so zu formulieren, daß er überzeugt vertreten werden kann und nicht zur Lähmung aufgrund von Umsetzungsschwierigkeiten beiträgt, sondern ermöglicht, größere und kleinere Erfolge positiv zu besetzen und die Existenz von Frauenhäusern als Zufluchtsstätten wertzuschätzen.

Im Gegensatz zur vorsichtigen Einschätzung der Frauenhausmitarbeiterinnen über die politische Relevanz der eigenen Arbeit ist ein Teil der Mitarbeiterinnen aus Beratungsprojekten von dieser überzeugt, da das Projekt selbst, die geleistete Vernetzungsarbeit und die fachspezifischen Aktivitäten Ausdruck ihres politischen Anliegens sind:

Birgit (B9): Wir haben diese Beratungsstelle gegründet, weil wir einen Ort schaffen wollten, wo das Tabu von Gewalt gegen Frauen gebrochen würde. Wir haben es geschafft, diese Beratungsstelle zu etablieren und als autonomes feministisches Projekt zu bestehen, öffentliche Gelder zu kriegen und diese selber zu verwalten. Wir haben die zuständigen Ämter sensibilisiert. Wir bieten Fortbildungen an, wo viele soziale Fachkräfte hinkommen. Wir haben guten Kontakt zur Fachbasis und regelmäßige Treffen. [...] Das ist schon was, weil man stolz darauf sein kann. (S. 25)

Trotz der Überzeugung, daß die Projektarbeit als solche politisch ist, schleichen sich bei einer Reihe von Mitarbeiterinnen diverse Zweifel ein:

– weil die Erfolge im Projekt selbst zu wenig gewürdigt werden:

Wilma (B6): „Wir haben alle sehr hohe Ansprüche und sehen zu wenig, was wir geschafft haben, geben uns zu wenig Anerkennung" (S. 7),

– wegen des Rückgangs öffentlicher Unterstützung:

Heide (B8): „Im Prinzip ist unser Anspruch, daß es immer mehr Räume für Mädchen geben muß [...]. Es wird wieder verwischt, die Zeit war schon mal da, wo es eine Sensibilisierung gab" (S. 17),

– aufgrund des gesunkenen Aktivitätsgrades im Projekt:

Vera (B3): „Viele Frauen sagen, allein das, was wir machen ist politisch. Das stimmt natürlich auch. Da gibt es aber noch den anderen Aspekt, daß wir eine Institution sind, die öffentlichkeitswirksam ist, und zu bestimmten Fragen Stellung und Einfluß nehmen könnte. Das ist was, was nicht nur wir, sondern auch die Frauen in anderen Projekten zu wenig machen. Weil immer die Alltagsarbeit vorgezogen wird und keine Zeit bleibt und weil das anstrengend ist für viele Frauen, sich öffentlich einzumischen oder Position zu beziehen. Das hat viel mit dem Wunsch zu tun, eine Ecke zu haben, in der man seine Sachen macht, die gut sind, und der Rest ist die Außenwelt. Dann ist wieder was passiert und wir würden gerne dazu was sagen und dann dauert das so lange, daß das schon wieder vorbei ist. (S. 25-26)

An Veras Beispiel wird die Ambivalenz in der Einschätzung der eigenen Arbeit vieler Projektmitarbeiterinnen besonders deutlich. Sie sieht zwar das Projekt selbst als politische Arbeit an, hält aber darüber hinausgehende politische Einmischung für notwendig. Der Grad der frauenpolitischen Aktivität in ihrem Projekt steht für sie in engem Zusammenhang mit schwerfälligen Entscheidungsprozessen, d.h. mit der Organisationsstruktur. Hier zeigt sich, wie verschiedene politische Ansprüche miteinander in Widerspruch geraten können, nämlich aktuelle gesellschaftkritische Einflußnahme und langwierige (hier basisdemokratische) Entscheidungsstrukturen.

Einige der Bildungsmitarbeiterinnen verstehen ebenso wie ein Teil der Beratungsmitarbeiterinnen das Projekt selbst als Zentrum politischer Aktivität. Neben dem Schaffen von Räumen für Frauen und Mädchen und neuartigen Angeboten spielen zwei weitere Argumente eine Rolle: die Austauschmöglichkeiten unter den Adressatinnen selbst und die Adressatinnen als Ansprechpartnerinnen für politische Arbeit. Über die politischen Verhältnisse und die gesellschaftliche Bedingtheit der eigenen Situation zu diskutieren und die Frauen zu aktivieren, wird von ihnen als Teil der Bildungsarbeit gesehen. Besonders anschaulich schildert Jutta ihre Haltung zum Projekt und welchen Stellenwert für sie politische Aufklärungsarbeit mit den Frauen hat:

Jutta (K1): Der politische Anspruch ist zum einen, Frauenräume zu schaffen, in denen Frauen sich in unterschiedlichster Art und Weise begegnen können. Zum anderen ist der Anspruch ein praktischer, daß Frauen Handlungsmöglichkeiten zu einem selbstbestimmteren Leben (be)kommen. Das ist ein bißchen platt. Aber ich kann es nur so sagen. Daß Frauen sich mehr mit allgemeinen gesellschaftlichen Strukturen auseinandersetzen, Macht- und ökonomische Zusammenhänge begreifen und Unterdrückungsmechanismen verstehen. [...] Wenn ich merke, daß die Frauen im Kurs in so einen Jammer verfallen, für uns werden keine Stellen angeboten, wo ich denke, mach doch was, guckt euch mal die Gremien an, geht rein in die Gewerkschaften und stellt Forderungen. [...] Wo auch eine Gefahr drin steckt, daß ich was aufoktroyiere. (S. 17-18)

Dennoch finden sich im Bildungsbereich auch diejenigen Mitarbeiterinnen, die das stärkste Bedauern über das geringe Ausmaß explizit politischer Aktivitäten äußern. Sie kritisieren, daß

– das Projekt in seiner Programmgestaltung auf der Anfangsstufe stehengeblieben ist und sich zu stark an unpolitische Frauen richtet,

Karin (K2): Dazu beizutragen, daß Migranten sich integrieren können, [...] ihr eigenes Ich behalten, aber hier lebensfähig sind, Vorurteile abzubauen, Völkerverständigung ist auch ein Ziel. [...] Ich finde, daß das Programm verändert werden sollte. Es war ganz gut in der Anfangsphase, als das Zentrum entstanden ist. (S. 20)

– zu wenig über den politischen Anspruch diskutiert wird,

Claudia (K5): Der politische Anspruch ist, daß Frauen in der beruflichen Bildung und im Ausbildungsbereich mehr präsent sind. [...] Wir haben keinen differenzierten gemeinsamen politischen Begriff – es wird wenig drüber diskutiert, weil wenig Zeit dazu ist. (S. 13)

– sich das Projekt dem entpolitisierenden Trend angeschlossen hat.

Nora (K7): Diskussionen über den politischen Anspruch gibt es fast gar nicht mehr, (nur) zu speziellen Ereignissen. Weil wir uns nicht viel Zeit nehmen, was ich manchmal bedauere. Ansonsten hängen wir, wie alle Projekte, nach wie vor der Frauenbewegung an und der linken Studentenbewegung, was immer das heißt. Gemeinsame Interessen werden in den Projekten nicht mehr verfolgt. Projektetreffen finden kaum noch statt, immer dann, wenn es um Geld geht und alle bedroht sind. Die Diskussionen drehen sich im Grunde immer ums Geld und sind deswegen langweilig. (S. 22)

An Noras Beispiel wird die Enttäuschung vieler Mitarbeiterinnen aus der Gründerinnenzeit über die veränderten politischen Verhältnisse deutlich, auch wenn eine eher diffuse Affinität zur Frauenbewegung, die sich ebenfalls in viele Aktivitäten zersplittert hat, erhalten geblieben ist. Gleichzeitig läßt sich an Noras Einschätzung aufzeigen, wie wichtig es wäre, genauer über politische Ansprüche zu reflektieren, denn sie ist Mitbegründerin eines in der Öffentlichkeit präsenten und erfolgreichen Projektes. Den Grund, die eigene Arbeit nicht ohne weiteres der Politik zuzurechnen, vermute ich darin, daß Nora im Gegensatz zu Mitarbeiterinnen, die ihr Projekt als Einlösung ihres politischen Anspruchs sehen, einem engen Politikverständnis anhängt, das auf allgemeine Veränderung ausgerichtet ist. Ob es sich die einen zu schwer und die anderen zu leicht machen, frauenpolitische Arbeit heute zu definieren und mit Inhalt zu füllen, wäre eine gründliche Debatte wert. Dazu gehörte auch eine Reflexion des Verhältnisses zu den Adressatinnen, denn das Gefühl, „nur" soziale Arbeit zu leisten oder aber im Projekt selbst politisch zu wirken, ist nicht zuletzt davon abhängig, ob die Arbeit mit den Frauen und Mädchen primär als sozialpädagogische Hilfeleistung oder auch als politische Bewußtseinsbildung (Einüben demokratischer Verhaltensweisen, Anstoßen von Reflexionsprozessen) verstanden und angegangen wird. Weder Agitation noch Entlassung aus gemeinschaftlichen und gesellschaftlichen Verantwortungen scheinen sinnvoll. Neben der notwendigen Bewältigung individueller oder gruppenspezifischer Nöte und Belange, denen in der Projektarbeit spezifische Aufmerksamkeit zukommen sollte, leben wir eingebunden in gesellschaftliche Strukturen, die in die Projekte hineinwirken, ebenso wie die Projekte diese ihrerseits beeinflussen. Daher gilt es, derartige Interdependenzen ernst zu nehmen und so weit wie möglich bewußt zu gestalten, d.h. nach außen auf demokratischen Grundregeln und sozialstaatlicher Gerechtigkeit zu bestehen und nach innen größtmögliche Teilhabe zu praktizieren, Regeln der Mitmenschlichkeit einzuhalten und soziale Rücksichtnahme und Respekt vor anderen Kulturen einzufordern.

*Resümee:* Eine wichtige Möglichkeit, konkrete Hilfeleistung und politische Einflußnahme miteinander zu verbinden, liegt heute für Projekte in Vernetzung und fachspezifischer Organisation. So gesehen ließe sich eher von Umformungsprozessen des Politischen seit der Gründerinnenzeit sprechen, als von Verflüchtigungen. Wobei es sicher auch Verflüchtigungsprozesse gibt, indem die Anfangsphase mit ihren spektakulären Aktionen und Erfolgen eher der Mühsal des Alltags und der schwieriger werdenden Absicherung des Erreichten gewichen ist. Die politischen Zeiten haben sich in Richtung wachsender Vorbehalte gegenüber sozialpolitischen Neuerungen und Ausgaben geändert, so daß Projekte um ihren Bestand fürchten müssen und politische Aktionen und Verhandlungen erneut an Bedeutung gewinnen könnten.

## 2.2 Transformationsprozesse der Öffentlichkeitsarbeit

Trotz nicht selten kritischer, manchmal auch resignativ klingender Einschätzungen des politischen Anspruchs der Projektarbeit und geschilderter Schwierigkeiten, ursprüngliche Zielsetzungen aufrechtzuerhalten oder in modifizierter Form weiterzuverfolgen, kennzeichnet das Gros der Projekte eine vergleichsweise aktive Öffentlichkeitsarbeit. Diesem nach außen gerichteten Engagement, das als eine zentrale Form der Umsetzung des politischen Anspruchs verstanden werden kann, soll unter drei Aspekten nachgegangen werden: Bedeutung von Öffentlichkeitsarbeit für das Projekt, Vorstellung verschiedener Aktivitätsbereiche und deren Organisationsform.

– Die Bedeutung von Öffentlichkeitsarbeit

Anliegen der geleisteten Öffentlichkeitsarbeit ist zum einen, Frauen und Mädchen in der Gesellschaft Gehör zu verschaffen, indem die Projekte ihre Interessen vertreten und auf bislang tabuisierte, repektive negierte Problembereiche aufmerksam machen; zum anderen wollen die Projekte die Frauen und Mädchen selbst ansprechen, sie in ihren Rechten bestärken, ihr Selbstbewußtsein unterstützen und ihre Selbstbestimmung fördern.

Die größte Bedeutung hat Öffentlichkeitsarbeit in all ihren Ausprägungen für die Beratungsprojekte, in denen sie einen entsprechend breiteren Raum einnimmt als in den beiden anderen Projektbereichen (Krah 1993). Während der letzten Jahre erhält Öffentlichkeitsarbeit gerade in diesen Projekten zunehmend den Charakter von Lobbytätigkeit, d.h. es steht nicht länger allgemeine Aufklärungstätigkeit im Vordergrund, sondern zielgerichtete fachliche und politische Einflußnahme dominieren. Aufgrund der prominenten Rolle von Öffentlichkeitsarbeit in diesem Projektbereich sollen im folgenden Beratungsmitarbeiterinnen zu Wort kommen, die die verschiedenen Facetten der Arbeit beleuchten. Xenia etwa betont eine verstärkt notwendige Interessenvertretung, damit die spezifischen Lebenslagen von Mädchen auf Dauer Berücksichtigung finden, Ilse weist auf die notwendige Verbesserung der rechtlichen Rahmenbedingungen von Migrantinnen hin, die mit Unterstützung zur Eigenaktivität zu verbinden ist und Alice hebt den Aspekt der Selbsthilfe und der Vernetzung hervor, um die Position der eigenen Gruppe zu stärken:

Xenia (B7): Es ist nach wie vor unser Anspruch, für Mädchen und junge Frauen in sämtlichen Bereichen was zu verändern, ob in der Schule, im berufsbezogenen Bereich, bei den Behörden. [...] Es gibt fast wieder so etwas wie Gegenströmungen. Vor zwei, drei Jahren war es noch leichter, ein offenes Ohr für die Belange von Mädchen zu finden. (S. 20)

Ilse (B11): Da machen wir relativ viel wie Lobbyarbeit mit Politikerinnen. Wichtig ist die Selbstorganisation von Migrantinnen, ebenso Aufklärung und Bewußtseinsbildung, daß sie nicht so stark angewiesen sind auf Beraterinnen, die vermeintlich das Know-how haben. Wichtig ist, gemeinsam zu gucken, was können die Frauen verändern. Da sind die Grenzen ziemlich eng gesetzt aufgrund der rechtlichen Situation. (S. 13)

Alice (B4): Wir betreiben Selbsthilfe im weitesten Sinne des Wortes: politische Interessensvertretung, Lobbybildung, Vernetzung, Gremienarbeit. Ich finde das einen wichtigen Aspekt, mit verschiedenen Gruppen zusammenzuarbeiten, [...] weil es ein Gefühl von Solidarität und Stärke gibt und eine Einbindung zum Beispiel auf einer stadtteilweiten Ebene schafft. (S. 24)

– Bereiche der Öffentlichkeitsarbeit

Der Aktivitätsradius im Rahmen der Öffentlichkeitsarbeit und Lobbytätigkeit ist in den einzelnen Projektbereichen etwa deckungsgleich. Hervorzuheben bleibt lediglich, daß neben dem größeren Ausmaß dieser Arbeit in den Beratungsprojekten, ihr dort auch eine sonst nicht genannte Funktion zukommt, nämlich Projekterhaltung, d.h. Finanzierungssicherung. Hingegen wird die Existenz der Frauenhäuser in den letzen Jahren vermehrt über geregelte öffentliche Zuschüsse z.B. aus Haushalts- und Sozialhilfemitteln tendenziell gesichert. Auch die Bildungsprojekte finanzieren sich weniger aus Quellen, die allgemeinen politischen Stimmungen unterworfen sind, sondern eher aus öffentlichen Mitteln der Arbeitssicherung.

Die Aktivitäten der Frauenhäuser reichen von Ausstellungen, über Organisation von und (häufiger noch) Teilnahme an Veranstaltungen verschiedenster Art bis zu Pressekontakten. Darüber hinaus initiieren sie fachbezogene Arbeitskreise oder nehmen an solchen teil, arbeiten in Gremien mit und sind untereinander gut vernetzt.[6] Ihre Öffentlichkeitsarbeit hat sich insofern gewandelt, als sich heute zunehmend unterschiedlichste gesellschaftliche Gruppierungen an den Frauenhäusern interessiert zeigen und die Projekte Einladungen und Anfragen zur Vorstellung ihrer Arbeit erhalten, sei es von Parteien, Kirchen und Vereinen, von Medien oder diversen Fachgruppen. Das gestiegene öffentliche Interesse und die wachsende Lobbytätigkeit verändern möglicherweise die lokale gesellschaftliche Stellung der Projekte nachhaltig, denn die Gesprächsbereitschaft auf beiden Seiten fördert die Überwindung ideologischer Grenzziehungen und antagonistischen Blockdenkens.[7] Damit einher geht ein kontinuierlicher Rückgang von den Projekten selbst initiierter Veranstaltungen zu frauenrelevanten Themen, die nicht selten ins Leere gelaufen sind. Neben allgemeinen Entpolitisierungserscheinungen innerhalb der Frauenbewegung könnte dieser Trend damit erklärt werden, daß die Projekte heute auch von Frauen stärker als fachspezifische Einrichtungen angesehen werden, die einen spezifischen Auftrag erfüllen und weniger als allgemeine Foren.

Auch die Beratungsprojekte werden zu Veranstaltungen eingeladen bzw. organisieren sie selbst zu fachspezifischen Problemen und beteiligen

---

6   Zu berücksichtigen ist, daß nicht jede Mitarbeiterin alle Projektaktivitäten nennt. Die Auflistungen sind eher Darstellung dessen, was den Mitarbeiterinnen im Moment präsent ist, nicht selten dasjenige, woran sie selbst beteiligt oder besonders interessiert sind.

7   Auf die Bedeutung eines professionell gehandhabten Lobbyismus aus politischen und aus Überlebensgründen weist Brigitte Sellach (1993) hin. Ilona Ostner (1993) plädiert darüber hinaus für die Anwendung von Policy Strategien für das Durchsetzen feministischer Anliegen, wie es in den USA längst üblich ist.

sich an Fachtreffen verschiedenster Art. Sie bieten eigene Fortbildungen an, leisten aktiv Pressearbeit in Form von Artikeln und bekommen Einladungen von Rundfunk und Fernsehen. Darüber hinaus halten sie von sich aus Kontakt zu Parteien, laden offizielle Stellen in die Projekte ein, empfangen interessierte Frauen und Gruppen aus dem In- und Ausland und haben sich ebenfalls örtlich und überörtlich vernetzt. Zudem werden sie zu Hearings eingeladen, geben Zeitungen/Rundbriefe, Broschüren und Dokumentationen heraus und erarbeiten Stellungnahmen. In diese ganze Arbeit investieren sie viel Zeit, denn sie haben sich zum Ziel gesetzt, offensiv in die Öffentlichkeit zu gehen. Dennoch gibt es einen ähnlichen Wandel in ihrer Veranstaltungstätigkeit wie er von Frauenhäusern beschrieben wird: ehemals überwiegend eigene Aktivitäten wurden aufgrund mangelnder Resonanz durch Eingehen auf Nachfragen ersetzt, die allerdings zahlreich sind. Für einige der Beratungsprojekte steht der enge Zusammenhang von Öffentlichkeitsarbeit und Geldbeschaffung im Vordergrund, woraus sich vielfältige Aktivitäten entwickelt haben:

Birgit (B9): Dann bin ich in bestimmten Ausschüssen oder Arbeitskreisen, die die Stadt und das zuständige Amt veranstalten, um uns bekannt zu machen. Das hat immer Wechselwirkungen dazu, ob wir Gelder kriegen oder nicht. Das bedeutet, sich in Arbeitskreisen aktiv zu beteiligen, zu zeigen, wir arbeiten was, sind wichtig und brauchen Geld. Und um bestimmten Personen persönlich bekannt zu sein – also Lobbyarbeit.
(S. 2)

Die Situation der einzelnen Bildungsprojekte ist sehr unterschiedlich und daher auch die Art ihrer Öffentlichkeitsarbeit. Insgesamt erstreckt sie sich auf alle bisher genannten Bereiche. Zusammenfassend läßt sich sagen, daß Öffentlichkeitsarbeit für die Bildungsprojekte von 'nicht so wichtig' bis hin zu 'sehr wichtig' rangiert, aber der Zusammenhang zur Vergabe von öffentlichen Geldmitteln spielt nur eine untergeordnete Stelle, da sind für die meisten gute Anträge an die richtige Dienststelle wichtiger.

– Organisation der Öffentlichkeitsarbeit

In den Projekten finden sich zwei Varianten der Organisation von Öffentlichkeitsarbeit: Entweder es bilden sich im Laufe der Zeit Spezialistinnen heraus, die die Arbeit überwiegend übernehmen, oder das Team reagiert der Realität oder dem Anspruch nach als Kollektiv auf die anfallenden Aufgaben. Wie eng Öffentlichkeitsarbeit mit der Projektstruktur verknüpft ist und das Projektgleichgewicht zu berühren vermag, macht die Bedeutung deutlich, die der Zuständigkeitsregelung zukommt und in vielen Projekten als hochsensibler Bereich gehandelt wird. Sofern es einen aktiven Verein gibt, wird durch die Frage, wer diese Arbeit übernimmt und Einfluß gewinnt, allerdings sich damit auch Kritik aussetzt und Arbeit investieren muß, nicht selten das prekäre Verhältnis von Vereinsfrauen und Mitarbeiterinnen bzw.

Haupt- und Ehrenamtlichen berührt, gerade wenn die Aufgabenteilung wenig geklärt ist.[8] Der Hauptunterschied zwischen den drei Projektbereichen in der Lösung dieses Problems besteht darin, inwieweit der Anspruch auf kollektive Projektrepräsentation aufrechterhalten wird, was am wenigsten im Bildungsbereich der Fall zu sein scheint. Eine Haltung, die dem Gesamtbild einer stärkeren Arbeitsteilung und Hierarchisierung in diesen Projekte entspricht, die zum einen mit ihrem relativ späten Gründungszeitraum, zum anderen mit dem Tätigkeitsfeld und den erforderlichen Spezialisierungen zusammenhängen dürfte.

Bei den Frauenhäusern kommt dem Anspruch gemeinsamer Darstellung des Projekts nach außen durch das Team weiterhin hohe Bedeutung zu. Da dieser allgemeinen Zielsetzung aber persönlich unterschiedliche Vorlieben, Wünsche und Ängste entgegenstehen, bemühen sich die Teams, trotz Beibehaltung des Prinzips, pragmatische Kompromisse zu finden: Eigentlich sollten alle Öffentlichkeitsarbeit machen, da aber niemand gezwungen werden soll und einige es lieber machen als andere, sind manche viel aktiver als der Rest. Ebenfalls aus pragmatischen Gründen mußten einige Aspekte der Vertretung des Projektes, z.B. in Finanzierungsfragen, aufgrund ihrer Komplexität von der allgemeinen Öffentlichkeitsarbeit abgetrennt und von bestimmten Mitarbeiterinnen übernommen werden. Typisch für eine derartige Problemlösungsstrategie zwischen Anspruch und Realität ist Petras Darstellung:

Petra (F4): Öffentlichkeitsarbeit ist eigentlich ein Arbeitsschwerpunkt, wobei das nicht klar gegliedert ist. Es gibt Frauen, die sich nicht gerne in der Öffentlichkeit exponieren oder denken, sie könnten das nicht gut. Dann gibt es andere, die Fortbildung gemacht haben, das ganz gut hinkriegen und sich zutrauen, und dem versuchen wir Rechnung zu tragen. Wir hatten den Anspruch, das muß jede Frau machen und jede muß das können. Aber sich dazu zu zwingen, ist auch Quatsch, das haben wir sein gelassen und versucht, persönliche Neigungen zu berücksichtigen. Ansonsten versuchen wir, das in den Dienstplan miteinzubauen. (S. 19)

In den Frauenhäusern finden sich verschiedene Grade und Arten der Aufteilung der Öffentlichkeitsarbeit: innerhalb des Teams, zwischen Teilteams und zwischen Verein und Team. Die Übernahme von Öffentlichkeitsarbeit ist kein affektneutrales Unterfangen, sondern setzt Vertrauen voraus und wird sehr unterschiedlich bewertet innerhalb der Teams. Ungleiche Verteilung dieser Arbeit hat zudem einen hohen Absprache- und Informationsbedarf zur Folge. Wie heikel die Frage ist, wer welche Öffentlichkeitsarbeit

---

8  Beide Gruppen überschneiden sich häufig, da Mitarbeiterinnen vielfach Vereinsmitglieder sind. Dennoch gibt es eine Reihe Vereine mit aktiven Ehrenamtlichen, die gegenüber Mitarbeiterinnen in personalpolitischen oder anderen wichtigen Fragen eine eigene Interessengruppe bilden. Die üblichere Konstruktion ist jedoch, daß die Mitarbeiterinnen den Kern des Vereins darstellen und alle oder die meisten Vorstandsposten innehaben.

übernimmt und welche Reaktionen sie auslöst, zeigen Doris und Olgas Beiträge.

Doris (F9): Das ist ein Punkt, der Vertrauen erfordert von den Kolleginnen, weil das Sachen sind, die nach außen gehen. Wenn ich mit Lilly einen Text verfasse, der in die Öffentlichkeit geht, ist es wichtig, daß die Kolleginnen den gelesen haben, aber wenn du jedes Mal an dem Text wieder anfängst zu diskutieren, dann ist es blöd. Da muß Vertrauen sein, daß diejenige, die diesen Arbeitsbereich macht, kompetent ist und weiß, wie sie damit umgeht. Aber bei wesentlichen Entscheidungen finde ich wichtig, daß wir in der Teamsitzung drüber reden. (S. 18)

Olga (F2): Jede von uns hat verschiedene Schwerpunkte und macht da auch Öffentlichkeitsarbeit. Das ist nicht gleich verteilt. Es gibt Kolleginnen, die es kaum oder gar nicht machen, weil sie keine Lust dazu haben oder es nicht ihre Sache ist. Es gibt andere, die es mit Begeisterung machen. Es ist teilweise ein Streitpunkt im Team, ob Öffentlichkeitsarbeit genauso gewertet ist oder eher negativ bewertet wird. [...] Es wird nicht immer transparent gemacht, was die verschiedenen an Öffentlichkeitsarbeit machen. Das ist schade. Einmal für die, die Öffentlichkeitsarbeit machen, weil sie denken, die Arbeit interessiert die anderen nicht. Auf der anderen Seite geht viel verloren an neuen Sachen und Perspektiven. [...] Das ist dann verletzend, wenn sich einige Kolleginnen ins Zeug legen, sehr viel machen und der Rest des Teams sich nicht dafür interessiert. (S. 16-17)

Alle Mitarbeiterinnen eines Projektes werden in gewisser Weise von denjenigen Kolleginnen abhängig, die die Öffentlichkeitsarbeit übernehmen, denn das entstandene Bild fällt auf die ganze Gruppe zurück. Zusätzlich sind Konflikte zwischen öffentlich bekannten und nicht bekannten Frauen vorprogrammiert, da die gesellschaftliche Wertschätzung von öffentlichkeitswirksamer und praktischer Arbeit unterschiedlich ist und sich das Projekt möglicherweise mit einzelnen Namen verbindet. Wobei diese Wertschätzung durchaus entgegengesetzte Vorzeichen innerhalb und außerhalb des Projektes tragen kann, immer aber weckt sie Konkurrenzsituationen.

In den Beratungsprojekten wird ebenfalls deutlich, daß Öffentlichkeitsarbeit etwas mit Macht und Machtverteilung im Team zu tun hat. Entweder aus ideologischen Gründen (keine Frau soll ständige Repräsentantin sein, Ute) oder aus pragmatischen (es muß immer eine Ersatzfrau da sein, Vera) wird darauf geachtet, daß diese Arbeit gut verteilt wird, was aber nur mehr oder weniger durchsetzbar ist:

Ute (B2): Wir versuchen, nicht so etwas entstehen zu lassen, daß es heißt, die Frau ist sozusagen das Projekt. Daß eine das Projekt ständig nach außen repräsentiert. (S. 30)

Vera (B3): Das wird nach dem Lustprinzip gemacht, daß gesagt wird, wer kann es am ehesten aushalten, wenn es alle nicht wollen. Insofern bilden sich Sachen raus, wo klar ist, am ehesten kommt die und die in Frage. Insofern gibt es Zuständigkeiten, aber wir haben ein paar Mal die Erfahrung gemacht, wenn das nur eine Frau ist und die ausfällt, daß wir ziemlich Probleme kriegen. Deswegen bestimmen wir noch Frauen, die das machen, wenn eine ausfällt. (S. 7)

Die Norm, daß alle Frauen an der Öffentlichkeitsarbeit beteiligt sein sollten, wird auch in Erikas folgendem Beitrag deutlich. Ebenso die Tatsache, daß trotz eines gewissen Maßes an Rigidität, wo Aufgaben „einfach aufgeteilt" werden, dennoch die reale Verteilung eher ungleich anmutet und Anfallendes oft von einer bestimmten Frau übernommen wird, was auch sinnvoll scheint, da sie für die finanzielle Seite des Projektes zuständig ist:

Erika (B5): Alle (machen Öffentlichkeitsarbeit). Info-Veranstaltungen macht jede von uns. Und wenn es um Pressearbeit geht, dann wird das einfach aufgeteilt. Das macht auch oft die eine, die sich um die Finanzen kümmert, aber es wird auch oft dann im Team aufgeteilt, wer mal einen Artikel schreibt oder irgendwelche Leute einlädt. Also, das machen wir alle. (S. 27)

In den Teams des Bildungsbereichs ist die Aufteilung der Öffentlichkeitsarbeit eher unproblematisch, jedenfalls werden von den befragten Mitarbeiterinnen keine Schwierigkeiten erwähnt. Sie scheint tendenziell in einer Hand konzentriert, worüber aber die anderen Mitarbeiterinnen, so deren Sicht genannt wird, eher erleichtert sind. Allerdings sind die interviewten Frauen zumeist diejenigen, die diese Arbeit leisten und denen im Team ein großes Gewicht zukommt, wie Jutta:

Jutta (K1): Ich denke, daß ich diejenige bin, die den Verein nach außen vertritt. Wir haben nächstes Jahr Fünfjähriges und dann ist klar, gehen wir alle nach außen, aber im Moment bin ich diejenige, das ist für die anderen in Ordnung. Das ist nicht irgendwas, was ich mir an Land gezogen habe, sondern die anderen sind ein ganzes Stückweit erleichtert. (S. 19)

*Resümee*: Im Rückblick läßt sich sagen, daß die von fast allen Mitarbeiterinnen geteilte Hochschätzung von Öffentlichkeitsarbeit und Lobbyismus die vorher genannten, unterschiedlichen politischen Akzentuierungen ebenso relativieren wie die skeptischen Äußerungen gegenüber dem politischen Projektanspruch. Das prekäre Moment der Öffentlichkeitsarbeit macht deutlich, daß diese nicht nur der Umsetzung des politischen Anspruches nach außen dient, sondern ebenso Fragen eines solchen Anspruches nach innen berührt. Denn die öffentliche Präsentation des Projektanliegens durch einzelne macht unweigerlich Unterschiede im Team deutlich, wodurch das empfindliche Gleichgewicht innerhalb des Projektes gestört werden kann. Das widerspricht sowohl dem Gleichheits- als auch dem Kollektivgedanken, die zwar in der Praxis zumeist inzwischen undogmatisch gehandhabt und vor allem in Bildungsprojekten nicht mehr strikt vertreten werden, es aber dennoch genügender Zwischentöne bedarf, um sie als bisher unersetzte Ideale nicht zu stark zu gefährden.[9]

---

9    Zu den Problemen von Frauen, öffentlich sichtbar zu werden und den Verführungen zur Selbstbeschränkung durch den weiblichen Sozialisationsprozeß vgl. die psychoanalytisch fundierte Analyse von Karin Flaake (1994).

## 3. Projektstrukturen zwischen Gleichheit und Differenz

Während zunächst feministische Prinzipien und politische Ansprüche im Vordergrund standen, richtet sich nun der Blick auf die Organisation der Projektarbeit. Der enge Zusammenhang zwischen beiden Themen ergibt sich aus der Zielsetzung der Projekte: frauengerechte Unterstützung und Hilfe anzubieten, die neuer Strukturen und Interaktionsmuster bedarf. Die Organisationsform der Projekte stellt daher einen wesentlichen Aspekt ihres feministischen und politischen Selbstverständnisses dar und birgt die Hoffnung in sich, den Aufbruch der Frauen aus Isolierung und Entfremdung voranzutreiben. Für die Mitarbeiterinnen scheinen die derzeitigen Projektstrukturen jedoch nicht selten gleichzeitig die Arbeit zu erleichtern und zu erschweren, Wünsche zu erfüllen und Enttäuschungen hervorzurufen.

Die neuen Arbeitsmodelle der Projekte, wie sie im wesentlichen aus den basisdemokratischen Idealen der Alternativbewegung in den späten siebziger Jahre hervorgegangen sind, beruhen auf einer Kritik vorherrschender Arbeitsteilung und Hierarchie[10]. Dem wurde die Parole „alle machen alles, alle sind gleich" entgegengestellt. Diese Vorstellungen haben seither vielfältige Modifikationen erfahren, da sie sich als schwer umsetzbar und nicht selten frustrierend erwiesen. In den untersuchten Projekten ist der Anspruch „alle machen alles" einem wachsenden Maß an Arbeitsteilung gewichen und der Anspruch „alle sind gleich" wird zunehmend als irreal empfunden und entweder unterlaufen oder mehr oder weniger offizell zugunsten begrenzter Hierarchisierungen aufgegeben.[11] Das Hauptproblem dieser Veränderungen und damit einhergehender Verunsicherungen liegt meines Erachtens darin, daß zwar die alten Leitbilder nicht mehr richtig gültig sind und, wenn überhaupt, nur noch begrenzt vertreten und flexibel angewandt werden, aber kein Ersatz, das heißt keine neuen, positiv besetzten Leitbilder in Sicht sind, wodurch die ursprünglichen Annahmen und Ideale ihre Kraft behalten haben und in den Projekten weiter wirksam sind. Die Projekte müssen den Widerspruch zwischen diesen Prinzipien und gewandelten Realitäten verkraften, der sich zumeist in Ambivalenzen niederschlägt, wie sie sich in vielen Interviewaussagen finden.

---

10  Zur Bedeutung basisdemokratischer Strukturen als Möglichkeit der Selbstverwirklichung vgl. Racki (Hg.) 1988
11  Nicht alle „Abweichungen" vom basisdemokratischen Modell haben sich aus dem Arbeitsprozeß selbst ergeben, einige sind auf äußere Faktoren zurückzuführen; von den Projektmitarbeiterinnen werden genannt: finanzielle Unsicherheiten und Unterfinanzierungen, die Personalmittel einschränken und Planungen erschweren bzw. verunmöglichen; Auflagen durch institutionelle Anbindungen sowie Vorgaben von Geldgebern, die Bereichsteilungen nach sich ziehen. Dennoch bleibt den Projekten ein erheblicher Spielraum erhalten.

## 3.1 Mutationen basisdemokratischer Modelle

Unter den Mitarbeiterinnen gibt es sowohl verbreitete Wünsche nach Hierarchielosigkeit und Selbstbestimmung am Arbeitsplatz, als auch nicht selten Unzufriedenheit wegen schlecht strukturierter Arbeit ohne klare Aufträge, eindeutige Abgrenzungen und durchschaubare Kooperationsfestlegungen. Zwar muß Basisdemokratie keineswegs zwangsläufig Strukturlosigkeit bedeuten, aber faktisch ist es häufig so, weil Strukturierungsprozesse schnell mit Arbeitsteilung und Hierarchie gleichgesetzt und daher abgelehnt werden. Auf Freiwilligkeit beruhende Organisationsprozesse setzen zudem ein hohes Maß an individueller und kollektiver Selbstdisziplin voraus, die viele Projekte überfordert. Bei der Suche nach Abhilfe aus diesem Dilemma ergibt sich die Schwierigkeit, wie Strukturen jenseits von hierarchischem Zwang – und ohne Hierarchiebildungen durch die Hintertür – geschaffen werden können, ohne sich lediglich auf Eigenmotivation zu beziehen, die keiner weiteren formalen Regelungen und keiner Zusammenführung bedarf. Ein ganzer Teil der Projekte experimentiert seit einiger Zeit mit neuen Modellen, d.h. Formen der Arbeitsteilung und differenzierten Entscheidungskompetenzen, die die Mitarbeiterinnen insgesamt zufriedener machen als der vorherige schwammige Zustand mit seiner Undurchschaubarkeit. Dennoch klingt nicht selten Wehmut an, denn Unstrukturiertheit hat auch Vorteile, indem sie ein großes Maß an persönlichem Bewegungsspielraum und Entscheidungsfreiheit sichert. Zudem ist das basisdemokratische Modell nach wie vor emotional hoch besetzt, entspricht es doch den politischen Ansprüchen sehr viel mehr als jetzt gefundene Lösungen, die weniger Wertvorstellungen und Idealen als praktischen Notwendigkeiten geschuldet sind.

Von den Frauenhausmitarbeiterinnen wird formale Hierarchielosigkeit generell als gut befunden. Trotzdem ist in vielen Projekten inzwischen auch ein Bedürfnis nach Strukturierung und Schwerpunktbildung entstanden, dem die Projekte mehr oder weniger nachkommen. So beschreibt Anna ihre ambivalenten Gefühle gegenüber basisdemokratischer Projektorganisation. Die störenden Seiten sieht sie in schwierigen Entscheidungsfindungen, die dem Projekt eine große Zähigkeit verleihen, während sie die damit einhergehende Gestaltungsfreiheit sehr schätzt. Lösungsmöglichkeiten, um diese Ambivalenzen zu überwinden, nennt sie keine.

Anna (F1): Ich finde es angenehm, keine hierarchischen Strukturen zu haben. Keine Chefin, die mir sagt, wann ich was wie machen muß. Es macht viel mehr Spaß, das freibestimmter machen zu können. Es gibt Momente, wo es mir stinkt, daß alle immer alles absegnen müssen oder daß zwei was entschieden haben und die nächsten drei hinterfragen das, und es wird wieder umgeschmissen. Diese endlos langen Wege. Da wäre der Wunsch, einer mal was abgeben und auch da lassen zu können. (S. 25)

Andere Frauenhausmitarbeiterinnen setzen zur Bewältigung der Schwierigkeiten stärker auf neue Konzepte, denen sie wie zum Beispiel Olga und Beate mehr oder weniger hoffnungsvoll gegenüberstehen. Olga schildert die positiven und die negativen Aspekte der Arbeit in ihrem noch wenig strukturierten Projekt und setzt auf Abhilfe letzterer durch die klärende Wirkung einer geplanten professionellen Organisationsberatung.

Olga (F2): Die Projektstrukturen sind hilfreich, indem sie meiner Kreativität wenig Grenzen setzen. Was mich stark behindert, ist die Konzeptlosigkeit, die bei uns im Team da ist. Alle Kolleginnen arbeiten unterschiedlich nach jeweils eigenem Konzept. Insofern treten sicherlich Konkurrenzen und Ungerechtigkeiten auf, die vermeidbar wären. Unser Ideal ist, ein fertiges Konzept zu haben, nach dem wir arbeiten, das nicht für die nächsten zwanzig Jahre gültig sein muß, aber einen Rahmen bieten sollte. [...] Eine Möglichkeit ist, daß wir über eine Organisationsberatung endlich dazu kommen, Konzepte zu schreiben, das wäre erstrebenswert. (S. 15-16)

Hingegen klingt Beate trotz ihres persönlichen Wandlungsprozesses auch heute noch eher skeptisch gegenüber dem neuen Strukturierungsansatz in ihrem Projekt, der aus einer gerade stattgefundenen Projektberatung resultiert. Trauer über die vergangene Projektgründungszeit ohne formale Strukturen ist heraushörbar, aller damaligen Probleme zum Trotz. Sie löst ihre Ambivalenz gegenüber Festschreibungen durch „flexible" Konzeptanwendung, indem sie sich im Gegensatz zu anderen Kolleginnen auch schon mal darüber hinwegsetzt, wenn es nicht praktikabel ist, wodurch allerdings neue Konflikte im Team entstehen.

Beate (F3): Früher habe ich es (ein Konzept, M.B.) abgelehnt. Mittlerweile empfinde ich es zum Teil hilfreich. Wir hatten nicht von Anfang an ein Konzept. Als der Verein gegründet wurde, war eine viel größere Mischung da. Wir haben alle ehrenamtlich gearbeitet. Es war jede Woche Plenum, nicht wie jetzt, einmal im Monat Vorstandssitzung, und es ging viel Zeit mit Verhandlung drauf, bis wir ein Haus gefunden hatten, die Geldgeber bereit waren zu zahlen, daß für die inhaltliche Arbeit (wenig Zeit blieb, M.B.). [...] Über die praktische Arbeit und große Meinungsverschiedenheiten wurde klar, ein Konzept wird gebraucht. Jetzt gibt es ein Konzept und es gibt wieder Unterschiedlichkeiten innerhalb des Teams. [...] Wenn das Konzept nicht in allen Punkten erfüllt werden kann, ist meine Frustration nicht so groß, ich versuche dann, aus der bestehenden Situation das Beste zu machen und nicht hartnäckig darauf zu bestehen, der Punkt aus der Konzeption muß jetzt erfüllt werden und hole mir nichts als Frust. (S. 25)

In den Beratungsprojekten ergibt sich ein ähnliches Bild wie für die Frauenhäuser: Allgemein wird Hierarchiefreiheit und Vielfältigkeit der Arbeit geschätzt, gleichzeitig aber auch Strukturierung und Schaffung von Arbeitsschwerpunkten betont und wenn diese bereits erfolgt sind, als wichtig für die Arbeitszufriedenheit empfunden. Dieser Zwiespalt wird bei einer Reihe von Mitarbeiterinnen deutlich: Jenseits einer positiven Wertschätzung von eigenverantwortlicher Arbeit mit großem Entscheidungsspielraum leiden sie angesichts derartiger Strukturen nicht selten unter Überforderung; ein Problem, das beispielsweise nach Erika nicht zuletzt der schlechten Finanzlage und daraus erwachsender Stellenknappheit geschuldet ist.

Erika (B5): Im großen und ganzen sind die Projektstrukturen hilfreich. Sie behindern mich da, wo es über das schlechte Gewissen geht. Es ist bei kleinen Vereinen oft so: Du hast einen tollen Anspruch und machst idealistische Arbeit, da ist es schwer, sich abzugrenzen oder bestimmte Sachen in Anspruch zu nehmen. [...] Ein Nachteil ist die Finanzierung. Das spielt natürlich eine Rolle, ob du weißt, ob deine Stelle nächstes Jahr sicher ist oder nicht. Sonst ist es auf jeden Fall toll, wenn dir niemand was sagen kann. (S. 26)

Heides Gedankengang verläuft umgekehrt: Sie hat zunächst die negativen Seiten ihrer freien Arbeitssituation vor Augen, erinnert sich dann aber fast schwärmerisch an die darin enthaltenen kreativen Möglichkeiten.

Heide (B8): Wenn ich mit Frauen zu tun habe, die einen begrenzten Arbeitsauftrag haben, würde ich mir manchmal wünschen, auch so zu arbeiten, mich mal auf was konzentrieren zu können. Dieses Du-bist-für-alles-zuständig heißt, du machst alles nur halb. Man hat oft das Gefühl, etwas nicht so toll zu machen, wie es sein könnte, wenn du dich genügend hättest vorbereiten können. Das erlebe ich als behindernd, daß du für alles da bist, vom Putzen bis zu konzeptionellen Überlegungen. Auf der anderen Seite ist es natürlich auch förderlich für innovative Arbeit – was auszuprobieren. Da es keine Hierarchie gibt und keine festgeklopften Arbeitsschwerpunkte, niemand kontrolliert, sondern dieser Freiraum da ist. (S. 18-19)

Wie stark sich eine mögliche Neustrukturierung in der Vorstellung von Mitarbeiterinnen mit hierarchischen Elementen verbindet wird bei Alice und Wilma deutlich. Beide nehmen eine fiktive Person an, die diese Veränderung durchsetzt, wobei der darin ersichtliche Wunsch nach einer derartigen Person mehr (Alice) oder weniger (Wilma) ambivalent bleibt.

Alice (B4): Ich sehne mich danach, daß es eine Person oder eine Institution gäbe, die das hier ein bißchen strukturieren und sagen würde, wir machen jetzt das. Aber da wir alle schrecklich antiautoritär und wunderbar basisorientiert und 'alle machen alles und entscheiden alles' sind, verläuft das nicht so. Das wird als rigid und blöd perzipiert. Ich will mich da nicht ausnehmen. Wenn mir jemand sagen würde, du machst jetzt das und das andere nicht, dann würde ich auch sauer werden. Aber es ist ein anderer Teil von mir, dem das fehlt. (S. 13)

Wilma (B6): Ich intiiere zu wenig, weil ich mir den Rahmen immer noch nicht geschaffen habe. Das sind Sachen, wo andere Frauen im Projekt mehr ihre Richtung klar haben, und wenn man die hat, dann kannst du das durchziehen. [...] Subjektiv fällt mir das schwer, keine Strukturen zu haben. [...] Ich finde das hier chaotisch und komme damit schlecht klar. Daß ich vielleicht auch sowas wie, keine Chefin, aber einfach mehr Vorgaben gerne hätte. Du mußt alles für dich selber machen. Und das kann ich nicht so gut. (S. 4-5)

In unterschiedlicher Form hoffen beide Frauen auf Stabilisierung ihrer Arbeitssituation von außen, von jenseits ihrer selbst und jenseits des Teams. Hierin wird ersichtlich, wie anstrengend Selbstregulation für viele ist. Daher verwundert es nicht, daß viele Mitarbeiterinnen mit neu gefundenen Organisationsmodellen zufrieden sind, auch wenn sie, wie in Xenias Projekt, wegen der Stellenknappheit nicht zufriedenstellend verwirklicht werden können und sogar wenn sie, wie in Birgits Fall, eine leichte Hierarchisierung bedeuten.

Xenia (B7): Diese unterschiedlichen Schwerpunkte in unserem Projekt gefallen mir, weil das heißt, sich in unterschiedlichen Bereichen mal stärker, mal weniger stark zu engagieren. [...] Das heißt auch, daß wir uns mit unseren unterschiedlichen Kompetenzen ganz gut einbringen können. [...] Was ein Manko ist und die Umsetzung schwierig macht, ist unsere personelle Situation, die nicht ausreichend ist. (S. 21)

Birgit (B9): In der Vergangenheit waren die Strukturen nicht klar und alle hatten den Anspruch, alles zu machen. Obwohl sich nicht alle gleich verantwortlich gefühlt haben. Jetzt sind die Bereiche geklärter. Daß es klare Ansprechpartner gibt und die Frauen in ihren Bereichen kompetent sind und sich auch kompetent machen dürfen und das nicht verschleiern müssen. (S. 27) Ich finde es einen guten Weg, da durchgegangen zu sein: zunächst ohne Leitung, jetzt immer strukturierter zu arbeiten und auch im Ansatz hierarchische Strukturen zu haben, ohne nur das Negative einer Hierarchie zu sehen. (S. 31)

Einzig die Mitarbeiterinnen der Bildungsprojekte ziehen eindeutig strukturierte Situationen und klare Aufgabenzuschreibungen vor, selbst wenn daraus einige Probleme entstehen. Arbeitsteilung löst offenbar keine Angst vor Hierarchisierungen aus, wie es in den anderen Projektbereichen anklingt, denn Hierarchie wird nicht als notwendigerweise negativ gesehen. Ein Beispiel für die Vorteile strukturierten Arbeitens sind Juttas Schilderungen der Entwicklung ihres Projektes.

Jutta (K1): Vor einem Jahr noch gab es teilweise sehr unklare Aufgabenverteilungen. Das hieß nämlich, daß manches doppelt gemacht, nicht richtig abgesprochen wurde, und es manchmal Kompetenzgerangel gab. Wir haben festgelegt, wer für welchen Aufgabenbereich zuständig ist, auch in der allgemeinen Organisation des Projekts. Wir haben früher regelmäßig Plenum gehabt, wo sich oft an einem Punkt festgehakt wurde und es ging nichts vor und zurück. Wir haben das durch Mehrheitsentscheidung gelöst und sind jetzt konstruktiver geworden, wir machen nicht immer gezwungenermaßen ein Plenum, sondern wir gucken, wann ist es nötig, und es wird zügig durchgegangen. (S. 18)

Probleme, die von Mitarbeiterinnen angesichts verstärkter Arbeitsteilungen genannt werden, beziehen sich auf kleine Projekte, wo bedacht werden muß, was passiert, wenn eine Frau ausfällt und zeitweise oder ganz ersetzt werden muß. Das wird jedoch ebenso wenig als prinzipieller Einwand gesehen wie spezifische Schwierigkeiten, die sich in stark gegliederten Großprojekten ergeben können, die Claudia für ihr Projekt anspricht, das weitgehend unabhängiger Teil eines Projektverbundes ist.

Claudia (K5): Die Autonomie, die wir haben ist hilfreich. Die Projekte müssen sich selbst tragen finanziell. [...] Das hat seine Pferdefüße, weil es den Projektegoismus fördert, weil man nur an sein eigenes Projekt denkt, was dem zugute kommt oder hinderlich ist und die Gesamtorganisation stiefmütterlich behandelt wird bzw., wenn man nicht weiter weiß, sagt man, das kann der Verein machen. Dann weiß kein Mensch, wer damit gemeint ist oder welches Konto gemeint sein könnte, um irgendwas zu finanzieren. Diese Eigenständigkeit in dem Projekt hat etwas, das es vorwärts bewegt, es hindert aber auch, Strukturen gemeinsam zu setzen. (S. 13-14)

Die aufgeführten Probleme sind zwar nicht in jedem Falle ohne weiteres lösbar, aber im wesentlichen handhabbar und damit auszuhalten. Wünsche nach Rückkehr in alte Strukturen mit Allzuständigkeit und Undifferenziertheit äußert keine dieser Mitarbeiterinnen.

*Resümee:* Bei den geäußerten Ambivalenzen gegenüber wenig strukturierten Arbeitsprozessen fällt auf, daß eine Reihe von Mitarbeiterinnen an ihren widersprüchlichen Gefühlen festhält und kaum eine innere Bewegung in Richtung auf eine abwägende Entscheidungsfindung spürbar ist. Hoffnung wird eher auf von außen kommende Expertinnen gesetzt[12], die eine Lösung der Probleme bringen sollen, obwohl auch hier Ambivalenzen einfließen. Es scheint weniger lohnend, das Wagnis neuer Wege einzugehen und diese positiv zu besetzen als die ursprünglichen Ideale in alter Treue beizubehalten. Das starre Festhalten an idealisierten, basisorientierten Arbeitsstrukturen ist im Kontext feministischer Zusammenhänge interpretierbar als Ausdruck der zumeist wenig bewußten, aber dennoch handlungsleitenden Angst, ansonsten all das, wofür die Projekte und damit das eigene Projekt stehen, ebenso wie die daran gebundene persönliche Identität als aktive Feministin zu gefährden.[13] Dahinter kommt die Phantasie zum Vorschein, daß alle Weisungen der großen Übermutter 'Frauenbewegung' einzuhalten sind, daß Ungehorsam und Eigenmächtigkeit als böswilliges Verlassen gelten und das Recht, sich ihr zugehörig zu fühlen und weiter auf Wunscherfüllung zu hoffen, verwirkt wird. Wenn dieser Angst vor Verstoßung aus der mütterlichen Welt der Frauen eine tragende Rolle zukommt, dann macht es Sinn, auf Problemlösung von außen zu hoffen, die einer Befreiung gleichkommt, ohne daß die Verantwortung für die damit einhergehenden Veränderungen – empfunden als unzulässige Abweichungen – übernommen werden muß. Eine derartige Konstruktion hat zudem den Vorteil, ambivalent, d.h. in der töchterlichen Position bleiben zu können und darauf

---

12  Diese Hoffnung resultiert sicher nicht zuletzt aus der von Marie Sichtermann (1993) in vielen Frauenprojekten konstatierten Leerstelle „Arbeitgeberin", d.h. einer Frau, die die Dinge in die Hand nimmt und Entscheidungen fällt. Kaum eine Mitarbeiterin traue sich, diese Position argumentativ einzunehmen, da sie Gefahr läuft, „daß ihr die geballte Solidarität der Arbeitnehmerinnen entgegenschlägt.[...] Die Rolle der Arbeitgeberin ist unbesetzt, doch das reale Interesse ist da. Und insgeheim ruft jede Frau nach ihr in Krisenzeiten, malt sich aus, was die Arbeitgeberin tun müßte, um wieder Frieden herzustellen." (S. 77)

13  Harald Pühl (1989) weist auf die Bedeutung des Kollektivmythos als orientierendes Moment hin, das in seiner dynamischen Wirkung Überich-ähnliche Funktion erhält und Angst bindet, was sonst in traditionellen Organisationen hierarchische Strukturen leisten.

zu bestehen, daß beides möglich ist: Alles von der Mutter zu fordern – und rechtmäßig zu bekommen – und gleichzeitig, ohne Rücksichtnahme auf andere, zu machen was frau will. Diese Phantasie aufgeben zu sollen, kommt einer unerhörten Zumutung gleich, die gegenüber jedweder Vertreterin des Realitätsprinzips zurückgewiesen werden muß.

Dieser Versuch, in Organisationsvorstellungen eingelassene psychische Bedürfnisse und damit verbundene psychodynamische Prozesse zu verstehen, bringt Licht in die Dynamik des Festhaltens an alten Prinzipien und entsprechenen Gefühlsambivalenzen. Das basisdemokratische Ideal „alle sind gleich, alle können alles, alle machen alles" legt das Mißverständnis nahe, daß damit gemeint sei, „jede/r bekommt alles, jede/r darf alles, jede/r kann anstrengungslos alles" und das im Rahmen einer gewährenden, liebevollen Gemeinschaft, wo sich ‘alles’ von selbst regelt; sozusagen *heaven on earth* und – wer hätte das nicht gern. Es wird die Hoffnung geweckt, daß sich in der Projektarbeit grenzenlose, individuelle Freiheit mit unendlicher Geborgenheit im Kollektiv aufs wunderbarste paart. Entsprechend tief ist der Fall und entsprechend groß sind die offenen oder versteckten Konflikte miteinander, denn sie korrespondieren mit den Erwartungen und zwar weniger denjenigen an sich selbst als denjenigen an andere. Auch wenn die beschriebenen – mehr oder weniger bewußten – Hoffnungen so schwarz auf weiß naiv erscheinen mögen, sollten sie keineswegs leichtfertig abgetan werden. Denn ein gewisses Maß dieser Hoffnungen halte ich für eine unabdingbare Quelle jener solidaritätsfördernden Kraft, aus der heraus Frauen sich für andere einsetzen und es immer wieder miteinander versuchen. Wie jede wirksame Kraft hat auch diese nicht nur positive Seiten, sondern das Überschüssige, Maßlose gehört zunächst einmal dazu. Nur allzu häufig geht mit der überschüssigen auch die notwendige Kraft verloren, wenn nicht beide gewürdigt werden und ihren angemessenen Platz in den Projektvorstellungen finden. Ich gehe davon aus, daß nicht nur realistische, sondern auch unrealistische Hoffnungen zur Gründung der Projekte und allgemein zum Aufbruch der Frauen und Mädchen beigetragen und somit kreative Prozesse ausgelöst und Schritte auf dem Weg größerer Selbstbestimmung ermöglicht haben.

## 3.2 Das Team – Schalthebel der Macht

In allen Projektbereichen ist ein befriedigender Arbeitsablauf in starkem Maße von einem funktionierenden Team abhängig. Die zentrale Bedeutung des Teams bezieht sich auf so vielfältige Gebiete wie die Koordinierung der einzelnen Tätigkeitsfelder, die Produktivität der Arbeit, das Freisetzen von Initiativkraft, das Ermöglichen eines guten Verhältnisses zu den Adressatinnen und auf das Arbeitsklima insgesamt. Daher ist das Team im Selbstverständnis der Mitarbeiterinnen Dreh- und Angelpunkt des Projektgeschehens und Ort der Entscheidung über Macht und Ohnmacht.

In sehr unterschiedlichem Umfang weisen die drei Projektbereiche hierarchische Elemente in der Teamstruktur auf. Gründe für eingebaute Leitungsfunktionen liegen zum einen in der äußeren Notwendigkeit (in jeweils einem Projekt pro Arbeitsbereich erfordert die Trägerkonstruktion eine Leitung), zum anderen in Wünschen von Gründerinnen, die ihre Vorstellungen absichern und sich gegen unzuverlässige neue Mitarbeiterinnen schützen wollen. Mindestens zehn der untersuchten Projekte haben aktive Leitungsfunktionen, seien es Leiterinnen, Geschäftsführerinnen oder Vorstandsfrauen (1 im Frauenhausbereich, 3 im Beratungsbereich und 6 in den Bildungsprojekten). Damit verfügen die große Mehrheit der Bildungsprojekte, ein kleiner Teil der Beratungsprojekte und ein Ausnahmeprojekt im Frauenhausbereich über eine hierarchische Struktur. Formal brauchen Projekte mit Vereinsstruktur (fast alle Projekte) gemäß Vereinsgesetz immer einen gewählten Vorstand[14], der im etwas größeren Teil der Projekte aber keine Rolle spielt und somit faktisch keine hierarchische Struktur vorhanden ist. Nur eine Projektfrau (aus einem Bildungsprojekt) erwähnt Einkommensunterschiede als relevanten Faktor für die Teamarbeit und als Ausdruck von Hierarchisierungen. Da es aber in mindestens zehn der 28 Projekte Einkommensdifferenzen gibt, ist zu vermuten, daß deren Bedeutung im Team heruntergespielt wird, da sie dem Ideal der Gleichheit entgegenstehen.[15] Eine Ursache dieser Hierarchieunterschiede zwischen den Projektbereichen dürfte in den Aufgabengebieten der Projekte und den jeweiligen Finanzierungsmodi liegen. Während Frauenhaus- und Beratungsarbeit einen eher kontinuierlichen Charakter mit gleichbleibenden Aufgaben haben, müssen die Projekte mit Bildungsangeboten ihre Angebote turnusgemäß planen und bis zum Ende der Laufzeit durchführen, wofür zumeist die Vorstandsfrauen die Verantwortung tragen. Während der Weggang einer Frauenhausmitarbeiterin an der Existenz und Struktur eines Hauses wenig ändert (notfalls übernimmt eine andere Mitarbeiterin die Betreuung weiterer Frauen oder der Kinderbereich wird eine Weile geschlossen), kann der Weggang einer Bildungsmitarbeiterin mit spezifischen Kompetenzen die Projektfinanzierung gefährden, da die Bildungsprojekte zumeist ausschließlich über die einzelnen Bildungsangebote gefördert werden. Andere Faktoren wie Grad der Professionalisierung, Nähe der Gründungsmotive zur Selbsthilfe respek-

---

14  Häufig fungieren Teammitglieder als Vorstandsfrauen, so daß Arbeitgeberin und Arbeitnehmerin in einer Person vereinigt sind. Immer weniger Vereine verfügen über eine aktive Mitgliedschaft, was einerseits bedauert wird, andererseits dem Teamwunsch einer Kontrolle über das Projekt entgegenkommt.

15  Leugnung der Differenzen ist keineswegs nur für Projekte typisch, sondern ebenso in institutionellen Frauenteams sozialer Berufsbereiche anzutreffen (Kieper-Wellmer 1991).

tive zur Schaffung von Arbeitszusammenhängen dürften ebenfalls von gewichtiger Bedeutung für unterschiedliche Projektentwicklungen sein.

Ein Teil der Projekte arbeitet hingegen nach dem Grundsatz gemeinsamer Teamentscheidung aller Mitarbeiterinnen. Dieses Prinzip wird interessanterweise unabhängig von der formalen Teamstruktur vertreten: Hierarchisch gegliederte Teams verstehen sich nicht selten als Teams mit weitgehend gleichberechtigten Entscheidungsstrukturen; Mitarbeiterinnen egalitärer Projekte beklagen, daß informelle Strukturen keineswegs allen den gleichen Zugang zu Entscheidungen ermöglichen. Hier wird deutlich, daß die Teamstruktur nicht nur von formalen Vorgaben abhängt, sondern ebenso sehr von der projektspezifischen Handhabung des jeweiligen Modells – egalitär oder hierarchisch – geprägt ist.

Die Schalthebelfunktion der Teams für die Projektarbeit weist recht unterschiedliche Aspekte auf, die im folgenden systematisch für die einzelnen Bereiche zusammengefaßt werden. Das Team prägt die jeweiligen Kommunikationsmuster und hat zentralen Einfluß auf die Entscheidungsstrukturen. Zudem liegen Machtverteilung und Konfliktregulierung weitgehend in den Händen der Teams.

## Kommunikationsmuster

Offenes oder verstecktes Thema für etwa die Hälfte der Frauenhaus- und der Beratungsmitarbeiterinnen ist die *Hemmung, Konflikte anzusprechen*, wobei einige dieses Problem als inzwischen mehr oder weniger überwunden bezeichnen. Keine Mitarbeiterin aus dem Bildungsbereich erwähnt diese Schwierigkeit. Möglicherweise liegt das daran, daß individuellen und kollektiven emotionalen Befindlichkeiten in diesen Projekten eine geringere Bedeutung zukommt, da Gefühle stärker durch eine formalisierte Organisation aufgefangen und kanalisiert werden (Pühl 1989).

Besonders deutlich wird das Problem in einem der Frauenhausteams, das noch keinen gangbaren Weg im Umgang mit Konflikten gefunden hat und sich mit „Stillhalteabkommen" behilft.

Olga (F2): Ich habe das Gefühl, daß es unter den Teppich gekehrt wird und wir eine Art Stillhalteabkommen haben und Konflikte nicht ausgetragen werden. Mit Kolleginnen, mit denen man besser klar kommt, ist es möglich, Konflikte auszutragen, aber was das Gesamtteam betrifft, findet das seit längerer Zeit nicht mehr statt. Wir haben so einen Waffenstillstand vereinbart und alle halten sich mehr oder weniger daran. (S. 8)

Wie prekär dieses Abkommen ist, zeigt sich darin, daß es sich hierbei lediglich um einen „Waffenstillstand" handelt und der Krieg unter den Mitarbeiterinnen jederzeit wieder ausbrechen kann, wenn das Abkommen verletzt und Konfliktthemen nicht nur angesprochen, sondern dadurch anstehende unliebsame Entscheidungen drängender werden.

Frauen aus Beratungsprojekten nennen verschiedene Ursachen für die Schwierigkeiten, Konflikte anzusprechen: Individuelle Hemmungen, wodurch Probleme eine Zeitlang verdrängt werden und sich dann um so heftiger entladen; Angst, die andere Frau zu verletzen und die allgemeine Anspannung durch die schwierige Arbeit, wozu sich Erika äußert.

Erika (B5): Durch die Arbeit stehen wir alle ziemlich unter Streß und großer Anspannung, daß oft kein Raum ist, (Probleme) frühzeitig zu klären, daß es oft erst angesprochen wird, wenn es sich schon wieder zugespitzt hat und dann ganz anders knallt. (S. 14)

Einige wenige Projektfrauen aller drei Bereiche klagen über *mangelnde gegenseitige Anerkennung* und fast genauso wenige nennen *Konkurrenz und Neid* als Themen. Daraus kann jedoch nicht geschlossen werden, daß diese Probleme kaum vorhanden sind, als daß es sich immer noch um tabuisierte Zonen unter Frauen handelt (Freytag 1993b).

Gegenseitige Anerkennung ist ebenso schwierig wie das Austragen von Konflikten, da beide mit einem offenbar vorhandenen Gefühlsverbot verknüpft sind, das immer dann auftritt, sobald die Gefühle wertende Dimensionen enthalten.[16] Wie lähmend sich ein auf andere Frauen gerichtetes Gefühlsverbot auswirken kann, zeigen Beispiele aus dem Beratungs- und Bildungsbereich. Denn es trifft keineswegs nur die negativen, sondern auch die positiven Gefühle. Sie scheinen gleichermaßen gefährlich, weil ein auf Vermeidung beruhendes und damit instabiles 'Betriebs'klimas durch Gefühlsäußerungen jedweder Art schnell aufgeladen werden kann und zu befürchten ist, daß sich Gefühlsschleusen unkontrollierbar öffnen und daher unterdrückt werden müssen.

Wilma (B6): Wir treten zwar gemeinsam auf, aber wir loben uns nicht, sagen nicht mal, 'Mensch, wir haben das doch ...'. [...] Was vielleicht in meine Persönlichkeit reinpaßt, daß ich auch nur das Negative sehe und nicht das Positive, was ich gemacht habe oder gerne machen würde. Das ist durchgängig in dem Projekt. Nicht mal loben können. Aber auch keine Kritik. Ganz vorsichtig, aber zu wenig, weil man daraus auch lernen kann. (S. 7)

Karin (K2): Jede hungert ein bißchen nach Anerkennung, weil wir uns untereinander wenig gegeben haben und sie von der Leitung unterschiedlich verteilt wurde. (S. 22)

---

16  Sabine Scheffler (1993) weist auf Familialisierungs- und Intimisierungsprozesse in Projekten hin, die Anerkennung verunmöglichen, da damit individuelle Leistungen, d.h. das Heraustreten einzelner aus der Gruppe gewürdigt werden müßte, dieses aber Konkurrenz- und Neidgefühle weckt.

Hingegen scheint Konkurrenz vor allem in Bildungsprojekten etwas selbstverständlicher zu sein und wird von Mitarbeiterinnen mehrfach lediglich konstatiert, ohne sie übermäßig zu beklagen oder zu verdammen.

Das Thema Neid erwähnen einige der Frauenhausmitarbeiterinnen und zwar auf zwei verschiedenen Ebenen: Neid auf den unterschiedlichen Stellenwert der verschiedenen Tätigkeitsbereiche im Projekt, wenn z.B. die Arbeit im Haus als Herzstück, Kinderarbeit und nachgehende Beratung dagegen als notfalls wegfallbar angesehen werden (Beate); Neid auf Kontakt zu den Adressatinnen, der nur ganz selten angesprochen wird, aber eine nicht unbedeutende Rolle spielen dürfte (Tine).

Beate (F3): Wir haben letztes Jahr Projektberatung gemacht, die ich sehr gut fand. Wo herausgearbeitet wurde, welchen Stellenwert die einzelnen Arbeitsbereiche im Haus haben und klar wurde, ohne daß wir Frauen aus dem Haus das explizit wollten, daß die Arbeit im Haus das Herzstück der Arbeit ist und das ungewollt auch Neid hervorruft. Weil klar wurde, ohne uns läuft nichts. Das hört sich überheblich an, aber es ist so. Wir im Haus könnten notfalls auch eine Zeitlang ohne die Kinderarbeit und ohne die nachgehende Beratung auskommen, aber umgekehrt nicht und darüber ist halt sehr viel an Spannungen auch rausgekommen. (S. 12)

Tine (F10): Also Neid, Eifersucht, da sehe ich uns noch am Anfang. Was auch was mit Macht zu tun hat. Wir haben angefangen darüber zu reden, wer ist neidisch auf den Kontakt, den die andere zu ihrer Klientin hat. Ich habe den vielleicht nicht. Woran es liegt, ist eigentlich egal, aber daß wir anfangen, solche Sachen aufzuzeigen. (S. 11)

Frauen in wenig strukturierten Projekten berichten häufig von der *Schwierigkeit, vorhandene Aufgaben zu verteilen.* Das gilt insbesondere für die Mehrheit der befragten Frauenhausmitarbeiterinnen, aber auch für knapp die Hälfte der Beratungsmitarbeiterinnen und einige der Bildungsmitarbeiterinnen. Plastisch wird dieses Problem bei Anna, Mitarbeiterin in einem Frauenhaus.

Anna (F1): Das sind so Frauenhaus-Sätze: 'da muß man mal das machen'. Nur: wer ist das 'man mal'? Da steht dann im (Team)Buch: 'Das müßten wir noch machen'. Jede liest und denkt, die andere macht schon. Und so ist es dann auch. Das heißt zu lernen, daß eine, zwei oder irgendjemand die Verantwortung übernimmt und das anleitet. (S. 24)

Wie wütend derartige Schwierigkeiten machen können, wenn sie als Gradmesser für die Bereitschaft interpretiert werden, sich für das Projekt einzusetzen, schimmert in dem Beitrag der Beratungsmitarbeiterin Alice durch. Alice argumentiert aus der Sicht derjenigen, die viele Aufgaben übernimmt und sich das nicht als besondere Leistung anrechnet, für die sie geschätzt wird, sondern sich von den anderen ausgenutzt fühlt.

Alice (B 4): Wir treten uns weniger auf die Füße, weil irgendjemand mir was wegnehmen will. Vielmehr ist es so, daß Arbeit da ist, die keiner machen will. Und dann die Frage (auftaucht), warum bin ich eigentlich immer der Idiot? (S. 15)

Hingegen klagt Friedel als geschäftsführende Mitarbeiterin eines relativ neuen Bildungsprojektes nicht nur über das Problem der Übernahme von Aufgaben, sondern über die eigene Schwierigkeit, Aufgaben abzugeben:

Friedel (K4): Es ist ein Problem des Abgebens und des Annehmens der anderen. Genauso umgedreht, daß es mir in manchen Situationen schwerfällt, meinen Kolleginnen etwas abzugeben. Nicht, weil ich nicht abgeben möchte, sondern weil ich Angst habe, ich würde sie überfordern oder stören. (S. 7-8)

Auch hier klingt wieder die Gefühlsebene und die Verunsicherung an, was die anderen wollen und möchten, etwas, das offenbar nicht ohne weiteres in einem Teamgespräch geklärt werden kann. Die große Bedeutung, die Gefühlen und dem Verbergen von Gefühlen zukommt, verhindert einen Blick darauf, wie viele Schwierigkeiten durch Abklären unterschiedlicher Interessen und klarer Aufgabenverteilungen angehbar wären und zur Entschärfung der Konflikte beitragen könnte.

Der *Umgang mit Zeit* als wichtiges Element beruflicher Kommunikationsprozesse wird in den einzelnen Teams sehr unterschiedlich gehandhabt. Aufgewandten Sitzungszeiten dürften, neben dem jeweiligen Grad der Organisiertheit, strukturelle Verschiedenheiten der Arbeit zugrundeliegen. Je gleichartiger und psychisch aufreibender diese ist, desto angebrachter sind ausführliche Besprechungen, auch wenn sie eher der Entlastung als der Problembearbeitung dienen. Abgegrenzte Aufgaben und klare Aufträge ermöglichen hingegen einen reduzierten Zeitaufwand.

Die Frauenhausmitarbeiterinnen sehen ihren hohen Bedarf an langandauernden Sitzungen durchaus unterschiedlich. Während Carola die aufgewandte Zeit zwar viel, aber unerläßlich findet, macht Sylvia deutlich, daß die Zeit nicht immer strukturiert genutzt wird:

Carola (F5): Wenn ich von der Arbeitszeit ausgehe, und wir im Durchschnitt in der Woche mindestens vier Stunden Team haben und noch zwei Stunden Supervision und manche von uns nur 20 Stunden arbeiten – nimmt Team einen großen Raum ein. Es geht nicht anders, die Zeit brauchen wir. Aber im Verhältnis zur Gesamtarbeitszeit ist das viel. (S. 19)

Sylvia (F8): Wenn man ausgeht von fünf Stunden Team, wo die Öffentlichkeitsarbeit besprochen wird, Arbeit in Gremien, Informationsaustausch, Finanzierung und alles mögliche. Dann alle 14 Tage Supervision [...] Daß unheimlich viel Zeit draufgeht mit Informationsaustausch, was einen großen Stellenwert hat. Wir haben ein Thema, fangen damit an und schwups sind wir beim nächsten, obwohl wir das nicht abgeschlossen haben. Es klappt von Zeit zu Zeit besser, wo eine sagt: Halt! Das war unser Ausgangsthema. Dieses Verzetteln, das finde ich wahnsinnig, dann gehst du raus und hast so einen Kopf hinterher. (S. 5)

Im Beratungsbereich zeigt sich das Zeitproblem vor allem darin, daß Sitzungen besonders dann als anstrengend empfunden werden, wenn Strukturierungsprobleme hinzukommen.

Wilma (B6): Teamsitzungen und Teamtage sind für alle Frauen mit Stöhnen verbunden, es ist irgendwie zu viel. Aber wir haben es noch nicht hingekriegt, sie so zu gestalten, daß inhaltlich mehr rüberkommt. Wir halten uns viel mit Außenterminen auf, berichten über Gruppen, wo jede Frau drin sitzt und kommen nicht zu der Arbeit hier. (S. 4)

Keines der Bildungsprojekte nimmt direkt zu Zeitfragen Stellung. Noras knappes Verdikt zur Teamarbeit läßt sich hier jedoch einfügen, da es für Bildungsprojekte nicht untypisch ist.

Nora (K7): Es nimmt sehr viel mehr Zeit in Anspruch, wenn man Teamarbeit macht. Und diese Zeit haben wir nicht. Ganz einfach. (S. 23)

Hier werden deutliche Prioritäten gesetzt, obwohl Teamarbeit als solche keineswegs gering geschätzt wird, aber die Projektarbeit erfordert nach Noras Auffassung einfach kurze Wege und keine stundenlange Reflexion.

## Entscheidungsstrukturen

Fast die Hälfte der Projekte im Frauenhausbereich, einige im Beratungsbereich, aber keine der Bildungsmitarbeiterinnen betonen die Wichtigkeit von *Konsensfindungen* und greifen auf Mehrheitsentscheidungen nur in Ausnahmefällen zurück. Diese Unterschiede haben sicher weniger damit zu tun, daß nicht alle Konsens als etwas Gutes erachteten, aber in arbeitsteilig organisierten Projekten, gerade auch kursorientierten, sind die Zuständigkeiten spezialisierter, die Aufgabenparameter enger und die Entscheidungsprozesse aufgrund formalisierterer Organisationsstrukturen vielfach vorgegeben.

Die beiden folgenden Berichte verdeutlichen unterschiedliche Aspekte der Konsenssuche in Frauenhäusern. Während Anna die Mühsal der Konsensfindung beschreibt, macht Doris deutlich, warum Konsens für ein nichthierarchisches, auf Identifikation beruhendes Projekt unerläßlich ist und wie er pragmatisch hergestellt wird.

Anna (F1): Du mußt fast allen, die anrufen, sagen, 'wir haben dann das nächste Mal Team, ruf wieder zurück'. Also, ewige Wege. Es geht nichts direkt. Das finde ich einfach anstrengend. Aller Pipifax wird von sechsen diskutiert. Das hört sich lustig an, ist es aber nicht. (S. 7)

Doris (F9): Schon versuchen, einen Konsens zu finden, womit sich alle arrangieren können und nicht eine Frau mit etwas leben muß, womit sie sich überhaupt nicht identifizieren kann. Das wäre nicht machbar bei so einem Projekt. Da gehört ein Stück Identifikation rein, daß du deine Meinung mitdurchsetzen kannst und dich nicht permanent der Gesamtmeinung anschließen mußt. Es gibt dann Diskussion darum, zumindest eine Einverständniserklärung von der mit der Einzelposition zu haben, 'okay, damit kann ich mich arrangieren'. (S. 19)

Insbesondere im Beratungsbereich mit seinen teils sehr kleinen, teils großen Teams können Entscheidungsprozesse nach dem Konsensprinzip zum einen einfach und relativ konfliktfrei sein (wie in Heides Zweierteam), zum anderen wie Vera für ihren Projektverbund aufzeigt, auch schwierig und manchmal gar nicht einzulösen.

Heide (B8): Bis jetzt hatten wir noch keine (Konflikte). Es ist zwar erstaunlich, aber es ist so, daß es eigentlich bisher keine Fälle gegeben hat, wo wir sehr unterschiedlicher Meinung waren und das regeln mußten, um einen einheitlichen Umgang zu finden. Das schafft auch diese Situation von Zweisamkeit. (S. 14)

Vera (B3): Wenn es Konflikte gibt, was wir alles tun, um Geld zu kriegen, wird das auf dem Plenum besprochen. Da stehen sich unterschiedliche Positionen gegenüber, wo wir uns immer bemüht haben und bisher auch einhalten konnten, daß am Ende alle damit leben können. Außer diesen beiden Trennungen von einer Kleingruppe und einer einzelnen Frau, haben wir keine Mehrheitsentscheidungen getroffen. Wir stimmen praktisch nie ab. (S. 12-13)

Veras Beitrag zeigt auch die Kehrseite des Konsensprinzips: Wenn keine Einigung herzustellen ist, bleibt nur die Trennung. Die Frage ist allerdings, ob es nach diesem Entscheidungsmodell häufiger zu Trennungen kommt als nach anderen Modellen; zumindest sind sie durch dieses Prinzip, das ja allen gleichermaßen gerecht werden will, nicht ausgeschlossen.

In einem Viertel der Projekte aller Bereiche, am häufigsten aber im Bildungsbereich, wird vielfach *arbeitsteilig* vorgegangen und entschieden.

Für Frauenhausmitarbeiterinnen wie Olga steht die Arbeitserleichterung durch Aufgaben- und Verantwortungsverteilung im Vordergrund und sie vergleicht diese, in ihrem Team neue Struktur, positiv mit der früheren kollektiven.

Olga (F2): Es wird im Moment verändert durch eine Organisationsberatung, die wir gemacht haben. Das Team erteilt an einzelne Arbeitsaufträge, ich sage: „die Sache macht mir Spaß, ich hätte gerne den Arbeitsauftrag". Die Interessen sind so unterschiedlich, daß Arbeit nach Interesse möglich ist. Wobei diese Regelung erst neu und noch in der Erprobung ist, aber es ist gut, ein Arbeitsgebiet fest zugeteilt zu kriegen und verantwortlich erledigen zu können [...] und Entscheidungen zu treffen, ohne daß ich bei jeder Kleinigkeit nachfragen muß. Das ist wohltuend, weil es vorher schwierig war, die Arbeit gelähmt und verzögert hat. So ist das jetzt schon glücklicher, energiesparender und effektiver gelöst, befriedigender auf jeden Fall. (S. 6-7)

Ähnlich positiv äußert sich Ilse, eine Beratungsmitarbeiterin, über arbeitsteilige Entscheidungsstrukturen:

Ilse (B11): Zum Beispiel die Kollegin und ich, die Bildungs- und Öffentlichkeitsarbeit machen, wir mischen uns nicht in die Beratung ein, da sind die Beratungsfrauen zuständig. Wir reden in der Teamsitzung regelmäßig darüber, wir breiten nicht sämtliche Fälle aus, aber fragen nach und geben Anstöße und so ist das umgekehrt auch. (S. 6)

Für viele Bildungsprojekte ist eine arbeitsteilige Entscheidungsstruktur der einzelnen Arbeitsgebiete nichts besonderes, sondern der Normalfall.

Ein gutes Drittel der Projekte fällt wichtige Entscheidungen letztlich *entlang hierarchischer Linien*, was am wenigsten für Frauenhäuser, in beschränktem Maße für Beratungsprojekte und für die meisten Bildungsprojekte gilt. Häufig beschränken sich diese hierarchischen Entscheidungskompetenzen auf zentrale Fragen und wurden zum Teil noch nicht angewandt, sondern von den Führungsfrauen – nach deren eigener Aussage – in der Hinterhand gehalten für den Fall von Kontroversen, z.B. über die Zielrichtung des Projektes. Das hindert Projekte nicht, alle Teammitglieder als gleich zu verstehen – ebenfalls nach Ansicht der Führungsfrauen (die häufig unsere Interviewpartnerinnen waren).

Sehr differenziert veranschaulicht Tine, einzige Mitarbeiterin mit Leitungsfunktion im Frauenhausbereich, wie sie die Machtverteilung in ihrem Projekt wahrnimmt und warum sie derzeit für eine Leitungsstruktur eintritt.

Tine (F10): Wir (die zwei Leitungsfrauen) haben uns für eine Leitung entschieden, weil der Verein bestimmte Grundsätze verwirklicht sehen wollte, die nicht durch ein Team ausgehebelt werden sollten. Dazu gehört unsere Doppelfunktion, im Vereinsvorstand zu sein und hier die Leitung zu machen. [...] Vielleicht wird das in zwei Jahren nicht mehr nötig sein, weil dann ein ganzes Team das trägt. Dann können wir uns überlegen, ob wir andere Strukturen wollen. (S. 12)

Im Beratungsbereich.gibt es einerseits mehrere Projekte mit hierarchischen Anteilen, andererseits ist gerade in diesem Bereich ein Bemühen um Basisdemokratie spürbar. Ob die Hierarchieelemente vorgegeben oder gewollt sind, sie scheinen in jedem Fall einen Rechtfertigungs- oder Klärungsbedarf freizusetzen. So fühlt sich Xenia veranlaßt, ihre (ungewollte) Leitungsposition zu nutzen, um demokratische Regelungen im Team zu verankern. Ein schwieriges Unterfangen, das aber möglicherweise funktioniert, da die vorhandenen klaren Strukturen einen überschaubaren Rahmen schaffen:

Xenia (B7): Wir haben eine etwas blöde Struktur. Wir gehören zu einem Träger, der eine etwas hierarchische Struktur hat und uns ist praktisch auferlegt worden, daß es eine Leitung geben muß, die ich habe. Aber von unserem Anspruch her wollen wir ein Team sein und in den größten Bereichen gelingt uns das auch. Es gibt einzelne Bereiche, wo ich als Leiterin die Zwänge des Trägers oder bestimmte Regularien einbringen muß und dem Bedürfnis, Entscheidungen zu treffen, aufgrund bestimmter Vorgaben Grenzen gesetzt sind. Es ist aber trotzdem so, daß wir noch gemeinsam entscheiden oder versuchen, einen Kompromiß zu finden. Ich glaube auch, daß alle Frauen, die hier arbeiten, das so verstehen, daß wir ein Team sind. (S. 11-12)

Hingegen betont Birgit, daß es in ihrem Projekt keine Leitung gibt, beschreibt aber gleichzeitig ihre besondere (gewünschte) Stellung als Geschäftsführerin und begründet, warum diese Position sachlich notwendig sei und von den Kolleginnen mittlerweile als Entlastung geschätzt wird.

Birgit (B9): Wir sind ein Team, es gibt keine Leitung. Aber es ist schon so, daß ich an manchen Punkten den ausschlaggebenden Satz sagen muß, weil ich die Verantwortung trage oder die anderen den Einblick nicht haben. Aber ich teile es dem Team mit, daß die Kolleginnen, wenn es eben geht, mit entscheiden können. (S. 6) [...] Ich habe, bis ich mich Geschäftsführerin nennen durfte, anderthalb Jahre gebraucht, es immer wieder im Team anzusprechen und die Machtfrage zu diskutieren. Vorher war das auch ganz klar, ich hatte diese Funktionen, durfte mich aber nicht so nennen, weil sich das nicht gehört, damit soviel Macht verbunden ist und die Frage der Ausnutzung (aufwirft), die den anderen sehr viel Angst gemacht hat. Jetzt empfinden sie es als Erleichterung, mir das auf den Schreibtisch legen zu können, zu wissen, die erledigt das und nicht mehr dafür zuständig zu sein. (S. 7-8)

Später betont Birgit noch einmal ausdrücklich die Gleichheit im Team.

Birgit (B9): Jede kann einbringen, was ihr wichtig ist. Wir besprechen das und ich habe das Gefühl, daß das relativ demokratisch abläuft. Es ist schon so, daß in einigen Dingen ich den Überblick habe und die Kolleginnen eher sagen, ja gut. [...] Aber es gibt keine Leiterin, wo man sagt, in allen Fällen entscheidet sie. (S. 12)

In diesen Passagen wird sichtbar, wie Frauen darum ringen, sich ein Stück Macht zu gestatten und wie sehr sie sich vor sich selbst und anderen rechtfertigen müssen. Möglicherweise produziert diese starke innere Anspannung zwischen demokratischen und hierarchischen Bedürfnissen ein hohes Maß an Druck, das sich in ambivalenten Kommunikationsangeboten niederschlagen könnte.

Die Bildungsprojekte besitzen in größerem Umfang formale hierarchische Organisationselemente. Fast alle Mitarbeiterinnen schildern dennoch das Bemühen um möglichst gleichberechtigte Teamarbeit. Die Begründungen einzelner Frauen, warum sie Leitungsfunktionen übernommen haben, reicht von 'der Not gehorchend' bis zu dem Gefühl, daß es 'hilfreich' für die Arbeit ist. Zum Beispiel Lisa stellt sich als eine Frau der Gründerinnengeneration vor, die aus Enttäuschung über die Unzuverlässigkeit anderer in ihrem ursprünglich basisdemokratischen Projekt die Geschäftsführung übernommen hat.

Lisa (K3): In der Vergangenheit dachte ich, wir haben die gleiche Verantwortung und arbeiten im totalen Team. Wir streben Teamarbeit an. Aber wie geht das, wenn schlimme Sachen passieren, die nicht passiert wären, wenn ich nochmal draufgeguckt hätte? Da habe ich mich durchgerungen zu sagen, ich bin verantwortlich und bestimmte Sachen gehen nicht mehr raus, ohne daß ich die gesehen habe. (S. 14)

Friedel und Nora hingegen sehen die hierarchischen Strukturen ihrer Projekte als Fortschritt an, auch wenn Nora betont, daß sie früher basisdemokratische Vorstellungen hatte.

Friedel (K4): Hierarchien gibt es insofern, als es ein Gremium von Vorstandsfrauen gibt und einen Mitarbeiterinnenstab, der aus hauptamtlichen Angestellten besteht, die eine Hierarchiestufe höher stehen als andere, die nur stundenweise hier sind. [...] Es gibt Strukturen, die feststehen und an die sich jede Frau ein Stück halten kann. Sonst gibt es einen großen Einheitsbrei und Unklarheiten. (S. 9)

Nora (K7): Wenn jemand (Neues) ins Projekt kommt ist klar, daß die letzte Stimme ich habe. Ich habe so viel für das Projekt gearbeitet, ich möchte zumindest bestimmen. [...] Wir haben eine Geschäftsführerin, die ist für das Geld verantwortlich, und da sage ich, die und die braucht einen neuen Bürostuhl, können wir uns das leisten? Wenn die sagt nee, richte ich mich danach. [...] Wenn es um Gelder geht, die beantragt werden sollen, wird im Team diskutiert, welche Arbeitsbereiche wollen wir ausbauen und wofür brauchen wir Geld. Letztlich entscheiden, ob es gemacht wird, mache ich. Ich bin im Vorstand. Wenn die Person nach einem halben Jahr keine Lust mehr hat, muß ich es zu Ende führen und die Situation hatte ich oft in diesem Projekt, nicht weil eine nicht willig war, sondern krank oder ein Kind gekriegt hat. (S. 9-10) Es gibt auch unterschiedliche Bezahlungen. Als wir angefangen haben, haben wir wie alle gesagt 'selbstverwaltet' und 'keine hierarchischen Stukturen, jede macht alles und alle kriegen das gleiche Geld', nach zwei Jahren war das vorbei. (S. 12)


Machtverteilung

Fast die Hälfte der Projektfrauen insgesamt berichtet von *gleichen Mitsprachemöglichkeiten* für alle Mitarbeiterinnen und signalisiert damit Gleichberechtigung. Dieses Gleichheitspostulat erscheint für kleine Projekte respektive Teilprojekte, wie sie im Beratungs- und Bildungsbereich keine Seltenheit sind, als durchaus realisierbar, vor allem wenn die Arbeitsgebiete dezentralisiert sind. Hingegen ist bei größeren Projekten, insbesondere denjenigen mit hierarchischen Elementen zu vermuten, daß dieses Postulat zumindest in Konfliktfällen nur schwer durchzuhalten ist. So schränkt ein Teil der Mitarbeiterinnen die Verwirklichung ihres Gleichheitsanspruches ein, indem sie zwischen verschiedenen Einflußchancen differenzieren.

Unter den Mitarbeiterinnen, die Gleichheit unter Kolleginnen betonen, befindet sich nur eine aus einem Frauenhaus, während die Mehrheit der Beratungs- und der Bildungsprojektfrauen von gleichen Mitsprachemöglichkeiten überzeugt ist. Eventuell macht die enge Zusammenarbeit in Frauenhäusern sensibler für Machtunterschiede trotz formaler Gleichheit, während in Beratungs- und Bildungsprojekten formaler Gleichheit größeres Gewicht zukommt als deren Realisierung.

Sehr plastisch schildert Doris, wie eine Gleichverteilung der Macht in ihrem neuen, nichthierarchischen Frauenhausteam erreicht wurde, wo alle etwas zu sagen haben wollen und sich entsprechend darum bemühen:

Doris (F9): Da ist keine, die die Macht locker abgibt, ohnmächtig ist und nichts macht. Das ist im Augenblick ein gesundes Gerangel. Selbst damals gegen die

Übermacht von mir und Eva haben die anderen (Neuen, M.B.) nicht die Klappe gehalten, sondern gesagt, das stinkt uns. Das fand ich gut, die kämpfen um was und sagen nicht einfach, dann halt nicht. Sondern sind immer am Ball. Es hat jede auf ihre Weise sich was gesichert, daß sie nicht außen vor steht und nichts mehr zu sagen hat. (S. 20)

Für den Beratungsbereich konstatieren auch Frauen aus großen Projektverbünden, wie im folgenden Vera, egalitäre Strukturen und verschiedene Formen der Machtgleichheit:

Vera (B3): Durch die autonomen Kleingruppen, die gleichwertig nebeneinander stehen, kann sich schwer jemand aufbauen. Die Frauen, die das Gesamtprojekt koordinieren, haben alle ganz eigene Fähigkeiten und Stärken oder Schwächen. [...] Es wäre für eine Frau nicht leicht, sich auf eine erhöhte Position zu stellen, auch nicht für mich mit den ganzen Wissens- oder sonstigen Vorsprüngen. Ich wüßte nicht, was ich machen müßte, um eine besondere Position zu haben oder irgendjemand was sagen zu können. [...] Ich fordere Sachen ein. Aber nicht als Person, sondern als diejenige, die im Moment diesen Überblick hat. Das ist wirklich kein Problem für uns. (S. 11)

Interessant ist, daß Vera implizit unterscheidet zwischen legitimer Sachautorität aufgrund von Erfahrungen, die sie nutzt und persönlicher Machtausübung aufgrund hierarchischer Positionen, die sie ablehnt. Inwieweit diese Trennung aufrechtzuerhalten und wie sie einzuschätzen ist, wäre eine wichtige Frage für Projekte.

Zillie, Mitarbeiterin eines kleineren Beratungsprojektes, beschreibt, wie Gleichheit auch in einem hierarchisch strukturierten Projekt möglich ist, und bezieht sich dabei ebenfalls auf die Unterscheidung zwischen legitimer Sachautorität und illegitimer persönlicher Herrschaft:

Zillie (B10): Ich habe nicht das Gefühl, daß irgendeine Frau sich irgendwelche Macht hier herausgenommen hat. Selbst bei unserer Geschäftsführerin habe ich nie das Gefühl gehabt, daß sie irgendwas aus ihrer Position heraus entschieden hat. Schon eher aus einer Überzeugung oder einer Erfahrung heraus. (S. 11)

Auch nach Einschätzung eines ganzen Teils der Bildungsmitarbeiterinnen gibt es eine mehr oder weniger gleiche Machtverteilung in ihren Teams, zumindest unter den Hauptamtlerinnen, Projekte mit hierarchischen Strukturelementen eingeschlossen. Typisch für diese Einschätzung ist Friedels Aussage:

Friedel (K4): Unter uns hauptamtlichen Mitarbeiterinnen ist mehr so ein Gleichgewicht. Hin und wieder mal eine Dominanz von der einen oder anderen. Wir diskutierten das mehr im Rahmen, daß Frauen unterschiedliche Kompetenzen haben und es wichtig ist, die zu akzeptieren, damit umzugehen, nicht alle einen Einheitsbrei zu bilden, wo es dann doch riesengroße Unterschiedlichkeiten gibt. (S. 9)

Die andere, etwas größere Hälfte aller Mitarbeiterinnen geht von einer *unterschiedlichen Machtverteilung* in ihren Projekten aus, die sie auf fünf verschiedene Ursachen beziehen: Länge der Mitgliedschaft, Stundenzahl, Finanzen, persönliche Power, Leitungsposition (in der Reihenfolge ihrer Bedeutung). Zeit kristallisiert sich als der zentrale, informelle Machtfaktor heraus und zwar sowohl hinsichtlich der Beschäftigungsjahre als auch der wöchentlichen Arbeitszeit. Macht wird also erarbeitet und durch Seniorität erworben, was einerseits verständlich und aufgrund erworbener Kenntnisse sinnvoll ist, andererseits eine Gefahr der Erstarrung in sich bergen und Innovationen erschweren kann. Insgesamt scheint persönlich erworbene, informelle Macht in weniger strukturierten Bereichen, wie Frauenhäusern und Beratungsstellen, eine erheblich größere Rolle zu spielen als im Bildungsbereich. Während die meisten Frauenhausmitarbeiterinnen[17] und die große Mehrheit der Beratungsmitarbeiterinnen[18] Machtunterschiede, die sich auf informeller Ebene entwickelt haben, für ihre Teams beschreiben, äußert sich nicht einmal die Hälfte der Bildungsmitarbeiterinnen[19] zu derartigen Faktoren. Hier tritt wieder die stärkere Formalisierung zutage. Machtpositionen werden durch hierarchische Strukturen abgedeckt, die ihren Ursprung häufig in ursprünglich informellen Positionen wie Gründungsmitgliedschaft haben. Im folgenden werden die einzelnen Machtfaktoren gemäß ihrer Rangfolge für die jeweiligen Projektbereiche dargestellt.

– *Gründerinnen* bzw. langjährige Mitarbeiterinnen werden in allen Bereichen als mächtig wahrgenommen, am häufigsten in Frauenhäusern (vgl. Dormagen 1993).

Ein Teil der Frauenhausmitarbeiterinnen sieht darin ein Übergangsphänomen während der Einarbeitung neuer Kolleginnen. Andere finden ihre Macht zur Wahrung der politischen Linie wichtig (wie Carola).

Carola (F5): Die Kolleginnen, die lange da sind, bestimmen schon viel, zum Beispiel in Verhandlungen. [...] Wenn eine Kollegin, die neuer da ist, plötzlich andere Ideen hat, finde ich das schwierig. Da versuche ich durchzusetzen, 'das vertreten wir immer so nach außen'. Das ist konfliktreich. Auch wenn es vielleicht nicht so sein sollte, aber das ist so. (S. 13)

Gründerinnen in Beratungsprojekten sind sich ihrer Macht bewußt, versichern aber, daß sie ihren Wissens- und Informationsvorsprung nicht „ausnutzten" (Ute (B2), S. 13) oder „ausspielen" (Birgit (B9), S. 13).

---

17  Frauenhausmitarbeiterinnen sehen Machtquellen in langjähriger Zugehörigkeit zum Projekt (4x), Finanzverwaltung und Stundenzahl (je 3x), persönlicher Power (2x) und Leitungspositionen (1x).

18  Folgende Gründe für Macht werden von Beratungsmitarbeiterinnen genannt: Langjährige Mitarbeit, persönliche Power, hohe Stundenzahl (je 3x) und Finanzverwaltung (2x), Leitungspositionen (0x).

19  Machtfaktoren, die von Bildungsmitarbeiterinnen aufgeführt werden sind: Langjährige Mitarbeit (2x), persönliche Power, hohe Stundenzahl und Leitungspositionen (je 1x), Finanzverwaltung (0x).

Sehr unterschiedlich sehen Bildungsmitarbeiterinnen die Macht, die ihnen aus langjähriger Mitarbeit erwächst. Während manche, wie vorher Carola, daraus die Legitimation für ihren Führungsanspruch ableiten, um die Projektidentität zu wahren, beschreibt Claudia welche lästigen Aufgaben entstehen und wie sie diese bewältigt.

Claudia (K5): Da ich das am längsten mache und am meisten da bin, habe ich die meisten Informationen. Die muß ich weitergeben. Ich mache das nicht immer gleichmäßig. Ich bin eher jemand, die vieles alleine erledigt. Ziemlich schnell oder auch länger daran rumbrütet an einer Geschichte und erst was schreibt, bevor was nach außen dringt. Das ist manchmal nicht einfach. (S. 5)

– Frauen mit der höchsten *monatlichen Stundenzahl* werden in einigen Frauenhaus- und Beratungsprojekten als die einflußreichsten und diejenigen mit den meisten Informationen wahrgenommen. In den Bildungsprojekten gibt es verschiedene Arbeitszeiten nur in geringerem Maße, zudem wird dieser Faktor vermutlich von formalen Strukturen überlagert, so daß er selten genannt wird (Ausnahme: Claudia (K5) s.o.).

Typisch für die Bedeutung des Umfangs der Arbeitszeit im Frauenhausbereich ist Petras Aussage.

Petra (F4): Mit einer vollen Stelle kriege ich viel mehr mit. Klar, ich bemühe mich, alles rüberzubringen, aber das klappt nicht immer. Je mehr Zeit ich hier verbringe, um so mehr Informationen habe ich und einen Vorsprung zu anderen Kolleginnen, die zeitlich eingeschränkt sind. (S. 9)

Ute, eine Beratungsmitarbeiterin, hebt hervor, daß unterschiedliche Arbeitsstunden besonders schwierig für Projekte sind, in denen Hauptamtlerinnen und Honorarkräfte formal gleichberechtigt zusammenarbeiten, was in diesem Bereich am häufigsten der Fall ist.

Ute (B2): Seitdem wir diese Struktur mit Hauptamtlichen und Honorarfrauen haben, haben wir immer wieder Konflikte, was das für die Arbeitsstruktur bedeutet. Da ging es weniger um den Aspekt Macht, als um den Aspekt des Informationsvorsprungs, des Mehr-in-der-Arbeit-drin-Seins. (S. 14)

– *Finanzfrauen*: Der Zusammenhang von Geldverwaltung und starker Position wird von einer Reihe Frauenhaus- und Beratungsmitarbeiterinnen aufgeführt, in deren Teams einzelne Frauen diese Aufgabe ganz oder teilweise übernommen haben.

Macht und Geld verknüpft sich für Frauen wie Anna (Frauenhausmitarbeiterin) auf eine fraglose Weise miteinander, der in ihrem Projekt dennoch eine geheime Seite anhaftet.

Anna (F1): Ich bin sicher, daß die Finanzfrauen eine Wahnsinnsmacht haben. Also ich bin eine und auch Vorstandsfrau, aber es wird nie darüber geredet. Es wird unterschwellig gekämpft. (S. 17)

Doris hingegen hat Zweifel, ob in ihrem Team die Finanzfrauen eine besondere Macht haben, dennoch beschäftigt sie die Angst, zu mächtig zu werden so sehr, daß sie ihren Finanzposten vorsichtshalber abgegeben hat.

Doris (F9): Die machen zwar die Finanzen und haben über einen ganz großen Bereich Einfluß und Macht. Erstens sind wir nicht so ohnmächtig, die anderen, wirklich nicht. Und ich habe den Bereich auch bewußt abgegeben aus dem Grund, daß ich eine sehr mächtige Frau sein kann und sehr dominant und wenn ich mir solche machtvollen Bereiche reinziehe, dann kann das ein Übergewicht sein, daß ich irgendwann zu dominant bin. Und das will ich nicht. (S. 20)

Birgit, Finanzfrau in einem Beratungsprojekt, versucht das Problem dadurch zu lösen, daß sie darauf achtet, den anderen Einblick in die Geldlage zu gewähren, um nicht in den Geruch der Machtausnutzung zu geraten und stellt fest, wie wenig diese sich dafür interessieren – vermutlich so lange es gut geht.

Birgit (B 9): Wenn ich über Bestimmtes verfüge, weil ich das Wissen habe, was die Gelder angeht, ist das eine Hierarchie. Wie ich die benutze oder ausnutze, ist die andere Seite. Da bemühe ich mich sehr, das nicht zu tun. Ich lege zweimal im Jahr den Kontenstand offen. Wir nutzen das nicht so, wie ich das gerne hätte, sie machen da nichts mit. Ich sage dann, ich habe das in den Ordner geheftet, ihr könnt das einsehen, aber es kommt kein Feedback. (S. 14)

– *Powerfrauen*, die viel reden und schnell handeln, erwerben sich erstaunlich selten den Ruf mächtiger Frauen, werden aber von allen drei Bereichen genannt. Vermutlich tauchen sie dafür in einer der anderen genannten Rollen wieder auf.

Frauenhausmitarbeiterinnen sehen die besondere Durchsetzungsfähigkeit einzelner Frauen tendenziell als gelöstes Problem, nicht zuletzt durch professionelle Hilfe, so zum Beispiel Beate (F3).

Beate (F3): Es gibt Machtansprüche, eingestanden und uneingestanden, aber es hat sich sehr vieles positiv verändert seit der Projektberatung. Vorher hatte ich schon das Gefühl, daß zum Teil auch Hierarchie war. Hierarchie der verbal stärkeren gegen die verbal schwächeren Frauen, wobei ich mich zu den verbal schwächeren Frauen zähle. (S. 14)

Die Tatsache, daß Frauen mit persönlicher Durchsetzungskraft und dezidierten Interessen mehr zu Entscheidungsprozessen beitragen als andere, löst unterschiedliche Gefühle aus, wie sie beispielsweise von Beratungsmitarbeiterinnen geäußert werden. Schildert Wilma diesen Umstand zunächst eher als Fakt, so klingt bei Erika eindeutig Empörung an. Diese Differenz wird durch Wilmas Nachsatz relativiert, wie wichtig es in ihrem Kleinprojekt ist, daß sich keine zu viel herausnimmt, so daß auch bei ihr die Ambivalenz deutlich wird.

Wilma (B6): Das ist bei uns klar aufgeteilt, daß bestimmte Frauen viel sagen und strukturieren und andere total ruhig sind. In den Unterbereichen sagt eigentlich keine Frau der anderen, das mußt du machen. Auf keinen Fall! (S. 15)

Erika (B5): Es gibt Machtansprüche von bestimmten Frauen, die aber nie ausgesprochen werden, nur deutlich spürbar sind. Da gibt es Behauptungskämpfe oder Kämpfe um bestimmte Plätze. Wir haben das Prinzip, daß alle gleichberechtigt sind und alle gleich viel zu sagen haben. Und wenn halt eine da ist, die meint, sie könnte viele Sachen bestimmen und eine andere Umgehensweise damit hat, Sachen durchzusetzen, dann ist es manchmal schwer, da mußt du einfach kämpfen. (S. 15)

Hingegen macht Karin, eine Bildungsmitarbeiterin in der Rolle einer Powerfrau, ihrem Ärger Luft, daß ihr großer Einsatz für das Projekt entweder als abrufbare Dienstleistung oder aber als Machtübernahme interpretiert wurde und vermutlich trotz besserer Strukturierung tendenziell auch noch wird.

Karin (K2): Innerhalb unseres Bereichs war lange Zeit vieles überhaupt nicht strukturiert und das hat zu vielen Konflikten geführt. Die einen dachten, wir sind die Ärsche, die sich um alles kümmern und hinter allem herrennen und die anderen denken, die reißen die Macht an sich. So waren die Konflikte immer. (S. 11)

– *Frauen in Leitungsfunktionen* werden als einflußreich vorgestellt, aber insgesamt seltener genannt, als es sie in den Projekten gibt. Selbstverständlich kommt zum Beispiel den Führungsfrauen in Bildungsprojekten Macht zu, aber nur eine Mitarbeiterin schildert, wie sich die Leitungsposition auf die Machtverteilung und die Kommunikationsstruktur im Projekt niederschlägt (allerdings äußern sich in den anderen Fällen die Führungsfrauen selbst, so daß die Mitarbeiterinnenperspektive nicht zum Tragen kommt):

Karin (K2): Im Moment ist es ziemlich katastrophal. Wir engeren Kolleginnen versuchen, einigermaßen offen miteinander umzugehen. Die anderen haben aber das Gefühl, daß es ausgenutzt wird, wenn sie Konflikte ansprechen, daß die Leiterin zum Teil sehr verletzt ist, damit nicht ganz offen umgeht und auf dem Vorgesetztenweg sanktioniert. Ich selber habe die Erfahrung noch nicht gemacht. (S. 8)


Konfliktregulierung

Der Königsweg zur Bewältigung von Konflikten ist für die allermeisten Teams quer durch alle Bereiche *Supervision*.[20]
    Das gilt ohne Einschränkung für die ganz große Mehrheit der Frauenhausmitarbeiterinnen.
    Während viele Beratungsmitarbeiterinnen ebenfalls beschreiben wie hilfreich Teamsupervision ist, macht Birgit deutlich, daß es in ihrem Team

---

20  Gisela Clausen (1993) berichtet anschaulich über eigene Supervisionserfahrungen in Frauenprojekten, über Chancen und spezifische Schwierigkeiten.

schwer war, Supervision durchzusetzen. Mit dieser Skepsis steht ihr Beratungsteam nicht allein da. Vielleicht ist es gerade in diesem Bereich so, daß die Frauen als Beraterinnen das Gefühl haben, sie müßten ohne fremde Hilfe ihre Probleme lösen und deren Benötigung ihre „Berufsehre" berührt.

Birgit (B9): Wir haben schon lange Teamsupervision. Das war ein schwieriger Punkt, ob wir Supervision brauchen oder das selber managen können. Das empfinde ich als sehr hilfreich zur Klärung von Konflikten, auch von Interessen einzelner, sich die anzuschauen und Ängste äußern zu können in einem geschützten Rahmen. (S. 9)

Supervision spielt für die Bildungsprojekte zwar eine Rolle, aber nicht so durchgängig wie in den anderen Bereichen. Daher klingt das Verhältnis zur Supervision nüchterner, obwohl daraus nicht geschlossen werden kann, daß ihr weniger Wert beigemessen wird:

Claudia (K5): Wir haben Supervision, da werden Sachen besprochen und dann kriegen wir das manchmal hin, daß wir uns gegenseitig ansprechen auf bestimmte Dinge, die nicht gehen oder einen stören. (S. 5)

Für Projekte ohne Supervision tritt die *Teamsitzung* an deren Stelle als Instanz der Konfliktlösung. Viele Projekte sehen das Team darüber hinaus als originären Ort, Konflikte zu bewältigen, was sich nur häufig als Überforderung erwiesen hat, so daß professionelle Hilfe nötig wurde.

Insbesondere in Bildungsprojekten scheinen Auseinandersetzungen über Konflikte auf Teamsitzungen möglich und diese verlaufen entsprechend heftiger als in anderen Projektbereichen. Der Umgang miteinander ist weniger ängstlich und der Blick auf das Team in größerem Maße zweckorientiert, was nicht gleichzusetzen ist mit einem geringeren Bedürfnis nach Absprachen und Klärungen, wie bei Friedel und Nora deutlich wird.

Friedel (K4): Wir sind ein Team, das es nicht aushält, in der Spannung zu sein, ziemlich schnell zur Aussprache kommt. Es gab Zeiten, da haben andere Frauen geguckt, wie wir die Türen geknallt und uns angeschrien haben. Ich begreife es als einen positiven Prozeß, daß wir es schaffen, uns auseinanderzusetzen. (S. 8)

Nora (K7): Wir sind ein Projekt, was gut zusammenarbeiten kann, wo es natürlich auch knallt und wir uns anschreien, aber am nächsten Tag, sind alle dazu in der Lage zu sagen, was ist los und reden drüber. Wir kennen uns inzwischen ganz gut und wissen, in bestimmten Situationen schreien wir uns an. Tiefe Konflikte gibt es nicht. Wenn sich die Frauen nicht wohlfühlen in der Arbeit, dauert es manchmal zwei, drei Wochen und man hat das Gefühl, irgendwas stimmt nicht, aber letztlich wird drüber geredet und meistens geklärt. (S. 10)

In einigen nichthierarchisch organisierten Projekten im Frauenhausbereich wurden in schwerwiegenden Konfliktfällen auch *Verein oder Vorstand* (der nicht mit dem Team identisch war) hinzugezogen bzw. schalteten sich ein. In anderen Bereichen wird davon nicht berichtet.[21]

In den betreffenden Frauenhausteams ist es durchaus strittig, ob der Vorstand des Vereins bei Teamkonflikten als konfliktregelnde Instanz eingesetzt werden soll. Während Frauen in Minderheitspositionen davon möglicherweise profitieren, wird es von anderen als Verrat empfunden. In Projekten hingegen, wo der Vorstand im wesentlichen aus Teammitgliedern besteht wurde dessen Funktion zunächst im großen und ganzen ignoriert wie in Sylvias Team. Ein zentraler Streit machte jedoch deutlich, wie wichtig der Vorstand in Konfliktsituationen sein kann.

Sylvia (F8): Auf der einen Seite sage ich, ich als Vorstandsfrau habe Verantwortung für das Projekt. Und der andere Teil in mir sagt, Vorstandsarbeit ist was Formales und der Vorstand sollte nur Unterschriften leisten. Da komme ich in Schwulitäten nach wie vor. Das sind Richtlinien von außen, die ich abgelehnt habe, aber solange wir keine anderen gefunden haben, ist es die Form, wo man sich im Konflikt dran halten kann. (S. 19)

In allen Arbeitsbereichen gibt es Projekte, die gravierende Probleme nurmehr mit *Trennung* zu lösen wußten, sei es, daß Mitarbeiterinnen mit kontroverser Position letztlich gegangen sind oder gehen mußten.

*Resümee*: Die Teams sind die Instanz, die über Wohl und Wehe ihrer Projekte entscheiden, soweit Vorgehensweisen nicht durch äußere Bedingungen, wie z.B. Finanzierung, vorgegeben sind. Innerhalb der Teams gibt es jedoch durchaus unterschiedliche Zugänge zur Macht. Auffallend ist, daß Mitarbeiterinnen die Frage von Gleichheit oder Ungleichheit relativ unabhängig von der jeweiligen hierarchisch oder basisdemokratisch geprägten Grundstruktur sehen. Möglicherweise beruht diese zunächst als widersprüchlich erscheinende Sicht darauf, daß durch formale Differenzierungen und Benennung von Leitungsaufgaben ein stabilerer und weniger ängstigender Rahmen vorgegeben wird, der genügend inneren Raum läßt, um innerhalb dieser geschaffenen Struktur um Entscheidungen ringen zu können. Dem Durchsetzungsstreben der Einzelnen werden Grenzen gesetzt, so daß aggressive Regungen weniger die Phantasie auslösen, das Team zu Fall zu bringen oder selbst ins Bodenlose zu stürzen.[22] Paradoxerweise hieße dies, daß im Gegensatz zu feministischen Grundüberzeugungen wie Selbstbestimmung und Gleichheit ein gewisses Maß an Festschreibungen jenseits der beteiligten Personen – einhergehend mit klaren Kompetenzzuweisungen und Aufgabenbegrenzungen – Spielräume eröffnet, die unumschränkte basisde-

---

21 Im Bildungsbereich, wo der Vorstand nicht selten seine Führungsfunktion wahrnimmt, ist er tendenziell Konfliktbeteiligter und übernimmt eher Entscheidungs- als Klärungsaufgaben.

22 Vgl. Foulkes (1986) zur Bedeutung eines festen Rahmens für das Gruppengeschehen. Anläßlich der „Lähmungserscheinungen" in der Frauenbewegung weist Dörthe Jung (1993) ebenfalls daraufhin, wie nötig tragfähige Strukturen sind, um aufgebrochene Differenzen erträglich und besprechbar zu machen.

mokratische Prinzipien nicht notwendigerweise zu schaffen vermögen.[23] So können schlecht funktionierende egalitäre Teams manchmal nur noch auf „Waffenstillstandsabkommen" zurückgreifen, da ihr Zustand sehr labil und gefährdet ist.[24] Sie müssen jegliche Auseinandersetzung meiden, da es keine projektsichernden Strukturen gibt, die unabhängig von eigenen Gefühlsregungen und denen anderer Mitarbeiterinnen weiterbestehen und an denen sich Bemächtigungswünsche zu brechen vermögen. Die Konflikte können dann schnell bis zu einem 'Alles oder Nichts' (Schmidbauer 1980) eskalieren und lösen große Ängste aus (Clausen 1993).

Eine spezifische Form der Machtausübung erscheint Mitarbeiterinnen offenbar gerechtfertigt, und das ist die Sachautorität, die einer nichtlegitimen, formalen Leitungsmacht gegenübergestellt wird. Das wirft die Frage auf, wer über die jeweilige Quelle der Autorität bzw. der Macht entscheidet, und welche Einigungsinstanzen denkbar und praktikabel wären, denn es ist eher unwahrscheinlich, daß alle Mitarbeiterinnen in Konfliktfällen einer Meinung über getroffene Entscheidungen als Walten von Sachautorität sind. Unabhängig von der Klärung der schwierigen Frage begründeter Autorität ist eine Grundvoraussetzung gemeinsamer Arbeit, die Anerkennung und Akzeptanz von Kompetenzunterschieden innerhalb des Teams und die Organisation des Handelns entlang dieser immer wieder zu klärenden Differenzen.

Der Balanceakt erfolgreicher, zufriedenstellender Teamarbeit setzt die Integration verschiedener Komponenten voraus: Einerseits genügend Strukturelemente in den Arbeitsprozess einzubauen, damit nicht jede neue Aufgabe und jeder neue Konflikt das Team in große Turbulenzen stürzt oder entscheidungsunfähig macht und andererseits genügend Raum und Entfaltungsmöglichkeiten zu schaffen, um ein gemeinsames Anliegen zu erhalten und die Identifikation mit dem Projekt zu fördern.

## 4. Berufliche Selbstverständnisse zwischen Frauenbewegtheit und Professionalität

Das Spezifische oder um im Sprachgebrauch der Projekte zu bleiben, das Andere des beruflichen Selbstverständnisses von Mitarbeiterinnen beruht

---

23  So sprechen Koppert/Lindberg (1993) gar vom „Terror der Unstrukturiertheit" (S. 95), wobei sie zugleich deutlich machen, daß Organisationsstrukturen zwar hilfreich sind, aber nicht als Allheilmittel für Probleme in Frauenprojekten mißverstanden werden dürfen.
24  Vgl. die entsprechenden Erfahrungen in der Supervision von Projekten bei Sabine Scheffler (1989), die auf das erhöhte Angstpotential aufgrund mangelnder Strukturen verweist, welche ein hohes Sicherheitsbedürfnis wecken.

zunächst einmal darauf, daß die Mitarbeit in einem Projekt mehr als nur ein Beruf ist und mit einer politischen Überzeugung und einem Engagement für Frauen einhergeht. Historisch gesehen verhält es sich sogar umgekehrt: Zunächst gab es engagierte Frauen, die Projekte durchsetzten und in denen dann – langsam oder schnell – ein Prozeß der Verberuflichung stattfand. Diese Entwicklung stellte einerseits einen Erfolg dar, nämlich die Etablierung der Projekte, andererseits führte sie zu einem Problem, nämlich der schleichenden Zielverschiebung und damit zum Wandel von einer solidarischen Aktivität vieler Frauengruppen zum Berufsfeld für eine erheblich kleinere, allerdings immer noch beachtliche Zahl von Frauenteams. Das daraus erwachsene Mischungsverhältnis von Beruf und Politik mit seinen je eigenen Dimensionen von Erfolg und Mißerfolg, Angestrebtem und Erreichtem hat das berufliche Selbstverständnis der meisten Mitarbeiterinnen geprägt oder liegt ihm zumindest – ob bewußt oder unbewußt – zugrunde (Brückner 1991a). Die Mitarbeiterinnen finden sich historisch und aktuell in widersprüchliche Ansprüche und Vorstellungen eingebunden, die sie individuell und als Teams bewältigen müssen.[25]

## 4.1 Das schwierige Verhältnis von Qualifikation und Standpunkt

Die Projekte sind aus einer politischen Bewegung hervorgegangen und haben zur Schaffung neuer Aufgabenfelder im Bereich der Frauen- und Mädchenarbeit geführt, die mühsam gegen den gesellschaftlichen Mainstream durchgesetzt werden mußten, während etablierte Institutionen und professionelle Verbände untätig waren oder feindlich reagierten. Daraus wurde von den Projektfrauen der Schluß gezogen, daß Fachorganisationen gegenüber den Bedürfnissen von Frauen blind sind, und gängige berufliche Qualifikationen sowie formale Abschlüsse offenbar nicht damit einhergehen, einen Blick für Wünsche, Probleme und Notlagen von Frauen und Mädchen zu entwickeln. Wichtig für das Entstehen der Projekte waren hingegen frauenbewegte Frauen, die sich für Frauen und Mädchen engagiert einsetzten und zwar aufgrund ihres Frauenstandpunktes, ihres Veränderungswillens und ihrer persönlichen Fähigkeiten. Daß viele dieser Frauen durchaus über entsprechende berufliche Ausbildungen verfügten bzw. solche anstrebten, fand in der Aufbruchsphase wenig Beachtung, schien vielmehr unbedeutend gegenüber der politisch motivierten Kraft der Frauensolidarität.

---

25 Ganz ähnliche Prozesse der Verberuflichung haben Effinger und Körber (Effinger 1993, Effinger/Körber 1994) in ihrer Untersuchung über Bremer Alternativprojekte gefunden. Die befragten Frauen und Männer verfolgen „eine Professionalisierungsstrategie, die einerseits die emphatischen Grundlagen ihres Engagements erhalten und andererseits die Nachteile zu geringer Differenzierung und Distanzierung ausgleichen soll. Professionalität wird zu einem Mittel der Selbstreflexion und der Distanzierung von allzu hohen und unerfüllbaren Ansprüchen durch das Kollektiv, durch die Kunden und auch durch sie selbst." (Effinger 1993, S. 44)

Durch die Professionalisierung der Projekte gewinnt die Frage nach der notwendigen Balance zwischen Ausbildung, politischen Überzeugungen und persönlichen Fähigkeiten eine neue Relevanz, denn Definition, Bewahrung oder Neuformulierung des Anderen der Projekte ist heute wesentlich von der Haltung der Mitarbeiterinnen und ihrem beruflichen und politischen Selbstverständnis abhängig. Das Bemühen um eine eigenständige Position innerhalb und jenseits der Palette sozialpädagogischer Angebote erweist sich als schwierige Gratwanderung zwischen verschiedenen Interessenlagen, Wünschen und Ängsten einerseits und dem Umgang mit veränderten politischen Realitäten andererseits. Die Vorstellungen der befragten Mitarbeiterinnen über Qualifikationsanforderungen spiegeln das eigene Idealbild wider, verdeutlichen aber auch die nach wie vor bestehenden Unsicherheiten und Ambivalenzen gegenüber dem, was in Projekten an Wissen und Fähigkeiten erforderlich ist.[26]

Die von den Mitarbeiterinnen genannten Qualifikationsanforderungen konzentrieren sich auf drei Merkmale, die unterschiedlich gewichtet und kombiniert werden: formale Qualifikation, persönliche Kompetenzen und Frauenengagement respektive feministische Überzeugungen.[27]

## Formale Qualifikationen

Formale Qualifikationen scheinen aus mehreren Gründen für viele der befragten Frauen heikel. Zum einen verfügen fast alle Projektmitarbeiterinnen über mindestens eine (mehr oder weniger) fachspezifische Hochschulqualifikation[28], zum anderen schließt eine derartige Qualifikation tendenziell Frauen aus (darunter betroffene Frauen – die einstmaligen Expertinnen – und Gründerinnen ohne Studienabschluß oder aus anderen Studienrichtungen). Außerdem machen öffentliche Geldgeber zunehmend eine einschlägige Qualifikation zur Voraussetzung von Fördermaßnahmen und Lohneinstufungen, wodurch die Frage der Anpassung an vorgegebene berufliche Hier-

---

26 Diese Unsicherheiten und Ambivalenzen sind keineswegs nur bei Projektmitarbeiterinnen zu finden, sondern konstitutiv für den nicht abgeschlossenen Professionalisierungsprozeß sozialer Arbeit insgesamt. Rabe-Kleberg (1993b) geht von einem Mißverhältnis von Bildung und Arbeit aus, das zu unklaren Ansprüchen an berufliche und allgemein-menschliche Fähigkeiten und einer gewissen Maßlosigkeit der Qualifikationsanforderungen geführt hat.

27 Die drei Merkmale werden in folgender Häufigkeit genannt:
– Frauenhausmitarbeiterinnen: Formale Qualifikation (Aus- und Fortbildung) (9x), Persönliche Kompetenzen (7x), Frauenstandpunkt (6 x).
– Beratungsmitarbeiterinnen: Aus- und Fortbildung (4x), persönliche Kompetenzen (8x), Frauenstandpunkt (8x).
– Bildungsmitarbeiterinnen: Aus- und Fortbildung (4x), persönliche Kompetenzen (4x), Frauenstandpunkt (6x).

28 Bei Mitarbeiterinnen insgesamt vorhandene Hochschulabschlüsse in der Reihenfolge der Häufigkeiten: Dipl.Soz.arb./Dipl.Soz.päd., Dipl.Päd., Dipl.Psych., Dipl.Soz., Lehrerinnen.

88

archien virulent wird. Nicht zuletzt wird mit der wachsenden Bedeutung formaler Qualifikation der Anspruch des „Anderen" von Projektarbeit scheinbar relativiert. Entweder muß das Andere als einbindbar in allgemeine Ausbildungen angesehen oder als Extraanforderung zusätzlich erbracht werden und als erlernbare oder aber als nicht erlern-, aber nachweisbare berufliche und persönliche Qualität gelten.

Für Frauenhausmitarbeiterinnen steht die Auseinandersetzung mit formalen Qualifikationen stärker im Vordergrund als für Mitarbeiterinnen aus dem Beratungs- und Bildungsbereich. Das Spezifische ihrer Haltung liegt in der höheren Bedeutung, die formaler Ausbildung zugesprochen wird und in der gleichzeitig sichtbar werdenden Ambivalenz. Im Vergleich dazu nennen Mitarbeiterinnen der Beratungsprojekte Aus- und Fortbildung nur recht selten als wesentliche Voraussetzung. Die Bildungsmitarbeiterinnen beziehen sich ebenfalls weniger häufig auf formale Qualifikationen, aber diejenigen, die es tun, messen dieser Anforderung vielfach Priorität zu.

Die zwiespältigen Gefühle von Frauenhausmitarbeiterinnen gegenüber formaler Qualifikation sind auf die engagierte Debatte in der Frühphase der Frauenhausbewegung zurückzuführen, wo die Adressatinnen als eigentliche Expertinnen galten und ehemalige Bewohnerinnen zu gleichbezahlten Mitarbeiterinnen unabhängig von Vorbildungen gemacht werden sollten und in kleinerer Zahl auch wurden. Eine weitere Kontroverse entzündete sich an der Frage, ob berufliche Strukturen überhaupt sinnvoll oder die Frauenhäuser so schnell als möglich in die Selbstverwaltung der Bewohnerinnen zu überführen seien, und die Projektgründerinnen sich entsprechend zurückzuziehen haben (Brückner 1990a, 1987a, 1982). Das Scheitern nichtberuflicher Strukturen als auch der beruflichen Zusammenarbeit mit ehemaligen Bewohnerinnen (zumeist ohne höhere Ausbildung), hat offenbar dazu geführt, Selbstbetroffenheit als nicht ausreichend zu sehen und auf Ausbildung zu bestehen. Dennoch schlägt in der Ambivalenz gegenüber formalen Kriterien etwas von der alten Kritik durch, die gegenüber den anderen beiden genannten Anforderungen nirgendwo auftaucht.

Einige Frauenhausmitarbeiterinnen erinnern in den Interviews an diese Debatten, wo das Selbstverständnis der Projektfrauen auf einer vorberuflichen Unterstützung der Bewohnerinnen aus Betroffenheit beruhte; eine Position, die heute von keiner Mitarbeiterin mehr vertreten wird, die aber noch lebendig ist. Die Gewichtsverlagerung von Selbstbetroffenheit auf formale Qualifikation speist sich zum einen aus der Einsicht in die Notwendigkeit, zum anderen aus der eigenen Berufsbiographie. Der Entwicklung von so etwas wie Stolz auf den eigenen Hochschulabschluß steht jedoch die Norm entgegen, sich nicht durch Besonderheit anderen Frauen gegenüber hervorzutun (vgl. Flaake 1993). So werden Qualifikationsabschlüsse zwar als wichtig eingestuft, bleiben aber ein Problem, da sie dem Gedanken der Gleichheit zuwiderlaufen. Trotzdem setzt knapp die Hälfte der Mitarbeiterinnen wie Olga und Sylvia Aus- und Fortbildung an erste Stelle der erwarteten Anforderungen:

Olga (F2): Wenn eine neue Kollegin eingestellt wird, möchte ich eine ausgebildete Kollegin, eine Professionelle. Es wurde jahrelang vertreten, wird auch noch von vielen autonomen Frauenhäusern, daß die eigentlichen Expertinnen, die arbeiten sollten, die mißhandelten Frauen sind. Ich sehe das mittlerweile anders. Wir brauchen im Frauenhaus wirklich qualifizierte, ausgebildete Arbeitskräfte. (S. 14)

Sylvia (F8): Das ist ein wunder Punkt, Qualifikation oder Nichtqualifikation. Wir kommen um eine Qualifikation nicht herum. Der Anspruch früher war, jede Frau kann allein durch ihr Frausein die Arbeit leisten. Es stimmt so nicht. Ich habe auch meine Ausbildung gemacht, die mir sehr hilfreich war in der Arbeit mit den Frauen. (S. 26)

Bei Petra hingegen kommt die Ambivalenz eines Teils der Frauenhausmitarbeiterinnen gegenüber formaler Qualifikation zum Tragen, da sie einerseits betont, daß eine ausgebildete Frau noch nicht „gut" sein muß, andererseits großes Vertrauen in Fortbildung setzt.

Petra (F4): Formale Qualifikation ist in der Tat nachrangig, einfach deshalb, weil nur die formale Qualifikation nicht reichen würde. Eine Frau, die einen Abschluß im sozialen Bereich an der Hochschule gemacht hat, das ist noch keine Gewähr dafür, daß es eine Frau ist, die unseren Vorstellungen in einem autonomen Frauenprojekt entspricht. Wobei bestimmte Zusatzqualifikationen hilfreich sind, zum Beispiel in der Beratungstätigkeit, also Gesprächsführung oder Buchführung oder Verwaltungskenntnisse. (S. 17)

Damit bleibt die Entscheidung darüber, welche Frau „gut" ist und den Projektanforderungen genügt, bei den Mitarbeiterinnen selbst. Denn der eigenen und fremden Ausbildung wird wenig Wert für die zu leistende Arbeit beigemessen (vgl. Nestmann/Schmerl (Hg.) 1991), gleichzeitig können Frauen gar nicht genug Zusatzausbildungen haben. Dadurch erhält die als notwendig erachtete Kompetenz etwas Undurchsichtiges, Mysteriöses, dessen frau sich wenig sicher sein kann, da diese nur vage als das Andere der Projektarbeit vorstellbar ist. Noch zwiespältiger als Petra klingt Doris, deren ganzes Team Mühe hat, von einer formal faßbaren Qualifikation jenseits „sachlicher" Fähigkeiten auszugehen.

Doris (F9): Qualifikationen, so sachlicher Art schon. Da gibt es ja in den Frauenhäusern diese Diskussion, Sozialarbeiterinnen oder nicht. Bei uns hat sich abgezeichnet, im Endeffekt waren es doch alles Pädagoginnen, obwohl wir es oft verleugnen. Es ist auch nicht verkehrt, ich habe keine Schwierigkeiten zu akzeptieren, daß es wahrscheinlich nicht schlecht ist, eine Pädagogikausbildung zu haben, um den Beruf zu machen. Bei manchen nutzt auch eine Pädagogikausbildung nichts. (S. 36)

Zumindest schadet eine fachspezifische Ausbildung nichts, wenn sie schon kaum nützt. Ganz anders schätzt Doris Zusatzausbildungen ein, denn auch sie ergänzt:

„Ich finde es gut, wenn Kolleginnen Interesse an Zusatzausbildungen haben. Um die Arbeit zu leisten, sollte man schon eine gewisse Qualifikation haben." (S. 37)

Möglicherweise wird insbesondere die grundständige Ausbildung in ihrem Wert als zweifelhaft angesehen, hingegen Weiterbildung als allemal nutzbringend. Dahinter steckt wahrscheinlich die Vorstellung, daß erst berufsbezogene Fortbildung die erhoffte Handlungsanleitung und Handlungssicherheit vermittelt (vgl. Rabe-Kleberg 1993a). An der Bedeutung berufsspezifischer Fortbildung wird in keiner Mitarbeiterinnengruppe Zweifel geäußert. Unbeachtet bleibt in dieser Zweiteilung, daß faktisch alle Fortbildungen von einer entsprechenden Grundausbildung ausgehen.

Mitarbeiterinnen aus dem Beratungsbereich begründen die Bedeutung einer formalen Qualifikation z.B. mit der Notwendigkeit einer soliden Wissensgrundlage (Zillie), Mitarbeiterinnen aus dem Bildungsbereich zählen sie als eine der Erfordernisse auf (Jutta). Ambivalent zeigt sich keine von ihnen, eher scheint sie nicht weiter erwähnenswert, sondern etwas wovon sie ausgehen, ebenso wie von Berufserfahrungen.

Zillie (B10): Eine sozialarbeiterische oder sozialpädagogische Ausbildung ist wünschenswert. Wir müssen über so viele Sachen informiert sein, daß es sehr hilfreich ist, wenn man eine entsprechende Ausbildung hat. (S. 22)

Jutta (K1): Es wäre sehr wichtig, daß sie eine pädagogische oder psychologische Qualifikation mitbringen würden. Außerdem wäre wichtig, daß sie Erfahrungen aus dem Frauenbereich mitbringen. (S. 17)


Frauenengagement


Für die Mehrheit der Mitarbeiterinnen in Beratungs- und Bildungsprojekten stehen die Qualifikationsanforderungen 'Frauenstandpunkt' und 'persönliche Kompetenzen' im Vordergrund ihres Interesses. Auch für Frauenhausmitarbeiterinnen sind sie von Bedeutung, genießen jedoch geringere Priorität.

Besonders in den Beratungsprojekten wird Frauenengagement beziehungsweise ein Frauenstandpunkt als erforderlich betont, wobei auf Erfahrungen Wert gelegt wird. Die Ursache könnte darin zu suchen sein, daß gerade in diesem Projektbereich dem Ringen um eine selbstbestimmte berufliche Identität eine zentrale Bedeutung zukommt: Einerseits haben Beratungsprojekte ein Berufsfeld mit neuen, bisher stark vernachlässigten oder gar tabuisierten Themen erschlossen, andererseits ist Beratung und Therapie ein sehr professionalisierter Arbeitsbereich mit hohem Konkurrenzdruck. Entsprechend groß ist das Bedürfnis nach Eigendefinition und Abgrenzung. So erscheint vielen Projekten der Erwerb von Beratungskompetenzen zunehmend notwendig, schwierig bleibt jedoch, daß die traditionellen therapeutischen Ausbildungsinstitutionen und Berufsgruppen die spezifischen

Belange von Frauen und Mädchen bisher im wesentlichen ignoriert haben oder parteiliche, frauenspezifische Ansätze ablehnen und sich daher zum Erwerb eines beruflichen Selbstverständnisses wenig anbieten. Inzwischen etablieren sich einige feministische Beratungs- und Therapierichtungen.

Der Wunsch nach einem autonomen beruflichen Selbstverständnis mit einem spezifischen Anforderungsprofil und eine gewisse Hilflosigkeit in der Darstellung und Vermittlung eines solchen Profils zeigen sich deutlich in Utes Beitrag. Lange Zeit traute sich ihr Team nicht, Qualifikationsanforderungen zu formulieren. Erst über die Konflikte mit neuen Frauen wurden ihnen ihre eigenen verdeckten Ansprüche bewußt (vgl. Sichtermann/Siegel 1993).

Ute (B2): Wir sind im Moment dabei, so etwas wie Richtlinien oder überhaupt mal Kriterien aufzustellen für Frauen, die bei uns mitarbeiten wollen, weil wir in letzter Zeit relativ viele neue Frauen aufgenommen haben und feststellten, daß wir ganz wenige Richtlinien hatten und daß es für die neuen Frauen total schwierig war, sich an irgendetwas zu orientieren, daß wir auf der anderen Seite aber Ansprüche hatten an die Frauen, die uns gar nicht klar waren, die wir auch überhaupt nicht formuliert hatten, wodurch ziemliche Konflikte entstanden. (S. 28)

Der folgende Beitrag von Xenia erhellt möglicherweise, was hinter der von Ute genannten Schwierigkeit steckt, nämlich daß neue Projektfrauen eigentlich „alles" können sollten und damit überfordert sind, so daß Konflikte naheliegen. Sie müßten nicht nur die passende Einstellung, sondern auch genügend Kenntnisse und eine tragfähige psychische Struktur haben.

Xenia (B7): Die Frauen sollten ihr eigenes Gewordensein reflektiert haben. Sie sollten genügend Wissen und Kenntnisse haben über die Situation von Frauen in der Gesellschaft. Sie sollten eine fundierte pädagogische Ausbildung haben oder auch im Bereich Sozialarbeit. Sie sollten flexibel sein, die Fähigkeit haben, Grenzen zu setzen, auch ein bestimmtes Maß an Kreativität mitbringen. (S. 18)

Derartig idealisierte Anforderungen, an denen Frauen schnell scheitern, können als Hinweis auf eine noch nicht gefestigte berufliche Identität und ein noch unklares Berufsbild verstanden werden. In ihnen drückt sich aber auch das Grundgefühl vieler MitarbeiterInnen im gesamten Sozialbereich angesichts schwammiger Arbeitsaufträge aus: viel besser sein und viel mehr leisten zu müssen, als sie es vermögen (vgl. Rommelspacher 1992). Dieses Gefühl verschärft sich unter den Bedingungen ungesicherter Projektarbeit in einem neuen Berufsfeld und wird als Anforderung an die nächste Generation weitergegeben, die wie einst die Pionierinnen große Neuerungen erbringen sollen, die die Projekte aus den normalen beruflichen Institutionen auf lange Sicht herauszuheben vermögen.

In der Priorität des Frauenstandpunktes bzw. der Erfahrungen mit Frauenarbeit zeigt sich die nach wie vor relevante Verbundenheit der Berufsrolle mit persönlicher politischer Überzeugung. Hierzu noch einmal Ute:

Ute (B2): Wir gehen nicht nach bestimmten formalen Qualifikationen vor. Wir finden es sehr wichtig, daß eine Frau sich entweder ein Stückweit mit frauenpolitischen oder feministischen Themen im weitesten Sinne auseinandergesetzt hat oder zumindest die Bereitschaft hat. Für eine Frau, die sich noch nie mit einem frauenpolitischen Thema auseinandergesetzt hat, wird es schwierig sein. Die würde sehr lange Zeit brauchen, um sich einzuarbeiten. (S. 27)

Noch deutlicher wird die Verbindung von Beruf und politischem Engagement im Sinne einer 'Politik in der ersten Person' bei einigen Bildungsmitarbeiterinnen aus dem Arbeitslosen- und Migrantinnenbereich (wie Lisa). Sie setzen explizit eigene Erfahrungen mit dem Problem voraus und gehen damit über die Forderung nach einem Frauenstandpunkt hinaus.

Lisa (K3): Als erstes möchte ich sagen, daß Frauen, die mit so einer Zielgruppe arbeiten, mit Erwerbslosigkeit und Hoffnungslosigkeit, mit Zukunftsangst, in dieser Richtung selber Erfahrungen haben sollten, auch im Bereich einer grundsätzlichen Selbsterfahrung mit dem Ziel, mehr über sich erfahren zu haben. (S. 24)


Persönliche Kompetenzen


Von Mitarbeiterinnen aller Projektbereiche erwartete persönliche Kompetenzen ranken sich neben Wünschen nach allgemeiner psychischer Stabilität um die gefühlsmäßige Bewältigung der aufreibenden Arbeitsbedingungen (besonders in Frauenhäusern), Konfliktfähigkeit (besonders in Beratungsprojekten) und Kontaktfreudigkeit gegenüber Frauen und Mädchen (besonders im Bildungsbereich). All diese Erwartungen sind auf dem Hintergrund eigener, nicht selten schmerzhafter Erfahrungen mit Grenzen des Aushaltbaren entstanden.

Für Frauenhausmitarbeiterinnen wie Beate und Carola sind neben einem gefestigten Gefühlsleben als Ausgleich zum alltäglichen Chaos, die richtige Mischung von flexiblem Reagieren und Strukturierungsfähigkeiten wichtig. Sie wünschen sich eine Frau, die souverän über dem „normalen" Durcheinander steht und gleichzeitig davor gefeit ist, es durch Rigidität beherrschen oder gar beenden zu wollen und damit „Heim"verhältnisse zu schaffen.

Beate (F3): Was unbedingt dazu gehört, ist Flexibilität, die Fähigkeit, sich auf veränderte Situationen einstellen und auf Unvorhergesehenes relativ gelassen reagieren zu können. Wobei ich sehe, daß auch der Part vertreten sein muß, der Strukturen fordert. Was auf jeden Fall notwendig ist, ist ein relativ hohes Maß an seelischer Belastbarkeit. (S. 22) ·

Carola (F5): Flexibilität ist das wichtigste, das ist wirklich die Hauptqualifikation. [...] Und eine Fähigkeit Chaos zu ertragen, weil man bestimmte Sachen nicht strukturieren kann. Damit wird man andauernd konfrontiert. [...] Es muß jemand die Fähigkeit haben, das mitzutragen und selbständig in die Hand zu nehmen. (S. 8-9)

Die verlangte psychische Stabilität weist nicht zuletzt auf die große emotionale Belastung in sozialen Berufen und möglicherweise insbesondere in Frauenprojekten hin, die sich zusätzlich zur belastenden Thematik aus hohen gegenseitigen Ansprüchen und der Unstrukturiertheit der Arbeitsaufgaben ergibt.

Beratungsprojektmitarbeiterinnen wie Wilma nennen weitere Anforderungen, die ihren Arbeitsalltag widerspiegeln, insbesondere Auseinandersetzungsfähigkeiten.

Wilma (B6): Selbständig arbeiten sollten sie können. Konfliktfähig sollten sie sein und sollten die Konflikte auch ansprechen können. Flexibel einfach, weil sich sehr viel verändert im Bereich mit den Mädchen. Ich weiß nicht, ob eine Frau unbedingt aus der Frauenbewegung kommen müßte, aber wenn eine Frau sich entscheidet, mit Mädchen in einem feministischen Projekt zu arbeiten, daß sie schon einen Hintergrund mitbringt. (S. 25)

Für die Bildungsprojektmitarbeiterin Karin stehen, der stärkeren Fachorientierung der meisten Projekte dieses Bereiches entsprechend, persönliche Kompetenzen im Vordergrund, die auf die berufliche Anforderungen gegenüber den Frauen bezogen sind:

Karin (K2): Wichtig ist natürlich die Beziehungsebene, die Fähigkeit, sich auf die Frauen einzustellen und zu denen Kontakt, eine gewisse Verbindlichkeit und Vertrauen herstellen zu können. (S. 19)


Zusammenfassung der Qualifikationsanforderungen in zwei gegensätzlichen Positionen

Aus den aufgeführten Qualifikationsanforderungen an neue Mitarbeiterinnen in Frauen- und Mädchenprojekten lassen sich zwei gegensätzliche Positionen herausfiltern, die das jeweilige berufliche Selbstverständnis bestimmen (Vogt 1992b). Beide Positionen werden zu ungleichen Anteilen von Mitarbeiterinnen aller drei Bereiche vertreten. Die Unterschiede zwischen den Arbeitsfeldern beziehen sich im wesentlichen auf die Bedeutung qualifizierender Abschlüsse im Vergleich zu einem Frauenstandpunkt und zu persönlichen Kompetenzen. Sie lassen sich zum einen mit den aufgezeigten historischen Differenzen erklären, besonders im Hinblick auf die eigenständige Entwicklung der Frauenhausbewegung, zum anderen mit einer recht divergierenden Nähe zur traditionellen sozialen Arbeit und einer damit einhergehenden, größeren oder geringeren persönlichen Nähe zum Thema und den betroffenen Frauen und Mädchen.

Position 1:  Die Notwendigkeit von Aus- und Fortbildung als zentraler
Bestandteil der Berufsrolle.

Mit Konstatierung der Notwendigkeit formaler Abschlüsse nimmt die Projektarbeit einen explizit beruflichen Charakter an. Die Betonung von Aus-
und Fortbildung für eine kompetente Ausübung der Berufsrolle gliedert
Frauenarbeit in allgemeine Vorstellungen von Professionalität ein und geht
davon aus, daß Frauenarbeit ein zu erlernender Beruf ist, für den nennbare
Kriterien erfüllt werden müssen aber auch können. Damit ist nicht gesagt,
daß die vorhandenen Berufsbilder als hinreichend angesehen werden, aber
als nutzbringende Basis und als inhaltlich im eigenen, frauenorientierten
Sinne erweiterbar.

Diese Position wird von fast allen Frauenhausmitarbeiterinnen, von der
guten Hälfte der Bildungsprojektfrauen und recht wenigen Beratungsmitarbeiterinnen eingenommen, indem sie Aus- und Fortbildung als eine der
Qualifikationsanforderungen nennen, Priorität wird ihnen jeweils etwas seltener zugesprochen.

Position 2:  Die Betonung eines Frauenstandpunkts und persönliche
Kompetenzen als vorrangige Elemente der Berufsrolle.

In dieser Position drückt sich die Einbindung der Projekte in die Tradition
der Frauenbewegung und ihrer Emanzipationsinteressen aus. Deren Anliegen und Vorgehensweisen stehen im Vordergrund und machen das Besondere des Angebotes und damit seine Unersetzbarkeit durch private oder öffentliche Träger aus. Allerdings gibt es wenig Klarheit, wie diese Anliegen
in konkrete Anforderungen an Mitarbeiterinnen umzusetzen sind. Vielleicht
wäre es auch falsch, auf detaillierter Klärung zu insistieren, denn eine derartige Grundhaltung trägt eher zum Gesamtcharakter des Projektes, seiner
Vorstellung von sich selbst und seiner öffentlichen Präsentation bei, als daß
sie ohne weiteres in spezifische Merkmale beruflichen Handelns gefaßt werden könnte.

Soweit diese Kriterien nicht als Teil nennbarer beruflicher Erfordernisse
und erlernbarer Kompetenzen verstanden werden, weisen sie eine Nähe zum
Credo der geistigen Mütterlichkeit der Ersten Frauenbewegung auf, die
Frauen im wesentlichen zugeschrieben wurde (Brückner 1992). Das gilt sowohl für persönliche Kompetenzen, die als Einfühlungsfähigkeit zweifelsohne in sozialen Berufsfeldern unverzichtbar sind, als auch für den Frauenstandpunkt, der ebenfalls im Sinne parteilicher Arbeit zum Kernstück der
Frauenarbeit zählt. Diese Fähigkeit und diese Einstellung als zentrale Elemente der Berufsrolle erwecken den Anschein, daß sie für alle Frauen ohne
Anstrengung erreichbar sind, sofern sie sich nur dazu verstehen. Sie schüren

die – intendierte – Hoffnung, daß bewußtes Frausein und der erworbene weibliche Sozialcharakter wesentliche Qualifikationen zur Frauenarbeit schon enthalten; was insofern stimmt, als weitverbreiteter Konsens ist, daß nur Frauen Frauenarbeit machen können und sollen. Deutlich wird hier, wie präzise Geschlecht und Kompetenz im beruflichen Kontext zusammengedacht und von einander getrennt werden müssen. Die Konzentration auf die Anforderungen 'Frauenstandpunkt' und 'persönliche Kompetenz' enthält darüber hinaus das Dilemma, daß sie schwer überprüfbar sind, so daß sie nicht immer von einem Moment der Ideologieüberfrachtung mit diffuser Wirkung freigesprochen werden können.

Andererseits darf nicht vergessen werden, daß die in dieser Position enthaltene Kritik an gängigen beruflichen Vorstellungen und Ausbildungskriterien zu einer starken und äußerst innovativen Bewegung geführt hat. Heute aber, in einer Zeit der Etablierung vieler Projekte zu langfristigen Institutionen, stellt sich die Frage nach handhabbaren und überprüfbaren Kriterien beruflicher Anforderungen und beruflicher Haltungen, die ein professionelles Selbstverständnis zu stützen vermögen. Daß damit auch die alte Kreativität, das Querdenken gegen Widerstände und mutiges Wagen neuer beruflicher Formen verloren zu gehen drohen, sollte mitbedacht werden, wenn die Fehler überschäumender Identifikation mit einem Problembereich und unkonventioneller Zusammenarbeitsformen mit betroffenen Frauen und Mädchen gebrandmarkt werden.

Die beiden hier diskutierten Qualifikationsanforderungen werden von der Mehrheit aller Projektfrauen als Kriterien genannt, am wenigsten von Frauenhausmitarbeiterinnen und am meisten von Beratungsmitarbeiterinnen; Priorität genießen sie bei Beratungs- und teils bei Bildungsmitarbeiterinnen.

## 4.2 Expertinnentum: Quellen und Legitimation

Die Haltung zum Expertinnentum ist in Frauen- und Mädchenprojekten eng mit dem beruflichen Selbstverständnis und den oben genannten Qualifikationsanforderungen verknüpft. In unserer Gesellschaft wird Expertise traditionell als Spezialwissen verstanden, das Menschen in entscheidungsbefugte ExpertInnen und unwissende, abhängige Laien aufteilt und mit einer starken professionellen Arbeitsteilung einhergeht. Dem hat die Frauenprojektebewegung „andere" Maximen gegenübergestellt (vgl. Koppert/Lindberg 1993):

–  Erstens eine andere Sicht der Adressatinnen, nach der die betroffenen Frauen und Mädchen die wahren Expertinnen sind, weil sie das eigene Problem am besten kennen und daher in der Lage sind, ihren Unterstützungsbedarf selbst zu bestimmen;

– zweitens ein anderes Verständnis beruflicher Arbeit, nach dem ganzheitlichem Denken jenseits von Arbeitsteilung Vorrang zukommt.

Mit der Verberuflichung der Projektebewegung hat sich diese radikale Position relativiert, und entsprechende Annäherungen an gängige Vorstellungen
von ExpertInnentum und Professionalität nehmen zu. Daraus erwächst die
Frage, wie das Spannungsverhältnis von alten und neuen Vorstellungen bewältigt wird, welche Schwerpunkte im Sinne von Arbeitsteilung gesetzt und
wie die Haltungen zum Expertinnentum aussehen und legitimiert werden
bzw. inwiefern Legitimationsbedarf vorhanden ist und ob sich eine Mitarbeiterin als Frau mit besonderen Kenntnissen und Fähigkeiten präsentieren und
öffentlich dazu stehen darf. Die jeweilige Einschätzung der Quellen eigener
Expertise verdeutlichen das Verhältnis zur eigenen Ausbildung und das
Gewicht, das praktischen Erfahrungen und anderen Vermittlungswegen zugemessen wird.

Schwerpunktsetzungen

Schwerpunktsetzungen können als Vorform von Expertinnentum angesehen
werden, denn sie sind Ausdruck von Arbeitsteilung und weisen auf ein gewisses Maß inhaltlicher Differenzierung hin. Die Mitarbeiterinnen sprechen
auch häufiger von Schwerpunkten, nicht von Expertinnentum bzw. unterscheiden nicht zwischen beiden Begriffen, wenn sie Aufgabenbereiche und
eigene Kompetenzen definieren. Der Begriff Expertin nimmt in den Projekten zwei verschiedene Färbungen an: Gibt es in einem Projekt wenig Arbeitsteilung, dann wird unter Expertinnentätigkeit nicht selten die aufgeteilten Randarbeitsbereiche (z.B. Verwaltung) verstanden; in arbeitsteilig organisierten Projekten hingegen meint Expertinnentum den Hauptarbeitsbe-
reich und die Spezialqualifikation.

Ein Blick auf die bereichsspezifischen Schwerpunktsetzungen in den
Projekten zeigt, daß fast alle Frauenhausmitarbeiterinnen in die konkrete
Arbeit mit den Frauen und Kindern eingebunden sind, während das für die
Beratungs- und Bildungsprojekte aufgrund von stärkerer Arbeitsteilung im
Team oder des Einsatzes von Honorarfrauen für die praktische Arbeit nicht
in dem Maße der Fall ist. Nur ein kleiner Teil der Frauenhausmitarbeiterinnen widmet sich hauptsächlich anderen, beispielsweise organisatorischen
Aufgaben, aber weniger als die Hälfte der Beratungsmitarbeiterinnen bezeichnet Beratung als ihren eindeutigen Schwerpunkt, und nennt statt dessen Projektorganisation und Öffentlichkeitsarbeit oder Bildungsarbeit. Ähnliches gilt für die Bildungsmitarbeiterinnen, wo nur knapp die Hälfte überwiegend Bildungsarbeit leistet und die anderen eher Organisationsaufgaben
oder Beratungsarbeit übernehmen. Das Gefühl, aufgrund der Fülle haus-
meisterlicher und alltagsorganisatorischer Aufgaben, neben der Arbeit im

eigenen Schwerpunktbereich, ein Stück weit „Mädchen für alles" zu sein, kommt am ehesten im Frauenhaus vor.

## Expertinnentum im Projekt

Wenn Mitarbeiterinnen Kritik an Expertinnentum üben, was relativ wenig vorkommt, verweisen sie zumeist auf Rotationsverfahren oder -ansprüche und betonen die notwendige Minimierung von Arbeitsteilung. Manchmal verweisen sie mit diesen Argumenten lediglich auf die Vergangenheit, die offenbar im Bewußtsein weiterhin als normenrelevant verankert ist und somit eine nicht zu unterschätzende Rolle spielt.

Von den Frauenhausmitarbeiterinnen erwähnt die große Mehrheit Formen von Expertinnentum (zum Teil gleichgesetzt mit Arbeitsschwerpunkten), und nur sehr wenige berichten über Überlegungen zur Rotation in ihrem Projekt. Der Grad der Spezialisierung wird durch das in allen Häusern existierende Bezugspersonensystem klein gehalten. Die jeweiligen Segmente sind in wesentlichen Aspekten für die meisten gleich, da die Differenzierung weniger inhaltlich, als – abgesehen von Spezialaufgaben – nach Personen erfolgt. Diese Balance zwischen Arbeitsteilung und Erhalt ähnlicher Arbeitssegmente wird von Petra anschaulich geschildert.

Petra (F4): Bei uns ist es nicht mehr so, 'alle Frauen machen alles', aber es ist noch nicht so, daß jede Frau nur einen Arbeitsbereich hat und sonst nichts macht und auch nicht einspringt in einem anderen Bereich. (S. 6)

Die meisten Frauenhausprojekte haben Schwerpunktsetzungen auf Aufgabengebiete jenseits der Arbeit mit den Frauen und Kindern begrenzt. Expertise im klassischen Sinne wird von Frauenhausmitarbeiterinnen zumeist an Zusatzkenntnisse respektive -ausbildungen wie Gesprächsführung oder Psychodrama gebunden.

Sehr viel bedeutungsvoller scheinen Rotation und das Credo „Alle-machen-alles" für die Beratungsmitarbeiterinnen, denn über die Hälfte von ihnen geht darauf ein. Dennoch nennen gleichzeitig fast alle Formen von Expertise (manchmal im Sinne fester Zuständigkeiten) in ihrem Projekt. Ein Grund liegt nicht selten darin, daß Mitarbeiterinnen wie Birgit ihre Haltung zur Rotation im Laufe der Jahre geändert haben, da sie sich als zu mühsam und zeitaufwendig herausgestellt hat.

Birgit (B9): Es gibt durchaus (Expertinnen), obwohl das zunächst als autonomes, feministisches Projekt nicht selbstverständlich war. Ich bin seit geraumer Zeit eine Vertreterin dessen, daß es Expertinnen geben muß und daß ein gut funktionierendes Projekt gar nicht darum herum kommt, weil es ungeheuer mühsam ist, sich in etwas einzuarbeiten, was nicht das eigene Ressort ist und es trotzdem in der normalen Zeit zu erledigen. (S. 7)

Mehrheitlich haben die Beratungsmitarbeiterinnen ebenfalls den Anspruch, Expertinnentum möglichst gering zu halten und dennoch individuellen Fähigkeiten einigermaßen gerecht zu werden. Ein wichtiger Aspekt ist auch hier, für einander einspringen und sich gegenseitig vertreten zu können. Trotzdem haben sich unter der Hand Spezialisierungen herausgebildet, da dem Projektanspruch aufgrund von Vorlieben oder Arbeitserfordernissen offenbar wenig nachgekommen wird. Frauen, die mittels Ausbildung besondere Angebote machen, stechen unter den Mitarbeiterinnen hervor, wohingegen die anderen als „gleich" gelten. Hier klingt ein Problem an, das den Expertinnenstatus begleitet – sein hierarchischer Einschlag. Als notwendig hat sich für viele Projekte Expertise im Finanzbereich erwiesen. Wieviel Expertise professionelle Beratung verlangt, ist demgegenüber weniger offensichtlich und kaum Diskussionsstoff, da Unzulänglichkeiten schlechter sichtbar sind. Gerade für selbsthilfenahe Projekte verbirgt sich in dieser ungleichen Einschätzung von Finanzen einerseits und Beratung andererseits möglicherweise ein weiteres Dilemma bezüglich der Wertschätzung verschiedener Bereiche.

Ute (B2): Die Buchhaltung und die Finanzen haben wir schon früh delegiert. Weil das was ist, wo man sich ein Stück einarbeiten muß, wo man ein bißchen Ahnung haben muß. Wenn das immer rotiert, das hielten wir nicht für sinnvoll. [...] Bei anderen Aufgaben versuchen wir, daß sich ein Expertinnentum nicht herausbildet, sondern alle je nach Interesse in die Lage versetzt werden, ganz unterschiedliche Aufgaben zu übernehmen, sowohl organisatorische als auch inhaltliche. (S. 9-10)

Von den Bildungsmitarbeiterinnen kommentieren einige Rotation als früheres Prinzip, ohne es aufrechterhalten zu wollen. Andere berichten ohne Hinweis auf alte Prinzipien über Expertinnenrollen in ihren Projekten, die sich auf spezifische inhaltliche Arbeitsbereiche, Beratung bestimmter Gruppen oder finanzielle Fragen beziehen. In ihren Beiträgen klingt die Herausbildung bzw. das Vorhandensein von Expertinnentum wie etwas Selbstverständliches und Anzustrebendes, wobei die jeweilige Expertise nicht selten an Zusatzausbildungen oder spezielle Berufsausbildungen geknüpft wird.

Persönliches Expertinnentum

Wenn auch mit Einschränkungen und Relativierungen geben fast alle Frauenhausmitarbeiterinnen eigene Expertinnenbereiche an. Auch die Mehrheit der Beratungsfrauen nennt solche Bereiche, auffallend oft Finanzierung oder Öffentlichkeitsarbeit. Der größere Teil der Bildungsmitarbeiterinnen sieht sich ebenfalls als Expertin für bestimmte Aufgaben, wobei inhaltliche, projektbezogene Aspekte im Vordergrund stehen.

Wie schwierig es noch immer ist, sich als Expertin zu empfinden und dafür einen gesicherten Rahmen zu entwickeln, wird bei Else, einer Frauenhausmitarbeiterin, deutlich. Hier liegen nicht nur Rotation und individuelle Vorlieben in Widerstreit miteinander, sondern es gibt einerseits Frauen wie sie selbst, die sich eingearbeitet und andererseits zunehmend solche, die die entsprechende Arbeit gelernt haben:

Else (F6): Ich war vielleicht für Finanzen eine Zeitlang Expertin oder sagen wir, es gibt einfach Frauen, die sich eher verantwortlich fühlen, nachdem wir festgestellt haben, bei allem immer den Überblick zu haben, ist schwierig. Auf einer Arbeitstagung im letzten Jahr haben wir gesagt, daß das ein Stückweit rotiert. Es gibt einige, die das überhaupt nicht wollen, und andere sind bereit dazu. [...] Mir geht es im Moment so, daß ich bei den Finanzen merke, bedingt dadurch, daß wir einen Computer gekriegt haben und ich nicht ganz hundertprozentig Buchhaltung kann, und wir dafür die Ingrid haben, die es gelernt hat, bin ich gerne bereit, diesen Bereich ein Stückweit aufzugeben. (S. 2)

Am selbstbewußtesten vertreten die Frauen ihr Expertinnentum, die gleich mehrere eigene Spezialqualifikationen anführen.

Carola (F5): Für die Finanzen fühle ich mich als Expertin, da den Überblick zu behalten. Dann fühle ich mich als Expertin – nicht als Expertin –, aber als die, die die meiste Ahnung hat in handwerklichen Sachen. Und wo ich mich in den letzten zwei Jahren viel mit beschäftigt und Fortbildung gemacht habe, ist sexueller Mißbrauch, wo ich im faktischen Wissen mich als Expertin fühle. (S. 11)

Auch Mitarbeiterinnen aus dem Beratungsbereich sind nicht ohne Zweifel, ob sie sich gerechtfertigterweise als Expertin ansehen dürfen, entweder weil sie sich ihrer besonderen Fähigkeit nicht sicher sind (wie Erika) oder weil es sich bei dem Bereich um eine zentrale Projektaufgabe handelt (wie Zillie).

Erika (B5): Mütterarbeit ist das, was ich in letzter Zeit viel und intensiv mache. Ob ich deswegen eine Expertin für Mütterarbeit bin, weiß ich nicht. (S. 12)

Zillie (B10): Ich weiß nicht, ob ich mich als Spezialistin für irgendwas bezeichnen könnte? Ich weiß aus meiner früheren Arbeit, da war ich Spezialistin für Ausländerfragen, aber hier wird es von uns verlangt, insofern kann ich mich nicht unbedingt als Expertinnen darin bezeichnen, [...] es ist eine Grundlage unserer Arbeit. (S. 6)

Andere Mitarbeiterinnen sind sich ihres Expertinnentums sicher und verbinden es mit neuen Aspekten wie der Bedeutung ihrer persönlichen Fähigkeiten für den Projektzusammenhalt (Vera) und der Bedeutung ihrer Erfahrungen für den Generationenwechsel (Xenia). So bezeichnet sich Vera nicht nur als Expertin für einen inhaltlichen Bereich, sondern sieht ihre Integrationsfähigkeit als Basis für eine zentrale Aufgabe in ihrem Projekt:

Vera (B3): Ich bin eine Art Expertin für einen unserer inhaltlichen Arbeitsbereiche. Und im Gesamtprojekt ist dieses integrierende Moment, das ich habe, wahrscheinlich die Fähigkeit, die am wichtigsten ist, die ganzen Sachen zusammenzuhalten und den Blick darüber zu haben. (S. 8)

Xenia setzt sich mit den Motiven für ihr heutiges Expertinnentum auseinander, die sowohl auf ihre gewandelten Interessen als auf das Ermöglichen eines Generationenwechsels zurückgehen:

Xenia (B7): Ich habe mich aus dem pädagogischen Bereich stärker zurückgezogen, weil neue Frauen nachgewachsen sind, die mit neuem Schwung reinkommen. Nach einer bestimmten Zeit ist es wichtig, diese Arbeitsbereiche mal zu wechseln und auch Rücksicht zu nehmen, was möchten andere Frauen gerne machen und wo möchten sie sich ausprobieren. Mir hat es zum Beispiel Spaß gemacht, in die Öffentlichkeitsarbeit hineinzugehen und in diese Finanzierungsverhandlungen. (S. 5)

Bei keiner der Bildungsfrauen, die zur Frage eigener Expertise Stellung nehmen, kommt Zweifel auf über deren Sinnhaftigkeit oder über die Berechtigung, sich als Expertin zu fühlen; es scheint eher Teil der beruflichen Identität zu sein.

Quellen des persönlichen Expertinnentums

Nicht unerwartet nimmt Praxiserfahrung in der Herausbildung eigener Expertise einen hohen Stellenwert ein, für Frauenhaus- und Beratungsmitarbeiterinnen sogar den höchsten. Lediglich im Bildungsbereich wird Ausbildung als häufigste Quelle genannt.

Aufgezählte Praxiserfahrungen reichen von allgemeinen Erfahrungen in der Frauenarbeit, über Praktika, zu *learning on the job* bis hin zum Austausch unter Frauen. Mitarbeiterinnen aller Bereiche erwähnen autodidaktische Studien und Fortbildung; letzterer kommt in Frauenhäusern und Beratungsprojekten eine höhere Bedeutung als dem Studium zu, nur im Bildungsbereich verhält es sich umgekehrt. Eine entsprechend abgestufte Rolle spielt das Studium: für Frauenhausmitarbeiterinnen eine kleine, für Beratungsmitarbeiterinnen eine etwas größere und für Bildungsmitarbeiterinnen eine recht wichtige.[29] Lediglich eine einzige Mitarbeiterin verweist auf ihre persönliche Betroffenheit als eine Grundlage ihrer Expertinnenkenntnisse. Das macht deutlich, wie sehr sich die Projekte zu professionellen Einrichtungen entwickelt haben. Im folgenden die Ergebnisse im einzelnen.

Ungeachtet der Gewichtung verschiedener Quellen eigener Expertise mißt die Mehrheit der Frauenhausmitarbeiterinnen sowohl ihrer Ausbildung bzw. Aspekten dieser Ausbildung als auch ihren Praxiserfahrungen Bedeutung bei. Da ein Teil der Frauen ihre Expertise in der Verwaltung und Fi-

---

29  In diesen Ergebnissen zeigt sich, daß die Betonung formaler Abschlüsse als Qualifikationsanforderung (vgl. im gleichen Kap. Punkt 1) durch Frauenhausmitarbeiterinnen eher der Diskussion um die wahren Expertinnen geschuldet ist, als daß sie immer schon mit einer eindeutigen Wertschätzung des Studiums einhergeht. Hingegen setzen insbesondere die Bildungsmitarbeiterinnen ein Studium als gegeben voraus, was ihnen aber mehr angesichts eigener Expertise denn als Qualifikationsanforderung bewußt wird.

nanzierung sieht, ist ihnen ihre zuvor absolvierte Lehre als Ausbildung näher und wichtiger als ihr anschließendes Studium. Im Rahmen des Studiums wiederum werden die absolvierten Praktika als besonders wichtig empfunden.

Anna (F1): Meine Kenntnisse habe ich erst mal aus meiner ersten Ausbildung. Da ich aus dem Bankwesen komme, war klar, daß ich mit in die Verwaltung gehe. Dann einen Teil über ein Anerkennungsjahr (als Sozialarbeiterin) in einem Heim für Frauen, wo ich viel gelernt habe über Verwaltung und rechtliche Sachen. (S. 12)

Im Gegensatz dazu war für Olga (als eine der wenigen in diesem Bereich) ihre Aus- und Weiterbildung zentral für ihre Expertise. Ihre Sichtweise bringt sie jedoch mit früheren Projektpositionen in Konflikt.

Olga (F2): Auf jeden Fall durch das Studium an der Fachhochschule. Das ist ein Punkt, der ja Ewigkeiten in autonomen Frauenhäusern nicht gesagt werden durfte. Ich habe meine Ausbildung an der Fachhochschule gemacht und die war auch notwendig, um hier zu arbeiten. Natürlich erweitert auf Spezialgebiete bezogen durch Fortbildung und die Beschäftigung mit frauenspezifischen Themen. (S. 5)

Gerade für die Pionierinnengeneration der Frauenhausmitarbeiterinnen sind vielfach das Ausprobieren neuer Vorgehensweisen und der Erfahrungsaustausch über Erfolge und Mißerfolge von hoher Bedeutung für das eigene berufliche Handeln. Daher messen einige Frauen nur diesem Bereich Wichtigkeit bei.

Für die Beratungsmitarbeiterinnen spielen, anders als für die Frauenhausmitarbeiterinnen, Lehre und Praktika keine Rolle, dafür Praxis, Studium und Fortbildung eine etwas größere. Die Betonung praktischer Erfahrungen in neuen Arbeitsbereichen liegt einerseits auf der Hand, andererseits wird häufig stillschweigend vorausgesetzt, daß die Fähigkeiten zur Verarbeitung dieser Erfahrungen vorhanden sind, die in hohem Maße von analytischen, verstehenden und reflexiven Kompetenzen abhängen, wie sie in Hochschulausbildungen erworben werden.

Die große Mehrheit nennt ebenso wie die Frauenhausmitarbeiterinnen eine Kombination von Praxiserfahrungen und formalen Bildungselementen als Quellen ihres Expertinnentums. Bei Xenia sticht die umfassende Aus- und Weiterbildung hervor, die bei Projektfrauen nicht selten ist und den hohen Bildungswillen dokumentiert, aller frauenpolitischen Skepsis zum Trotz.

Xenia (B7): Ich habe zwei Studien gemacht, eines an der Fachhochschule, dann im Erwachsenenbereich gearbeitet und ein Zweitstudium drangehängt. [...] Was ich über meine praktische Erfahrung mitkriege, reicht allein nicht, auch was ich in den Studien erfahren habe nicht. Das hat dazu geführt, daß ich noch eine Psychodramaausbildung und innerhalb dieser Psychodramaausbildung immer mal Sonderseminare gemacht habe. (S. 6)

Sehr selten, dafür aber um so bemerkenswerter, ist die Verbindung von Studium und persönlicher Betroffenheit, die bei Alice sichtbar wird, insbesondere da sie beides aufeinander bezieht, obwohl das Studium inhaltlich nichts mit ihrer jetzigen Tätigkeit zu tun hat.

Alice (B4): Aus Erfahrungen wird man klug. Es gibt keine Ausbildung in dem Bereich. Wir haben am Anfang furchtbar viele Fehler gemacht. Ich habe länger studiert, man kriegt da Qualifikationen, bestimmte Bereiche zu bearbeiten, obwohl das Studium nichts mit dem Projekt zu tun gehabt hat. [...] Mein Expertenwissen habe ich aus der eigenen Erfahrung als Betroffene. Das trifft natürlich für eine Selbsthilfegruppe stark zu, daß ein großer Teil der Leute, die engagiert sind, aus diesem Erfahrungsbereich kommen und entsprechend kompetent sind. (S. 11)

Für die meisten Bildungsmitarbeiterinnen spielen Aus- und Fortbildung eine große Rolle, daneben wird der Berufserfahrung und autodidaktischen Bemühungen eine wichtige Bedeutung zugesprochen. Als neues Moment kommt das eigene Interesse als Ausgangspunkt hinzu.

Karin (K2): Zum einen vom Studium. Ich habe speziell für unsere Zielgruppe Seminare besucht. Nach Beendigung des Studiums war es wichtig, Fortbildungen zu besuchen für Kursleiterinnen. Was ich auch gemacht habe, ist eine Fortbildung zur Beratungsarbeit am Pearls-Institut [...] und im Moment Fortbildung zu meinem inhaltlichen Schwerpunkt. (S. 6)

Nora (K7): Das habe ich mir selbst beigebracht. Das hört sich komisch an. Ich bin Soziologin. Was ich gelernt habe in meiner vorigen Berufsarbeit, ist, was Frauen möchten. [...] Wir haben uns hingesetzt und einen Lehrplan zusammengezimmert und Referentinnen organisiert. Mit denen zusammen haben wir angefangen zu arbeiten und in rasender Geschwindigkeit selbst gelernt. [...] Dann lernt man mit den Frauen zusammen, das finde ich das Faszinierende. Wenn man alles mal gemacht hat, weiß man wo die Haken und die Kniffe sind. (S. 7)

*Resümee*: Die teils eher historischen Bedenken der Frauenprojektebewegung gegen ExpertInnentum weisen auf immer noch aktuelle Probleme der heutigen Arbeitswelt und das oft entmündigende Verhältnis SpezialistIn – Betroffene(r) hin, auch wenn die Projekte aufgrund ihrer Erfahrungen und Entwicklungen ihre eigene Kritik nicht weiter umsetzen wollen und können. Die darin enthaltenen Grundgedanken erscheinen mir nach wie vor bedenkenswert und die angesprochenen Probleme ungelöst. Die Betroffenen selbst als die Expertinnen zu sehen, ist ebenso demokratisch wie unbequem und in der Praxis in dieser Form nicht aufrechtzuerhalten. Das macht den Gedanken aber noch lange nicht falsch, denn er enthält die richtige Frage, wie das Verhältnis zwischen AnbieterInnen und AdressatInnen im sozialen und pädagogischen Bereich angemessen strukturiert werden kann, um einerseits Kompetenzen zu vermitteln und andererseits gegenseitige Anerkennung auszudrücken. ExpertInnentum auf Gefahren für gemeinschaftliches, gleichberechtigtes Zusammenarbeiten zu untersuchen und die Quellen jeder Expertise zu hinterfragen, fordert ebenfalls zum Überdenken gängiger Positionen und Machtverhältnisse auf, auch wenn deutlich geworden ist, daß auf Expertinnentum, Arbeitsteilung und Spezialisierung selbst in den Projekten nicht verzichtet werden kann. Ein Problem dieser Debatte läge höchstens darin, wenn unterschiedliche Standpunkte sich gegenseitig blockieren, weil es nur eine „richtige" Lösung zur Frage des ExpertInnentums geben darf. Vielmehr geht es darum, gewinnbringende und einengende Aspekte gegeneinander abzuwägen, durch Expertinnen ausgelöste Strukturveränderungen ernstzunehmen und gleichzeitig eine Portion Konkurrenz durch den Vergleich unterschiedlicher Herangehensweisen nicht zu scheuen.

## 4.3 Hausarbeit – notwendiger Bestandteil oder ungeliebter Rest?

Hausarbeit ist gewissermaßen die andere Seite des Expertinnentums. Bringt die Expertinnenrolle gesellschaftliche und berufliche Anerkennung mit sich, steht Hausarbeit für traditionelle Frauenarbeit, ohne Ausbildung, ohne Wertschätzung und ohne Bezahlung. Der Auseinandersetzung um Hausarbeit kam in den siebziger Jahren in der Frauenbewegung eine große Bedeutung zu und mündete in der Forderung nach 'Lohn für Hausarbeit'. Hausarbeit wird von Frauen nicht nur in der Familie erwartet und geleistet, sondern der stillschweigende Rückgriff auf das „weibliche Arbeitsvermögen" (Ostner 1991) ist ein meist unsichtbarer Bestandteil traditionell weiblicher Berufe und wird bei Frauen als Fähigkeit zur Fürsorge und Umsichtigkeit vorausgesetzt, ohne als Qualifikation anerkannt zu sein (Rabe-Kleberg 1993b, Stiegler 1994). Der darin enthaltene, fließende Übergang zwischen Familien- und Erwerbsarbeit kennzeichnet alle sozialen Frauenberufe und kommt dem Wunsch vieler Frauen, so auch der Projektmitarbeiterinnen, entgegen, „mit Menschen zu arbeiten" (Rommelspacher 1992).

Hausarbeit gilt frauenbewegten Frauen einerseits als Synonym für Fürsorge und Haushalten auf der Basis weiblicher Unterdrückung und Nichtanerkennung, andererseits wird vehement gefordert, Haus- und Mütterarbeit als traditioneller Frauenarbeit die ihr zukommende Wertschätzung zu verschaffen. In diesem Spannungsverhältnis ist auch der Hausfrauenanteil der Projektarbeit anzusiedeln und die Mitarbeiterinnen müssen irgendwie damit umgehen (Freytag 1993a). Fast die Hälfte der interviewten Mitarbeiterinnen mußte bei der Frage nach dem Vorkommen von Hausarbeit im Rahmen ihrer Tätigkeit lachen. Daran zeigt sich, wie sehr Hausarbeit auch heute noch ein gefühlsbetontes Thema ist.[30]

Zwei Aspekte der Projektarbeit lassen sich unter hausarbeitsnah fassen: der Anteil entsprechender Tätigkeiten und das Ausmaß erwarteter bzw. erfoderlicher Unterbrechungen begonnener Aufgaben. Beide sind ein Indiz für traditionelle Frauenarbeit. Während Unterbrechungen für alle Projektfrauen

---

30 Es ist die einzige Frage auf die mit Lachen reagiert wurde.

ein eindeutiges Phänomen darstellen, wird Hausarbeit durchaus unterschiedlich verstanden und umfaßt:

- Hausarbeit im engeren Sinne (Aufräumen, Saubermachen, Einkaufen),
- Mütterlichkeit als Versorgungs- und Beziehungsarbeit,
- Organisation des Hauses (Hausmeistertätigkeiten und alltägliche Verwaltungsaufgaben),
- Sisyphusarbeit als unsichtbare, immer wiederkehrende Aufgaben, die keine Anerkennung finden.

Die meisten Mitarbeiterinnen aller drei Projektbereiche bestätigen *Anteile von Hausarbeit*. Dennoch gibt es in jedem Bereich auch eine kleine Anzahl Frauen, die solche Anteile verneinen und beziehen sich dabei auf Hausarbeit im engeren Sinne. Sie weisen derartige Tätigkeiten mehr oder weniger vehement von sich („das mache ich grundsätzlich nicht" (B4, S.12)), da sie sie nicht als ihre Aufgabe sehen und haben sie entsprechend an Putzfrauen delegiert. Diese Mitarbeiterinnen sind von der Richtigkeit dieser Arbeitsteilung überzeugt wie z.b. Nora aus einem Bildungsprojekt. Sie kommentiert die Abgabe dieser Tätigkeiten nicht, weder erklärend noch entschuldigend, sondern beschreibt lediglich, wie wichtig ihr das ist.

Nora (K7): Ich habe mich nie darum gekümmert, ob geputzt wird. Wir haben Frauen, die die Verwaltung machen, gebeten, sich darum zu kümmern. Wir, die Kollegin mit der ich dieses Bildungskonzept entwickelt habe und ich, haben uns schnell davon freigemacht und delegiert. Auch die Kaffeetassen wegräumen; nicht, daß ich das nicht machen würde, wenn die krank ist, aber es ist nicht meine Aufgabe. (S. 7)

Die häufigsten *Definitionen von Hausfrauenarbeit* sind auf der einen Seite Fürsorge, die auch Strenge beinhalten kann, auf der anderen Seite haushaltende und alltagsorganisierende Tätigkeiten, seltener sich wiederholende, unstrukturierte Aufgaben.

Die Frauenhausmitarbeiterinnen beziehen Hausarbeit zu fast gleichen Teilen auf lediglich zwei Bereiche, Fürsorge und Organisation. Von erhaltenden und planenden Alltagstätigkeiten sind sie zumeist wenig begeistert oder konstatieren sie nur; aber auch Mütterlichkeit wird eher als erforderlich, denn als wünschenswert beschrieben. Anna zum Beispiel sieht sich bisweilen in die Rolle einer kontrollierenden Mutter versetzt, während die Tätigkeit einer Hausfrau zwar ab und zu anfällt, aber ihrem beruflichen Selbstbild in keinem Punkt entspricht.

Anna (F1): (lacht) Es gibt Momente, wo wir so ein Stück Mutter sind. Strafende Mutter oft, die den Frauen sagen, wenn es siffig ist oder den Finger erheben, daß sie ihre Kinder nicht richtig erziehen. Ich würde nie Hausfrau sagen. Strafende oder kontrollierende Mutter. [...] Dieser Bereich mit Aufräumen oder Saubermachen, das kommt schon (vor), [...] aber ich habe mich nie mit einer Hausfrau gleichgesetzt. (S. 13)

Doris zeigt sich sehr ambivalent. Zunächst setzt sie sich einmal von allem Hausfraulichen ab, konstatiert dann zwar vergleichbare alltagsorganisatorische Tätigkeiten, verweigert jedoch bewußt versorgende, mütterliche Aspekte in ihrer Arbeit.

Doris (F9): Da ich nie eine richtige Hausfrau war, kann ich das nicht beurteilen. [...] Das hat schon Parallelen. Eine Hausfrau muß auch viel organisieren. [...] Ich habe nicht das Gefühl, daß ich mich dauernd bereit halte für irgendwelche Frauen, die irgendwas von mir wollen, als wären es meine Kinder und ich bin die Mamma zu Hause, die wartet. Da bin ich selbst viel zu aktiv und nicht so abwartend, sondern selbst am Schaffen und da müssen wir gucken, wie es zusammenkommt, daß wir wieder mal irgendwie Zeit haben und ein Gespräch machen können. Die Arbeiten, die so anfallen, – hat vielleicht was davon. (S. 15-16)

Die Definition der Beratungsmitarbeiterinnen von Hausarbeit ist breiter gestreut als im Frauenhausbereich. Sie verstehen darunter zunächst am häufigsten Fürsorge, der sie ebenso ambivalent gegenüberstehen wie vorher die Frauenhausmitarbeiterinnen. Eindrücklich schildert Feli, was Fürsorglichkeit für sie im Verhältnis zu den Frauen und Mädchen bedeutet und welche Vor- und Nachteile sie darin sieht.

Feli (B1): Klar, würde ich schon sagen. Sowohl als positive Qualität als auch als Aspekt, daß mir diese Verhaltensweisen durch meine Sozialisation ganz schwer abzutrainieren sind. Das ist dieser Konflikt mit der Abgenzung. Wenn draußen (im Treff, M.B.) eine Frau sitzt, die mir auf irgendeine Art und Weise signalisiert, 'kümmere dich um mich', dann tue ich das. Ich tue es bestimmt oft zu schnell, wo ich denke, der Frau würde auch helfen, wenn sie ihr Bedürfnis formulieren müßte und es nicht so Unausgesprochenes gäbe, wie das eine Hausfrau zu tun hat. Die muß ja vorher schon wissen, wo das Bedürfnis ist, das dann sofort erfüllt wird. [...] Aber ich finde es auch eine positive Qualität, was ich als Angebot bringen will. Dieses Ich-kann-dasein-für-dich für den und den Bereich. (S. 8)

Oft wird auch der organisierende Aspekt von Hausarbeit genannt, der wie bei Zillie wichtiger Bestandteil der Arbeit sein kann. Zillie hebt diese Tätigkeiten von Hausarbeit im engeren Sinne ab, die bei finanzieller Besserstellung abgegeben werden.

Zillie (B10): Ich muß viel organisieren, was sicherlich mit meiner Funktion (Leiterin eines Teilbereiches, M.B.) zu tun hat. Wenn ich lediglich Beraterin wäre, würde ich mich nicht darum kümmern, daß die Mietzahlung stimmt, Strom und Heizung nicht abgestellt werden, die Blumen nicht vertrocknen. Wir haben während unserer finanziellen Mißsituation selbst geputzt und so Sachen, die sonst eine Hauswirtschaftsleiterin machen würde. (S. 7)

Ein weiterer Aspekt der Hausarbeit für Beratungsmitarbeiterinnen ist das Sich-Wiederholende und Unstrukturierte der Arbeit. Nicht nur für Vera verbindet sich diese schwer faß- und wenig sichtbare Tätigkeit mit gesellschaftlicher, aber auch eigener, geringer Wertschätzung.

Vera (B3): (lacht) Es hat eine Ähnlichkeit, ganz viele Sachen zu machen und am nächsten Tag sind sie entweder weg oder aufgegessen oder wieder dreckig. Wir bemühen uns, das für alle erträglich zu halten. Daß man auch Sachen machen kann, die bleibend sind [...], was ich sehen kann, was gedruckt ist. Wenn ich nur das machen würde, würde mich das wahrscheinlich sehr frustrieren und deswegen glaube ich, was man normalerweise als Verwaltungsarbeit bezeichnen würde, in einem Projekt wie diesem nicht von jemand gemacht werden kann. [...] Die Frau, die Buchhaltung macht, muß viele andere Sachen machen können und wollen, sonst kriegte sie plötzlich einen Status, der unter den anderen ist. (S. 9)

Für Heide stellt sich das gleiche Problem von einer anderen Seite dar. Ihr Projekt leidet darunter, daß weder die Öffentlichkeit, noch die Adressatinnen die vom Team geleistete Arbeit genügend schätzen. Aber auch das Team selbst ist sich seiner positiven Leistungen nicht sicher.

Heide (B8): Ja. (lacht). Das ist ein Stück vergleichbar mit der Arbeit einer Hausfrau, sich wiederholend und auch nicht diese Anerkennung findend. [...] Eine Gruppe Mädchen oder ein Beratungsgespräch liefert nichts Greifbares. Manchmal kriegen wir das Ergebnis selber nicht zu fassen, weil wir keinen Kontakt mehr haben, das macht es schwierig, den Wert einzuschätzen von unserer Arbeit. [...] Auch die Mädchen kriegen nicht mit, daß das unser Beruf ist, daß wir studiert haben, bezahlt werden. (S. 10-11)

Bei den Bildungsmitarbeiterinnen liegt ebenfalls Fürsorge als Assoziation zu Hausarbeit vorn; eine wichtige Rolle spielen auch organisierende und sich wiederholende Tätigkeiten und Strukturierungsprobleme. All diese Aufgaben haben eines gemeinsam: daß sie vorwiegend negativ besetzt sind. Das gilt noch am wenigsten für Assoziationen des Sorgetragens, wie bei Lisa, was sie als *matter of fact* hinzunehmen scheint.

Lisa (K3): Hausfrauen (haben) dieses stark sorgende Denken, das ist hier auch so. Wenn ein Wochenende ansteht, ist das wie ein kleiner Ausflug in der Familie. Da muß dieses hier sein und jenes. (S. 13)

Eher unwillig stellt Karin fest, daß sie Hausarbeitsaufgaben wahrnehmen muß, die sie auf organisierende und wiederkehrende Tätigkeiten bezieht. Derartige Arbeiten sind nicht Teil ihres beruflichen Selbstverständnisses, sondern anfallende Pflichten, obwohl sie sie nur beaufsichtigt, während Mitarbeiterinnen anderer Projekte sie überwiegend selbst erledigen müssen.

Karin (K2): Leider! Wenn ein Raum unaufgeräumt ist, kann ich das nicht lassen, sondern muß die Leute, die dafür zuständig sind, darauf hinweisen. Oder es ist kein Kaffee da, dann kommt jemand zu mir gestürzt, da muß ich die zuständige Frau beauftragen. Oder warum ist kein Klopapier da? [...] Das empfinde ich ein bißchen nervig, weil das Kleinkramarbeit ist und sich ständig wiederholt. Insofern hat es mit Hausfrauenarbeit zu tun. (S. 6-7)

Noch unwilliger identifiziert Jutta – nach spontaner Ablehnung – Teilaspekte ihrer Arbeit als Hausarbeit und zwar Strukturierungsprobleme und sich wiederholende Aufgaben.

Jutta (K1): (lacht) Nee, finde ich überhaupt nicht. Der einzigste Punkt, wo die Arbeit vielleicht Ähnlichkeit mit der Arbeit von Familienfrauen hat, ist, daß ich oft den Eindruck habe, spontan reagieren zu müssen, [...] weil es sich im Moment so ergibt. Diese Form des zum Teil Unstrukturierten, die typisch für Beziehungsarbeit, Hausarbeit, Familienarbeit ist und das häufig Wiederkehrende, an dem Punkt würde ich es ein Stückweit bejahen, aber ich kann ganz klar nein sagen, wenn ich mir die Inhalte anschaue. (S. 9)

*Unterbrechungen* werden von der Mehrheit der Mitarbeiterinnen aller Bereiche als unangenehm erlebt, und ein Teil berichtet, daß sie versuchen, durch bessere Strukturierung und Abstimmung allzu häufiges Vorkommen zu vermeiden. Je nach Kontext und begonnener Tätigkeit werden Unterbrechungen von den meisten Mitarbeiterinnen unterschiedlich gehandhabt.

Frauenhausmitarbeiterinnen berichten am häufigsten, daß sie sich in Beratungsgesprächen nicht unterbrechen lassen wollen und sehen ihre eigene Abgrenzungsfähigkeit als eine der Voraussetzungen. Wahrscheinlich haben sie das größte Durchsetzungsproblem, da die Arbeit im Frauenhaus am schwersten vor Störungen abzuschirmen ist. Sie legen auch den größten Wert darauf, Unterbrechungen durch bessere Strukturierungen zu vermeiden, vermutlich aus dem gleichen Grund. Fast die Hälfte ist dennoch unzufrieden über das Ausmaß der Unterbrechungen, nur sehr wenige haben keine Probleme damit und lediglich eine sieht im Umgang mit Unterbrechungen ein Stück berufliche Kompetenz. Häufige Unterbrechungen steigern im allgemeinen jedoch das Gefühl von Unsichtbarkeit und Wertlosigkeit der eigenen Arbeit.

Else (F6): Es hat Zeiten gegeben, insbesondere als wir unser Büro noch zentraler hatten und die Frauen permanent ankamen, wo ich gemerkt habe, ich schaffe nichts mehr und froh war, wenn ich abends eine Überweisung getätigt habe. Da konnte ich sehen, das ist Leistung. Was ich sonst mache, ist nicht meßbar. Das ist vielleicht in der ganzen Sozialarbeit so, oder in der Wertigkeit, die Frauen sich da geben. (S. 4)

Um ein Maß an Unterbrechungen gelassen hinzunehmen und bei manchen Tätigkeiten sogar zu genießen, bedarf es der richtigen Mischung von Ungestörtheit und Störung auf der Basis einer flexiblen Arbeitssituation.

Beratungsmitarbeiterinnen betonen weniger, daß Unterbrechungen von Gesprächen für sie Tabu sind, als ihre Bereitschaft, andere Tätigkeiten für Beratungen aufzuschieben. Insgesamt sind sie jedoch diejenigen, die weitaus am meisten Unzufriedenheit über erlittene Störungen äußern. Manche finden es schwierig, Unterbrechungen durch ratsuchende Frauen und Mädchen so zu begrenzen, daß Probleme von Überforderung und mit unbeendeten Aufgaben nicht überhandnehmen. Aber auch von diesen Mitarbeiterinnen sieht ein Teil im Umgang mit Unterbrechungen eine notwendige Kompetenz.

Heide (B8): Wenn Mädchen kommen, lasse ich Sachen, die ich angefangen habe, liegen und lasse mich auf ein Gespräch ein. Ganz-Abwürgen kommt selten vor. Ich finde das schwierig, aber es ist nichts Ungewöhnliches, drei Sachen gleichzeitig im Kopf zu haben. Das ist eine Fähigkeit, die muß man aufbringen oder erlernen. (S. 12)

Frauen wie Xenia machen ihr Ringen um klare Entscheidungskritierien durch einen differenzierten Blick auf die unterschiedlichen Arbeitsanforderungen angesichts mannigfacher Aufgaben deutlich.

Xenia (B7): Ich muß in der Situation entscheiden, ist das so wichtig, daß ich das andere liegenlasse oder sage ich, das kann ich jetzt nicht erledigen. Ich wünsche mir manchmal, ich könnte eher sagen, ich mache jetzt was und bleibe dabei, komme aber in konkreten Situationen in Schwulitäten, daß ich denke, das ist auch wichtig, mache ich das schnell dazwischen. [...] Weil ein Mädchen schellt und Schwierigkeiten hat, wo ich gucken muß, kann ich die vertrösten auf einen anderen Termin oder muß das gleich geklärt werden oder jemand vom Amt hat wichtige Fragen, wo ich schlecht sagen kann, rufen Sie morgen wieder an. Dieses Vielschichtige und Gleichzeitige, das ist anstrengend, aber läßt sich nicht ganz ausschließen. (S. 8-9)

Es gibt andere Mitarbeiterinnen, wie Vera, die Unterbrechungen zwar ebenfalls anstrengend finden, andererseits aber auch Stolz anklingt, eine so schwierige und belastende Arbeit zu schaffen.

Vera (B3): Es gibt Phasen, wo mir das über den Kopf wächst. [...] Aber in der Regel ist es so, daß ich damit leben kann, die Sachen nicht dann zu machen, wo ich gedacht habe. Ich habe eine bestimmte Ordnung im Kopf, die sein muß, und wenn ich das regeln kann, dann geht es. [...] Viele Sachen müssen nicht an einem bestimmten Tag abgeschlossen werden, und dann schieben wir das so lange, bis es dringend gemacht werden muß – das muß man entweder aushalten oder nicht. (S. 10)

Von den Bildungsmitarbeiterinnen äußert sich nur knapp die Hälfte unzufrieden über das Ausmaß der Unterbrechungen. Einige konnten dem Problem durch Strukturierung abhelfen, andere stehen ihm gelassen gegenüber. Recht typisch sind zwei Mitarbeiterinnen, die betonen, daß sie sich in Kursen so wenig wie möglich unterbrechen lassen, sonst aber mit anfallenden Unterbrechungen zurecht kommen oder sie in gewissem Umfang zu schätzen wissen. Karin hat sich ein abgestuftes System von Umgangsformen mit Unterbrechungen überlegt und setzt Prioritäten, um nicht zu häufig in Streß zu geraten.

Karin (K2): Wenn ich im Unterricht bin und werde herausgerufen wäge ich ab. Wenn es nicht wichtig ist, bitte ich die Person, die in der Tür steht, zu warten. Wenn es ganz dringlich ist, sage ich zu der Gruppe, sie sollen einen Moment warten. Wenn es länger dauert, gebe ich ihnen eine Aufgabe. Das versuche ich aber zu vermeiden. Wenn ich in der Unterrichtsvorbereitung bin und meinem Schreibtisch und es kommt jemand, unterbreche ich schon. Das muß ich auch, weil ich ansprechbar sein muß für Anfragen. Oftmals ist es so, daß mehrere Leute gleichzeitig was wollen und eine ziemlich große Ungeduld ausstrahlen, da sortiere ich, sage 'Moment bitte, zuerst die, dann die'. (S. 7)

Nora geht noch ein Stück weiter, indem sie Unterbrechungen als Teil ihres geschäftigen Alltags sieht. Diese Haltung ist nicht zuletzt deshalb möglich, weil sie eindeutige Grenzen setzt, an welchen Orten das gilt und an welchen sie keine Unterbrechungen duldet.

Nora (K7): Wenn ich Unterricht gebe ist klar, da werde ich nicht gestört. Wenn ich an meinem Schreibtisch sitze, da kommt immer jemand rein. Das finde ich oftmals unterhaltsam, wenn ich in meiner Arbeit unterbrochen werde, die nicht so wichtig ist für diesen Tag. Angenommen ich schreibe einen Bericht, dann haben wir ein Zimmer zum Denken, das ist ein bißchen abgesondert. Wenn ich da sitze, weiß jeder, ich will nicht gestört werden. Ich kann gut von einer Arbeit in die andere springen und dann weiterarbeiten. (S. 8)

*Resümee*: Die verschiedenen Facetten von Hausarbeit werden zwar von vielen Mitarbeiterinnen als Bestandteil ihrer Arbeit gesehen, haben aber zumeist den Charakter eines ungeliebten Restes. Das gilt insbesondere für Hausarbeit im engen Sinne. Erstaunlich viele Projekte stellen Putzfrauen ein, wenn sie es sich leisten können und zwar ohne ideologische Bedenken. Wichtiger ist ihnen, daß innerhalb des Projektes keiner Frau ausschließlich „niedere" Tätigkeiten zukommen. Einerseits ist darin ein verständlicher Anspruch auf Verrichtung interessanter Aufgaben zu sehen, andererseits wiederholt sich die geringe Bewertung dieser Arbeiten, die traditionell von Frauen verrichtet werden. Hausarbeit verstanden als Fürsorge ist ein im wesentlichen ambivalent besetzter Teil beruflicher Arbeit. Zum einen gilt Mütterlichkeit als positive Aufgabe, andererseits wird die Gefahr gesehen, sich durch Versorgungsansprüche vereinnahmen zu lassen oder selbst in die alte Rolle zurückzufallen. Ebenfalls widersprüchlich ist das Verhältnis vieler Mitarbeiterinnen zur·Organisationsseite der Hausarbeit und am ehesten abhängig vom Grad anfallender Arbeit und ihrer spezifischen Ausformung. Eindeutig negativ erscheint allen das Sisyphushafte, das sowohl Aspekte der Projektarbeit als auch der Hausarbeit kennzeichnet, und insbesondere die damit einhergehende, fehlende Anerkennung.

Beim Umgang mit Unterbrechungen – im Sinne von wünschenswerter Flexibilität – sind positive Bewertungen und das Bestehen auf Anerkennung eher zu finden, als beim Umgang mit Hausarbeit. Allerdings überwiegt auch hier das Störende bei weitem. Es scheint, als bliebe angesichts von Hausarbeit und Unterbrechungen nur die Alternative, entweder über diese wenig geliebten Aspekte der Arbeit zu klagen oder stolz auf deren Bewältigung (durch Strukturierung, Abgrenzung oder Aushalten) zu sein. Die Suche nach einem befriedigenden Umgang mit Unterbrechungen heißt, Frauenarbeit – eigene sowie die anderer – ernstzunehmen. Voraussetzung ist ein Maß innerer und äußerer Freiheit, das erlaubt, eigenständige Entscheidungen zu fällen und selbstverantwortlich zu handeln. Eine gute Chance liegt in einem professionellen Selbstverständnis als Fachfrau mit begrenzten, aber verläßlichen Zuständigkeiten, ohne deswegen fachfremde Aufgaben stur zu verweigern.

## 5. Ringen um ein eigenständiges Arbeitsprofil

Während die Frage nach beruflichen Selbstverständnissen in Frauenprojekten vornehmlich das Verhältnis von Beruf und politischen Überzeugungen berührte, bezieht sich das Ringen um ein eigenständiges Arbeitsprofil auf die Arbeitsabläufe selbst, auf vorgefundene Anforderungen und zu lösende Aufgaben. Beide Aspekte sind jedoch nicht getrennt von einander zu sehen, denn in Entscheidungen über Arbeitsabläufe fließen explizit oder implizit allgemeine frauenpolitische Überzeugungen ein. Allerdings können die praktischen Arbeitsvollzüge dem beruflichen Selbstverständnis im Einzelfall mehr oder weniger entsprechen. Die Vorgehensweisen der Mitarbeiterinnen sind eingebettet in spezifische Team- und Projektkulturen, die wiederum in Zusammenhang mit den jeweiligen Problemen und dem Adressatinnenkreis stehen.

### 5.1 Auf der Suche nach Strukturen

Die Themen, die die Mitarbeiterinnen im Arbeitsalltag vorrangig beschäftigen, ranken sich um

– Festlegung und Strukturierung der Arbeitsabläufe (insbesondere in Frauenhäusern),
– Nähe und Distanz in Beratungsprozessen (insbesondere in Beratungsprojekten),
– Festlegung von Arbeitsschwerpunkten (insbesondere in Bildungsprojekten).

Zusammenfassend läßt sich sagen, daß die Mitarbeiterinnen auf zwei Ebenen um Strukturen ringen: Zur Klärung der Frage, was überhaupt sinnvolle Arbeit ist und zur Klärung der Frage, wie die Arbeit organisiert werden kann. Dieser Auseinandersetzungsprozeß, der insbesondere bei langer Dauer als sehr belastend empfunden wird, trägt Elemente eines frauenspezifischen Umgangs mit Arbeitsprozessen in sich, macht aber gleichermaßen allgemeine Probleme sozialer und pädagogischer Arbeit offenkundig, bei der unklare Aufgabenstellungen und undurchsichtige Arbeitsabläufe keineswegs selten sind. Dieses intensive Ringen enthält sowohl projektgefährdende als auch projektfördernde, innovatorische Elemente: Zentrale Probleme von Frauenarbeit werden sichtbar und verdeutlichen die Dringlichkeit eindeutiger Ar-

111

beitsprofile, wodurch die Chance entsteht, diese weit über Projekte hinaus grundlegenden Fragen anzugehen.

## Das Problem der Planbarkeit

Ein zentrales Thema für die Mitarbeiterinnen in Frauenhäusern ist die Planbarkeit bzw. Unplanbarkeit der Arbeit, wobei die einzelnen Projekte und die jeweiligen Mitarbeiterinnen unterschiedlich damit umgehen. Viele sehen in ihrer Arbeit die Notwendigkeit, „sich permanent auf neue Sachen, neue Personen einzustellen" (Fi, S. 1). Nicht selten scheint Unplanbarkeit jedoch auch ein wichtiger Bestandteil der Arbeit in dem Sinne zu sein, daß das Leiden daran nur die eine, das Sichtbarwerden der hohen Belastung die andere Seite darstellt und daher ambivalent besetzt ist.[31]

So bezieht sich Lindes berufliches Selbstverständnis auf geplante Arbeitsschritte, die ihr das Gefühl vermitteln, etwas „geschafft" zu haben. Diesem Ansatz steht jedoch sowohl die Unplanbarkeit aktueller Bedürfnisse der Frauen, als auch die unzureichende Arbeitsaufteilung und Verläßlichkeit im Team gegenüber und führt zu einem starken Spannungsverhältnis zwischen den Planungswünschen der Mitarbeiterin und der Alltagsrealität in diesem Frauenhaus.

Linde: Was mir als erstes zum Frauenhaus einfällt, ist dieses Unplanbare, daß ich mir zwar zurechtlege, was ich machen will oder was zu machen ist und das Gefühl habe, daß ganz vieles durcheinander gebracht wird durch eine Frau, die nachts kam oder durch irgendwas, was dringend ist oder dringend gemacht wird und ich dringend machen lasse. Was meinen Tagesablauf strukturiert, ist, daß ich in beiden Bereichen bin, in der Verwaltung und im Frauenbereich, das heißt, daß viel Verwaltungsarbeit zwischendrin gemacht wird. Und daß die Ruhe, die dafür notwendig ist, nicht da ist. Wir haben Bürodienste, wo eigentlich zwei Mitarbeiterinnen da sein sollten, daß eine Telefondienst macht und die andere mal eher Gespräche mit Frauen machen kann oder Verwaltungssachen. Im Moment ist fast immer nur eine da. Ich mache dann Telefon und meine Verwaltungsarbeit dazwischen und verkaufe Waschmarken. Wo das Gefühl ist, du kannst nicht an einem bleiben – einfach eine Verzettelung. Das kennt jeder von uns. Wir haben zwar eine ganz klare Verwaltungsfrau für einen Teil, und da ich die anderen Sachen mache, läuft das nebenher. Das ist für mich der Tagesablauf: ein Teil am Tag ist Verwaltung, die wird irgendwo

---

31  Der narrative Zugang zu den folgenden Interviewabschnitten ermöglicht, subjektive Schwerpunktsetzungen und Sichtweisen einer Mitarbeiterin zu erfassen. Das Gesagte und das Nichtgesagte geben einen Hinweis darauf, welche Aspekte ihrer Arbeit den Mitarbeiterinnen präsent sind und welche weniger. Sowohl die anfallende Arbeit als auch die Aneignungsweise dieser Arbeit geraten ins Blickfeld. Beide Ebenen haben etwas Ineinander-Überfließendes, da die Frage, was sind vorgefundene Strukturen, was individuelle Handhabungen des Arbeitsalltags nicht ohne weiteres beantwortbar ist. Sichtbar werdende Unterschiede reflektieren verschiedene Arbeitsbedingungen ebenso wie individuelle Umgangsweisen mit ihnen. Auch den Arbeitsbedingungen selbst haftet etwas Subjektives an, da sie in einem autonomen Projekt vom Team weitgehend in Eigenregie hergestellt werden.

reingesetzt, wo gerade Zeit ist, zwischendrin morgens eine Stunde und mittags mal und der Rest sind allgemeine Sachen. Normale Verkaufssachen, Telefon oder zwischendrin, wirklich oft zwischendrin, ein Gespräch mit einer Frau und oft diese Tür-und-Angel-Gespräche.[...] Dann gibt es noch diese klare Aufteilung, wer für die Handwerker zuständig ist. Für mich gibt es nicht so einen Tagesablauf, den ich sagen könnte. Was noch was Klares ist, ich arbeite eigentlich durch, von acht bis vier ohne Mittagspause.[...]. Es ist ganz schwierig, das so genau hinzukriegen, ob es bei Teamsitzungen ist, die ist eigentlich bis zwölf und wird dann rausgezogen. Dadurch, daß bei uns fast alle Teilzeitstellen haben [...] ist das oft über die Mittagspausenzeit, wo wir mal was besprechen oder planen können. Dann ist die Zeit, wo man mal von zwölf bis zwei in Ruhe Verwaltung machen kann. Deshalb hat sich das so eingeschliffen. (S. 1-2)

Lindes Bedürfnis nach einem strukturierten Tagesablauf, der in Frauenhäusern besonders schwer durchzusetzen ist, wird so frustriert, daß auch die Bewohnerinnen, für die das Haus da ist, als diejenigen erscheinen, die „ganz vieles irgendwie durcheinander" bringen. Sie ärgert sich nicht nur über die Frauen, sondern auch über sich selbst, denn sie läßt sich von den Ereignissen überrollen. Der Frauenhausalltag mit seinen tausend eiligen Erfordernissen erweist sich als stärker als ihre Planungsversuche. Auch die Strukturierungsbemühungen des Teams tragen keine bleibenden Früchte, denn die zur Arbeitsaufteilung vorgesehene zweite Mitarbeiterin ist häufig faktisch nicht vorhanden. Die Anstrengungen, Klarheit herzustellen, verhindern nicht das Gefühl, sich immer wieder zu „verzetteln": Die „ganz klare Verwaltungsfrau" schafft zwar Entlastung, aber Linde muß dennoch ihren Teil „nebenher" machen. Ebenso wenig reißt die „klare Aufteilung" der Zuständigkeit für Handwerker das Ruder spürbar herum; auch daß es „was Klares" ist, daß sie sich keine Mittagspause gönnt, hilft nicht weiter, denn die einzige ruhige Zeit für die ihr verbleibenden Verwaltungsaufgaben wird durch verlängerte Teamsitzungen geschmälert. Allen Planungen zum Trotz haben sich die Arbeitsstrukturen letztlich mehr „eingeschliffen", als daß sie gewollt waren. Das Unplanbare bleibt im Vordergrund und verleiht der Arbeit Sisyphuscharakter und das Gefühl, in quasi hausfraulichen, nimmer endenden Tätigkeiten gefangen zu sein. Jede Arbeit nimmt den Charakter einer Zwischendrin-Tätigkeit an, die Verwaltung ebenso wie die Arbeit mit den Frauen. Damit ist keine Arbeit eine „richtige" Arbeit und obendrein gibt es keine richtigen Pausen. So kann die Phantasie bewahrt werden, daß wie bei mütterlichem Tun alles gleichzeitig machbar und gleichermaßen wichtig ist, aber der Preis ist berufliche Unzufriedenheit und Schuldgefühle gegenüber den Frauen.

Ira, ebenfalls Mitarbeiterin eines Frauenhauses, empfindet die Unplanbarkeit der Arbeit auch als große Belastung, entgeht dem Gefühl von Ohnmacht und Ausgeliefertsein aber dadurch, daß sie die Schilderung ihrer Situation um Aufgaben zentriert, wo sie die Bestimmende und Handelnde ist. Hierin ist sicher nicht nur eine subjektive Differenz zu Linde zu sehen, sondern unterschiedliche Absprachemöglichkeiten im Team und ein anderes Selbstverständnis des Projektes dürften ebenfalls eine Rolle spielen.

Ira: Den Tagesablauf genau zu schildern, fällt mir schwer, weil es viele Tage gibt, wo wir situationsbedingt arbeiten, wo unvorhergesehene Sachen kommen, auf die wir reagieren müssen. Ich bin für den Hausbereich zuständig [...]. Mein Aufgabengebiet besteht darin, daß ich neue Frauen aufnehme. Wenn telefonisch Anfragen kommen [...], daß ich telefonisch, soweit möglich, abkläre, ob wir die Frau aufnehmen können [...]. Wenn die Frau während der Bürozeit kommt, nehme ich sie auf. Ich mache mit ihr ein Aufnahmegespräch, wo ich die Personalien festhalte, dann kurz ihre finanzielle Situation abkläre; das ist wichtig, weil die meisten Frauen zum Sozialamt müssen. Und dann so grob nachfrage, was sie sich vorstellt, was sie für Perspektiven hat. [...] Nach dem Aufnahmegespräch zeige ich ihr das Zimmer, sofern sie ein Zimmer für sich hat oder das mit einer Frau teilen muß, und gebe ihr die Hausordnung. Wenn ich noch nicht genug Frauen habe (jede Kollegin ist für mehrere Frauen zuständig), biete ich ihr regelmäßige Einzelgespräche an, wenn sie das möchte. [...] Das ist die organisatorische Sache: Sozialamt, Rechtsanwältin, ggf. Ausländeramt. Zur inhaltlichen Arbeit ist zu sagen, daß wir Einzelgespräche anbieten, bei bestimmten Frauen diese Einzelgespräche zur Verpflichtung machen, wobei es uns bewußt ist, daß das schlecht funktioniert, wenn es quasi zwangsverordnete Beratungsgespräche sind. [...] Dann entscheidet ein bißchen das erste Gespräch darüber, ob die Frau freiwillig bereit ist weiterzumachen oder sagt, es bringt mir nichts und sie möchte es nicht. Dann kann man noch ein, zwei Termine anbieten, aber mehr ist nicht zu machen, weil Zwangsberatung auf Dauer nicht funktioniert. Dann wird sich in einer Teamsitzung rausstellen, ob die Frau hier am richtigen Platz ist. Das heißt, das, was ich mit der Frau in der Einzelarbeit mache, fließt ins Team zurück. (S. 1-3)

Während Linde mit großer Offenheit berichtet, worunter sie leidet (Interviewerin und Mitarbeiterin kannten sich), stellt Ira die organisierte Seite ihrer Tätigkeit in den Vordergrund, wodurch das „Unvorhergesehene" in Schach gehalten wird. Nur im ersten Satz stellt sie sich als Reagierende vor, dann kehrt sich diese Selbstdarstellung um, indem die Dominanz des Reagierens durch Situationen des Handelns ersetzt wird, deren Seltenheit nicht in den Bericht eingeht. Linde hat den Alltag im Haus vor Augen, Ira legt den Schwerpunkt auf eine spezielle, allerdings nicht oft vorkommende Aufgabe. Das gestattet ihr, sich viel stärker als Handelnde und Bedingungen-Setzende zu erleben, nicht als eine, die überrollt wird. Zwar muß auch sie „situationsbedingt" arbeiten, aber sie greift Aktivitäten heraus – die Aufnahme neuer Frauen und erste Abklärungen – in denen sie die Entscheidungen fällt. Zumal sie ein Beispiel beschreibt, wo eine Frau „während der Bürozeit" kommt und nicht eines wie Linde, die morgens eine neue Frau im Haus vorfindet. Meldet sich eine neue Frau, „klärt" Ira ab, ob diese „aufgenommen" wird. Hat sie das positiv entschieden, führt sie die Frau ins Haus ein, gibt ihr erste Hilfestellungen und nennt die Pflichten, über die sich das Team einig ist. Eine weitere Situation, in der das Team die Kontrolle behält, ist ihr präsent, nämlich die Bedingungen des Verbleibs der Frau. Iras

Auswahl von Ereignissen erlaubt ihr das Gefühl, in wichtigen Fragen das Heft in der Hand zu halten, was zufriedener und Ungeplantes erträglicher macht.

Unter dieser Darstellungsebene wird jedoch noch eine tiefere Ebene der Arbeitsprobleme sichtbar. Iras doppeldeutige Formulierung, daß sie bei der neu ankommenden Frau „so grob nachfrag(t)", läßt die Überlegung zu, ob und weshalb sie sich bzw. das Aufnahmeverfahren als „grob" empfindet. Der erste Akt, den sie aufführt, ist bürokratischer Natur, für den sie entsprechende Floskeln nutzt: Personalien werden festgehalten, die finanzielle Situation abgeklärt. Als nächstes gibt sie der Frau die Hausordnung. Es hat etwas Grobes, wenn die verunsicherte Frau eher Verwaltungsakten unterzogen als willkommen geheißen wird. Dadurch soll vielleicht das Peinliche und Beunruhigende einer neuen Begegnung zurückgedrängt werden. Während die emotionale Öffnung zu Beginn einer professionellen Beziehung, um notwendige Hilfe herauszuhören, verunsichert, schaffen Rituale bürokratischer Natur Sicherheit. Da sie jedoch als grob empfunden werden, erschweren sie eine offene, herzliche Atmosphäre. Vielleicht fehlt Ira für die Darstellung der emotionalen Seite ihrer Arbeit lediglich die Sprache. Doch als sie die inhaltliche Seite ihrer Tätigkeit anspricht, berichtet sie von der nächsten Grobheit, nämlich „Zwangsberatung", einer auch für sie unangenehmen Tätigkeit, die die Frage offenläßt, wer im Erstgespräch versagt hat, wenn die Frau kein zweites will. Zudem muß sie sich vom Team fragen lassen, ob sie die „richtige" Frau aufgenommen hat oder eine, die wieder gehen muß.

Bei genauerem Blick stellt sich heraus, daß Ira ebenso wie Linde von der belastenden Seite ihrer Arbeit berichtet. Als am wenigsten planbares und am stärksten verunsicherndes Moment der Frauenhaustätigkeit erweist sich der Aufbau zufriedenstellender Beziehungen, sowohl zu den Frauen und Kindern als auch zu den Kolleginnen, solange die Rahmenbedingungen nur unzureichend abgesteckt sind. In Iras Projekt wird offenbar versucht, der daraus erwachsenden Irritation durch bürokratische Akte und rigorose Entscheidungen zu entgehen. Hingegen bleibt in Lindes Projekt ein Maß an Orientierungslosigkeit gegenüber der Aufgabe spürbar, sicher nicht zuletzt aufgrund eines geringeren Organisationsgrades. Der Beginn von Beziehungen im professionellen Raum ist jedoch immer verbunden mit einer Phase des Ausbalancierens von Wünschen, Ängsten und Erfordernissen, Kontaktmöglichkeiten und -grenzen und enthält ein verunsicherndes Element, das nicht wegrationalisiert, sondern zur Reflexion genutzt werden sollte. Zwei zentrale Wünsche an berufliche Tätigkeit werden bei Linde und Ira sichtbar: Die Handlungskompetenz in der Hand zu behalten und Rückhalt im Team zu finden durch verläßliche Absprachen und gemeinsame Abklärungen.

Andere Frauenhausmitarbeiterinnen wie Ilona überwinden das Problem der Unplanbarkeit des Arbeitstages, indem sie sich eine ganze Woche vor

Augen führen, in der die Arbeitsstrukturen, mit ihrem Wechsel von Vorhersehbarem und Unvorhersehbarem greifbarer werden.

Ilona: Ich arbeite montags den ganzen Tag und bin vormittags auf jeden Fall im Frauenhaus. Da haben wir offene Bürozeit für die Frauen. Sie können nach dem Wochenende kommen, sagen, was los war, was sie brauchen. Daß sie erst mal, nachdem sie das Wochenende allein waren, in Kontakt mit uns treten können. [...] Dann bin ich im Büro, mache zum Teil auch Gespräche aus mit Frauen, die ich betreue, es ist immer klar, dann bin ich da. Vor, nach und während der offenen Bürozeiten mache ich allgemeine Bürotätigkeiten, Telefonate, was halt gemacht werden muß [...]. Oder ich gucke erst mal, was gewesen ist, weil ich donnerstags den letzten Tag arbeite, kann sein, daß neue Frauen da sind, gucke, was sich mit dem Belegungsplan verändert hat. Ich brauche die ersten paar Stunden, um wieder reinzukommen. Parallel läuft das mit den Frauen, daß die kommen können. Das heißt auch mal, daß du im Haus unterwegs bist, weil eine Frau kommt. Am Montagnachmittag mache ich entweder Gespräche mit den Frauen, daß ich da ein bißchen Zeit habe, dann Sachen wie Einkäufe oder Öffentlichkeitsarbeit oder Finanzen. [...] Dienstagsvormittags mache ich eine Fortbildung. Am Mittwoch komme ich morgens früh. Da haben wir meistens den Nachmittag für Team, Supervision und solche Sachen. Abends sind hin und wieder Hausversammlungen. [...] Der Vormittag ist zur relativ freien Gestaltung. Das heißt, mit den Frauen Gespräche führen, Büroorganisation und was damit zusammenhängt. [...] Donnerstags bin ich nachmittags in der Beratungsstelle. [...] Donnerstagvormittag bin ich in der Regel im Haus oder manchmal auf Treffen. Das ist so das Regelmäßige. (S. 1-4)

Ilona führt sich „das Regelmäßige" der Wochenverläufe vor Augen. Auch das Unvorhersehbare wird in den Wochenplan einbezogen als „offene Bürozeit für die Frauen". Während Mitarbeiterinnen in anderen Häusern zu den Frauen in die Küche gehen, können hier die Frauen „kommen". Damit steht die Frage im Raum, wer kommt zu wem und was bedeutet das für die Projektstruktur? Stichworte könnten sein: Fürsorge und Kontrolle versus Bereitstellen von Kommunikationsmöglichkeiten. Daß es jedoch auch in Ilonas Arbeitsalltag nicht einfach ist, befriedigende Verhältnisse zu den Frauen herzustellen, zeigen ihre mehrfachen Wiederholungen – die fast wie Beteuerungen klingen –, daß „wir auch ansprechbar sind", daß „auf jeden Fall" eine Mitarbeiterin da ist. Vielleicht resultiert diese Sorge daher, daß nach dem Wochenplan nicht viel Zeit bleibt „zur relativ freien Gestaltung", worunter die Gespräche mit den Frauen subsumiert werden. Aber in dieser Zeit stören die Frauen auch nicht, sondern „laufen parallel" und „können kommen". Ilona bezieht – anders als Linde und Ira – das Unplanbare in ihre Arbeit ein, indem die Woche mit einer offenen Bürozeit für die Frauen beginnt, dennoch scheinen auch ihr die knapp bemessenen Kontaktmöglichkeiten Schuldgefühle zu bereiten. In Ilonas Projekt ist das Unplanbare überschaubarer als in den beiden anderen Projekten, hat aber die Unsicherheit nicht ausräumen können, ob das Beziehungsangebot, um mit Winnicott zu sprechen, „good enough" ist. Der Stachel des Unplanbaren und die damit einhergehende Überwältigung durch das Unvorhersehbare machen vielleicht aber auch einen Teil des Aufregenden dieser Arbeit aus.[32]

## Das Problem von Nähe und Distanz

Je belastender das Projektthema und je stärker individuelle Beratung und Hilfeleistung im Vordergrund stehen, desto häufiger bestimmt die hohe psychische Belastung durch Teilhabe am Schicksal der Betroffenen den Arbeitstag und führt zu der Frage, wie diese niederdrückenden Berichte über Gewalterfahrungen oder schwierige Lebenssituationen zu ertragen sind. Die Mitarbeiterinnen der Beratungsprojekte haben verschiedene Formen gefunden, mit diesem Problem umzugehen: Die einen, indem sie sich bemühen, es so gut wie möglich auszuhalten, die anderen, indem sie neben oder statt Beratung auf andere Tätigkeiten ausweichen (wie Projektorganisation und Bildungs- und Öffentlichkeitsarbeit).

Mitarbeiterinnen, die überwiegend Beratungen anbieten[33], erhalten schnell das Gefühl, daß ein 24-Stunden-Einsatz nötig sei, um dem eigenen Anspruch auf Hilfeleistung gerecht zu werden. Daraus ergibt sich die Gefahr ständiger Überlastung, die durch die Fähigkeit, individuell und als Team Grenzen zu setzen, gemeistert werden muß. Dieses Dilemma spielt sowohl für Mitarbeiterinnen aus dem engeren Bereich Gewalt gegen Frauen und Mädchen eine Rolle, als auch für Mitarbeiterinnen, die mit diskriminierten Gruppen von Frauen und Mädchen arbeiten. Das soll an je einem Projekt aus den beiden Bereichen verdeutlicht werden.

Gitte: Der normale Ablauf ist so: vor einem Termin komme ich im Schnitt eine halbe Stunde vorher ins Büro. Erst mal Anrufbeantworter abhören, ob Nachrichten drauf sind. Dann die Notizen vom letzten Gespräch angucken und mich auf das Gespräch vorbereiten. Ein Gespräch dauert circa eine Stunde. Nachbereitung des Gesprächs, das heißt, daß ich mir ganz ausführlich aufschreibe, was alles gewesen ist und vergleiche, was sich verändert hat zu dem Mal davor. In der Regel habe ich, wenn ich viele Beratungsgespräche habe, eine halbe Stunde Abstand zwischen den Terminen, das heißt etwa eine Viertelstunde Vor- und eine Viertelstunde Nachbereitung, wobei das meistens sehr eng kalkuliert ist. Ansonsten kommen natürlich noch so Sachen dazu wie telefonieren [...]. Telefonieren nimmt einen großen Raum ein. Ich würde sagen, pro Fall, gerade im Anfangsstadium, eine Stunde mindestens. (S. 1-2)

---

32  Für die Mehrheit der Mitarbeiterinnen stellt die Landesarbeitsgemeinschaft der autonomen Frauenhäuser (LAG) einen Meilenstein auf dem Wege zur Bewältigung schwieriger Fragen dar. Sie ist spontan genannter Teil des beruflichen Selbstverständnisses und wesentlich für die derzeitigen Strukturierungsbemühungen. Es ist der LAG gelungen, eine berufspolitisch wichtige und das berufliche Selbstverständnis stabilisierende Rolle zu übernehmen.

33  Das sind etwa die Hälfte der befragten Beratungsmitarbeiterinnen.

Es ist Gitte wichtig aufzuzeigen, wie gründlich sie in ihren Beratungen ist, indem sie diese gut vor- und nachbereitet. Dies verstärkt vielleicht die Hoffnung, daß sich nach jedem Gespräch „was verändert hat", d.h., daß es zumindest nicht an ihrer Arbeit liegt, wenn sich Verbesserungen nur zögerlich oder gar nicht einstellen. Ein verständlicher Wunsch angesichts der schweren Notlagen. Gleichzeitig bringt ihre Gründlichkeit sie in Bedrängnis, denn sie muß „meistens sehr eng kalkulieren", vermutlich, weil es so viele Frauen und Mädchen sind, die sich in einer unerträglichen Situation befinden, und sie für alle da sein möchte. Auch im Interview wirkt der Zeitdruck, unter dem sie in ihrer Arbeit steht nach, denn sie glaubt, alles schnell zusammenfassen zu müssen. Erst nach dem Hinweis, daß Zeit sei, schafft sie sich Raum für ihre Anliegen.

Gitte: Das ist noch ein wichtiger Punkt, sich untereinander Entlastung schaffen und von unseren Fällen erzählen. Wenn man aus einem Gespräch rauskommt ist man vielleicht ziemlich aufgewühlt oder aufgeregt, weil es zu viel war. Das ist so ein Punkt, den ich sehr wichtig finde, der aber oft in der Hektik zu kurz kommt. Ein Austausch einfach. Allein dadurch, daß man es jemand erzählen kann, ist es schon ein Stückweit weg. Das habe ich neulich wieder gemerkt, als ich nach Hause bin, und es war niemand mehr da, daß mich das abends im Bett ständig weiterbeschäftigt hat. Das ist was anderes, wenn du dir Ratschläge holen kannst: Was kann man anders machen? Das empfinde ich als sehr entlastend. Dafür ist natürlich umgekehrt wichtig, daß es mit den Kolleginnen ganz gut klappt. (S. 2)

Die gegenseitige Entlastung im Team kommt „in der Hektik oft zu kurz" und wenn sie nicht mehr Zeit eingeräumt bekommen hätte, wäre das Thema auch im Interview untergegangen. Vielleicht hätte sie sich dann an diese schwierige Frage des Verhältnisses zu den Kolleginnen nicht erinnert, sie wäre „ein Stückweit weg" geblieben. Andererseits läßt sie sich zum Weiterdenken animieren. Wie belastend die Gespräche für sie sind, wird in ihrer Wortwahl deutlich: Sie wechselt zum unpersönlichen „man", kommt kurz zurück zum „ich", springt dann über zum „du", als es um den Wunsch nach Mitteilung und Ratschlägen geht und schwenkt wieder zu „man", als sie das Noch-besser-Machen thematisiert, wo sie anfangs doch geschildert hat, wieviel Mühe sie sich gibt. Beim kollegialen Gespräch ist sie wieder bei „ich" und endet mit der unabdingbaren Voraussetzung dafür, daß „es" zumindest „ganz gut" mit den Kolleginnen „klappt". Auch der Gebrauch des in der Sozialarbeit häufig genutzten Begriffs „Fall" weist auf die Notwendigkeit hin, sich das Leid der Frauen und Mädchen etwas vom Leib zu halten, um die Arbeit durchzustehen.

Auch Lea ringt mit der verfügbaren Zeit und den an sie gestellten Anforderungen, zu denen sie nur mühevoll ein wenig Abstand gewinnt.

Lea: Der Tagesablauf unterscheidet sich, ob ich allein arbeite oder mit Gudrun. Gudrun kommt meistens gegen Mittag und da plane ich den Tag so, daß ich vorher alle Sachen quasi schon gemacht habe, so vorbereitende Arbeiten, daß wenn Gudrun kommt, wir den Arbeitsplan besprechen für den Tag, die paar Stunden bis drei was arbeiten und ab drei arbeitet eine vorne am Telefon und die andere eher für sich. Es ist so vorgesehen, so haben wir es eigentlich gewünscht, was aber sehr oft durchbrochen wird durch Telefonberatung zu jeder Tageszeit. Wir schaffen es ganz selten, den Anrufbeantworter anzustellen. Wir arbeiten mit so einer Haltung, daß wir sehr oft denken, wir müßten ans Telefon, es könnte eine Frau sein, die will eine Beratung haben, die sie dringend braucht. Diese Beschränkung, daß auch die Frauen nur zwischen drei und sechs anrufen können, die legen wir uns und den Frauen immer noch nicht auf, obwohl wir es von unserem Arbeitsstreß her machen sollten. Wenn ich allein arbeite, habe ich mehr Ruhe. Ich kann mir den Tag besser einteilen. [...] Was ich explizit außerhalb der Arbeitszeiten mit Gudrun mache, ist Buchführung, wo ich Ruhe brauche und nicht mal da schaffe ich es, den Anrufbeantworter anzustellen. Daß mir das schon in Fleisch und Blut übergegangen ist, bei wichtigen Dingen das Ding anzustellen, ist einfach noch nicht da. Da gehst du während der Buchung ans Telefon. Das mache ich jetzt seit zwei Monaten, wo ich das letzte Mal schon gedacht habe, spinnst du denn? Du verlierst völlig den Faden! (S. 1-2)

Leas Anliegen ist offenbar, es allen recht zu machen und immer alle Steine aus dem Weg zu räumen. Wenn die Kollegin kommt, sollen „alle Sachen" schon fertig sein. Erst dann sagt sie, daß sie vorbereitende Arbeiten meint, damit Zeit für Teamabsprachen ist. Es klingt aber, als wollte sie quasi den Tisch fertig decken, damit die andere sich nur daranzusetzen braucht. Dazu paßt, daß ihr gemeinsam aufgestellter Arbeitsplan „sehr oft immer durchbrochen" wird und zwar „zu jeder Tageszeit". Obwohl sie Beratungszeiten haben, wollen sie immer ansprechbar sein, falls sie von einer Frau „dringend gebraucht" werden. Den Frauen zeitliche „Beschränkungen" aufzuerlegen, „schaffen" sie kaum. Weil sie sich dann selbst „beschränkt" fühlen würden – im Sinne von beschränkt zuständig und nur beschränkt hilfefähig? Wie Gitte leidet sie darunter, nicht genügend helfen zu können. Die Assoziation der guten Mutter und ihrer unbegrenzten Fürsorge liegt nahe und ist verständlich, denn die Erfahrung, sich in Notlagen alleingelassen zu fühlen, kennen die meisten Frauen nur zu gut am eigenen Leibe. Wenn so viele grenzenlose Leistungen gegenüber den Adressatinnen und der Kollegin erbracht werden müssen, ist es am angenehmsten, „allein zu arbeiten", da herrscht „mehr Ruhe": Wenn die Kinder aus dem Haus sind, kommt die Mutter endlich zu ihrer Arbeit. Angesichts der selbstauferlegten Überforderung werden die anderen, ob Kollegin oder Ratsuchende, schnell zu Störenfrieden. Um ihre Schuldgefühle gegenüber ihren Begrenzungswünschen zu beschwichtigen, müßte ihr der Akt, den Anrufbeantworter anzustellen, „in Fleisch und Blut" übergegangen sein, sonst wäre der Impuls, es nicht zu tun, doch wieder stärker. Die Angst, „den Faden völlig zu verlieren", hat möglicherweise nicht bloß mit den Unterbrechungen zu tun, sondern mit viel allgemeineren Fragen nach dem Arbeitsauftrag und der Arbeitsaufteilung im Team.

Für Mitarbeiterinnen anderer Beratungsprojekte stehen mittlerweile organisatorische Aufgaben oder inhaltliche Aspekte öffentlichkeitswirksamer

Arbeit im Vordergrund. Ziel dieser Umorientierung ist die Reduzierung der psychisch belastenden Arbeit mit den Frauen und Mädchen. Dazu ein Beispiel mit einer organisatorischen Schwerpunktsetzung.

Für Anita steht die Projektorganisation im Vordergrund, wodurch neue Probleme sichtbar werden, wie z.b. die Zufriedenheit mit dieser Aufgabe und die Legitimation der eigenen Tätigkeit:

Anita: Bei uns fängt ein Tag normalerweise um 10.00 Uhr morgens an, weil wir abends auch Termine haben, so daß wir nicht normale Bürozeiten haben wie andere Einrichtungen. Deswegen ist mein erster Gang zum Anrufbeantworter. [...] Ich notiere mir die Anfragen und beginne zurückzurufen, wenn was zu klären ist. Der zweite Gang ist zum Briefkasten. Dann wird die Post angeguckt und schon mal darüber gesprochen. Wir sind zu zweit morgens und da geht das Gespräch gleich von Anfang an los über das, was auf dem Anrufbeantworter oder in der Post ist. Was zu dem Morgenritual noch gehört, ist ein Blick in die Zeitung [...], auf Artikel, die mit unserer Arbeit zu tun haben. [...] Dann gibt es, bevor es richtig losgeht, schon die erste Kaffeepause, wo wir den Tag besprechen. Dann geht es los mit Telefonaten, die zuerst erledigt sein müssen, weil die meisten in die Mittagspause gehen, wenn wir in die Gänge kommen [...] Es gibt Tage mit relativ viel Außenterminen und Gremien. Die Tage im Büro können auch sehr verschieden sein. Es gibt einen Tag, wo ich ab 14.00 Uhr einen Beratungstermin veranlasse, wo ich das Beratungsgespräch führe. [...] Und gegen Nachmittag an diesen Kerntagen Dienstag, Mittwoch, Donnerstag sind meistens irgendwelche Gruppen. Wir selber machen nur noch wenig Kursarbeit direkt, sondern arbeiten mit Honorarfrauen. Die Teilnehmerinnen kommen sehr pünktlich oder überpünktlich. Dauernd klingelt es, du mußt aufmachen, hallo sagen. Dann kommt vielleicht die Referentin früher und will was kopieren, das ist ein bißchen Unruhe und nicht Gelegenheit, sich an irgendeine Arbeit zu setzen. Wenn alle da sind, werden die entlassen in die Hände der Honorarfrau und dann läuft der Kurs in der Regel ohne unser Zutun, ohne daß wir dabei sind. (S. 1-3)

Für Anita gibt es zwei Stufen des Arbeitsbeginns, was ihr begründungsbedürftig erscheint: „Das Morgenritual" einschließlich Kaffeepause, dann geht es „richtig los". Etwas ungeklärt klingt, welche Aufgaben den Mitarbeiterinnen nach Abgabe der Kursangebote an Honorarfrauen bleiben: Organisation und „die Veranlassung" von Beratungsgesprächen? Anita korrigiert zwar, daß sie die Beratungsgespräche auch „führt", aber die vorbereitenden Tätigkeiten nehmen so viel Raum ein, daß sie gefühlsmäßig im Zentrum stehen. Hier spiegelt sich ein Problem vieler Projekte wider: Was bleibt Mitarbeiterinnen von den ursprünglichen Zielen angesichts der Mühsal der Projektsicherung, aber auch angesichts des Wunsches, die belastende Arbeit mit den Adressatinnen zu reduzieren? Immer wieder schimmert bei Anita durch, daß sie sich davon überzeugen muß, daß es richtige Arbeit ist, die sie leisten. Sie fangen spät an, lesen Zeitung, gönnen sich eine „Kaffeepause", obwohl sie noch nicht richtig angefangen haben zu arbeiten, aber vielleicht ist es auch mehr eine Teambesprechung. Nach der Beratung fallen ihr die Arbeitsgruppen ein, die in die Hände der Honorarfrau „entlassen" werden. Würde sie die Gruppen gern wieder einfangen, damit sie nicht länger „ohne ihr Zutun" und „ohne ihr Beisein" stattfinden? Vielleicht möchte sie die weitgehende Abgabe der Beratungs- und Bildungsaufgaben wieder rückgängig machen?

Mitarbeiterinnen anderer Beratungsprojekte ist es gelungen, sich durch die inhaltliche Arbeit am Projektthema ein neues Fundament für das eigene Selbstverständnis zu verschaffen, auch wenn viele organisatorische Aufgaben damit verbunden sind. Ihr Arbeitsverständnis zentriert sich um Fachkenntnisse und Öffentlichkeitsarbeit, und sie sind froh, die psychisch belastende Beratungstätigkeit mehr oder weniger hinter sich gelassen zu haben, und genießen die Priorität der Inhalte gegenüber Beziehungsfragen.

## Das Problem des Festlegens von Arbeitsbereichen

Da die Mitarbeiterinnen in Bildungsprojekten nicht nur Kurse und Veranstaltungen machen, sondern auch Beratungsarbeit, ergeben sich spezifische Problem – wie die Regulierung des Verhältnisses von Bildung zu Beratung – und neue Möglichkeiten – wie die flexible Handhabung von Prioritäten je nach Erfordernis und nach Fähigkeit. Hierzu drei Beispiele unterschiedlicher Schwerpunktsetzungen.

Für Andrea, Mitarbeiterin eines qualifizierungsorientierten Projektes im engeren Sinne, stehen die Kurse eindeutig im Vordergrund ihrer Tätigkeit. Sie hat aber den damit einhergehenden Grad von Beziehungsarbeit sowie das gewünschte Ausmaß von Beratung für sich noch nicht ganz befriedigend geklärt.

Andrea: Bei mir teilt sich das auf in Tage, an denen der Kurs da ist und in Tage, an denen der Kurs nicht da ist. Ich nehme mal beispielhaft zwei Tage. An den Kurstagen läuft vormittags die Gruppenarbeit. [...] Wir haben den Kurs jetzt beendet, und letzten Montag habe ich mit den Frauen eine Auswertung gemacht und eine Perspektivschau für jede einzelne Frau. Ich habe einen Fragebogen erarbeitet, den die Frauen bekommen haben: Was hat mir der Kurs gebracht bezogen auf Erwerbstätigkeit, persönliche Orientierung, die Erfahrung, in der Frauengruppe zu arbeiten. Was habe ich für neue Lernfelder erschließen können, wie geht es für mich nach dem Kurs weiter und welche Unterstützung wünsche ich mir von den Gruppenleiterinnen? [...]. Danach haben wir eine kleine Statistik erarbeitet [...] und sind zu einer Aussage des Kurses gekommen, die sehr positiv war. Das tut mir natürlich gut. Die Frauen hatten eigentlich Trennungsschwierigkeiten. Ich habe mir dann überlegt, war der Kurs vielleicht doch etwas zu lang? Die Perspektiven sehen beruflich für die Frauen ganz gut aus. Es ist ein großer Unterstützungsbedarf allerdings noch da. Danach habe ich einen Anruf von einer Frau bekommen, die an dem Tag nicht kommen konnte, der es persönlich schlecht ging, mit der ich intensiv eine Stunde am Telefon gesprochen habe. Das ist auch so was Typisches für die Kurstage, daß nach dem Kurs noch mal eine Frau kommt, was besprechen muß, oder ein Anruf. Dann ist es bei mir häufig so, daß ich nachmittags Beratungsgespräche habe. Ich hatte an dem Nachmittag ein Beratungsgespräch mit einer Ausländerin, wo diese ganze Problematik noch mal raus kam. [...] Danach hatte ich noch ein Beratungsgespräch, weil wir wieder Werbung machen für den neuen Kurs. Danach habe ich Ablagetätigkeiten gemacht. [...] Das ist bei den Kurstagen sehr typisch, daß ich viel mit Frauen auf pädagogischer und Beratungsebene zu tun habe. (S. 1-2)

Andrea berichtet zuerst und ausführlich über ihre Gruppenarbeit und freut sich über ihren Erfolg. Die positive Auswertung des Kurses durch die Frauen tut ihr „natürlich auch gut". Doch da die Frauen weitere Bedürfnisse ihr gegenüber äußern, hat sie Zweifel, ob der Kurs nicht zu lang war. Fühlt sie sich von den Wünschen der Frauen bedrängt, wird ihr die Beziehungsebene gegenüber der Berufsorientierung zu wichtig? Zumindest hofft sie, daß ein kürzerer Kurs weniger emotionale Bedürfnisse weckt. Daß gerade für Frauen eine positive Trennungserfahrung von großer Bedeutung sein kann, ist für sie kein Thema. Vielleicht ist ihr diese Art der Beziehungsarbeit als erwerbsarbeitsorientierte Frau zu heikel und die daraus erwachsenden Fragen zu verunsichernd: Wie kann ich und wie können die Frauen besser mit Trennungen umgehen? Oder bewältigt sie so ihre eigenen Trennungsprobleme? Es ist auch für sie sicher nicht einfach, einen Kurs, in dem sie so gelobt wird, zu beenden. Dennoch nimmt Beratung, auch „sehr intensive", in ihrem Alltag einen wichtigen Platz ein. Offen bleibt, ob sie Beratungsgespräche „hat", weil die Frauen das möchten, oder ob sie Beratung als Teil ihres Arbeitsauftrages sieht. Am Schluß erinnnert sie sich an die anfallenden „Ablagetätigkeiten", was sich für sie vielleicht mit der Frage verknüpft, nach wieviel Unterstützung und Beratung sie einen beendeten Kurs „ablegen" darf?

Anders als in Andreas Projekt scheint das Verhältnis von Bildung und Beratung in dem Projekt von Helene (gleichfalls unterrichtsbezogen, aber allgemeiner angelegt) klar geregelt und zudem ihren Bedürfnissen zu entsprechen.

Helene: In der Regel fange ich um halb neun an zu arbeiten. Wenn ich Unterricht habe, beginnt der um neun. In der halben Stunde wollen die (nebenamtlichen, M.B.) Kursleiterinnen oft was von mir wissen [...]. Oft wollen auch Teilnehmerinnen Informationen. Wenn ich selber Unterricht habe, kopiere ich noch was für meinen Unterricht. Wenn nicht, mache ich entweder mit Kursleiterinnen Unterrichtsvorbereitung oder entwerfe Unterrichtsmaterial für meinen eigenen Unterricht oder für andere. Wenn es neue Kurstypen gibt, mache ich eine Konzeption und erarbeite Arbeitsblätter und überlege mir, welche Inhalte relevant sind und wie man methodisch-didaktisch vorgehen kann. [...] Wenn das Telefon klingelt, gehe ich ans Telefon, wenn Anfragen zu den Kursen sind oder jemand was wissen will. Zum Teil ist es so, wir sind keine Beratungsstelle, aber wenn Frauen aus unseren Kursen Beratung suchen, ist es unsere Aufgabe, zur Verfügung zu stehen. Wenn die ein Einzelgespräch suchen, das durchzuführen oder wenn konkret was anfällt, machen wir das auch. Oft müssen wir es so machen, daß wir die Frauen an eine andere Beratungsstelle praktisch weitervermitteln. (S. 1-3)

Auch für Helene steht der „Unterricht" an erster Stelle. Ausführlich berichtet sie über Unterrichtsplanung und -vorbereitung. Später als Andrea kommt sie auf den Beratungsbereich zu sprechen, zu dem sie eine klare Haltung einnimmt. Helene sieht sich als Frau, die gut vorbereiteten und eigenständig geplanten „Unterricht" anbietet, und falls erforderlich berät sie Frauen bis zu einer von ihr bestimmten Grenze. Die geringere Bedeutung, die Helene im Vergleich zu Andrea Beratung zumißt, hat mit dem von Andrea vermuteten Grund zu tun, daß bei längeren und zeitintensiveren Kursen ein größerer Beratungsbedarf entsteht als bei kürzeren Einheiten ohne umfassenden Qualifizierungsanspruch wie in Helenes Projekt.

Das dritte Beispiel repräsentiert den zentrumsartig angelegten Projekttyp, wo neben Kursen, Veranstaltungen und Beratungen der offene Bereich eine Rolle spielt. Für Susanne stehen eindeutig Beratungen im Vordergrund ihrer Tätigkeit. Angesichts der Breite des Projektangebotes hat sie die Möglichkeit, sich in vielfältigen Aktivitäten zu engagieren, wodurch sie aber auch in Organisationsschwierigkeiten gerät.

Susanne: Meine Tage sehen im Moment so aus, daß ich Montag und Dienstag nur Einzelklientinnen habe. Ich mache Beratung, wo ich anschließend eine kurze Nachbereitung mache, bevor die nächste kommt. Das sind Tage, wo ich ungern Verwaltungsarbeiten dazwischen mache, was sich nicht immer vermeiden läßt und wo ich merke, daß das ganz schwierig ist, von einem zum andern zu springen. [...] Ich habe es noch nicht ganz geschafft zu vermeiden, daß ich Montag und Dienstag wirklich diese Einzelberatungstermine habe und Ruhe vor dem anderen. Mittwoch und Donnerstag sind mehr oder weniger Gruppen angesagt. Mittwochs gibt es den offenen Treff mit unregelmäßigen Einzelberatungen. Wenn da jemand ist, dieses oder jenes Problem hat, dann geht man mit ihr ins Büro, ob das konkrete arbeitsbezogene Fragen sind oder andere Sachen. Das wird während des Treffs besprochen. Freitags ist für mich der Verwaltungstag, aber es läßt sich nicht immer einhalten. Es gibt noch Gruppen, die hauptsächlich am Wochenende laufen. (S. 1-2)

Susannes wichtigstes Arbeitsgebiet ist Beratung mit „Einzelklientinnen". Mit diesem Begriff stellt sie sich in die professionelle Tradition psychosozialer Berufe. Die Bedeutung der Gruppenarbeit und damit stärker pädagogischer Aufgaben erscheint durch ihre Ausdrucksweise „mehr oder weniger angesagt" eher marginal.

*Resümee*: Diejenigen Mitarbeiterinnen, die die klarsten Vorstellungen über ihren persönlichen Schwerpunkt und ihre spezifische Kompetenz entwickelt hatten, konnten ihre Arbeit mit dem größten Selbstbewußtsein und dem eindeutigsten Profil präsentieren. Sie haben sich eine Warte geschaffen, von der aus anfallende Projektarbeiten einen Sinn erhalten und zu bewältigen sind. Die Möglichkeit, sich solche Klarheiten zu verschaffen, sind von Absprachemöglichkeiten im Team abhängig und je nach Identifikation mit dem Projekt unterschiedlich einfach bzw. schwierig.

Schwer planbare Arbeitsabläufe, mangelnde Balance zwischen Nähe und Distanz und unklare Abgrenzungen der verschiedenen Arbeitsbereiche scheinen die Entwicklung von tragfähigen Tätigkeitsprofilen am meisten zu behindern. In diesen Fragen gibt es fließende Übergänge zwischen den drei

Bereichen, da die angesprochenen Probleme allgemeinerer Natur sind und das berufliche Selbstverständnis insgesamt berühren: Alle Mitarbeiterinnen werden mit Beziehungsaufgaben konfrontiert und die Sorge, daraus erwachsenden Anforderungen zu genügen ohne von ihnen überwältigt zu werden, zieht sich wie ein roter Faden durch die Darstellungen des Arbeitsalltags. Letztlich lassen sich auch die Strukturierungs- und Abgrenzungsnöte auf Probleme im Umgang mit Beziehungen zurückführen und zwar sowohl auf die Gestaltung der Kontakte zu den Frauen und Mädchen als auch der Kontakte unter den Mitarbeiterinnen. Das zentrale Dilemma der Mitarbeiterinnen scheint darin zu liegen, daß sie zu viel auf Beziehungen „pur" setzen und kein hinreichendes Setting schaffen, in dem sich Beziehungen auf professioneller Basis einerseits entfalten können, ihnen andererseits aber auch klare Grenzen gesetzt werden. Da Frauen eine besondere Beziehungsfähigkeit zugesprochen wird, haben gerade Schwierigkeiten im Beziehungsbereich häufig einen lähmenden Effekt. So lautet der Titel eines der letzten Bücher über Frauenprojekte „Der Widerspenstigen Lähmung?" (Rieger (Hg.) 1993). Jenseits immer weiterer Versuche, anfallende Schwierigkeiten als Beziehungsprobleme zu verstehen und zu lösen, sind andere Herangehensweisen noch wenig positiv besetzt. Verläßliche Strukturen und eindeutige Arbeitsprofile vermögen Beziehungen zu erleichtern, und die eigenen, begrenzten Fähigkeiten der Kontaktaufnahme können als ausreichend gut erlebt werden. Das Hoffen auf ungetrübte Beziehungen kommt hingegen einem „Warten auf Godot" gleich und führt zur ewigen Vertagung wichtiger konzeptioneller Fragen oder – bei Umkippen positiver Erwartungen in Enttäuschungen – zu vorschnellen technizistischen Lösungen.

Das Setzen auf Beziehungen ist inzwischen in vielen Projekten durch das Credo der „professionellen" Distanz ersetzt worden, um dem Überschüssigen der Wünsche aneinander zu entgehen. Doch die Lösungen sind häufig geprägt von vorangegangenen negativen Erfahrungen und haben eher die Funktion, Gefühlen zu entkommen als einen angemessenen Rahmen für Beziehungen zu schaffen. Das zunehmende Bedürfnis nach Strukturierung scheint mehr Ausdruck von Gefühlsbegrenzung und weniger von Kontaktaufnahme zu sein. Die Strukturierungsbemühungen erwachsen dann aus der Angst vor Vereinnahmung und nicht aus der inneren Überzeugung ihrer positiven Wirkung auf professionelle Beziehungen. Sich daraus ergebende Pendelbewegungen vieler Frauenprojekte zwischen „nur Beziehung" und „nur Struktur" bieten die Chance, allmählich zu ausgewogenen Verhältnissen zu kommen.

## 5.2 Zwischen Methoden und Intuition

Professionalität bemißt sich im Gegensatz zu solidarischem Handeln, das auf Spontaneität und politischen Überzeugungen beruht, an definierbaren Vorgehensweisen und begründbaren Handlungsmustern. Da beide Elemente in die Frauenprojekte eingeflossen sind, haben sich auch beide Ansätze in den Arbeitsformen niedergeschlagen und zu je unterschiedlichen Mischungsverhältnissen zwischen Methode und Intuition als Grundlagen beruflichen Handelns geführt.

*Fragen nach verwandten Methoden* in der Arbeit lösen bei einem Teil der Mitarbeiterinnen, insbesondere im Frauenhaus- und Beratungsbereich, Unverständnis oder Rückfragen aus. Den einen ist unklar, auf welche Arbeitszusammenhänge sich eine derartige Frage beziehen könnte, den anderen ist methodisches Arbeiten nur im Zusammenhang mit therapeutischer Zusatzausbildung vorstellbar. Frauen ohne Zusatzausbildung geraten schnell in eine Art Erklärungsnotstand und müssen versuchen, ihre Arbeit als professionelle beispielsweise durch ihre Praxiserfahrungen zu legitimieren.

(F): Ich habe keine Methode. [...] Halt Einzelgespräche. Kolleginnen von mir machen eine Zusatzausbildung in Psychodrama. Hatte ich auch angefangen, habe wieder aufgehört, weil es mir zu stressig war. Ich arbeite nicht nach Methode von Rogers oder sonstwem.

(B): Methode? Kann ich gar nicht sagen, ich habe keine Ausbildung im klassischen Sinne für diese Arbeit. Ich mache diese Arbeit seit Jahren, früher als Honorarfrau neben der Arbeit, dann habe ich mich entschlossen, hier eine Stelle zu machen. Und habe mir diese Beratungen darüber angeeignet, daß ich erst mal das einfach mitgemacht habe mit einer, die schon mehr Erfahrungen hatte. Wahrscheinlich würde man das klientenzentrierte Gesprächsführung nennen.

Trotz anfänglicher Unklarheit berichten auch diese Mitarbeiterinnen später von methodisch orientierten Vorgehensweisen und Reflexionen ihrer Arbeit. Aber offenbar ist es ihnen nicht gelungen, ein ausgewiesenes, professionelles Selbstverständnis gegenüber ihren Arbeitsansätzen zu entwickeln. Lediglich Zusatzausbildungen scheinen methodische Sicherheit zu verschaffen, denn diese Mitarbeiterinnen berichten in der Regel selbstbewußt über ihre methodischen Zugänge.

Marie (Bj): Ich mache ein Erstgespräch, um herauszubekommen, was benennt das Mädchen selber als Problem. Was sehe ich noch dahinter. Um diagnostisch klarzukriegen, was schwingt alles mit. In der Folge geht es darum, einzelne Aspekte dieses Problems mit dem Mädchen gemeinsam zu bearbeiten und Handlungsschritte zu erarbeiten, Teile dieses Konfliktes auch zu lösen über Rollenspiel. Viel läuft über Gespräch, manchmal auch über Körperarbeit und soziometrische Übungen, da fließt ein Stückweit meine Psychodramaausbildung ein. (S. 6)

Bei den Bildungsmitarbeiterinnen kommt angesichts der Methodenfrage weniger Unsicherheit auf, entweder stellen sie selbstsicher ihre didaktischen

Vorgehensweisen in den Kursen dar, oder sie verstehen die Frage im Sinne inhaltlicher Schwerpunktsetzung. Nicht allen ist jedoch präsent, daß ihre Arbeit methodische Anteile hat und welche Bedeutung ihnen zukommt. Die Verunsicherung der Frauenhaus- und Beratungsmitarbeiterinnen in der Methodenfrage zeigt hingegen, daß ihnen die Relevanz methodischen Arbeitens durchaus bewußt ist und insbesondere Beratungsverfahren ein hohes Ansehen genießen, sie selbst sich aber häufig trotz Ausbildung im sozialen oder pädagogischen Bereich keine spezifische Qualifikation zuschreiben.

Mit den *Vor- und Nachteilen verschiedener Methoden* – Einzel- versus Gruppenarbeit – setzen sich insbesondere Mitarbeiterinnen des Frauenhaus- und Beratungsbereiches auseinander. Im Bildungsbereich kommt dieser Frage weniger Bedeutung zu, da Bildungsarbeit im wesentlichen in Gruppen stattfindet, hingegen wird Beratung auch hier fast ausschließlich als Einzelarbeit angeboten. Ein Teil der Frauenhaus- und Beratungsprojekte ist bestrebt, zur gegenseitigen Stärkung der Frauen psychosoziale Probleme, inhaltliche Themen und Freizeitaktivitäten in Gruppen anzugehen, was aber nicht selten zu Frustrationen führt, wenn diese Angebote nur zögerlich oder gar nicht angenommen werden. Daher überwiegt im Frauenhausbereich ganz eindeutig Einzelarbeit, wobei Hausversammlungen nur selten als Gruppenarbeit thematisiert werden. Der Blick der meisten Mitarbeiterinnen ist heute überwiegend auf die einzelne Frau und ihre Kinder gerichtet und die Bewohnerinnen nehmen organisierte Gruppenangebote kaum wahr.

Selma (Fi): Da wir nach dem Bezugspersonensystem arbeiten, ist es mehr Einzelarbeit, Gruppenarbeit nur während der Hausversammlungen. Wir haben versucht, mit den Frauen mehr zu machen, auch Angebote innerhalb einer Grupppe, aber das ist wieder versandet. [...] Daß wir Ausflüge gemacht haben, mal ins Kino gegangen sind oder jemanden von Pro Familia eingeladen haben oder Müttergesprächskreise oder, das hat meine Kollegin gemacht, eine Art autogenes Training. [...] Das hängt im Moment auch mit unserer personellen Situation zusammen, aber nicht nur, es ist auch ein bißchen Frustration, daß wir Sachen angeleiert haben und alle Frauen schreien ja, und wenn es um was Konkretes geht, dann hat die Frau keine Zeit, und die kann nicht usw. (S. 5)

In den Beratungsprojekten spielt Gruppenarbeit eine etwas größere Rolle, weniger im psychosozialen Bereich als für bildungsnahe Angebote, bei denen sich Selbsterfahrung und Information mischen. Zumeist bei Mitarbeiterinnen wenig beliebte Formen der Gruppenarbeit sind offene Angebote (Treffpunkte, Cafés), wo feste Gruppen schwierig sind wegen der Vorliebe der Frauen und Mädchen für Zweiergespräche oder unverbindliche Gruppen. Einigen Projekten gelingt es jedoch, ihren Gruppenansatz auch in beratungsnahen Situationen erfolgreich umzusetzen.

Hilde (Bl): Wir arbeiten stark gruppenpädagogisch, auch wenn es um Beratung geht. Mädchen, die mit einem bestimmten Problem zu uns kommen, versuchen wir nicht lange in einer Einzelberatung zu belassen, wir versuchen sie zu integrieren in bestehende Gruppenangebote oder ein neues Gruppenangebot zu konzipieren. Wir wollen fördern, daß Mädchen sich gegenseitig unterstützen und die Fixierung auf die Pädagogin als einzige, die ansprechbar wäre, auflösen. Nach dem Prinzip, den anderen geht es genauso oder ähnlich, die können auch was dazu sagen und haben sowas schon erlebt, und Vertrauen herstellen zu anderen Mädchen. (S. 5)

Verena (Bm): In der Beratungsarbeit arbeite ich lieber in Gruppen, am wichtigsten ist mir Vermittlung von Wissen zur Selbsthilfe. Das ist einfacher in Gruppen. Ich finde das auch sinnvoller, weil die Frauen sich austauschen können. Mir macht es mehr Spaß, in einer Gruppe von Frauen zu arbeiten, diese Beziehungen untereinander und was sich an Informationen ergibt mitzukriegen. Die Einzelarbeit erlebe ich stärker als aussaugend, daß eine Frau sich zu mir setzt und 'sag' mir mal alles, was du weißt', damit ich schnell irgendwie was lösen kann', wo ich viel reden muß. Eine Gruppensituation ist so, daß ich zwar möglicherweise die gleichen Informationen sage, aber sich mehr Austausch ergibt und ich mehr selber lernen kann und davon profitiere. (S. 4)

In den Bildungsprojekten spielt Gruppenarbeit eindeutig die größte Rolle, dennoch ist Einzelhilfe – wenn auch weniger als originäre Aufgabe – nicht unbedeutend. Es gibt sogar vereinzelt Projekte, wo Einzelhilfe mehr in den Vordergrund rückt, um Frauen in ihren beruflichen Bestrebungen zu unterstützen.

Lotte (Kt): Die Einzelarbeit ist nicht beabsichtigt gewesen, es ist einfach eine Notwendigkeit. Frauen, die in Gruppen waren, wo sich herausgestellt hat, zwei sind zum Beispiel in den Beruf reingegangen, die waren vorher krank, eine war alkoholabhängig, die sind erstmals längere Zeit im Beruf drin und brauchen eine Begleitung. Das mache ich mit Körpertherapie. Das ist eine Unterstützung. Bei anderen Frauen ist es so, daß sie noch keine berufliche Tätigkeit gefunden haben, immer noch am Laborieren sind und da gucken wir in der Einzelberatung, wie könnten sie jemals dazu kommen. (S. 6)


Probleme der Einzelhilfe


*Frauenhausmitarbeiterinnen* leisten Einzelhilfe unter besonderen Bedingungen, zum einen, weil Mitarbeiterinnen und Bewohnerinnen aufgrund der Arbeit im Lebensraum der Frauen in vielfältigen Rollen aufeinander treffen und zum anderen, da aufgrund der sozialen Herkunft der Bewohnerinnen Sprache und Sprechen nicht ohne weiteres als Hilfemöglichkeit angesehen werden. Aus diesen beiden Merkmalen der Frauenhausarbeit erwachsen eine Reihe von Problemen für die Einzelhilfe:

– Einzelhilfe zwischen Hilfe und Kontrolle

Frauenhausmitarbeiterinnen sind gegenüber den Frauen in eine widersprüchliche Doppelrolle eingebunden. Einerseits üben sie regulierende, andererseits beratende Funktionen aus, ein Dilemma, das für viele soziale Arbeitsbereiche gilt, in der Projektarbeit aber die Ausnahme ist.

Anke (Fj): Die Rollendefinition ist sehr schwierig: Auf der einen Seite die Vertrauensvolle, auf der anderen die, die reglementiert, rausschmeißen kann und Grenzen setzt. Das ist oft eine Gratwanderung. (S. 9)

– Einzelhilfe zwischen lebenspraktischen und psychosozialen Aufgaben

Das Verhältnis von zu klärenden Sachfragen und persönlichkeitsbezogenen Interventionen ist häufig ebenso ungeklärt wie deren jeweiliger Stellenwert.

Anke (Fj): Wenn eine Frau kein Gespräch will, mache ich auch keins. Was ich schon regelmäßig mache, ist Organisatorisches abklären. (S. 10)

Anke nimmt eine typische Trennung zwischen „Gespräch" und „Organisatorischem" vor, dem eine gewisse Wertung innewohnt. Gespräch meint, psychosoziale Probleme anzusprechen, denen damit eine größere Bedeutung zukommt als der Pflichtveranstaltung „Organisatorisches abklären". Fraglich ist, ob die Frauen beide Bereiche in der gleichen Weise trennen und hierarchisch gliedern. Sorgfalt gegenüber Alltagsdingen – nicht zuletzt zur psychosozialen Stabilisierung der Frauen und ihrer Kinder – scheint gerade im Frauenhauskontext wesentlich, denn die Bewältigung lebenspraktischer Probleme ist insbesondere in Krisensituationen nie nur organisatorischer Natur, sondern wesentlich für das Gefühl, das eigene Leben wieder in die Hand zu nehmen. Ein aufwühlendes Gespräch über psychische Probleme kann hingegen in solch einer Situation kontraindiziert sein, vor allem wenn es nicht nur entlasten, sondern „weiterführen" soll (vgl. Brückner 1990b).

Die Bedeutung konkreter Dinge und deren unterschiedliche Wertschätzung von Mitarbeiterinnen und Bewohnerinnen wird bei Norma deutlich.

Norma (Fl): Ich versuche, mich den Frauen nicht aufzudrängen, sondern eine Beziehung aufzubauen, die so ist, daß eine Frau profitieren kann von mir und weiß, daß sie mich in Anspruch nehmen kann, wenn sie es braucht. Das funktioniert nicht immer, denn es gibt Frauen, die andere Erfordernisse mit sich bringen. Ich bin in den letzten zwei Wochen häufig in die Küche der Frauen gegangen, denn ich betreue eine Frau, zu der ich überhaupt keine Beziehung aufbauen konnte. Sie ist seit vier Monaten bei uns und für sie war klar, ich bin ihre Sozialarbeiterin, ich bin zuständig. Sie kam mit winzigen Kleinigkeiten zu mir und fragte mich gezielt nach Banalitäten, ob sie sich Teppichbodenreste in ihr Zimmer legen darf oder anderes, und da ich diese Frau überhaupt nicht erreicht habe, außer auf dieser Formalebene, bin ich öfter zu ihr gegangen. Wir bauen langsam eine Beziehung auf und der Frau hat es sehr gut getan, daß ich mich zu ihr an den Küchentisch gesetzt und mit ihr Tee getrunken habe. Also passe ich meinen Arbeitsstil den Bedürfnissen der Frauen an, so weit es möglich ist. (S. 3)

Auch bei Norma klingt das Bedürfnis nach einer explizit psychosozialen Beziehungsdimension an. Die Teppichreste erscheinen demgemäß als Reste, nicht als Beziehungsangebot. Wobei Normas Bedürfnis verständlich ist, nicht nur technische Fragen zu klären. Offen bleibt das Problem, daß die Bewohnerin über Teppichreste eventuell sehr viel mehr klären möchte, als auf den ersten Blick erkennbar (z.b. ihre Verunsicherung), und Normas Angebot, sich selbst als Person anzubieten, ihr vermutlich fremd ist, da es einerseits ein weitgehendes, andererseits ein abstraktes Angebot ist.

– Einzelhilfe und die Suche nach einer gemeinsamen „Sprache"

Da Frauenhausbewohnerinnen Beratung und formale Gesprächssituationen zumeist ungewohnt sind, wenden Mitarbeiterinnen zum Teil viel Erfindungsgeist auf, um Kontakt zu den Frauen zu bekommen, indem sie wie Anke und Bärbel andere Ausdrucksformen einbeziehen.

Anke (Fj): In der letzten Zeit habe ich festgestellt, daß diese Gesprächsebene nie so befriedigend ist. Wo ich überlegt habe, mit Frauen auch mal zu malen, da Sprache nie so ihre Ausdrucksform ist. [...] Denen ein Thema zu setzen, wie sie sich und ihre Kinder sehen, zum Beispiel. Wo sieht sie die Kinder, was für eins steht ihr näher, was für eins nicht. (S.10)

Bärbel (Fn): Ich finde es wichtig, einen aktuellen Bezug herzustellen, weil ich ihr konkrete Angebote machen kann, die vielleicht zum Erfolg führen, sie rausholen aus ihrem Tief. Wenn die Gespräche nur darauf ausgerichtet wären, ihre Vergangenheit zu beleuchten und ich keinen Gegenpart anbiete, kann sie die Tage oder Nächte hier nicht überstehen. In der Situation was Praktisches anzubieten, negativ betrachtet würde man sagen Beschäftigungstherapie, aber ich sehe es nicht so, weil wir die Erfahrungen gemacht haben, daß die Frauen leicht abhängen: keinen eigenen Haushalt, oft das Verantwortungsbewußtsein für das Haus verlieren, weil sie es nicht als ihr eigenes betrachten, lethargisch werden. (S. 8)

Bärbel rechtfertigt ihren praktischen Ansatz und verteidigt ihn gegenüber bloßer Beschäftigungstherapie. Offenbar geht auch sie davon aus, daß der Königsweg zur Klärung von Konfliktlagen Therapie und Selbsterkenntnis wäre. Wie schwierig es um die lebensnahe Seite von Einzelhilfe bestellt ist, wird in der folgenden Passage deutlich, wo Bärbel sich wiederum Kritik ausgesetzt sieht.

Bärbel (Fn): Es gibt Situationen, wo ich [...] das in Ordnung finde, daß ich zum Beispiel eine Frau auf die Beerdigung ihrer Großmutter begleitet habe, weil ich über Einzelgespräche wußte, wie wichtig ihr die Frau war und wie sehr sie darunter gelitten hat. Das würde in einer theoretischen Diskussion über Grenzen nicht unbedingt gebilligt, aber wenn ich sehe, das ist hilfreich für die Frau, bringe ich das ins Gesamtteam und kann ziemlich vehement sein, weil es in der Situation paßt. [...] Das war für mich eine menschliche Geste, die ich auch anderen Frauen im Haus gegenüber gebracht hätte. (S. 17-18)

Begleitung aus Mitmenschlichkeit „vehement" verteidigen zu müssen, zeigt die Verunsicherung vieler Mitarbeiterinnen angesichts von Distanzierungsproblemen. Daraus erwachsene Distanzierungswünsche scheinen vor allem auf lebenspraktische und emotionale Unterstützungen gerichtet zu sein, weniger auf Grenzziehungen gegenüber therapienahen, persönlichkeitsverändernden Ansätzen.

– Einzelhilfe und die Förderung von Selbständigkeit

Eine weitere schwierige Frage ist für die meisten Mitarbeiterinnen das angemessene Verhältnis von Unterstützung durch Beratung/Begleitung und Selbständigkeit.

Dorothee (Fk): Das ist eine Mischung zwischen Beratung aber auch purer Sozialarbeit: was braucht die Frau an Geldern, amtsmäßig, polizeimäßig, rechtsanwaltsmäßig. Was toll ist, wenn sie das hauptsächlich selbst macht und die Zeit mit mir da ist, was Psychosoziales aufzuarbeiten. Ist aber von Frau zu Frau unterschiedlich. [...] Ich versuche diese Selbstverantwortung immer wieder den Frauen zuzuschieben, das ist ein Arbeitsgrundsatz von mir, möglichst viel zurückzugeben und nicht abzunehmen, nicht die Mutter zu spielen. (S. 4)

Für Dorothee steht wie für ganz viele Mitarbeiterinnen „Selbstverantwortung" im Vordergrund. Hilfe in praktischen Dingen ist notwendig, erstrebenswert aber ist „Psychosoziales" gemeinsam zu klären, wo der Kern der Veränderungsmöglichkeiten gesehen wird. Die Annahme, daß die Klärung der Lebensumstände unter Selbstverantwortung fällt, die Bearbeitung psychosozialer Fragen aber professioneller Hilfe bedarf, scheint nicht begründungsbedürftig. Ließe sich diese Aufteilung von Selbstverantwortung und Begleitung nicht auch anders herum vertreten, indem Unterstützung in Fragen alltäglicher Lebensorganisation vorrangige Aufgabe der Mitarbeiterinnen ist und bei Bedarf darüber hinaus psychosoziale Gespräche angeboten werden? Die positive Seite dieses vorrangigen Blicks auf die psychosoziale Dimension liegt darin, daß Mitarbeiterinnen wie Dorothee die Bewohnerinnen eingehend beobachten und auch versteckte Bedürfnisse und Fähigkeiten erkennen.

Dorothee (Fk): Es gibt immer zwei Seiten. Eine Frau, die im Team besonders beliebt ist, weil sie uns alles abnimmt, die von handwerklichen Fähigkeiten über Bürotätigkeiten bis zur Aufnahme alles machen kann, die ist wirklich top-fit. Man muß aufpassen, daß man nicht anfängt zu vergessen, daß sie auch eine andere Seite hat, bei ihr zum Beispiel ist das der dritte Mann, von dem sie mißhandelt wird. [...] Und andere Frauen, die sehr offen sind, (wie eine) die ziemlich problematisch gewirkt hat, weil sie einen Sprachfehler hat und wir das nicht einzuschätzen wußten, was mit der los ist, wo ich aber das Gefühl habe, das ist stimmiger, was die lebt, die ist sehr einfach, aber sagt auch, was los ist und hat einen ganz guten Selbstschutz. Da habe ich das Gefühl, da ist noch nicht so viel kaputt. [...] Die Frauen in der Überzahl haben noch Selbstschutzmechanismen, da gibt es Punkte, wo man ansetzen kann. (S. 25)

Dorothee gelingt es offenbar nicht nur, das jeweilige Maß des Selbstschutzes der Frauen wahrzunehmen, sondern in die eigenen Interventionen einzubeziehen.

Christa hingegen gehört zu der kleinen Zahl von Frauenhausmitarbeiterinnen, die sich nicht scheut, den Schwerpunkt der Zusammenarbeit gegebenenfalls bewußt auf konkrete Begleitung und direktives Vorgehen zu legen und das auch zu vertreten.[34]

Christa (Fm): Wenn ich mit einer Frau Gespräche anfange, versuche ich, daß die von sich erzählt und höre erst mal zu. Dann erarbeite ich mit der Frau, welche Schritte am notwendigsten sind. Meistens ist viel Organisatorisches zu erledigen. Das ist wichtig. Dann biete ich der Frau an, daß sie auch über ihre Gewalterfahrungen reden kann oder das, was ihr am Herzen liegt. Ich gebe mal ein Beispiel von einer Frau, die recht einfach strukturiert ist in ihrem Denken, wo ich sehr direktiv vorgehe, mit der Frau gucke, was ist zu machen und ausmache, daß sie das dann und dann macht und nachfrage, ob sie es gemacht hat, um ihr das Gefühl zu geben, da ist jemand, der ... Es ist ein Stück Kontrolle, weil ich bei solchen Frauen merke, die haben das nie erlebt und alles schleifen lassen, weil niemand sich interessiert hat, für das, was sie machen. Wenn ich solche Frauen habe, dann sage ich, 'ich will wissen, was du gemacht hast und du mußt mir das zurückmelden'. Das kann man als Kontrolle bezeichnen oder als Verbindlichkeit. 'Wenn wir zusammenarbeiten, ist es mir wichtig, daß ich mich darauf verlassen kann, was du machst', und umgekehrt biete ich an, daß sie das auch von mir fordern kann. (S. 4)

Zunächst versucht Christa zu verstehen, welche Probleme die Frau selbst sieht, um dann gemeinsam praktische Schritte zu überlegen, die zwar das Problem der Kontrolle in ihren Augen aufwerfen, aber dazu gedacht sind, die Frau zu stützen.

Ausgangspunkt der Einzelhilfe im Frauenhaus sollte der Übergangs- und Gemeinschaftscharakter des Hauses sein. Im Vordergrund steht die Unterstützung der Frauen und ihrer Kinder, neue Lebensmöglichkeiten zu finden, d.h. die Versorgung sicherzustellen, Wohnraum zu suchen, die ökonomische Situation zu klären und für die Zeit im Haus, gegenseitige Hilfeformen zu fördern und für die Einhaltung der Hausordnung zu sorgen. Dazu gehört auch, die Frauen und Kinder so gut wie möglich in ihrer Krisensituation zu stabilisieren. Oder sind die Erwartungen an Mitarbeiterinnen und Bewohnerinnen höher? Muß oder sollte eine Bewohnerin gleichzeitig Bereitschaft zur Veränderung ihrer Lebensform und ihrer Person mitbringen? Das wäre unter emanzipatorischen Gesichtspunkten sinnvoll, aber wenn es

---

34  Ganz anders geht Christa vor, wenn Frauen in die angeschlossene Beratungsstelle kommen. Dort arbeitet sie non-direktiv, da die Frauen viel stärker ihre Lage reflektieren und es gibt auch keine Forderungen an sie, weil sie nicht im Frauenhaus leben:
„Die Frauen erzählen ihr Anliegen, und wir gucken, was an Lösungsmöglichkeiten ansteht. Oft wollen die Frauen nicht ins Frauenhaus, sondern loswerden, was sie bedrückt. Manchmal geht es um praktische Sachen, Weitervermittlung an Rechtsanwältinnen oder zu überlegen, welche Ämter kommen für ihre Probleme in Frage. Da arbeite ich non-direktiv. Ich gucke, was die Frau will und nehme das an, aber bohre nicht weiter, da gibt es auch keine Forderung. Die Frau kommt freiwillig und bringt das, was sie will. Ich kann ihr am Ende des Gesprächs anbieten, sie kann wiederkommen oder es reicht ihr und dann ist es ein einmaliges Gespräch." (Fm, S. 4)

eine Bedingung oder Erwartung ist, müßte sie offen gehandhabt werden und für alle sichtbar in das Konzept und den methodischen Ansatz einfließen. Bei dieser Frage scheint die seit einiger Zeit provokativ geführte Debatte auf, ob Frauenhäuser so etwas wie ein „Hotel"[35] sind, wo Frauen und ihre Kinder vorübergehend wohnen, oder ob der Anspruch aneinander größer ist. Auch für *Mitarbeiterinnen im Beratungsbereich* wirft Einzelhilfe eine Reihe ungelöster Probleme auf, die sich aus einem Bündel von Erwartungen und Anforderungen ergeben, die auf der für Adressatinnen und Mitarbeiterinnen unübersichtlichen Position der Projekte zwischen Frauensolidarität und professionellem Angebot beruhen:

– Einzelhilfe im ungeklärten Setting

Oft ist es nicht einfach, eine eindeutige Gesprächssituation herzustellen, deren Stellenwert für beide Seiten gleich ist. Gründe für diese Schwierigkeit sehen die Mitarbeiterinnen darin, daß die Frauen und Mädchen häufig ein spontanes Gespräch mehr schätzen als festgelegte Beratungen, aber auch darin, daß sie selbst entweder Gestalt und Ziel zu wenig vor Augen haben oder sich nicht trauen, diese durchzusetzen. Wenn sich die einzelnen Arbeitsbereiche sehr vermischen, schleicht sich hinter dem Rücken der Mitarbeiterinnen schnell ein Muster ein, dessen einmal etablierte „Ordnung" z.B. in der Mädchenarbeit schwer zu durchbrechen ist.

Hilde (Bl): Was schwierig ist, ist dieser Wechsel von pädagogischer Arbeit zu diesem ganzen Papierkram. Nicht unwirsch zu sein und nicht konzentriert zuhören können, sondern sich dazu zwingen zu müssen, weil es in dir weiterrattert mit irgendwelchen Zahlen, weil du gerade an der Kalkulation warst und sitzt auf einmal in einem Beratungsgespräch und mußt umschalten. (S. 13)

Hilde findet sich in einem Beratungsgespräch wieder, das sie weder will, noch ablehnt. Wenn Mitarbeiterinnen nicht auf im Team entwickelte Umgangsweisen mit den Anliegen der Mädchen zurückgreifen können, bleibt es ebenso unbefriedigend, sich passiv erduldend zu verhalten, wie es verunsichernd wäre, individuell Strukturen und Grenzen zu setzen. Für die Mädchen selbst kann ein spontanes Gespräch mit einer Mitarbeiterin eine Chance sein, lang aufgestaute Probleme „nebenbei" zu erwähnen und die Fühler nach Hilfe auszustrecken. Dazu bedarf es jedoch auf seiten der Mitarbeiterin einer Klärung der Umstände, unter denen sie zu dieser Art von Tür-und-Angel-Gespräch bereit ist. Denn es kann auch sein, daß Mädchen sich auf Dauer ermutigt fühlen, ihre Sorgen abzuladen, wenn es brennt, und sich

---

35  Eine der Frauenhausmitarbeiterinnen (Fk) berichtet, daß diese Frage auf Frauenhaustreffen diskutiert wird, um Ansprüche zu klären und Enttäuschungen auszusprechen. Hintergrund dieser Debatte dürfte die umstrittene These sein, daß Frauenhäuser als feministische Projekte gescheitert sind (vgl. Prokop 1994).

damit nicht selbstverantwortlich auseinandersetzen. Die Grenzlinie ist fein und nicht einfach zu ziehen.

– Einzelhilfe und Mischungen von Beratungen und Begleitung

Ebenso wie in Frauenhäusern stellen sich in Beratungsprojekten Fragen nach der richtigen Mischung von Beratung und Begleitung, denn Beratungsformen, in die Elemente von Begleitung einfließen, sind häufig erforderlich. Mischformen der Hilfe (Gespräch und konkrete Unterstützung) entsprechen durchaus dem Problemverständis vieler Mitarbeiterinnen, beides wird ratsuchenden Frauen angeboten. So berichtet Ursel, daß Frauen in Krisensituationen die Wahl bleibt, wieviel Beratung sie in Anspruch nehmen wollen und welche konkreten Begleitungsschritte sie wünschen:

Ursel (Bn): Die Frauen bestimmen, was wir in dem Gespräch bereden wollen. Wir machen ganz klar: Beratungsgespräche, was nicht in Richtung Therapie geht. Es geht darum, mit den Frauen einen Klärungsprozeß zu haben, wie wollen sie das Erlebte bewältigen, an welchen Punkten wollen sie Unterstützung, wo wollen sie es alleine machen, wollen sie überhaupt jetzt bewältigen oder erst mal vergessen und eine praktische Begleitung zu Institutionen usw. (S. 7)

– Einzelhilfe angesichts von Differenzen

Je nach Projektthema besteht ein häufiger oder seltener zu bewältigendes Problem von Einzelhilfe im Umgang mit unterschiedlichen Interessen zwischen Mitarbeiterinnen und Adressatinnen, beispielsweise, wenn das verständliche Bestreben ausländischer Frauen der Verbleib in der BRD um jeden Preis ist. Dafür sind sie bereit, sehr viel auf sich zu nehmen, und hegen entsprechende Unterstützungserwartungen. Dann halten sich geleistete und verweigerte Unterstützungen, angenommene und abgelehnte Angebote möglicherweise die Waage und führen auf beiden Seiten zu entsprechenden Frustrationen.

(By): Ich möchte nicht als Under-cover-Agent für irgendwelche illegalen Stempel arbeiten, auch nicht als Dependance der Ausländerbehörde. Ich möchte ein Gesamtangebot machen und das ist der Punkt, wo sich das, was ich anbieten möchte und das, was mein Klientel haben möchte, unterscheidet. Oft kommt das Klientel, 'kannst du mir bei der Visaverlängerung oder bei der Scheidung helfen'. Wenn ich das getan habe, kommen sie nicht mehr. Ich würde gern längerfristig mit ihnen arbeiten, ihnen andere Möglichkeiten eröffnen, als unsere Beratungsstelle nur als Stelle zu sehen, wo man irgendwelche Stempel oder Formulare ausgefüllt bekommt. (S. 3)

Ein Teil der Frustration beruht darauf, daß nicht sozialpädagogische Kompetenzen abgefragt werden, sondern Erfüllungsdienste, ein nicht seltenes Dilemma, das Gefühle von Benutztwerden aufkommen läßt. Hier stellt sich für Mitarbeiterinnen die Frage, welche Unterstützung sie leisten wollen und welche nicht – in diesem Arbeitsbereich eine besonders sensible Frage:

(By): Wo wir nicht mitarbeiten, ist, wenn eine Frau illegale Anwerbung macht. Wenn wir das mitkriegen, kann es sein, daß wir ihren Interessen entgegengesetzt arbeiten und sagen, wenn du nicht mit deiner illegalen Anwerbung aufhörst, leiten wir rechtliche Schritte ein. Da wird viel Mitarbeit von uns verlangt, daß zum Beispiel eine Frau sagt, meine Schwester möchte gerne hierher, wie kann ich sie holen? Das unterstützen wir nicht und da gibt es manchmal Streit. [...] Wir können uns nicht gegen Schlepperorganisationen oder Heiratsvermittlung aussprechen und andererseits kleine, private Subunternehmen fördern. (S. 13)

Derartige Differenzen führen zu Enttäuschungen, die die Mitarbeiterin dadurch zu bewältigen sucht, daß sie ihre eigene Perspektive von derjenigen der Frauen trennt.

(By): Man wird oft verarscht! Oder mit Unwahrheiten konfrontiert. Es wird viel getratscht zwischen den Frauen. [...] Es verletzt mich auch, wenn ich mir wirklich Mühe mit einer Frau gebe und ich, wie sie weitererzählt, nicht in ihrem Sinne arbeitete. Ihr Sinn wäre, ihr zum Beispiel einen Stempel zu besorgen und in ihren Paß zu verfrachten. Daß ich das nicht machen kann, verstehen die Frauen oft nicht. Ich komme manchmal an einen Punkt, wo ich mir sage, wenn sie mich nicht verstehen, dann ist das nicht mein Problem. (S. 15)

– Einzelhilfe und die Überwindung von Hilflosigkeit

Die Wahrung einer eigenen Perspektive ist noch in einem weiteren Sinne wichtig für Beratungsmitarbeiterinnen, nämlich nicht in Gefühlen der Hilflosigkeit unterzugehen. Beraterinnen können nur Angebote machen; jede Frau muß selbst entscheiden, ob sie neue Wege gehen kann und will oder ob sie dafür noch Zeit braucht.

(Bw): Oft ist es für mich schwierig, mich nicht von dieser Hilflosigkeit einfangen zu lassen. Das ist ein Moment, wo ich dasitze, das merke, an die Frau zurückgebe und mit ihr zusammen überlege, was kann sie machen. Ich muß nicht diejenige sein, die Lösungen findet, wobei mich dieser Gedanke erst mal oft packt. (S.21)


Formen der Gruppenarbeit

Gruppenarbeit spielt in *Frauenhäusern*, abgesehen von der Hausversammlung als Pflichtveranstaltung, eine geringe Rolle. Dennoch gibt es Beispiele, wie Mitarbeiterinnen auf ebenso einfache, wie wirkungsvolle Weise die informellen Gruppenmöglichkeiten nutzen, die Frauenhäuser bieten:

– informelle Gruppenarbeit

Beispielsweise Christa setzt sich zu den Frauen in die Küche und trägt so zweifelsohne zur Entspannung der Atmosphäre im Haus bei, denn es kommen Probleme auf den Tisch – im tatsächlichen und übertragenen Sinne des Wortes –, die sonst unter den Tisch gefallen wären.

Christa (Fm): Wenn nichts Dringendes anliegt im Büro, was erledigt werden muß, setze ich mich in die Küche und rede mit den Frauen einfach so. Da kommen manchmal ganz gute Sachen zustande, wo die Frauen erzählen, wie es im Haus läuft. Für die meisten Frauen ist es nervig, so eng zusammenzuhängen, und was wir auf Hausversammlungen besprechen, wie das Haus organisiert werden kann, funktioniert halt nie. (S. 2)

Auch im *Beratungsbereich* ist es weder immer einfach, Gruppen zu bilden, noch einen allen Problemen gerecht werdenen Ansatz durchzuhalten:

– Probleme der Gruppengründung

So haben sich unangeleitete Gruppen etwa im Bereich Gewalt gegen Frauen als instabil erwiesen, denn „die Frauen brauchen eine Anleitung, auch ein gutes Gefühl, aufgefangen zu werden". (Bn S. 8) Gruppen im offenen Bereich (insbesondere in der Mädchenarbeit) aufzubauen, erweist sich ebenfalls als nicht einfach, denn dieser Bereich entpuppt sich als schwieriges Terrain für die Mädchen und als unbeliebt bei den Mitarbeiterinnen.

Marie (Bj): Der offene Bereich ist schwierig und anstrengend, weil das heißt, tatsächlich offen und flexibel zu sein für das, was kommt. Es kann mal viel, mal weniger sein und dann entsprechend reagieren zu können, trotzdem Grenzen zu setzen, die Mädchen zu fordern, daß sie sich an Regeln und Vereinbarungen halten. Wir sehen alle, daß er wichtig ist, aber keine Frau macht den über einen langen Zeitraum gerne. (S. 19)

Hilde (Bl): Die Idee des offenen Bereichs ist, daß die Mädchen den selbst in die Hand nehmen, nachdem es einige Zeit die Kollegin gemacht hat, daß sie sich den Raum nehmen und ein Stück selbst gestalten. Das macht Angst und ist ungewohnt, deswegen können die meistens nicht viel damit anfangen. Das braucht Zeit. (S. 6)

– Gruppenarbeit zwischen Selbsterfahrung und thematischem Ansatz

Gruppenarbeit wirft die Frage auf, wie die Priorität zwischen thematischer Orientierung und Eingehen auf die Bedürfnisse der Frauen und Mädchen gesetzt wird. Unterschiedliche Muster sind denkbar und kennzeichnen die Verschiedenheit der Projekte, am deutlichsten in der Mädchenarbeit, wo der pädagogische Impetus am stärksten wirkam ist. In Hildes Projekt gibt es zwar vorrangig thematische Gruppenarbeit, aber Unterbrechungen haben Vorrang.

Hilde (Bl): Im Videokurs ist Platz für Gespräche, die erst mal mit dem Vorhaben, einen Videofilm zu drehen, nichts zu tun haben. Wenn ein Vorfall war oder ein Mädchen was erzählt und es ist ihr jetzt wichtig, dann hat das Platz, dann wird nicht zur Tagesordnung übergegangen und gesagt, wir wollen jetzt weitermachen. (S. 7)

Die Frage ist, inwieweit ein Strukturelement aus der Therapie der Pädagogik guttut. Hilde geht davon aus, daß Mädchen Unterbrechungen durch einzelne so „wichtig" sind, daß das Erlernen eines Themas oder einer Technik dahinter zurückzutreten hat und Einfälle oder Probleme nicht auch anschließend debattiert werden könnten. Selbst bei gravierenderen Fragen könnten inhaltliche Erfolge eine Entlastung bedeuten, indem Probleme nicht wie selbstverständlich am meisten Gewicht erhalten und die Entwicklung von Fähigkeiten und Interesssen dahinter zurückstehen müssen. Dieses schwierige Verhältnis von Problembewältigung und Eröffnung neuer Lern- und Tätigkeitsfelder beschäftigt ebenfalls eine andere Mitarbeiterin im Mädchenbereich, denn sie beobachtet die Veränderung der jungen Mädchen und Frauen im Verlauf ihres Aufenthaltes im Projekt mit Sorge. Die regressive Sogwirkung eines auffangenden Mädchenprojektes scheint so groß, daß es auch anfangs aktiv und stark wirkenden Mädchen zeitweise Kraft zu nehmen scheint.

(Bz): Ich erlebe die Mädchen, wenn sie hierher kommen, als stark. Daß sie es schaffen, über ihre Gewalterfahrungen zu reden empfinde ich als Stärke, was manchmal in Abhängigkeit umschlägt. Es ist ein kleiner Rahmen hier und sie werden von vielen Frauen betreut. Wir sind alle immer da für die Mädchen. Für mich gehört zu Strukturen-und-Arbeitsfelder-Abgrenzen, daß sie auch Grenzen gesetzt kriegen. [...] Diese Gewaltproblematik ist immer mehr Thema im ganzen Projekt geworden und die Mädchen hängen auch teilweise durch: 'ich hab' zu nichts Bock, ich geh' nicht mehr in die Schule, ich lieg' den ganzen Tag im Bett'. Dieses Thema (ist beherrschend) und nicht die Stärken der Mädchen, wie wir sie erleben, wenn wir bestimmte Sachen mit denen machen, dann sind sie total fit. Sie haben auch die andere Seite, die hier ein bißchen untergeht, das finde ich manchmal schade. Wir müßten es mehr fördern. (S. 19)

Die Mädchen nutzen die Mitarbeiterinnen, um sich fallen zu lassen und alle Projektbereiche mit ihren Nöten zu überschwemmen. Das Projekt bietet einen Schutzraum vor Bedrohung und Gewalt, animiert aber auch zum „Durchhängen", während Gründungszweck war, jungen Frauen zu innerer und äußerer Selbständigkeit zu verhelfen. In dieses Dilemma geraten jedoch keineswegs nur Frauenprojekte, wenn es nicht gelingt, der institutionellen Sogwirkung durch aktivierende Haltungen und Angebote entgegenzusteuern.

Gruppenarbeit ist nicht nur die zentrale Methode der *Bildungsprojekte*, sondern präsentiert sich in diesem Bereich entsprechend vielfältig:

– Gruppenarbeit und pädagogische Kreativität

Für viele Mitarbeiterinnen stehen die jeweiligen kursdidaktischen Überlegungen und Verfahren im Vordergrund. Beeindruckend ist die Methodenpluralität, mit der die Projekte arbeiten:

• Alltagsbezug im Sprachkurs:

(Kw): Im Unterricht liegt ein Schwerpunkt darauf, in Kleingruppen zu arbeiten. Daß die Medien abwechseln, daß wir nicht nur mit dem Buch arbeiten, sondern mit Kärtchen oder Stadtplänen, Zeitungsartikeln oder Kochrezepten. [...] Daß die Frauen Fotos mitbringen oder wir mit Zeitungsanzeigen arbeiten. (S. 3)

- Berufsfindungsspiel:

(Ku): Das gliedert sich in drei Phasen. Die Kritikphase, in der alles gesammelt wird, was im Moment Probleme bereitet. Das wird in Kritikschwerpunkten gesammelt, die positiv formuliert werden: Ich habe Existenzangst – Lebensfreude. [...] Das muß sorgfältig bearbeitet werden, damit alles frei wird für die Phantasiephase, wo man sich das Leben träumen darf, vergessene Berufswünsche hochholen kann. Dann wird ein Bild gemalt. [...] In der Realisierungsphase versucht man, dieses geträumte Leben in die Wirklichkeit umzusetzen, welche Elemente in Ansätzen zu verwirklichen sind. Dann wird für jede Teilnehmerin wieder auf einem großen Blatt festgehalten, was es für vorstellbare Berufsmöglichkeiten gibt [...], wo man einzelne Schritte festlegt, die in nächster Zeit getan werden müssen. (S. 2)

- themenzentriertes Theater:

(Kx): Ich habe eine Ausbildung in themenzentriertem Theater. Zum Beispiel wenn es um Bewerbungsgespräche geht, mache ich das nicht mehr nach diesem typischen Klischee, 'wer geht jetzt nach vorne und spielt den Chef und wer das', sondern ich mache das mit den Mitteln des szenischen Spiels. [...] Das themenzentrierte Theater ist so aufgebaut, daß eine Gruppe langsam zu einem Thema hingeführt wird, sich stärker einfühlen kann, als wenn ich abrupt sage, dann spielen wir Chef und Bewerberin. (S. 6)

- Weiterbildung mit Praxisbesuchen und integrierter Einzelberatung:

(Ky): Wenn es um ihre eigene Berufsplanung geht, müssen sie rumlaufen, ihre Aufgaben nachmittags realisieren, ihre eigenen Themen entwickeln. Das Know-how lernen sie vormittags im Unterricht. [...] Ein Gesamtplan, der für alle stimmig ist, wird vor der ganzen Gruppe vorgetragen, aber die einzelnen Pläne der beruflichen Entwicklung, die individuell gestaltet werden müssen, machen wir in Einzelberatung. (S. 4-5)

– Gruppenarbeit und pädagogische Problembewältigung

Immer wieder ergeben sich Probleme durch schwierige Anfangsphasen, weil sich die Gruppe erst finden muß und das mögliche Wegbleiben von Frauen finanzielle Konsequenzen hat.

Jelena (Ks): Gerade am Anfang ist es wichtig, ein Gefühl zu entwickeln, wie kann die Gruppe zueinander kommen. Wenn das nicht klappt, haben wir keine Maßnahmen, die Frauen hier zu halten, dann sind die weg. Das wäre existentiell eine Katastrophe für uns, wenn die Hälfte gehen würde, natürlich auch inhaltlich. Das ist die ersten Wochen eine ziemliche Spannungssituation, aber je öfter man das macht, um so mehr Sicherheit bekommt man. (S. 14)

Für den Verlauf der Gruppenarbeit ist von Bedeutung, welche Rollen die Mitarbeiterinnen einnehmen respektive zugeschrieben bekommen und wie sie damit umgehen.

(Ky): Die Kollegin, mit der ich das Projekt aufgebaut habe, war kompetent und war autoritär auch den Frauen gegenüber. Die wurde unglaublich geachtet. Man hatte

Respekt und Angst vor ihr. Wenn es um fachliche Kompetenz ging, sind die Kursfrauen zu ihr gegangen, wenn es um persönliche Probleme ging, sind sie zu mir gekommen. Sie war der Vater, ich die Mutter. Da ich die Berufskonzepte mit entwickle, werde ich mehr und mehr zum Vater. Meine (neue) Kollegin wird mehr die Mutter. [...] Ich habe das in den ersten Kursen viel gemacht und konnte mich schlechter distanzieren. Ich kann das gut ertragen, daß sie nicht zu mir kommen, sondern von mir die fachliche Kompetenz wollen. (S. 21)

– Gruppenarbeit und psychosoziale Faktoren

Auch die Bildungsmitarbeiterinnen werfen einen sehr differenzierten Blick auf die Befindlichkeiten und Eigenheiten der Frauen in ihren Kursen und beziehen diese Wahrnehmungen in die Lernprozesse mit ein.

(Ky): Ich finde spannend, wie unterschiedlich die lernen. Hausfrauen oder Berufstätige oder die, die aus diesem studentischen Milieu kommen. [...] Frauen, die länger zu Hause waren und Kinder großgezogen haben, kennen ihre eigenen Bedürfnisse kaum noch, können kaum Entscheidungen treffen, kennen Verantwortung für andere, aber nicht für sich. Wenn es um die Berufsplanung geht, ist schwierig rauszukriegen, was sie wollen. [...] Was ich ganz toll finde, sie sind unglaublich verantwortlich, was den Kurs anbelangt, haben einen angenehmen Ordnungssinn, können gut kommunizieren. Wogegen die Studentinnen, die einen Abschluß haben, aber keine Berufserfahrung, viel flapsiger mit den Aufgaben umgehen. Die lernen schnell, sind aber großspurig, und es ist schwierig, sie auf den Boden der Realität zu bringen. Dann gibt es noch die, die berufstätig waren. [...] Im Grunde genommen ist es bei denen ähnlich wie den Hausfrauen, nur professioneller. Sie sind wunderbar im Kurs. Aber da ist auch ein Stückchen Phantasielosigkeit. Die eine Frau hat gesagt, sowas wie eine Abstumpfung des Geistes, wenn die immerzu das Gleiche gemacht haben. Man muß sich zwischendurch mit jeder (beschäftigen) und an den Punkten ansetzen, wo die Schwierigkeiten des Lernens liegen. (S. 12-14)

Ebenso gibt es im Bildungsbereich Situationen, wo sich Mitarbeiterinnen über die Gruppen ärgern oder enttäuscht sind beispielsweise über die passivansprüchliche Haltung vieler Frauen.

(Kw): Viele kommen mit einer Anspruchshaltung, daß wir dachten: wir müssen den Hampelmann spielen und ein Programm abspulen, und die sitzen passiv da. Deswegen ist es uns wichtig, Unterrichtsformen zu wählen, wo sie aktiviert werden, den Unterrichtsablauf mitgestalten müssen. (S. 11)

Eine andere Quelle des Ärgers ist Unzuverlässigkeit, wo die Gruppe von der Notwendigkeit gemeinsamer Regeln überzeugt werden muß.

(Kw): Ich sage zu Beginn eines jeden Kurses, daß es mir recht ist, wenn der Unterricht pünktlich beginnt, daß ich das gerne möchte. Und wenn sie krank sind oder verhindert und nicht kommen können, bitte anrufen, um mir das zu sagen. (S. 14)

Auch Acht- und Gedankenlosigkeit wird versucht, durch Überzeugungsarbeit zu überwinden.

(Ku): Die Frauen brauchen Materialien und lassen den Rest stehen. Oder, wenn ich morgens anfange, habe ich Kaffee und Tee gekocht. Dann lassen sie die Tassen stehen. [...] Das ärgert mich, wenn dieses Schauen nach der anderen und für die andere was wegräumen und auch mal an das Ganze zu denken (fehlt). Da äußere ich dann meinen Ärger. (S. 19)

*Resümee:* Das ambivalente Verhältnis der Projektebewegung zu Expertinnentum und formalen Qualifikationen schlägt sich im Spannungsverhältnis zwischen methodischen und intuitiven Ansätzen nieder. Methodische Sicherheit scheint für die Mitarbeiterinnen fast ausschließlich über fachbezogene Zusatzausbildungen erlangbar zu sein, ganz besonders im psychosozialen Bereich. Lediglich in Bildungsprojekten nutzen viele Mitarbeiterinnen ihre breite Grundqualifikation, um didaktische Fragen selbstbewußt anzugehen; aber Beratung wird auch dort weitgehend von Frauen mit Spezialqualifikationen geleistet. Dennoch spielen Kreativität und Phantasie jenseits anerkannter Methoden im Berufsalltag eine wichtige Rolle, insbesondere in den Bereichen, in denen eine vielfältige Palette von Situationen bewältigt werden müssen, wie in Frauenhäusern und offenen Bereichen.

Methoden und deren Gewichtung sind nicht nur für die Entwicklung von Arbeitsprofilen von Bedeutung, sondern für das Selbstverständnis der Mitarbeiterinnen in Frauen- und Mädchenprojekten insgesamt. Der ursprüngliche Selbsthilfegedanke der Projektebewegung knüpfte an die gemeinsame Überwindung von Problemen an, weniger an individuelle Unterstützungsleistungen. Diese Prioritätensetzung übertragen auf berufliche Termini würde heißen, Vorrang der Gruppenarbeit vor Einzelhilfe. In der Praxis ist dieses methodische Primat häufig umgestoßen worden, da die gemeinsame Bewältigung von Schwierigkeiten – im Sinne der Solidarität unter Frauen – bisher nicht in professionalisierte Strukturen eingebunden werden konnte. Die Wertschätzung von Gruppenarbeit ist zwar etwas größer als die Umsetzung glauben läßt, aber wieviel Gewicht auf Gruppen gelegt wird, um dem Gedanken der Selbsthilfe wieder mehr Raum zu geben, ist unklar. Eventuell hat sich eine Art Arbeitsteilung herausgebildet, indem sich unter den Adressatinnen informelle Gruppen bilden, während die professionelle Arbeit außerhalb von Kursen primär individuell geleistet wird.

## 6. Wir sind alle Frauen: Verbindendes und Trennendes

Die Projektebewegung hat die Parole der Zweiten Frauenbewegung „Frauen gemeinsam sind stark" dahingehend spezifiziert, daß Frauen aufgrund gemeinsamer Unterdrückungserfahrungen einander in hohem Maße verbunden sind und sich in einer besonderen Weise unterstützen können und müssen. Zu den allermeisten Projekten haben nur Frauen Zutritt und selbstverständ-

139

lich arbeiten dort nur Frauen. Die geteilte Situation als „Zweites Geschlecht" ist die Basis gegenseitiger Hilfe und intimer Verständnismöglichkeiten. Es stellt sich die Frage, wieviel Verbindendes und wieviel Trennendes die Frauen in den Projekten heute angesichts verberuflichter Beziehungsstrukturen erleben und welche Hoffnungen, Wünsche und Enttäuschungen entstehen.[36]

## 6.1 Einander geben – voneinander lernen

Das Verbindende unter den Frauen – Mitarbeiterinnen und Adressatinnen – liegt vor allem in dem Gespür der Mitarbeiterinnen, was die Adressatinnen brauchen, denn die eigene Erfahrung als Frau und der parteiliche Ansatz der Arbeit schaffen eine einfühlende Basis im Sinne von „Frauen helfen Frauen", dem Vereinsnamen vieler Projekte. In den Augen der Mitarbeiterinnen suchen Frauen und Mädchen in den Projekten quer durch alle Bereiche vor allem ein Gefühl der Sicherheit und Geborgenheit, Gehör und Ansprechpartnerinnen. Diese Bedürfnisse zeigen, wie wenig selbst rudimentäre Ansprüche von Frauen und Mädchen auf Anerkennung in den gesellschaftlichen Institutionen und in den Familien erfüllt werden. Diese Anliegen aufzugreifen, ist nach wie vor unersetzbare Aufgabe der Projekte. Frauen und Mädchen brauchen etwas, das ihnen offenbar nur Frauen bereit sind zu geben bzw. füreinander zu erkämpfen.

Die Frauenhausmitarbeiterinnen betonen, wie wichtig es ist, den zufluchtsuchenden Frauen und Kindern ein Gefühl des Aufgehobenseins zu vermitteln. Zudem brauchen die Frauen einen gewaltfreien Raum, den Austausch mit anderen, sowie Beratung und Betreuung durch die Mitarbeiterinnen. Diese befürchten, insbesondere das Bedürfnis nach Ruhe nicht genügend befriedigen zu können, da im Frauenhaus ständig Aufregung und Trubel herrschen.

Olga (F2): Sie brauchen am meisten einen gewaltfreien Ort, wo sie zu sich selbst finden können. Ob sie das im Frauenhaus, das fast immer überfüllt ist finden, ist eine andere Frage. Und sie brauchen Frauen, die ähnliches erlebt haben wie sie, damit sie spüren, es geht nicht nur mir so. Denn es denken nach wie vor noch sehr viele Frauen, daß nur sie so schlimm mißhandelt werden und daß sie selber dazu beitragen, und brauchen dann sicherlich jemanden, der Perspektiven mit ihnen besprechen kann. (S. 19)

Für die Mitarbeiterinnen in Beratungsprojekten steht im Vordergrund, sich aussprechen zu können und nicht erneut diskriminiert zu werden. Damit verbunden ist der Wunsch nach Orientierungshilfen, aber auch nach Auseinandersetzung, insbesondere bei Mädchen (vgl. Xenia).

---

36  Die Adressatinnen und Nutzerinnen der Projekte kommen in unserer Untersuchung allerdings nur indirekt zu Wort, da sie nicht befragt wurden.

Ute (B2): Was sie am meisten brauchen, ist das Gefühl, hier alles sagen zu können. Nicht ein weiteres Mal stigmatisiert zu werden. Das Gefühl zu haben, wir wissen ein Stückweit, wie es ihnen geht. Daß wir ihnen glauben, das erst mal so akzeptieren, wie es ist, weil es ihnen oft ein großes Problem ist, daß sie selbst nicht akzeptieren können, daß ihnen das (Gewalt, M.B.) passiert ist. (S. 16)

Xenia (B7): Sie brauchen den Kontakt zu anderen, den Raum für sich, wo sie was ausprobieren können und sie brauchen unterschiedliche Frauen, mit denen sie sich reiben können und die ihnen Unterstützung anbieten, wenn sie sagen, ich will die Unterstützung jetzt. (S. 13)

Auch die Mitarbeiterinnen der Bildungsprojekte sind sich einig, was die Frauen am meisten brauchen: Akzeptanz und Unterstützung und Austausch, darüber hinaus Kenntnisse und jemand, die sie weiterbringt.

Jutta (K1): Auf der einen Seite Zuwendung bis zum geht nicht mehr, gerade im Kurs, und auf der anderen Seite, viel Hilfe zum Selbstbewußtsein. [...] Dazu gehört auch, daß ihnen zugehört wird, weil sie oft die Erfahrung machen, es wird ihnen nicht zugehört [...]. Und Ernst-genommen-Werden. (S. 13)

Claudia (K5): Sie brauchen ganz sicherlich niemanden, die sie immer nur bestärkt in dem, was sie machen. Sie brauchen parteiliche Beraterinnen, das ist klar. Aber sie brauchen auch eine gehörige Distanz zu sich selbst. Und die kann ich ihnen natürlich besser vermitteln, wenn ich sie selber habe. (S. 7)

Neben dem Verbindenden wird bei den Mitarbeiterinnen auch das Trennende gegenüber den Adressatinnen sichtbar. Der Anspruch auf nichthierarchische Beziehungen beinhaltete nicht nur einen empathischen Umgang mit den Bedürfnissen der Frauen und Mädchen, sondern auch die Idee der Gegenseitigkeit. Die Aufhebung der Distanz zwischen Helfenden und Hilfesuchenden, Lehrenden und Lernenden, wie sie für konventionelle Einrichtungen typisch ist, stellte einen wesentlichen Aspekt der Projektgründung dar. Doch die in den Antworten der Mitarbeiterinnen zutage tretende Skepsis, was sie von den Frauen und Mädchen lernen können, macht deutlich, wie groß der Abstand zwischen beiden Gruppen in den heutigen Projekten zumeist ist. Frühere Vorstellungen gemeinsamer Stärke werden kaum genannt, dazu sind die Unterschiede in den Lebenssituationen und in den Projektbezügen zu groß. Die Haltung der Mitarbeiterinnen gegenüber den Adressatinnen reicht vom Bedürfnis nach Abgrenzung und dem Gefühl, wenig zu lernen (bis auf die Notwendigkeit, Grenzen zu setzen), über einen interessierten Blick auf die Frauen und ihr anderes Leben bis hin zur Verarbeitung wahrgenommener Differenzen im Sinne zunehmender Professionalisierung. Andererseits ist bei fast allen das Bemühen spürbar, etwas Lernbares zu finden, wegen des wohl nach wie vor vorhandenen Grundgefühls einer gemeinsamen Lage aller Frauen und dem Anspruch weiblicher Solidarität.
    Die Frauenhausmitarbeiterinnen zeigten sich über die Lernmöglichkeiten am häufigsten skeptisch bis verhalten, während bei den Beratungs- und

Bildungsprojektfrauen vereinzelt fast euphorische Stimmen hörbar waren.[37] Diese Differenzen sind vor allem auf die sehr unterschiedlichen Problem- bzw. Interessenlagen der Frauen und Mädchen zurückführen, die eine Abgrenzung zur Wahrung der eigenen Identität mehr oder weniger nötig machen. Zudem gibt es recht verschiedene Nähegrade, die durch die jeweilige Art der Arbeit vorgegeben sind. So ist die Nähe zueinander durch die Arbeit im Wohnbereich der Frauen und Kinder in den Frauenhäusern am größten, während die Kontakte in den Bildungsprojekten am ehesten begrenzt und über das Bildungsanliegen vermittelt sind. Letzteres macht Beziehungen weniger prekär, da es einen außerhalb der Person liegenden Grund gibt, miteinander zu kommunizieren, im Gegensatz zu einem in der Person liegenden, wie etwa eine persönliche Krise, unabhängig von deren Ursache. Insofern kann Bildung als gemeinsames Drittes verstanden werden, das Beziehungen aus der Sogwirkung der Dyade heraushebt und eine weniger gefühlsbeladene Triade ermöglicht (vgl. Verein SFBF (Hg.) 1990, Kap.3).

Das von den Mitarbeiterinnen Gelernte läßt sich nach drei verschiedenen Aspekten gliedern:

– für das eigene Leben (durch das Kennenlernen unterschiedlicher Lebenswege von Frauen),
– für die eigene Arbeit (durch die Bewältigung ganz überwiegend enttäuschender Erfahrungen),
– für das eigene Frauenbild (durch das Erleben häufig unvermuteter weiblicher Stärken).

Während im psychosozialen Bereich bei Frauenhaus- und bei Beratungsmitarbeiterinnen schwer zu fassen ist, was genau sie *für ihr eigenes Leben* von den Adressatinnen gelernt haben, ist das im bildungsorientierten Bereich recht einfach zu sagen. Frauenhausmitarbeiterinnen zum Beispiel werfen aufgrund der Begegnungen mit den Bewohnerinnen einen differenzierteren Blick auf Beziehungen und Grenzziehungen, gleichzeitig betonen sie nicht selten, wie Carola, die Unterschiede zwischen sich und ihnen.

Carola (F5): Durch meine Arbeit im Frauenhaus und die Konfrontation mit dem, was Frauen mitgemacht haben, bin ich selbst so weit gekommen, daß ich gesagt habe, jetzt ist Schluß mit einer Beziehung, weil sie für mich zerstörerisch ist. Das habe ich im Laufe der Jahre von den Frauen gelernt, aber meine Umgehensweise damit war eine andere. (S. 16)

---

37 Der Mehrzahl der Mitarbeiterinnen in Frauenhäusern fällt eine Antwort auf die Frage nach den Lernmöglichkeiten nicht leicht: Zwei von ihnen fällt nichts ein, andere finden die Frage schwierig oder möchten darüber erst nachdenken. Darunter solche, die spontan bejahen, etwas gelernt zu haben und bedauern, daß ihnen so schnell nichts oder nicht genügend einfällt. Trotz dieser Zögerlichkeit nennen letztlich fast alle Punkte, die sie lernen konnten. Im Beratungsbereich sind es nur wenige Frauen, die es schwierig finden, die Frage zu beantworten. Es gibt keine Frau, die gar nichts nennt. Bei den Bildungsprojekten findet nur eine Frau die Frage ein Problem.

In fachspezifischen, bildungsnahen Beratungsprozessen ist es klarer, was sich von den Teilnehmerinnen lernen läßt, das auch begeistert aufgenommen wird.

Vera (B3): Ich habe gerade wieder einen Kurs gemacht, das Thema ist nicht mein Problem im Moment, aber es war toll. Da sitzen Frauen, die im Moment in der Situation sind und sich fragen, was können sie machen. Zum einen sind das häufig tolle Frauen, wo ich ganz beschwingt hinterher rausgehe, die tolle Sachen erzählen und machen und sagen, über die ich noch nie nachgedacht hatte. Die zum Teil völlig anders leben als ich und eine ganz eigene Lebenssicht daraus ziehen. Auch mit meinem Freundinnenkreis würde ich das niemals mitkriegen. (S. 17)

Ähnliches gilt für Bildungsmitarbeiterinnen, die aus den unterschiedlichen Lebenswegen von Frauen lernen: Karin aus Mutterschaftserfahrungen, Nora aus dem Umgang mit Beziehungen, wobei Verwunderung ebenso wie Bewunderung mitschwingt.

Karin (K2): Die Frauen haben zum großen Teil Kinder und sind verheiratet, jünger als ich, und sind sehr überrascht, wenn ich sage, daß ich 34 bin, nicht verheiratet und keine Kinder habe. Da entsteht manchmal Skepsis, manchmal auch ein gewisser Neid: 'Sei froh, daß du keine Kinder hast, dann hast du keine Probleme'. [...] Manchmal fällt es mir schwer, mich vorzustellen, wo ich dann denke, wieso hast du eigentlich keine Kinder, und inzwischen eher denke, ich will Kinder haben – mit beeinflußt durch diese Situationen, wenn ich merke, die haben auch Spaß an ihren Kindern. (S. 13)

Nora (K7): Wie die mit Leben und mit Beziehungen umgehen, zu den Kindern, Ehemännern, Freunden, Geliebten, Eltern. Ich habe diese Beziehungen und bin bei keiner sicher, daß sie richtig ist. Da sind dann zwanzig Frauen und machen es zwanzig Mal anders. Von jeder suche ich mir was raus und denke, das ist eine gute Idee. Ich lerne viel von den ausländischen Frauen, weil die nochmal anders mit Familie und Leid umgehen. [...] Die eine Frau hat ein schreckliches Leben hinter sich und steht hier und sagt, ich habe meine Würde wiedergefunden. Da könnte man heulen, weil sie es geschafft hat, aufrecht zu gehen, in den Kurs zu kommen, sich durchzuboxen. (S. 15)

Andere Mitarbeiterinnen aller Bereiche beziehen das Gelernte vor allem *auf die Arbeit.* Dieser Aspekt steht für Frauenhausmitarbeiterinnen im Vordergrund – für Beratungsmitarbeiterinnen spielt er hingegen eine kleine Rolle – und bedeutet, Ansprüche an die Frauen und in sie gesetzte Hoffnungen zu reduzieren – ein schmerzhafter Lernprozeß.

Petra (F4): Mir ist klar geworden, daß es viele Wege gibt, die auch okay sind und nicht unbedingt mit dem übereinstimmen, was ich mache oder mit meiner Vorstellung. Am Anfang hatte ich einen bestimmten Anspruch, den wollte ich rüberbringen, so sollten die Frauen sein, und wenn das nicht so war, und die Erfahrung mußte ich machen, dann war es die große Enttäuschung. [...] Das muß ich akzeptieren. So einen Absolutheitsanspruch, das habe ich mir abgeschminkt, das habe ich durch die Frauen gelernt. (S. 13)

Birgit (B9): Daß ich viel Geduld haben muß, ihren Weg nicht kenne. Ich kann sie begleiten, aber das nicht für sie herausfinden und muß das aushalten, [...] Es gibt immer wieder Rückfälle, auch wenn ich sie nicht gern wahr haben will und am liebsten einen schnurgeraden Weg hätte. Das mit der Geduld ist etwas Wichtiges hier und auch Zeit haben. [...] Das auszuhalten, ohne herumzustochern und dennoch in Kontakt zu bleiben, sind Dinge, die ich hier gelernt habe. (S. 16)

Auch im Bildungsbereich mußten Mitarbeiterinnen lernen, ihre Erwartungen besser auf die Möglichkeiten der Frauen abzustimmen.

Claudia (K5): Gelernt habe ich, daß ich mich vorsehen muß, ihnen nicht zuviel aufzuhalsen. Weil sie nie nein sagen und in der Regel mehr machen als sie machen sollten. Ich bin manchmal sehr streng und sie haben mir schon signalisiert, [...] manchmal finden sie das gut, manchmal sehr schlecht, fühlen sich mißverstanden oder nicht richtig angenommen. (S. 7)

Ein Teil der Mitarbeiterinnen in Frauenhäusern und im Beratungsbereich empfinden die erlebte, starke Seite der Frauen als wichtige Erfahrung *hinsichtlich des eigenen Frauenbildes*.

Beate (F3): Was ich von einigen Frauen gelernt habe, ist etwas, was wir oft gar nicht so sehen. Daß Frauen in Extremsituationen zum Teil erstaunlich klar und pragmatisch reagieren können, was man den Frauen erst mal gar nicht zutraut, was auch nicht auf alle Frauen zutrifft, weil es welche gibt, die völlig desorganisiert und hilflos sind. (S. 16)

Alice (B4): Es gibt solche und solche, aber es ist in großem Ausmaß eine Klientel von Frauen, die ihr Leben stark in die eigene Hand genommen haben. Engagierte Powerfrauen, nicht unbedingt politisch, aber Leute, die immer irgendwo auch noch sein müssen. Das ist eine prägende Erfahrung von meinem ganzen Leben, diese ungeheure Power, die ich von Frauen miterlebe. (S. 17)

*Resümee:* Während für die Frauenhausmitarbeiterinnen das Lernen für die Arbeit im Vordergrund steht, ist für die Beratungs- und Bildungsprojektmitarbeiterinnen das Lernen für das eigene Leben von großer Bedeutung. Auffallend ist, daß bei keiner Bildungsmitarbeiterin eine generelle Enttäuschung durchklingt. Bildung ermöglicht wohl am ehesten das Gefühl, etwas zusammen zu leisten. Hier mißt sich Erfolg weniger an schwierigen, persönlichen Veränderungen oder dem Bearbeiten traumatischer Erfahrungen als an erworbenen Fähigkeiten und neuem Wissen.

Mit Schaffung der Projekte ist der Solidaritätsgedanke unter Frauen in die Praxis umgesetzt worden, allerdings hat sich im Laufe der Entwicklung eine weitgehende Arbeitsteilung zwischen Anbieterinnen und Nutzerinnen herauskristallisiert. Die einen werden für ihre Dienste bezahlt und die anderen zahlen direkt oder indirekt für die erhaltenen Leistungen. Das macht die Vorstellung gegenseitigen Lernens und gemeinsamer Weiterentwicklung nicht verkehrt, sondern wirft die Frage auf, wie dieser Gedanke wieder stärker in die Projektpraxis zurückgeholt werden kann, und zwar weniger als moralisches Postulat, denn als Teil der Projektstrukturen und der Arbeitsprofile.

### 6.2 Die Welt der Gefühle und die Arbeit mit den Frauen und Mädchen

Jahrelange Erfahrungen in der Frauen- und Mädchenarbeit gehen nicht selten mit einer veränderten Haltung gegenüber Adressatinnen und mit einer neuen Standortsuche innerhalb oder außerhalb des Projektes einher. Manches wird leichter bewältigbar, da die Handlungsparameter klarer sind, ein Problem bleibt die hohe Belastung durch Beratungen und Begleitungen in Krisensituationen. Auch die Konfrontation mit männlicher Gewalttätigkeit muß immer wieder aufs neue verkraftet werden. Es ist eine gefühlsintensive Arbeit, geeignet, ambivalente Empfindungen gegenüber der Aufgabe und den Frauen und Mädchen hervorzurufen.[38]

Bei *Frauenhausmitarbeiterinnen* stehen die Schwere der Arbeit, widersprüchliche Einschätzungen und Neigungen und das Bemühen um Ausgeglichenheit, gefühlsmäßig im Vordergrund:

- *Ambivalenzen gegenüber Bewohnerinnen*: Einerseits gibt es viel Mitgefühl angesichts ihres Schicksals, auch Bewunderung über ihren Mut aufzubrechen, andererseits Enttäuschung, daß sich so wenig bei ihnen bewegt und Zorn über ihr Verhalten im Haus, ihre geringe Bereitschaft, Verantwortung zu übernehmen.
- *Beziehungen zwischen Mitarbeiterinnen und Frauen*: Sie sind professioneller und distanzierter geworden, dennoch schwingt eine Vielzahl offener Fragen mit: Welche Grenzen haben sich eingeschlichen, welche sind gewollt? Wie läßt sich das Ende der Gleichheitsvorstellungen verkraften? Wo ist Vertrauen angebracht, wo Mißtrauen? Wie mit dauernden Trennungen und dem Kommen und Gehen von Frauen umgehen? Wieviel Beziehung ist zuviel, wieviel zu wenig für die Arbeit?
- *Begegnungen mit Gewalt*: Männliche Gewalt hat ihre Schrecken nicht verloren, weder im Kontakt mit verletzten Frauen, noch im ängstigenden Zusammenprall mit gewalttätigen Männern. Der hervorgerufene Gefühlsaufruhr bleibt schwer zu bewältigen.
- *Bedürfnisse nach Schönem*: Versuche gemeinsamer Aktivitäten, die Spaß machen, weiterbringen oder einfach nur guttun, sollen einen Ausgleich zu dem Bedrückenden und Schrecklichen gewalttätiger Erfahrungen schaffen. Doch die Adressatinnen leben in einer anderen Welt, ihre Freizeit findet an anderen Orten und in anderer Weise statt: Neue

---

38  Viele Mitarbeiterinnen - vor allem im Beratungsbereich - wägen die Vor- und Nachteile der Projektarbeit mit ihrer Selbständigkeit einerseits und ihren erhöhten Anforderungen andererseits gegenüber „normalen" Arbeitsplätzen ab und nennen jeweilige Vor- und Nachteile.

Männerbeziehungen haben Vorrang, geplante Tätigkeiten bleiben fremd und werden wenig angenommen.

– *Fortgesetzte Hoffnungen und Resignation*: Die an sich selbst beobachteten Veränderungen zeigen den Mitarbeiterinnen, daß sie skeptischer geworden sind, aber auch fähiger zu überlegten Handlungen. Ihr Engagement ist gebremster, zum Teil fühlen sie sich abgebrüht, was sie für die Arbeit sowohl positiv als auch negativ empfinden. Einige fragen sich, ob es Zeit ist zu gehen, da sie ihren Elan verloren haben und zu viele Vorstellungen aufgeben mußten.

Diese Gefühlslagen von Frauenhausmitarbeiterinnen sollen durch Beispiele verdeutlicht werden, die von ansteigender Zufriedenheit gegenüber der Arbeit und den Frauen geprägt sind:[39]

– *Die Frauen – zu viel und doch zu wenig:*

Maria (F20): Schon früh morgens, wenn Maria das Haus betritt, stehen die ersten Bewohnerinnen da und „erzählen irgendwas" (S. 2). Im Laufe des Vormittags kommen zwischendrin immer wieder Frauen ins Büro und wollen „irgendeinen Kickifax" (S. 2). „Was ich schrecklich finde, ist der Krach und das Chaos im Haus [...]. Du hörst permanent laute türkische Musik und Kinder, die gegen die Tür bollern. Es ist nervig und wir haben keine Ausweichmöglichkeit" (S. 4). In diesem Durcheinander stellt eine kontinuierliche Bewohnerinnengruppe eine Erleichterung dar: „Wenn Frauen eine Zeitlang da sind, ist weniger zu machen" (S. 5). Denn vielfältige Aufgaben und zu wenig Mitarbeiterinnen erschweren Kontakte zu den Frauen. „Ich würde gern Gespräche mit meinen Frauen machen, das alles auf die Reihe zu kriegen ist eine Organisiererei" (S. 6). Andererseits sind die Beziehungen schnell zuviel: „Die Frauen im Haus oder die Kinder können einen aufsaugen" (S. 8). Zudem erschwert der „permanente Wechsel" das Verhältnis zu den Frauen; „ich merke, daß es für mich erst mal schwierig ist, mich auf die Frauen einzustellen, weil oft der Gedanke, es ist vielleicht nur für eine Woche, an den Kräften zerrt: Mich einzulassen, und dann geht sie wieder, ein permanenter Abschied, der eigentlich kein Abschied ist, weil die einfach nachts oder am Wochenende gehen" (S. 18). Das Kommen und Gehen der Frauen wirft für Maria die grundsätzliche Frage auf, in wieweit sich ein persönlicher Einsatz für die einzelne Frau lohnt.

– *Zwischen Helfender und Feindin:*

Ulla (F21): Ulla und das ganze Team fänden gut, „wenn wir auch Freizeitangebote machen könnten. [...] Daß wir nicht diejenigen sind, die immer nur fordern oder Einzelgespräche machen wollen oder durch das Haus flitzen und sagen 'es sieht aus wie im Saustall', sondern daß wir gern mehr mit den Frauen machen würden, was einfach nur Spaß macht" (S. 4). Ihr Team mußte jedoch „viel von unseren Vorstellungen aufgeben" (S. 4) und „akzeptieren" (S. 5), daß die Frauen lieber ihre eigenen

---

39 Die im folgenden präsentierten Gefühlslagen geben die Stimmung einzelner Mitarbeiterinnen wieder, da so ein lebendiger Eindruck vermittelt werden kann. Bei diesen Gefühlsbildern handelt es sich um eine Mischung von Zusammenfassungen der Autorin und Zitaten aus den Interviews. Da sie exemplarischen Charakter haben, werden sie im Schriftbild wie Zitate behandelt.

Wege gehen. Ulla zählt sich zu „denjenigen, die über die Arbeit im Haus lernen mußte, daß es gut und wichtig ist, auch Grenzen zu ziehen" (S. 16). Zu den einzelnen Frauen hat sie unterschiedlich starke „Sympathien" , aber „letztendlich ist das eine Arbeitsbeziehung" (S. 17). Insgesamt bleibt das Verhältnis zu den Frauen schwierig, denn „die Frauen decken sich" gegenseitig und dann sind „wir in unserer Funktion als Mitarbeiterin die Feindin, nicht immer nur die Helfende" (S. 21).

– *Zwischen Erschütterung und Ärger:*

Luise (F23): Obwohl Luise im Lauf der Jahre gelernt hat, sich abzugrenzen, ist sie von den Geschichten der Frauen „manchmal noch sehr erschüttert, am meisten, wenn Frauen extrem verletzt sind, wo die Gewalt sichtbar ist, wenn eine Frau vor mir sitzt mit blauen Augen und blauen Flecken überall" (S. 5). Ärgert sie sich über die Frauen, versucht sie es inzwischen direkt anzusprechen; leichter fällt es ihr aber, den Ärger im Team loszuwerden. „Wenn wir unter uns sind, das ist manchmal ganz schön zynisch oder zornig, weil da einiges ist, was ich mitmache" (S. 17).

– *Zwischen Lust und Frust:*

Bärbel (F24): „Was ich gerne mache, ist die Arbeit mit den Frauen, das heißt Beratungsgespräche führen", „was ich weniger gerne mache, ist der Kleinkram" (S. 1). Aber auch gegenüber den Frauen spürt Bärbel „ein bißchen Frustration, daß wir Sachen geplant haben" (S. 6) und dann sind viele Frauen, die zugesagt hatten, nicht gekommen. Einmal sind die Mitarbeiterinnen mit den Frauen und Kindern eine Woche weggefahren, „das war sehr schön" (S. 6). Andererseits gibt es Hausversammlungen, „wo wir nur gemeckert haben" über mangelnde „Sauberkeit" und „Zerstörungswut" (S. 10). Wenn Bärbel sich ärgert, ist es ihr „ungeheuer wichtig" zu zeigen, „daß wir nicht so künstliche Gebilde sind, sondern Menschen und auch die unterschiedlichsten" (S. 22). Im Team werden besonders schwierige oder erschütternde Erfahrungen mit Bewohnerinnen ernsthaft besprochen, aber es wird auch über die Frauen getratscht: „Lästern ist eine Form der Entlastung und dann fangen wir an zu kichern" (S. 24). Ihre heutige größere Distanz zu den Frauen empfindet sie „zwiegespalten, weil ich manchmal denke, daß ich zu cool bin, daß ich ein Stückchen von diesem Einfühlungsvermögen verloren habe" (S. 24).

– *Zwischen Bewunderung und Unverständnis:*

Amma (F36): Amma ist „echt erstaunt", denn die Frauen „kriegen sehr viel selbst auf die Reihe oder sind sich zum Teil untereinander behilflich, wie ich es mir auch wünsche und wie ich es toll finde" (S. 4). Entsprechend schwer fällt es ihr bei manchen Frauen „zu akzeptieren, daß das eventuell nicht geht" (S.5). Denn Passivität „ist mir echt ganz fremd und da merke ich, auf sowas hätte ich auf Dauer überhaupt keinen Bock" (S. 5). Doch insgesamt „ist die Atmosphäre einfach schön. Das sieht man an den Frauen, daß die sich wohlfühlen und recht selbständig sind und sich auch wirklich einbringen" (S. 6). Ihre Haltung faßt Amma so zusammen: „Das Arbeiten mit den Frauen ist eigentlich echt sehr angenehm. Wie gesagt, ich habe natürlich auch meine Vorlieben. Womit ich nicht so kann, das ist dieses passive, wo ich dann immer gucken muß bei mir, daß ich nicht zu ungerecht werde oder irgendwie so Aversionen kriege, das ist halt blöd" (S. 22). Was ihr an den Frauen gefällt: „Es imponiert mir immer wieder, wenn eine Frau geht, weil viele auch eine ganz Menge aufgeben, das ist ja nicht nichts, was die verlassen. Die haben ja auch irgendwas mit diesem Mann gehabt und haben Kinder mit dem und jahrelang zusammen gelebt"

(S. 25). Doch es gibt auch Frauen, die „ganz linke Dinger" (S. 26) drehen und andere Frauen an ihre Männer verraten, so daß eine Frau „zusammengestochen worden ist von dem Mann [...]. Da werde ich zum Tier. [...] Ich kann so Unehrlichkeit und Falschheit, gerade wenn das solche Folgen hat, buhhh, da kann ich echt schlecht mit, da werde ich wirklich sauer" (S. 27).

– *Möglichkeiten und Grenzen:*

Alma (F37): Alma hat „das Glück, das persönliche Interesse mit dem Beruf zu verbinden" (S. 5), da sie sich für Frauenthemen interessiert und sich auch sonst damit beschäftigen würde. Ein Teil der Frauen tut ihr „häufig sehr leid" (S. 8), wenn sie ganz schwach und ohne Selbstbewußtsein ins Frauenhaus kommen, andere machen Alma „auch manchmal wütend" (S. 9). Sie spürt ihre Grenzen der Einflußnahme und empfindet dann ihre Hoffnungen als überzogen, „wo die Frauen mir dann auch relativ deutlich zeigen können, oder ich das selbst merke: Mein Gott! Bist du überheblich oder was erwartest du einfach" (S. 10).

Die Gefühle der *Beratungsmitarbeiterinnen* spiegeln sowohl ihre Hauptbelastungen als auch ihr spezifisches Interesse an autonomer Projektarbeit wider:

– *Übermäßige Anforderungen und Grenzziehungen*: Als sehr belastend werden teils schwierige Einzelberatungen, teils gleichzeitige Mehrfachbeanspruchungen empfunden. Dabei steht das Problem im Vordergrund, wie die Bedürftigkeit der Frauen und die eigene Arbeitskapazität sinnvoll miteinander in Einklang zu bringen sind, ohne ausgenutzt zu werden beziehungsweise sich ausnutzen zu lassen.

– *Fremdheit zwischen Mitarbeiterinnen und den Frauen und Mädchen*: Angestrebte Kontakte zu Adressatinnen werden erschwert, wenn zunächst Mißtrauen und Abwehr überwunden werden müssen. Aber auch von Adressatinnen gewünschte Begegnungen können darunter leiden, daß die Interessensunterschiede zu groß und das Verständnis von Hilfe zu verschieden sind.

– *Distanzierungswünsche und Distanzierungshemmungen*: Wenn kein gutes Maß an Distanz eingehalten werden kann, entsteht der Wunsch nach einer inneren Bremse, aber auch nach Unterstützung von außen. Das gilt insbesondere, wenn Mitarbeiterinnen mit eigenen negativen Gefühlen, aber auch denen der Betroffenen, fertig werden müssen.

– *Wut auf Institutionen und Wut auf Frauen und Mädchen*: Bei negativen Gefühlsreaktionen wiegt die Wut auf Institutionen, Medien oder Fachpersonal schwerer als diejenige auf die Frauen und Mädchen, denn erstere erweisen sich häufig als ignorant oder gar feindselig. Da Öffentlichkeitsarbeit und Absprachen mit Ämtern einen großen Raum einnehmen, kommt der Kooperation mit anderen Einrichtungen eine große Bedeutung zu.

– *Gewalt und eigene Ängste*: Ebenso wie für Frauenhausmitarbeiterinnen bedeutet die Begegnung mit männlicher Gewalttätigkeit durch die Mädchen und Frauen eine große Belastung und zwar nicht nur in Projekten, die sich explizit diesem Problembereich gewidmet haben. Eigene Ängste werden zeitweilig verstärkt, was ständige Distanzierungsbemühungen nötig macht, ohne dadurch die Empathiefähigkeit über Gebühr einzuschränken.

- *Arbeit im Frauenprojekt*: Stolz auf die Möglichkeit und Fähigkeit, eigenständig zu arbeiten wird deutlich; gleichzeitig wünschen sich die Mitarbeiterinnen manchmal einen normalen Bürojob mit weniger Streß und geregelter Arbeitszeit. Aber sie haben ihren Arbeitsplatz bewußt gewählt, denn die Vielfalt der Aufgaben reizt sie trotz alledem. Die einen genießen die Öffentlichkeitsarbeit, andere freuen sich über ihre Beratungserfolge.

Darstellungen der Gefühlslagen einzelner Mitarbeiterinnen sollen wieder die Zusammenfassungen ergänzen und zwar zunächst solche, in denen die negativen Gefühle dominieren, dann diejenigen, in denen positive Gefühle mehr Raum einnehmen:

- *Gewalt macht Angst:*

Ella (B21): Ella beschreibt Situationen, die schwer zu bewältigende Gefühle auslösen: „Es gibt Beratungen, wo man hinterher das Gefühl hat, die Frauen haben nur abgeladen und wollten sich überhaupt nichts anhören, dann [...] kann ich mich benutzt fühlen" (S. 17). Darüber hinaus „ist es manchmal schwierig, eine Distanz zu behalten, weil das eigene Ängste mobilisiert [...]. Sachen, die mich sehr belasten, sind, wenn Frauen von Gewalterfahrungen erzählen, die sehr brutal gewesen sind, wo ich erst mal nur entsetzt bin und gar nicht überlegen kann, will ich die Beratung machen oder nicht". (S. 20) Durch ihre lange Erfahrung bekommt sie im allgemeinen schon „ein Stück Distanz" hin, „aber es gibt auch immer wieder Sachen, die übel gelaufen sind, sehr gewalttätig und da fällt es mir oft schwer, mir das anzuhören". (S. 21)

- *Unerträgliches und dennoch Freude an der Arbeit:*

Betty (B20): Auch Betty gelingt es nicht immer die notwendige Distanz aufrechtzuerhalten: „Dazu ist das wirklich eine Thematik, die viel zu tief geht und viel zu viele Gefühle auslöst" (S. 22) und phasenweise dazu führt, „überhaupt Männerbeziehungen in Frage zu stellen" (S. 23). Trotz aller Belastungen und Arbeitsplatzunsicherheiten ist es „toll, wenn du deine eigene Frau bist und dir niemand was sagen kann" (S. 27). Aber es kommen auch andere Wünsche auf: „Irgendwo eine Tätigkeit, wo du gefühlsmäßig nicht so engagiert bist, besser abschalten und nach Hause gehen kannst" (S. 28).

- *Die Frauen – stark und schwach zugleich:*

Edith (B22): Teils „erlebe ich die Frauen als ungeheuer inkompetent oder bedürftig und andererseits gibt es Gestalten auf der Szene, die sind mit einer dermaßen massiven Lebenserfahrung und Power gewappnet, daß man sich vorkommt wie ein Schulmädchen" (S. 16). Edith wartet nicht nur bis die Mädchen und Frauen zu ihr kommen, sondern geht auch zu ihnen, was alles andere als einfach ist: „Im direkten

Gespräch habe ich oft das Gefühl, das geht bestimmt allen Streetworkern so, daß du ein Zeuge Jehova bist und den Leuten irgendwas verkaufen willst, was sie gar nicht wollen. Deswegen reißen sich die Leute hier nicht um Streetwork, weil das so ein komisches Gefühl ist. [...] Insofern ist die Klientel manchmal ein bißchen Bedrohung, da muß man sich auch mal rechtfertigen" (S. 17).

*– Eine große Belastung, die aber auch Spaß macht:*

Sandra (B23): Sandras Tagesablauf ist „immer voller Überraschungen", weil sie mit einer „Klientel" zusammenarbeitet, „die überfallen einen und sämtliche erzieherische Maßnahmen haben nicht gefruchtet"; wodurch sie sich „überfordert" (S. 2) fühlt angesichts ihrer Zeitknappheit. Was sie auch belastet, aber „inzwischen nicht mehr so schwierig ist" (S. 5), daß die Frauen oft zunächst ihre tatsächliche Situation verschleiern. Ihre heutige Haltung ist: „Wenn mir was mißfällt, sage ich das und möchte mich nicht mehr mißbrauchen lassen. Ich habe am Anfang oft erlebt, daß ich viel getan habe, um anerkannt zu sein und gemerkt, daß ich mich nicht richtig schütze, sondern wie eine Marionette im Sinne der Bedürftigkeit anderer Menschen funktioniere." (S. 14) Jetzt hat sie sich ein Ventil geschaffen: „Ich merke, daß ich manchmal über die Frauen, die ich berate, fluche und das entlastet mich. [...] „Wenn ich mir das Recht herausnehme, macht mir die Arbeit mehr Spaß, das gleicht mich aus, weil das nicht nur positiv ist" (S. 14-15). Ihr Resümee: „Ich arbeite schon mehrere Jahre in einem dramatischen Arbeitsbereich, was mich nicht davor schützt, daß ich down bin und mir überlege, ich mache mal was richtig Blödes, Straßenfegerin oder sowas. Aber ich komme immer wieder darauf zurück, daß mir diese Arbeit am meisten Spaß macht, es oft nur darum geht, daß ich mir sage, ich kann nur in einem bestimmten Umfang helfen" (S. 18).

*– Anstrengung und Experimentierfreude:*

Hanna (B24): Hanna stellt neben Belastendem ihre Lust am Experimentieren dar, denn ihr Arbeitsbereich „ist ein neues Feld, es gibt keine Rezepte und keine bewährten Methoden. Das ist der Vorteil und das, was uns Spaß macht" (S. 8).

*– Weniger Überforderung als Herausforderung:*

Elvira (B25): Elvira ist sehr engagiert in der Öffentlichkeitsarbeit. Was sie „gut" (S.13) findet, sind die nichthierarchischen Projektstrukturen und, „daß ich selbst sehr stark verantwortlich bin. Es ist zum Teil auch eine Überforderung, wenn es nicht möglich ist, das wieder zurückzugeben oder gemeinsam die Verantwortung zu tragen" (S. 13).

Bei den *Bildungsmitarbeiterinnen* ranken sich die Gefühle fast gleichmäßig um positive und moderat negative Empfindungen gegenüber den Frauen, angenehme und unangenehme Aufgaben, Vor- und Nachteile der Projektarbeit und kritische Reflexionen eigener Reaktionsweisen:

– *Das Verhältnis zu den Frauen in Bildungssituationen*: Kritisch gesehen werden Passivität und Anspruchshaltungen, aber auch Unzuverlässigkeit, andererseits gibt es Freude über Fortschritte der Frauen. Es scheint insgesamt eine Arbeit, die weniger „an die Substanz" geht, wie es eine Mitarbeiterin ausdrückt. Das schließt gefühlsmäßige Teilhabe keineswegs aus. Bei Konflikten, die die Frauen in der Arbeitswelt haben, werfen sich Mitarbeiterinnen engagiert in die Bresche.

– *Das Verhältnis zu den Frauen in Beratungssituationen*: Hier entstehen ähnliche Gefühle wie bei den Mitarbeiterinnen der anderen Projektbereiche. Die Belastung wird, nicht immer, aber zum Teil als groß beschrieben. Trotz Distanz gibt es häufig ein Erschrecken und ein Mitleiden.

– *Das Verhältnis zur Projektarbeit*: Die Verschiedenheit der Tätigkeiten und die Möglichkeit der Auswahl sind wichtig für ein positives Gefühl gegenüber der Arbeit. Zu beliebten Arbeiten gehören Kurse, Öffentlichkeitsarbeit, Planungen und Außenaktivitäten, unbeliebt ist lästiger Kleinkram. Manche sind bis zu einem gewissen Grad mit ihrem Projekt unzufrieden, andere äußern sich voll stolz auf das Erreichte.

– *Das Verhältnis zu sich selbst*: Einige Mitarbeiterinnen sehen ihre Gefühlsreaktionen gegenüber den Kursfrauen durchaus kritisch, ärgern sich, daß sie sich über manche Frauen so aufregen, halten sich manchmal für zu streng oder für ungerecht und versuchen, das zu ändern.

Im folgenden noch einmal einige beispielhafte Aussagen von Bildungsmitarbeiterinnen, in denen die Gefühle gegenüber den Frauen im Vordergrund stehen:

– *Kritische Selbstreflexion und grundsätzliche Parteilichkeit:*

Lydia (K20): Manchmal fühlt Lydia sich gegenüber den Frauen in ihrem Kurs „ungeduldig, weil sich vieles wiederholt, und manchmal habe ich das Gefühl, es sind immer wieder die gleichen Sachen, die sie machen oder vorbringen, [...] da ärgere ich mich, daß ich selber so reagiere. Aber in der Regel versuche ich, das nicht massiv zurückzugeben" (S. 8). Es ist ihr wichtig, ihre Parteilichkeit gegenüber den Frauen „nach außen zu dokumentieren" (S. 9), und sie wird „unglaublich wütend", wenn den Frauen während ihrer Praktika „wirklich unangenehme Dinge passieren oder schlimme Sachen laufen" (S. 10).

– *Kritik, aber überwiegend Freude an den Frauen:*

Sonja (K21): Manche Frauen erlebt Sonja „mit einer Anspruchshaltung und passiv, was bei mir zu Ärger führt" (S. 12) und zudem „wundert" (S. 12) sie sich, wenn sie merkt, daß ausländische Frauen die deutsche Ausländerfeindlichkeit gegen andere Ausländer teilen. Was sie „spürt", ist „dieses Bedürfnis nach Hilfe" (S. 12) in ganz vielen Lebensbereichen. Wenn besonders benachteiligte Frauen „Fortschritte machen, das rührt mich, auch bei anderen Kursfrauen bin ich begeistert, wenn die weiterkommen" (S. 16).

*Resümee*: In den einzelnen Bereichen sind die Gefühlsaufladungen recht unterschiedlich. Die Arbeit mit Frauen und Mädchen scheint desto schwieriger, je belastender das Projektthema und je problembeladener die Adressatinnen. Hier spielen Enttäuschungen die größte Rolle; gleichzeitig ergibt sich die Möglichkeit, starre, von Idealen geprägte Positionen zu verlassen und neue Wege einzuschlagen.

Für die Frauenhausmitarbeiterinnen stehen Lust- und Frustgefühle gegenüber den Bewohnerinnen im Vordergrund, die sie in unterschiedlichen Zuspitzungen äußern, wobei insgesamt Enttäuschungen und Ärger viel Raum einnehmen. Die Reflexion dieser Gefühle sehen sie als Teil ihrer Aufgabe. Bei weitem am bedeutungsvollsten als Gefühlsauslöser für die Beratungsmitarbeiterinnen sind Einzelgespräche und die Schwierigkeit, Grenzen zu ziehen. Die Darstellung eigener Gefühle ist nicht selten an Reflexionen über die Arbeit gekoppelt, unter Einbeziehen persönlicher Stärken und Schwächen. Viele Beratungsmitarbeiterinnen haben ihren Arbeitsplatz hoch besetzt, nicht selten ambivalent, aber fast immer unter Bezugnahme auf die Vorteile der Projektarbeit. Die Gefühle der Bildungsmitarbeiterinnen werden weniger deutlich als in den anderen Bereichen, lassen sich aber am ehesten dem Verhältnis zu den Frauen zuordnen. Auch hier reflektieren Mitarbeiterinnen ihre Reaktionen.

### 6.3 Gefühlslagen unter Mitarbeiterinnen

Die Gefühlslagen unter Mitarbeiterinnen gestatten Einsichten in die emotionale Bedeutung der Zusammenarbeit. Gerade in Frauenprojekten bestehen ausgeprägte Wunschstrukturen, die entsprechende Enttäuschungen hervorrufen.[40] Ebenso bedeutend ist die gefühlsmäßige Verortung der eigenen Person innerhalb des Kolleginnenkreises: Welche Position nehme ich ein und wie ist mir dabei zumute? Ein Großteil der Mitarbeiterinnen benennt offen Hoffnungen, Frustrationen und Zweifel, was für die Fähigkeit spricht, die eigenen Gefühle und das Gefühlsleben der Gruppe wahrzunehmen. Andererseits spielen die Gefühlslagen nicht selten eine überdimensionale und nicht immer produktive Rolle in Frauenzusammenhängen.[41]

Die Mitarbeiterinnen stellen in den Interviews nicht nur angenehme und unangenehme Gefühle dar, wie alltägliche Begegnungen sie auslösen, sondern äußern darüber hinaus ihre Vorstellungen, wie ein Team sein sollte.

---

40  Gabriele Freytag (1993a) weist zurecht darauf hin, daß der Stand der Beziehungen zu den Kolleginnen für jede Mitarbeiterin von existentieller Bedeutung ist, denn es gibt keine Regelungen, wie bei „gefühlsmäßiger Unverträglichkeit" zu verfahren ist. „So lebt jede mit der meist unausgesprochenen Angst, gehen zu müssen, wenn sie sich mit den anderen „nicht mehr so gut versteht" (wie auch immer das aussehen mag).[...] Es fehlen Verträge, z.B. über Austritt und beiderseitige Kündigung, über Mehrheiten und Entscheidungsfindung, über Fristen und Abfindungen und über die Besitzanteile am Projektvermögen." (S. 37)

41  Allerdings ist fraglich, ob ein untergründiger Gefühlsstau (wie häufig in anderen Arbeitsfeldern) geringere Auswirkungen hat. Ulrike Hänsch (1993) geht jedoch davon aus, daß sich auch in Frauenprojekten Arbeitsbeziehungen zunehmend vordergründig versachlichen, darunter aber die Gefühle weiterschwelen.

Dieses positive Wunschbild scheint sich die Mehrheit der Mitarbeiterinnen – jenseits eigener, teils schmerzhafter Erfahrungen – mehr oder weniger erhalten zu haben, obwohl die allermeisten ihre tatsächlichen Erwartungen zurückgeschraubt haben. Diese Abstriche beziehen sich vor allem auf Fragen der Nähe zwischen einzelnen Mitarbeiterinnen und auf die Konfliktfähigkeit des Teams. Die eigene Rolle ist für die einen wesentlich von der individuellen Besonderheit geprägt, für andere steht die eigene Rolle in der Gruppe im Vordergrund. Auffallend ist, daß keine Frau sich in einer schwachen Position wähnt, die sie gerne stärken möchte, eine Reihe von Frauen sich hingegen für zu mächtig hält. Die Gefühlslagen der Mitarbeiterinnen untereinander beziehen sich vor allem auf das Team insgesamt, individuelle Freundschaften im Team und die eigene Position im Team.

Für die *Frauenhausmitarbeiterinnen* spielt das Team emotional eine ungebrochen wichtige Rolle, jenseits aller realen Schwierigkeiten. Es gibt unter den Mitarbeiterinnen eine Reihe Freundschaften, wo Vorsicht geboten scheint, um sie nicht zu eng mit der Arbeit zu verquicken. Die eigene Person wird gefühlsmäßig in der Gruppe verankert. Nur bei wenigen nimmt die Beschäftigung mit dem eigenen Platz einen breiteren Raum ein als diejenige mit dem Team. Die Mehrheit sieht sich als starke Frauen, einige sogar als zu stark. Nach dieser Kurzfassung die Ergebnisse im einzelnen:

– *Das Team als Wert an sich*: Das gleichberechtigte Team bleibt die unangefochtene Alternative zur herkömmlichen, hierarchischen Arbeitsform, die mit Vereinzelung assoziiert wird. Das gilt auch dann noch, wenn Wunsch und Realität auseinanderklaffen.

Iris (F26): In Iris Team lautet die „Wunschvorstellung, daß Teamarbeit sehr wichtig ist; Teamdiskussionen nehmen einen großen Raum ein", aber die Realität sieht eher so aus, daß „jede von uns ihren Arbeitsbereich hat und vor sich hinwurschtelt" (S. 16).

– *Teamstimmungen als Projektspiegel*: Die jeweilige Stimmung im Team beeinflußt die eigene Gefühlslage gegenüber dem Projekt zentral. Selbst schwierige Situationen im Team vermindern nicht dessen Bedeutung.

Martha (F27): Die tiefen Konflikte im Team berührten Martha tiefer als es die Arbeit mit den Frauen je vermocht hat: „Es war zum Teil so, daß mich die Teamsituation so sehr besetzt hat, daß ich privat kaum noch in der Lage war, etwas anderes zu machen, aber bei den Frauen ist mir das noch nicht passiert" (S. 20).

– *Kolleginnen als Hort individuellen Auftankens*: Jenseits aller Konflikte schaffen es die meisten Teams – zu fast jeder Zeit –, einzelne aufzufangen, ob bei privaten Problemen oder arbeitsbedingten Ärgernissen. Das muß nicht das ganze Team sein, aber mindestens mit einer Kollegin scheint es doch immer möglich.

Hedy (F30): „Im Moment haben wir eine Phase, wo es konfliktgeladen bei uns ist", dennoch haben die Kolleginnen Hedy „in der letzten Zeit auch getragen, als es mir mal nicht gut ging" (S. 6).

Ruth (F29): Unter den Kolleginnen in Ruths Team gibt es „keine privaten Beziehungen", dennoch „ist eine Offenheit da", so daß sie sich im Team „wohl"fühlt und „daß es bei uns möglich ist, auch mal zu weinen" (S. 22). Abschließend stellt sie fest: „Für mich ist das Team das A und O. Wenn ich mich im Team wohlfühle, überträgt sich das auf meine Arbeit" (S. 28).

– *Freundschaften und deren Begrenzungen*: Es gibt Teams mit ausgesprochener Freundinnenkultur und solche mit mehr oder weniger lockeren Kontakten. Eine zu große Nähe zwischen einzelnen wird von den meisten Teams als bedrohlich empfunden und gefährdet die Gruppenposition der betroffenen Mitarbeiterinnen. Daher ist Vorsicht entweder aufgrund der Teameinwände geboten (wie bei Martha und Lilly) oder aufgrund eigener schlechter Erfahrungen (wie bei Julia):

Martha (F27): Trotz früherer, heftiger Konflikte über Beziehungen untereinander hat Martha Freundinnen im Team: „Ich finde es immer noch toll. Das war oft ein Streitpunkt, weil gesagt wurde, wenn man befreundet ist, geht die Kritikfähigkeit verloren, ich habe das nie so erlebt". Für sie ist es im Gegenteil etwas, „was die Arbeit schön macht" (S. 19).

Lilly (F28): Lilly hat private Kontakte zu einigen Kolleginnen, glaubt aber, „daß das teilweise im Team schwieriger ist, wenn man befreundet ist, weil das so gesehen wird, daß sich Grüppchen gegen die anderen bilden" (S. 20).

(F32): Julia ist mit Teamfrauen, die sie schon lange kennt, befreundet, ist aber „sehr vorsichtig, weil das leicht zu Verflechtungen führen kann, die schwierig in der Arbeit sind, ich habe das erlebt" (S. 14).

– *Die ideale persönliche Position liegt in der Teammitte*: Den meisten interviewten Frauenhausmitarbeiterinnen kommt aufgrund ihrer langen Mitarbeit eine wesentliche Rolle im Projekt zu, die im Widerspruch zu ihrem Gleichheitsbedürfnis steht. Entsprechend kreisen ihre Gedanken um ihre Vorrangstellung im Team. Fast alle äußern sich einschränkend zu ihrer herausgehobenen Position, fühlen sich zur Vorsicht aufgerufen oder stellen ihre Verunsicherung dar, denn zu viel Macht weckt die Angst, ausgestoßen zu werden.

Auch für die *Beratungsmitarbeiterinnen* spielt das Team eine zentrale Rolle für die eigene Befindlichkeit, dennoch wird es nicht als Wert an sich herausgestrichen, an das sich Hoffnungen und Gefühle heften. Es gibt sogar einige, die Kritik an Teamarbeit äußern. Das Bild der Beratungsprojekte ist aufgrund vielfältiger Größen- und Strukturunterschiede recht heterogen. In allen Projekttypen finden sich sowohl Zufriedenheit als auch Unzufriedenheit mit dem Team und der eigenen Position, wobei das Team mal eine hochbesetzte, mal eine inzwischen weniger wichtige Rolle spielt. Enge

Freundschaften zwischen einzelnen sind in der Mehrheit der Projekte ein umstrittenes Thema gewesen oder heute Thema. Nur bei ganz wenigen nimmt die eigene Stellung gefühlsmäßig einen größeren Raum ein als das Team. Als Personen beschreiben sich alle, die sich dazu äußern, als mehr oder weniger stark, eine hat Skrupel wegen ihrer mächtigen Position. Hier wieder die Ergebnisse in größerer Detailliertheit:

–  *Das Team zwischen Entlastung und zusätzlicher Belastung*: Beim Team wird mehrheitlich Entlastung gesucht, aber wenn das Team diese nicht bietet, dann wird es auch so gesagt.

Antje (B26): Bei den Teamsitzungen in Antjes Projekt fehlt „fast nie jemand", denn „so ein Team ist ein gewisser Ausgleich zu der Arbeit, die wir machen" (S. 27).

Berta (B27): Berta empfindet das Team als „was Entlastendes", denn „ich muß an bestimmten Punkten nicht allein Entscheidungen treffen, sondern kann mich auf das Team berufen" (S. 8).

Rena (B28): Rena berichtet einerseits von Unzufriedenheit: „Die Teamsitzungen und Teamtage sind für alle Frauen mit Stöhnen verbunden und alle sagen, es ist irgendwie zu viel, aber wir haben es noch nicht hingekriegt" (S. 4), denn es fehlt die nötige Struktur, aber auch ein Maß an Auseinandersetzung und Anerkennung. Aber trotzdem „ist das Team was Wichtiges und hat einen großen Stellenwert" (S. 27).

–  *Das eigene Verhältnis zum Team*: Für Mitarbeiterinnen in koordinierenden oder leitenden Positionen rückt das eigene Verhältnis zum Team und insbesondere das eigene Bemühen um das Team in den Vordergrund, indem offizielle Hierarchien inoffiziell freundschaftlich umdefiniert werden oder das Gefühl der Aufgehobenheit trotz Leitungsfunktion betont wird.

Lore (B34): In ihrer Zwischenstellung als Leiterin einer Teilgruppe hat Lore einerseits das Gefühl, bei Entscheidungen fragen zu sollen und vermutet dasselbe Gefühl bei ihren Mitarbeiterinnen, andererseits führt sie das nicht auf Hierarchie, sondern auf Erfahrungsvorsprünge zurück, „was damit zu tun hat, daß wir so wenige sind und uns oft eher wie Freundinnen behandeln als Unter- und Übergebene" (S. 12).

Nelly (B35): „Wir fühlen uns aufgehoben im Team, weil wir Entscheidungen gemeinsam treffen und die durch das Team abgesichert sind." (S. 14)

–  *Zögerliches Verhältnis zu Freundschaften im Team*: Nur ein Teil der Projekte empfindet Privatbeziehungen zwischen Mitarbeiterinnen als unproblematisch, ein anderer hat schmerzhafte Erfahrungen gemacht, so daß heute Vorsicht überwiegt, um das Gruppengleichgewicht nicht zu stören. Diese Rücksichtnahme wird als eigene geschildert, nicht als Verlangen des Teams.

Meike (B33): In Meikes Team gibt es befreundete Frauen, was aber nie Thema war, auch sie hat Freundinnen in ihrem Teilteam, „aber ich merke, daß mir ganz lieb ist, das ein bißchen aufzuteilen". Im Gesamtteam ist es ihr „angenehm, mit Frauen zu arbeiten, die zu mögen und mit denen partiell mal was zu machen, das aber nicht in meinem Alltag fortzusetzen, obwohl ich das nicht begründen kann" (S. 19).

Lara (B31): In Laras kleinem Team wird alles gemeinsam besprochen. Dennoch hat Distanz hat einen hohen Stellenwert. „Wir gucken, daß wir uns nicht zu nahe kommen. [...] Ich habe das Gefühl, wir fahren damit sehr gut." (S. 10)

Bella (B36): Debatten über private Beziehungen gab es in Bellas Team „sehr heftig, weil es in der Vergangenheit zwei Kolleginnen gab, die eine Beziehung in der Stelle hatten. Da haben wir oft drüber diskutiert, ohne jeden Erfolg. Sie haben das vertreten, daß das machbar sein muß und ich habe vertreten, daß das nicht machbar ist, weil es bei so wenigen Kolleginnen, wir waren zu fünft, das ganze Klima stört." (S. 18)

– *Ungleichgewichte zwischen Team und eigener Position*: Thema ist die eigene Position vor allem für die große Gruppe der Frauen, die eine herausragende Stellung einnehmen, eine Rolle, die einige lediglich konstatieren (neutral oder eher lustvoll), während andere Wert auf deren Begrenzung legen.

Auch wenn für die *Bildungsmitarbeiterinnen* das Team eine wichtige Funktion hat, scheint es doch für den Gefühlshaushalt weniger entscheidend als für Mitarbeiterinnen der anderen Bereiche. Zum Teil sind Team und Teamarbeit erst im Laufe der Jahre weniger bedeutsam geworden. Was ist gefühlsmäßig an ihre Stelle getreten? Am ehesten eine ambivalent, nicht selten überwiegend positiv besetzte, horizontale und vertikale Arbeitsteilung und ein Bewußtsein der eigenen individuellen Rolle. Privatbeziehungen im Team gehören auch für sie zum gefühlsbesetzten Bereich, dessen Klärung wichtig ist. Ausnahmslos alle äußern sich zu ihrer eigenen Position im Team und sehen sich mehr oder weniger explizit als starke Frauen.

– *Der relative Wert des Teams*: Ein gutes Team ist zweifelsohne ein Vorteil, aber da die Realität häufig eher konfliktreiche und enttäuschende Momente der Zusammenarbeit bereithält und zudem nicht immer dem Zeitaufwand entsprechend ertragreich ist, läßt sich ein Teil der Aufgaben besser allein oder arbeitsteilig erledigen. Eine entlastende Funktion kommt dem Team selten zu, dennoch wird eine gegenseitige Stärkung begrüßt und angestrebt.

Mara (K25): Für Mara hat Teamarbeit „nicht mehr den Stellenwert, wie es mal war. Ich bin der Teamarbeit etwas müde geworden, vor allen Dingen der Teamarbeit mit Frauen. [...] Ich fand die Teamarbeit bei uns im Projekt teilweise sehr nervenzerrend. Manche Dinge hätte ich allein schneller und besser klären können" (S. 19).

– *Projektwahrung in wenigen Händen*: Angesichts der leidvollen Erfahrungen und der mühsamen Aufbauarbeit weniger verbliebener Gründerinnen, ist es sinnvoll, Entscheidungsbefugnisse zu konzentrieren und abzusichern. Ob das schade ist oder nicht, ist weniger Thema, als festzustellen, daß es eine solche Entwicklung gibt. Dem Engagement für das Team tut das keinerlei Abbruch, eher im Gegenteil.

Elfi (K28): Elfi fühlt sich „wie die Mutter" (S. 2) in ihrem Projekt, denn sie kümmert sich am meisten um die anfallenden Aufgaben und um das Wohlbefinden aller.

– *Privatbeziehungen kommt eine Bedeutung zu, aber keine entscheidende*: Auch ein Teil dieser Projekte ist durch starke Konflikte wegen einzelner Beziehungen gegangen. Heute ist Vorsicht eingekehrt, Beziehungen nicht zu eng werden zu lassen, dafür vorhandene Freundschaften zu schützen und nicht Arbeitskonflikten zu opfern.

Rosa (K24): Mit einer Frau im Team war Rosa früher privat befreundet, was sie aber schwierig fand, weil „Konflikte überschwappen vom Privaten ins Berufliche oder vom Beruflichen ins Private", so daß sie „jetzt nur eine berufliche Beziehung haben" (S. 15).

Elfi (K28): Mit privaten Beziehungen wird in Elfis Projekt „sehr vorsichtig" umgegangen, „weil wir Angst haben, daß wir diese acht Stunden mindestens, die wir hier miteinander verbringen, nicht mehr so gut verbringen können" (S. 16). Dennoch gibt es auch einige gemeinsame private Aktivitäten.

– *Eigene starke Positionen werden geschätzt*: Die eigene Stärke wird tendenziell als etwas gesehen, das zum Nutzen des Projektes eingesetzt wird, nicht als das Projekt gefährdend. Dennoch gibt es ein Bewußtsein darüber, daß damit alte basisdemokratische Positionen verlassen wurden.

*Resümee*: Phantasien über die Einheit von Arbeit und Leben und Hoffnungen auf unbeschwerte, stützende Beziehungen unter Frauen sind der Ernüchterung und einem hohen Grad an Vorsicht gewichen. Dennoch gibt es Nähe unter Mitarbeiterinnen, insbesondere als einzelne finden sie bei Kolleginnen Hilfe in Notsituationen und Aussprachemöglichkeiten. Bei Problemen ist die Gruppe der Mitarbeiterinnen häufig weiterhin ein Ort der Aufgehobenheit; weniger einfach ist die Situation in Fragen gegenseitigen Kräftemessens und des Umgangs mit unterschiedlicher Stärke und unterschiedlichen Fähigkeiten (vgl. Flaake 1993).

Die Verschiedenheiten zwischen den drei Arbeitsfeldern beziehen sich im wesentlichen auf den jeweiligen Grad des Festhaltens am Teamideal. Entsprechend variieren Hoffnungen, Wünsche und Ängste bezogen auf die eigene Position im Kolleginnenkreis. Diese Variationen lassen sich zudem aus den entsprechenden Arbeitsanforderungen und Projektstrukturen, vor allem von Frauenhäusern mit ihrer engen Zusammenarbeit auf der einen und Bildungsprojekten mit ihrer Arbeitsteilung auf der anderen Seite erklären. Die Beratungsprojekte nehmen entweder eine mittlere Position oder aber eine extreme ein hinsichtlich der Aufrechterhaltung bzw. Verwerfung alter Ideale. Allen gemeinsam ist eine aus Erfahrungen gewachsene Zurückhaltung im Umgang mit Freundschaften unter Teammitgliedern, seien sie Liebes- oder Freundschaftsbeziehungen, denn zuviel Nähe ist für die Zusammenarbeitsfähigkeit prekär – ebenso eine zu große Distanz und gegenseitiges Desinteresse. Daraus kann das Fazit gezogen werden, daß Verbindendes trennen und Trennendes letztlich auch wieder verbinden kann, denn der Blick füreinander bedarf ebenso eines Maßes an Distanz als auch eines gewissen Grades an Einfühlungsvermögen und Nähe.

## 7. Resümee: Aktuelle Aufgaben und Fragestellungen

Das frauenpolitische Anliegen der Projektebewegung läßt sich als emanzipatorische Förderung von Frauen zusammenfassen, ob die Projekte in Not geratenen Frauen und Mädchen eine Zufluchtsstätte bieten, sie stützen und beraten, Bildungsprozesse vermitteln oder aber Treffpunkte und Austauschmöglichkeiten geschaffen haben. Dieses Ziel wird durch die Lobbyfunktion der Projekte für die Anliegen von Frauen und Mädchen unterstrichen, wobei an die Stelle allgemeiner Forderungen nach gesellschaftlicher Veränderung eine Spezialisierung und Konkretisierung der Belange getreten ist. Die Projekte machen nach außen Frauen und Mädchen sichtbar und verleihen ihren Problemen Gewicht, und nach innen vermitteln die Mitarbeiterinnen Frauen und Mädchen, daß sie ernst genommen werden, daß ihnen geglaubt und zugehört wird, und sie hier ausreden dürfen. Diese Grundorientierung aller drei Projektbereiche – Frauenhäuser, Bildung und Beratung – kommt einem gesellschaftlichen Skandal gleich, denn das heißt nichts anderes, als daß diese zwischenmenschlichen Selbstverständlichkeiten für Frauen und Mädchen in unserer Gesellschaft eben nicht selbstverständlich sind, sondern es der Projekte bedarf, um diese Basisbedürfnisse zu befriedigen. Die andere Seite der Frauen- und Mädchenprojekte besteht darin, zur gesellschaftlichen Beruhigung, z.B. über Gewalt gegen Frauen benutzt zu werden und Frauenprobleme in eine soziale Nische abzuschieben. Ob die Projekte dazu beitragen, Frauenfragen als nur Frauen betreffende Probleme und nicht als Ausdruck des allgemeinen Geschlechterverhältnisses mißzuverstehen, ist schwer zu entscheiden. Wenn es gelingt, über die Projekte den Anspruch auf gesellschaftliche Teilhabe und auf Berücksichtigung geschlechtsspezifischer Lebenslagen zu vertreten, sind sie eindeutiger Bestandteil weiblicher Stärke und keineswegs Ausdruck öffentlicher Schwäche. Chance und Problem von Frauen- und Mädchenprojekten liegen darin, einerseits auf der beruflichen Ebene Angebote für Frauen und Mädchen zur Verfügung zu stellen und andererseits auf der politischen Ebene auf besondere Problemlagen von Frauen und Mädchen aufmerksam zu machen. Diese doppelte Aufgabenstellung im Bereich von Beruf und Politik kann jedoch nur dann erfolgreich sein, wenn die Projekte aus der Frauenbewegung, Frauenforschung und Frauenpolitik Unterstützung erhalten.

## 7.1 Die Projekte und ihre Strukturen

Entwicklungsprozesse

Die Frauen- und Mädchenprojekte haben im Kontext der Alternativbewegung der siebziger und achtziger Jahre berufspolitisches Neuland betreten. Ihre Unterstützungsangebote und ihre konkrete Form der Hilfeleistung sollten die Bornierungen konventioneller Institutionen im sozialen, psychosozialen und Bildungsbereich überwinden. Als Selbsthilfeorganisationen wollten sie persönliche und politische Veränderungen aller Beteiligten ermöglichen, ohne Frauen und Mädchen zu Objekten von Unterstützung und Bildung zu machen. Nicht Distanz, Besserwissen und Anpassung standen im Vordergrund, sondern herkömmliche Aufspaltungen und Entfremdungen sollten durch neue Projektstrukturen und Arbeitsformen überwunden werden. Diese anderen Formen der Begegnung und des Umgangs galten Team und Nutzerinnen gleichermaßen und schienen durch kollektive Ansätze einlösbar. Selbstverwirklichung sollte für Projektfrauen und Adressatinnen eine Chance erhalten, die weniger als verschiedene Gruppen, denn als Gemeinschaft der Frauen gesehen wurden.

Heute präsentieren sich die Projekte moderater, denn bald zwei Jahrzehnte Erfahrungen mit diesem Experiment zeigen auch die Schattenseiten des neuen Modells. Meist ist es zu Verbindungen zwischen alten Formen und neuen Ideen gekommen, die sich in der Praxis als effektiver und frustrationsärmer herausgestellt haben. Es gibt inzwischen fast überall Formen von Arbeitsteilung, Ansätze formeller oder informeller Hierarchiebildungen und Kompetenzdifferenzierungen nach Erfahrung und Ausbildung, in dieser Reihenfolge. Nicht selten sind diese Verbindungen auf der Ebene politischen Bewußtseins mehr oder weniger schuldbesetzt. Bedeuten sie doch, Abschied zu nehmen von Vorstellungen alles klärender Selbstregulierungskräfte und solidarischer Einheit gleichgesinnter Frauen. Dieser Trauer zum Trotz erweisen sich klare Strukturen durch Delegation oder Bündelung von Aufgaben und Entscheidungsbefugnissen im Arbeitsalltag überwiegend als erleichternd, sofern sie transparent gemacht werden und gerecht und sinnvoll erscheinen.

Generationswechsel

Nicht unterschätzt werden darf, daß das subjektive Empfinden gegenüber selbsthergestellten Strukturen ein gänzlich anderes ist als gegenüber vorgefundenen. Woraus jedoch nicht zu schließen ist, jede Projektgeneration könne die Entwicklung von puristischer Basisorganisation zu differenzierten beruflichen Strukturen immer wieder selbst neu durchleben, um diesen Prozeß auf der Grundlage eigener Erfahrungen nachzuvollziehen. Daher findet immer nur die erste und eventuell ansatzweise die zweite Generation der Mitarbeiterinnen Pionierinnensituationen vor. Spätere Generationen werden hingegen mit vorhandenen Strukturen konfrontiert und stehen vor der Frage, ob und inwieweit sie diese verändern wollen und können. Lediglich die erste Generation verkörpert das Projekt im umfassenden Sinne, späteren tritt es auch gegenüber mit entsprechenden Folgen für Selbstverwirklichung, Identifikation und Arbeitshaltung. Das Generationenproblem wird heute, im „mittleren" Alter vieler Projekte deutlich, denn die Übergabe an nächste prägende Generationen steht seit einiger Zeit auf der Tagesordnung (Freytag 1993b, Sichtermann/Siegel 1993). Nur wenig Frauen begreifen Projektarbeit als lebenslange Aufgabe, viele fragen sich nach einem Jahrzehnt Mitarbeit, was sie weiter machen wollen, sind von der Arbeit ausgebrannt, von Projektstrukturen und der Zusammenarbeit unter Frauen frustriert oder einfach auf der Suche nach neuen Herausforderungen. Nachfolgende Frauen bedürfen anderer Qualifikationen als die Gründungsmütter, weil die Projekte immer stärker fachlich orientiert sind und genaue Kenntnisse in finanziellen, organisatorischen und verwaltungstechnischen Belangen erfordern. Welche Rolle in Zukunft die Orientierung an Zielen der autonomen Frauenbewegung spielen wird, ist eher offen. Eine allgemein frauenbewußte Position scheint schon derzeit vielen Projekten ausreichend. Für viele neue Mitarbeiterinnen ist ein Projekt zunächst einmal ein Arbeitsplatz mit Hoffnung auf einen frauenpolitisch sinnvollen, aber auch angenehmen Berufsalltag. Möglicherweise spielen künftig gewerkschaftliche Forderungen innerhalb der Projektebewegung eine entsprechend größere Rolle, es sei denn, die Arbeitsmarktlage wird noch schwieriger für Frauen. Denkbar ist allerdings auch (vermutlich jedoch weniger häufig), daß sich das Generationenverhältnis umgekehrt darstellt, indem neue Generationen alte Prinzipien der Frauenbewegung einfordern, die die erste Generation aufgegeben oder modifiziert hat. Ein wichtiges Problem zwischen den Generationen ist bisher ungelöst geblieben: die organisierte und strukturierte Weitergabe von Kenntnissen und Erfahrungen.

## Arbeitskonflikte und Arbeitsstrukturen

Wenn dem so ist, daß quasi gewerkschaftliche Probleme an Bedeutung zunehmen, stellt sich eine Reihe neuer Fragen: Haben Frauen- und Mädchenprojekte Züge von Tendenzbetrieben mit entsprechenden Rechten der Arbeitgeberinnenseite (z.B. Einstellung und Entlassung aus Gesinnungsgründen) und entsprechend geringen Möglichkeiten der Vertretung und Durchsetzung arbeitsplatzbezogener Forderungen auf Arbeitnehmerinnenseite? Noch schwieriger und eventuell noch wichtiger: Wer ist der jeweilige Adressat im Konfliktfall, solange vielfach eine zumindest teilweise Personalunion von Vorstand und Team (in den ganz überwiegend als gemeinnütziger Verein organisierten Projekten) existiert?

Zunächst zurück zur ersten Frage: Um den Begriff „Betrieb" auf Frauenprojekte anzuwenden, wird vorausgesetzt, daß sich systematische Unterschiede zwischen Mitarbeiterinnen und Adressatinnen herauskristallisiert haben, klare Grenzen zwischen Projekt-Innen und -Außen gezogen sind und ein Budget mit Einnahmen und Ausgaben zu verwalten ist. Das Konstrukt des Tendenzbetriebes ist aus „Arbeitgeberinnensicht" sinnvoll auf Projekte anwendbar, wenn z.B. eine Beratungsstelle für lesbische Frauen in erster Linie oder ausschließlich lesbische Frauen beschäftigt. Andererseits sind die Mitarbeiterinnen abhängig Beschäftigte und damit Arbeitnehmerinnen (und sei es abhängig vom Kollektiv, was die Interessenvertretung nicht immer einfacher macht), deren Rechte in Tendenzbetrieben geringer sind. Inwieweit in Konfliktsituationen parteiliche Unterstützungsinstanzen oder unabhängige Schiedskommissionen im Sinne von Mediation sinnvoll wären, sollte eingehend diskutiert werden. Denn es ist eine heillose Überforderung, Arbeitskonflikte allein bewältigen zu wollen und die Beschäftigung von Gerichten sollte erst nach Abwägen aller anderen Lösungen erwogen werden.

Nun ein Blick auf die zweite Frage: Teammitgliedschaft und Vorstandsfunktion in Personalunion, d.h. Arbeitgeberin und -nehmerin in einer Person ist in kleinen Vereinen nicht selten und führt zu entsprechenden Verwicklungen. Die andere in Vereinen häufig vorzufindende Struktur, daß ein Laienvorstand der Arbeit eines professionellen Teams vorsteht, ist häufig gleichermaßen problematisch. Beide Modelle sind dazu angetan, Konflikte vorzuprogrammieren. In den Frauen- und Mädchenprojekten werden Vorstandsfunktionen, Leiterinnenstellen oder Geschäftsführungsposten zunehmend weniger als Formalie behandelt, sondern spielen insbesondere in Auseinandersetzungen eine wichtige Rolle. Daher stellt sich nicht nur die Frage nach dem Umgang mit Hierarchien, sondern auch nach feministischen Managementstrategien, für die es inzwischen eine Reihe kompetenter Vordenkerinnen gibt (wie Marie Sichtermann, Anne Rösgen u.a.). Arbeitsteilige Strukturen mit hierarchischen Elementen können nicht nur arbeitserleichternd sein, sondern weitgehend nach demokratischen Kriterien aufgebaut werden, beispielsweise durch Kontrolle von unten und Befristung von Funktionsstellen. Klare Aufgabendefinitionen sowie Leit- und Orientierungslinien werden von Mitarbeiterinnen als angenehm empfunden, während Strukturlosigkeit zumeist mit Unbehagen einhergeht und verdecktes Gerangel um Einflußnahme oder aber ein Gefühl der Lähmung hervorruft. Dennoch sind auch Mitarbeiterinnen, die klare Strukturen und Leitungsansätze wünschen, ambivalent bis ablehnend gegenüber entsprechenden Veränderungen. Problem aller selbstverwalteten Gruppen ist, daß reorganisierende Schritte von innen heraus äußerst schwierig sind, da sie bedeuten, eingeschliffene individuelle und kollektive Spielräume zu limitieren, während Eingriffe von außen nicht selten erleichternd erlebt werden – auch wenn sie zuvor politisch bekämpft wurden.

Geschätzte Mittel der Konfliktlösung sind Teamsupervision und in zunehmendem Maße Organisationsberatung. Die Möglichkeiten letzterer werden dann überschätzt, wenn sie mit der Hoffnung einhergehen, Probleme technizistisch zu lösen und auf diese Weise störende, gruppendynamische Prozesse zu bereinigen. Projektstrukturen müssen von der Gruppe getragen werden, sonst stellen sich die alten Verhältnisse untergründig oder offen bald wieder her. Ein Vorteil klarer Strukturen liegt im Schutz vor Gefühlsüberschwemmungen, von denen offene Gruppensituationen immer wieder bedroht sind. In den Projekten gibt es ein Bedürfnis nach Flexibilität, aber auch nach organisatorischer Sicherheit, wobei die Gewichtung beider Elemente höchst unterschiedlich ist. Skylla und Charybdis der Projekte sind unfruchtbares Chaos auf der einen und bürokratische Verknöcherung auf der anderen Seite. Eine fruchtbare Mischung kann nur jeweils ausgehandelt, dann für eine Zeit festgeschrieben und anschließend evaluiert werden (was „normalen" Institutionen ebenso gut täte).

## Das Team

Rückgrat eines jeden Projektes ist das Team. Auch wenn die Erfahrungen viel Enttäuschendes zutage gebracht haben, ist das Team dennoch Ort vieler Wünsche und Arbeitserleichterungen geblieben. Vorstellungen wie „alle machen alles", „alle können alles", „alle verdienen das Gleiche" werden immer seltener vertreten, denn sie entsprechen nicht den vielfältigen Arbeitsanforderungen und auch nicht den Verschiedenheiten der Mitarbeiterinnen. Das beweist nicht, daß diese Vorstellungen von vornherein falsch waren, eher daß sie für historische und gesellschaftliche Ausnahmesituationen gelten, sich aber nicht ohne weiteres institutionalisieren lassen, sondern alltäglichen Erfordernissen und individuellen Unterschieden angepaßt werden müssen. Das Team wird heute nüchterner betrachtet, bietet aber hinreichend Vorteile, so daß kein Projekt daran denkt, die vertikal wenig differenzierten Teamstrukturen durch andere Modelle zu ersetzen.

Auf der Plusseite der Teamarbeit stehen: kollegiale Unterstützungs- und Absprachemöglichkeiten, Rückhalt bei schwierigen Entscheidungen, inhaltliche und emotionale Verankerung und Anerkennung. Das Bedürfnis nach Anerkennung ist in Frauenprojekten sicher größer als anderswo, da es als Ausdruck von Frauensolidarität gleichsam erwartet wird und weil allem Tun schnell eine Identitätsdimension anhaftet, was Anerkennung prekär macht. Zu Recht wird von Mitarbeiterinnen ein Zusammenhang zwischen Unfähigkeit zum Lob und Unfähigkeit zur Kritik hergestellt, denn beides setzt voraus, daß ich mir etwas herausnehme und zu erkennen gebe: 'Ich gucke, was du machst und erlaube mir, das zu beurteilen (positiv oder negativ), weil ich denke, daß ich das entscheiden kann.' Wenn das gegenseitige Mißtrauen aufgrund des Erwartungsdrucks groß ist, kann das (miß)verstanden werden als Kontroll-, Konkurrenz- und schlimmstenfalls als Vernichtungsblick. Auch Lob läßt sich als Machtgeste interpretieren, denn gelobt wird in unserer Gesellschaft von oben nach unten, von Vorgesetztem zu Untergebenem.

Auf der Negativseite der Teamarbeit wird veranschlagt, daß sie zeitintensiv ist und Konsens erforderlich macht, welche Entscheidungen individuell getroffen werden dürfen, welche ins Team gehören und welche darüber hinaus anfallen und von irgend jemandem getroffen werden müssen. Es gibt Projekte, die arbeitsteilige Entscheidungsmodelle favorisieren, andere fällen Entscheidungen nach dem Konsensprinzip (respektive gar nicht). Teamarbeit bringt also lange Wege für Entscheidungsprozesse mit sich und die verbreitete Konsenssuche beschneidet selbstverantwortliches Handeln. In manchen Bereichen wird Teamarbeit darüber hinaus durch den hohen Anteil an Teilzeitarbeit erschwert, der zum einen der Finanznot der Projekte geschuldet ist, zum anderen aber auch den Bedürfnissen vieler Frauen mit Kindern entspricht. So gesehen sind Teilzeitarbeitsplätze eine frauenfreundliche Einrichtung. Sie machen aber ein erhöhtes Maß an Koordinierung nötig und sind schwierig zu handhaben, wenn das Projekt auf schnelle Kommunikation angelegt ist, was bei geringer Arbeitsteilung und großer Entscheidungsbefugnis des Teams zwangsläufig der Fall ist. Inoffizielle Machtstrukturen in Teams zentrieren sich daher häufig um Zeit, d.h., Mitarbeiterinnen mit den längsten Arbeitszeiten haben die meisten Informationen und sind am häufigsten Ansprechpartnerinnen. Ebenso kommt den Verwalterinnen des Geldes, die den Überblick über die Finanzsituation haben, eine besondere Machtposition zu.

Ein anderer schwieriger Punkt ist das Einbeziehen von Migrantinnen in Projektteams.[42] Zunächst ist zu konstatieren, daß in den meisten Projekten wenig Migrantinnen arbeiten, es andererseits einige von Migrantinnen gegründete Projekte gibt, wo überwiegend oder ausschließlich Migrantinnen tätig sind. Die Zusammenarbeitsprobleme werden selten offen debattiert, da sie mit Vorwürfen von Migrantinnenseite und schlechtem Gewissen bei deutschen Frauen emotional aufgeladen sind. Ein Grund für den geringen Anteil von Migrantinnen und die genannten Schwierigkeiten dürfte sein,

---

42  Das wird in einem Wiener Workshop mit österreichischen und ausländischen Projektfrauen deutlich, wo Rassismus – je nach Position und Blickwinkel entweder als Realität, Angst oder Vorwurf – die Grenzen der Verständigung sichtbar machen und mit Enttäuschung registriert werden (Wohlatz 1993). Der vergebliche Versuch, antirassistische Grundsätze in Berliner Frauenprojekten zu verankern, zeugt gleichfalls von Problemen zwischen deutschen Frauen und Migrantinnen (Muriel 1993).

daß die Frauenbewegung generell wenig ausländische Frauen integrieren konnte, und es noch nicht viele Migrantinnen mit entsprechenden Ausbildungen respektive einer Berechtigung für arbeitsamtsgeförderte Maßnahmen gibt. Das führt zu konfliktträchtigen Notlösungen (z.b. Frauen ohne Ausbildung), wenn dringend Migrantinnen bestimmter Länder gesucht werden. Die Probleme verschärfen sich auf lange Sicht, wenn deutsche Mitarbeiterinnen vor lauter Wohlwollen oder Schuldgefühlen sich jeden kritischen Blick auf die Arbeit einer ausländischen Kollegin verbieten oder um allen Schwierigkeiten aus dem Weg zu gehen, von vornherein vor ausländischen Kolleginnen zurückscheuen. Die Verletztlichkeiten von Migrantinnen aufgrund ihrer negativen Lebenserfahrungen dürfen nicht unterschätzt werden, ebenso wenig die Ausländerfeindlichkeit manch deutscher Frauen und Mädchen in den Projekten und auch nicht die mangelnde Einsicht auf seiten deutscher Mitarbeiterinnen, daß sie selbst in den Augen vieler ausländischer Frauen zunächst einmal als Deutsche gesehen werden mit allen Assoziationen, die sich damit verbinden. Inzwischen gibt es Ansätze, sich mit diesen Fragen zu konfrontieren und antirassistische Schulungsprogramme zu besuchen.

## 7.2 Das Andere der Projekte

### Begriffe und ihre Signalfunktion

Ein Indikator für das „andere" Selbstverständnis der Projekte ist die Benutzung und Vermeidung bestimmter Begriffe. Zuallererst gilt das für den positiv besetzten Begriff „Projekt" selbst. Projekt signalisiert etwas Neues, für das Kreativität erforderlich ist und den Anspruch auf Veränderung und Aufbruch in sich trägt. Andererseits schreitet die – als Begriff eher negativ besetzte – Institutionalisierung voran und die Projekte ihrerseits streben eine Dauerexistenz an und keine befristete, wie für Projekte üblich. So gesehen möchten viele Projekte eine gesicherte Institution werden und nicht länger von kurzzeitigen Finanzierungen abhängen.

Der Begriff „Klientin" ist weiterhin ein Reizwort, denn die Projekte wollten ja vermeiden, Frauen zu Klientinnen zu machen, worunter Abhängigkeit, Über- und Unterordnung und Behandlung als Objekt verstanden wurde. Inzwischen gibt es jedoch Projekte, insbesondere im Beratungsbereich, die von Klientinnen sprechen oder gar von Fällen, dem alten sozialarbeiterischen Begriff. Im sozialarbeits- und therapieferneren Bildungsbereich wird ohne emotionalen Beigeschmack der Ausdruck Teilnehmerin bevorzugt, und Frauenhausmitarbeiterinnen sprechen zumeist von Bewohnerinnen, wobei es in Frauenhäusern allerdings gerade nicht nur um das Wohnen geht.

Gängige Begriffe zur Kennzeichnung der ethischen Grundlage des Anderen werfen mehr oder wenige große Definitionsprobleme auf: Während ein Teil der Projektfrauen sich stark mit dem Prinzip der Ganzheitlichkeit identifiziert und darunter das Einbeziehen verschiedenster Dimensionen in die Arbeit faßt, lehnen andere den Begriff als zu schwammig oder esoterisch ab und wieder andere können sich wenig darunter vorstellen. Vergleichsweise eindeutig definiert und von allen positiv bewertet wird allein Parteilichkeit, das Prinzip, grundsätzlich auf seiten der Frau zu stehen. Hingegen hat Betroffenheit für die Mehrheit seinen ursprünglich politischen Sinn weitgehend eingebüßt und meint heute zumeist unterschiedliche persönliche Formen der Anteilnahme.

Die in der Projektebewegung benutzten Begriffe signalisieren das Bestreben, andere als erstarrte Organisationsformen zu schaffen und anders als in einer reduzierten „Subjekt-Objekt-Haltung" mit den Frauen und Mädchen umzugehen. Dennoch ist kein Begriff heilig und erspart genauere Nachfragen und Erklärungen, gerade hochbesetzte Wörter sollten auf ihren Gehalt und ihre praktische Auswirkung auf das Handeln geprüft werden.

Projektideen und Projektatmosphäre

Auf der Ebene politischer Intention und politischer Aktion sind unter zwei Aspekten klare Aussagen über das Andere der Projekte möglich: bezogen auf die Projektideen und die Projektatmosphäre.

Mit Projektidee ist zunächst im wörtlichen Sinne die Idee gemeint, nämlich durch einen parteilichen Blick auf die Situation von Frauen und Mädchen, Sensibilität für Frauenprobleme zu entwickeln. Benachteiligungen und Unterdrückungen wurden enttabuisiert und Gegenmaßnahmen getroffen bzw. Hilfen angeboten. Das Spezifische dieses Ansatzes umfaßt die Kritik an bisherigen Defizitansätzen und die Formulierung eigener Erkenntnisse und Bedürfnisse auf der Basis weiblicher Lebenszusammenhänge. Wie schwierig und konfliktreich dieses Unterfangen ist und wie heterogen die Wege sind, die Frauen einschlagen, konnte erst in den neugeschaffenen Frauenräumen deutlich und wiederum für weitere kreative Lösungen genutzt werden. Kennzeichnend für das Andere ist auf der Ebene der Ideen die Entwicklung neuer Arbeitsformen und Projektstrukturen, deren Umsetzung sich gleichfalls als unerwartet problematisch erweist. Aber nur die Freiheit zu experimentieren, schafft Gewißheit über derzeitige Möglichkeiten und Grenzen und bereitet einen stabileren und gleichzeitig kritischeren Boden für Zusammenarbeit, Unterstützung und Weiterentwicklung, die in ihrer realistischen Begrenztheit durchaus geeignet sind, Mut zu machen.

Das Andere der Projektatmosphäre bezieht sich auf den emotionalen Rahmen für die eigentliche Aufgabe der Projekte, die Arbeit mit den Frauen und Mädchen selbst. Aller postmodernen Skepsis – auch unter Frauen –

zum Trotz, gibt es nach wie vor den überspringenden Funken unter Frauen, wenn sie spüren, sie können sich gegenseitig stärken, aneinander Halt suchen und für die eigene Situation Verständnis finden (vgl. Kontos 1989). Die daraus erwachsenden Sternstunden der Produktivität bilden gleichsam das emotionale Unterfutter der Projektarbeit für schwere Zeiten. Leichtigkeit im Umgang miteinander und angstmindernde Atmosphäre durch informelle Umgangsformen fördern Kreativität, bereiten Freude und schaffen neue Gewißheit über die eigenen Fähigkeiten. Die Frauen und Mädchen finden überschaubare Räume vor, treffen auf eine eher kleine Zahl Frauen, wo das Kennenlernen leichter ist und Fremdheitsgefühle schneller abgebaut werden können. Andere, die sich in formaleren, anonymeren Umgebungen wohler oder sicherer fühlen, werden eher derartige, recht zahlreich vorhandene Einrichtungen nutzen. Das spricht keineswegs für oder gegen die einen oder die anderen, außer daß sie vermutlich umgekehrt proportional zum Bedarf von Frauen und Mädchen anzutreffen sind. Zu den Projekten gehört auch, daß die Atmosphäre nicht immer und auch nicht in jedem Projekt gleichermaßen der beschriebenen entspricht, aber bekanntlich lernen wir nicht nur aus positiven Erfahrungen, sondern mehr noch aus unerfreulichen, wo dem eigenen Anspruch zum Trotz, Muffigkeit oder Interesselosigkeit das Klima prägen. Das soll nicht heißen, „anything goes", Hauptsache irgendwie Frauenprojekt, sondern, daß Frauenprojekte ebensowenig wie alle anderen Initiativen eine Gewähr dafür bieten, daß sie gelingen. Auch „gut gemeint" reicht nicht aus für erfolgreich und sinnvoll.

Die Durchlässigkeit der Arbeitsbereiche

Ein weiterer Aspekt des Anderen, der die Projektarbeit kennzeichnet, besteht in der Durchlässigkeit zwischen Bildung, Beratung, Betreuung und offenen Angeboten. Viele Frauenhäuser bieten auch Beratung und Bildung an und die meisten Beratungs- und Bildungsprojekte enthalten das jeweils andere Arbeitsfeld und leisten zudem offene Arbeit – letzteres insbesondere in den wieder neu entstandenen Frauenzentren im ländlichen Raum. Die Durchlässigkeit zwischen verschiedenen Arbeitsbereichen senkt die Schwellenangst: Frauen und Mädchen müssen sich nicht gleich als problembeladen darstellen, sondern können mit unspezifischen Wünschen und Ängsten zunächst einmal einen offenen Treff oder einen Kurs aufsuchen und dann entscheiden, ob sie sich dort mit ihren Problemen und Sorgen aufgehoben fühlen; und andersherum wird es Bewohnerinnen von Frauenhäusern leicht gemacht, Kontakte zu Beratungs- und Bildungsmaßnahmen zu knüpfen. Der Nachteil oder besser die Schwierigkeit, die aus dieser Durchlässigkeit erwächst, bezieht sich auf deren Bewältigung durch die Mitarbeiterinnen. Auf der Angebotseite muß die geschaffene Durchlässigkeit mit einer besonderen Klarheit korrespondieren, damit sich Mitarbeiterinnen und Adressatinnen im Cafébereich eines Beratungs- oder Bildungsprojektes oder im Flur eines Frauenhauses nicht in einem tiefgreifenden Beratungsgespräch wiederfinden, ohne dieses bewußt eingegangen zu sein. Das setzt hohe Ansprüche an professionelles Handeln voraus, denn die Mitarbeiterinnen sollten angesichts der vorhandenen Durchlässigkeit immer sehr genau wissen, wo sie sich befinden: in einer offenen Gruppe, einem Küchen- oder Cafétischgespräch, einer Beratung oder einer Bildungsveranstaltung. Zu ihrer Aufgabe gehört, ihr Handeln auf diese unterschiedlichen Situationen einzustellen und jeweils andere Elemente (wie Beratung am Küchentisch) nur sehr bewußt und überlegt einfließen zu lassen. Darin steckt tendenziell eine strukturelle Überforderung, aber auch eine besondere berufliche Herausforderung. Es ist ein Experiment und ein Wagnis, das ebenso viele Chancen wie Absturzgefahren enthält und deswegen dennoch eingegangen werden sollte, denn der Vorteil für die Adressatinnen wiegt die möglichen Probleme auf, wenn sich die Mitarbeiterinnen konzeptionell für diesen neuen Ansatz entscheiden und entsprechend Sorge tragen.

## 7.3 Arbeit in den Projekten

Was gilt als Arbeit?

Eine nur scheinbar merkwürdige Frage, die nicht nur in Frauen- und Mädchenprojekten, sondern im gesamten sozialen Bereich in unterschiedlichsten Kontexten anfällt und gestellt wird. Von Betroffenen und von der Öffentlichkeit wird bei sozialpädagogischer Arbeit nicht selten in Zweifel gezogen, daß „das" Arbeit sein soll und auch die MitarbeiterInnen selbst sind sich nicht immer sicher. Wie sinnvoll es ist, darüber nachzudenken, was als Arbeit gilt, wurde mir bei einem Auftritt von Tina Turner deutlich, die in erfrischender, amerikanischer Unbefangenheit ihrem Publikum unter brausendem Beifall zurief: „I'm gone work for you". Meine erste Reaktion war, sie singt und tanzt doch (nur?) und das Arbeit zu nennen, fand ich unangemessen. Doch bei längerem Nachdenken und näherem Hinsehen, konnte ich ihr nur recht geben und sie nicht zuletzt für die Selbstverständlichkeit, mit der sie ihre Tätigkeit als Arbeit definiert hat, beneiden. Die Projektfrauen sagen und denken es oft nicht, ebenso wenig tun es die Adressatinnen; dem Thema scheint etwas peinliches anzuhaften (auch ich mache es in der Lehre nicht immer deutlich). So berichtet die Mitarbeiterin eines Mädchenprojektes, die Mädchen wären sehr erstaunt gewesen, daß die Mitarbeiterinnen nicht „nur so" etwas mit ihnen machen, sondern dafür bezahlt werden und die Arbeit mit ihnen ein richtiger Beruf ist. Hinter dem Erstaunen mag die Kränkung liegen, bezahlter Frauen für die Freizeit oder für Problemlösungen zu bedürfen, denn das widerspricht dem Nimbus der ausgefüllten, glücklichen Privatsphäre, insbesondere wenn keine Gegenleistungen dafür erbracht werden müssen.[43] Andererseits mag darin auch ein Versäumnis der Mitarbeiterinnen liegen, ihre Arbeit als eine für beide Seiten gewinnbringende deutlich zu machen. Nur, wie macht frau so etwas klar? Sicher zumindest ist, daß Tätigkeiten, wie in einem offenen Treff für eine gute Atmosphäre zu sorgen, eine anstrengende Arbeit ist.

Die Unsicherheit darüber, was Arbeit ist, verleitet dazu, alles, was am Arbeitsort stattfindet, gleichermaßen als Arbeit zu bezeichnen und als Arbeitszeit zu verstehen; ohne dadurch wiederkehrende Zweifel auszuräumen, ob die eigenen Tätigkeiten auch wirklich „richtige" Arbeit sind. Diese Unklarheit bedeutet für Mitarbeiterinnen eine ständige psychische Anspannung und Belastung. In vielen Projekten gibt es beispielsweise keine offiziellen Pausenregelungen, was zwangsläufig dazu führt, daß Arbeit und Pausen unmerklich ineinander übergehen. So können Teambesprechungen, die nicht als solche deklariert worden sind, als Kaffeepause empfunden werden, während längere Klöngespräche mit Kolleginnen nicht als Pause angesehen werden. Ohne gleich in das andere Extrem zu verfallen, à la Fließbandarbeit jede kurze Unterbrechung zu vermerken und gar vom Lohn abzuziehen, wäre doch eine klarere Trennung zwischen Arbeit und Pausen angebracht, um einerseits eine größere Sicherheit gegenüber der eigenen Arbeitsleistung zu gewinnen und sich andererseits ohne Schuldgefühle das Recht auf Unterbrechungen zu nehmen. ·

Expertinnentätigkeit

Im Gegensatz zur Anfangszeit der Projekte gilt Expertinnentum keineswegs mehr als verdächtig oder gar frauenfeindlich. In den allermeisten Projekten haben sich Formen der Expertise herausgebildet und werden als Arbeitserleichterung empfunden, ob sie Organisation und Verwaltung, Öffentlichkeitsarbeit oder spezielle Kenntnisse in Beratung und Bildung betreffen. Doch die alte Überzeugung, daß die eigentlichen Expertinnen die Frauen und Mädchen selbst sind, sollte nicht einfach ad acta gelegt, sondern als Provokation ernst genommen werden. Nicht Fachleute (ob Frauen oder Männer) haben die „wahren" Erklärungen über die Hintergründe, den Verlauf und das Ausmaß des Problems, vielmehr hat sich ihr Eingreifen oder Nichteingreifen an den Erklärungsmustern der Frauen und Mädchen selbst zu orientieren. Das Schmerzliche daran ist, daß es einschließt, Erklärungen und Verhaltensweisen zu akzeptieren, die den Mitarbeiterinnen selbst unakzeptabel erscheinen. Dann muß es darum gehen, gemeinsam nach Verstän-

---

43  Anders ist es, wenn ich mir teuer bezahlte Freizeit (oder Therapie) „leiste". Dann kann aus der Inanspruchnahme eher Prestige bezogen werden, da ich etwas für mein Vergnügen bzw. meine Gesundheit/Reflexionsfähigkeit tue.

digung und künftigen Wegen zu suchen. Das gilt nicht für aktiv oder passiv betroffene Minderjährige und nicht in lebensbedrohlichen Grenzsituationen. Da sind die Fachfrauen allein verantwortlich, aber auch nur dann.

Die Initiatorinnen des Prinzips, daß Frauen ihre eigenen Expertinnen sind, konnten nicht ahnen, daß damit Frauen nicht nur ein Recht auf Selbstbestimmung gegenüber patriarchalen Mächten zugesprochen wird, sondern daß diese Selbstbestimmung auch gegenüber der Sichtweise und dem Rat frauenbewegter Frauen gilt und in Anspruch genommen wird. Das zu ertragen, muß somit Teil der professionellen Haltung werden, ohne die Frauen und Mädchen deshalb innerlich aufzugeben oder ihnen in allem zu folgen. Die hier sichtbar werdenen Differenzen unter Frauen machen es nötig, Vorgehensweisen, Ansprüche und Ziele klar zu definieren, so daß beide Seiten Entscheidungen treffen können: die Frau oder das Mädchen, ob sie in einem bestimmten Projekt mit darzulegenden Angeboten und Anforderungen sein will oder nicht und die Mitarbeiterin, mit welchen Frauen und Mädchen sie arbeiten will und mit welchen nicht. Eine derartige Haltung birgt Härten in sich, die aber meines Erachtens – je nach Handhabung – richtig sind, da so Zuständigkeiten deutlich werden und Eigenverantwortlichkeit gestärkt wird. Frauen sind nicht nur gemeinsam stark, sie stehen sich auch gegenüber, beides muß möglich sein. Das erfordert Toleranz und zwar in erster Linie von den Mitarbeiterinnen als Teil ihrer beruflichen Haltung.

Der Hausfrauenanteil der Arbeit

Neben der Expertinnentätigkeit spielt der Hausfrauenanteil an der Projektarbeit eine nicht zu unterschätzende Rolle. Während ein Teil der Mitarbeiterinnen mit Hausfrauenarbeit Haushaltsführung assoziiert, sehen andere darin Mütterlichkeit und Fürsorglichkeit, wieder andere denken an den ganzen Bereich der Alltagsorganisation, manche kombinieren verschiedene Aspekte. Es gibt Mitarbeiterinnen, die sich mit der anfallenden Hausfrauenarbeit identifizierten, andere distanzieren sich mehr oder minder vehement davon. Aus der Unterschiedlichkeit der Assoziationen ist zu schließen, daß dieser Teil der Arbeit, der offenbar in der einen oder anderen Weise, mehr oder weniger zeitaufwendig, für die Mehrheit der Projekte eine Rolle spielt, eindeutiger gefaßt werden müßte. Hausarbeit als Teil von Erwerbsarbeit ließe sich klassifizieren als Hausmeistertätigkeiten, Alltagskoordinations- und Managementaufgaben und Betreuungsfunktionen. Das Benennen dieser verschiedenen Tätigkeiten erscheint mir wichtig, um den Hausfrauenanteil der Arbeit einordnen zu können und nicht nur als lästige Störungen wahrzunehmen und um ausreichend Zeit einzukalkulieren.

Das führt zum nächsten Problem, nämlich der Bewertung dieser und anderer „niedriger" Tätigkeiten. Die Ablehnung hierarchischer Arbeitsstrukturen und qualifikationsorientierter Bezahlung ist eine gleichheitsfördernde

Position, bringt aber eine Reihe von Dilemmata mit sich. Wenn Tätigkeiten wie Putzen und Tippen keiner Frau zuzumuten sind und keine Frau für derartige Aufgabe eingestellt werden soll, dann muß diese Arbeit von überqualifizierten und damit teuren Mitarbeiterinnen geleistet oder ehrenamtlich bewältigt werden. Zum anderen wird die große Zahl Frauen, die diese Berufe ausübt, in ein schlechtes Licht gerückt: Entweder sie sind so unterdrückt oder so beschränkt, daß sie „nur" solche Tätigkeiten auszuführen vermögen. Daher muß überlegt werden, wie frau aus dieser Zwickmühle wieder herauskommt. Ein ganzer Teil der Projekte beschäftigt inzwischen Putzfrauen, andere haben Verwaltungsfrauen oder delegieren die Buchhaltung an Frauen außerhalb des Projekts. Zweifelsohne ist das ein Schritt weg vom „Anderen", dennoch sind weder ein schlechtes Gewissen noch Häme angebracht, sondern diese Entwicklung drückt eine veränderte Haltung zu Arbeitsteilung und unterschiedlichen beruflichen Qualifikationen aus.

## Der Umgang mit Qualifikationen

Der alte Streit in der Frauenarbeit (und in der sozialen Arbeit), ob es zu ihrer Ausführung eher der Kenntnisse oder vornehmlich mitmenschlicher/fürsorglicher Fähigkeiten bedarf, spielt auch in den heutigen Frauenprojekten eine Rolle. Ein Teil der Projekte setzt bei der Frage nach der notwendigen Qualifikation für die Arbeit mehr auf persönliche Fähigkeiten und Überzeugungen, ein anderer Teil mehr auf Kenntnisse. Schon in der ersten Frauenbewegung war es höchst umstritten, welcher Bildung Frauen bedürfen und welche Bedeutung der „geistigen Mütterlichkeit" zukommt (Brückner 1992). Auch wenn diese Sprache aus der Mode gekommen ist, verbirgt sich hinter dem Konflikt die gleiche Kontroverse, die bis heute nicht ausgestanden ist. Solange Wissen und persönliche Fähigkeiten in Konkurrenz zueinander gesehen werden, ist diese Frage auch nicht lösbar, denn Geist und Gefühl bedingen einander bei beruflichen Tätigkeiten im sozialen Bereich. In zwischenmenschlichen Berufen ist die persönliche Fähigkeit, die eigene Gefühlswelt und die anderer Menschen reflektieren und analysieren zu können, wesentlicher Bestandteil von Professionalität. Andererseits meinte humanistisch verstandene Bildung noch nie lediglich Wissensvermittlung im luftleeren Raum, jenseits jeden Vermögens, soziale Zusammenhänge und menschliche Gefühle einzubeziehen.

Die Positionen der Frauenprojekte haben sich insofern verändert, als Ausbildungen und insbesondere Fort- und Weiterbildungen inzwischen einen höheren Stellenwert erhalten. Damit einhergehend scheint ein neuer Trend am Horizont aufzutauchen: das Verhaltenstraining. Während bisher Therapie und Selbsterfahrung hoch im Kurs standen, wächst zunehmend der Glaube an die Wirkung von Trainings, zumal in Form von Kurzkursen: Rhetoriktrainings, Führungstrainings, Verhandlungstrainings, Vorstellungstrainings usw. Frappierend daran ist, wie schnell und bruchlos solche Moden umkippen. Unbestreitbarerweise kann es sinnvoll sein, sich des eigenen Verhaltens und vorhandener Schwachpunkte bewußt zu werden, Verhaltensänderungen zu üben und per Video zu kontrollieren, aber das eigene Verhalten ist kein Ding, daß sich ohne weiteres formen läßt, sondern integraler Bestandteil der Persönlichkeitsstruktur.

## 7.4 Zusammenarbeit unter Frauen

Zusammenarbeit unter Frauen scheint von zwei Extremen gekennzeichnet: entweder sie geht sichtlich besser oder sichtlich schlechter als in anderen Konstellationen. Das gleiche gilt für Beziehungen: entweder sie sind geprägt von großer Offenheit und Anteilnahme oder gegenseitige Gereiztheit und Intoleranz sind deutlich spürbar. Das macht Frauen nicht zum emotionaleren Geschlecht, sondern zeigt lediglich, daß Frauen anders mit ihren Emotionen umgehen, mit allen Vor- und Nachteilen, die diese geschlechtsspezifischen Verhaltensweisen am Arbeitsplatz aufweisen.

### Institutionsfrauen und Projektfrauen

Das traurigste Kapitel ist die Zusammenarbeit zwischen Institutionsfrauen mit Entscheidungsbefugnissen und Projektfrauen.[44] Da wimmelt es nur so von gegenseitigen Mißverständnissen und Ängsten, und das Gefühl dominiert, benachteiligt respektive verkannt zu werden. Die Frauen, die in politischen und beruflichen Begegnungen einander wie Kontrahentinnen gegenübertreten, müssen keineswegs aus politisch verschiedenen Richtungen kommen, sondern können durchaus prinzipiell wohlwollend zueinander eingestellt sein: Projektfrauen, die es richtig finden, daß Frauen in Institutionen arbeiten und dort Entscheidungsfunktionen übernehmen und Institutionsfrauen, die entweder selbst aus der Frauenbewegung kommen oder aber ihr positiv gegenüberstehen.[45] Das scheint jedoch kaum etwas im Sinne erleichternder Kommunikationsmöglichkeiten und angenehmer Umgangsfor-

---

44 Wie schwer es Projekt- und Institutionsfrauen fällt, selbst im geschützten Rahmen einer Frauentagung aufeinander zuzugehen, wird im Workshop-Bericht von Martha Metzger (1993) deutlich, wo die anfängliche gespannte Erwartungshaltung bald gegenseitigem Mißtrauen, insbesondere der Projektfrauen gegenüber den Institutionsfrauen weicht.

45 Die gegenseitigen Verletzungsmöglichkeiten sind zwischen ihnen größer, als wenn Frauen mit politischen Differenzen aufeinander treffen, da die Kritik aus dem eigenen Lager kommt und dem persönlichen Zugehörigkeitsgefühl entgegensteht: „Der dann entstehende Konflikt ist deshalb besonders bitter, weil beide Seiten zuvor erwartet haben, von der anderen Seite anerkannt und bestätigt zu werden..." (Hagemann-White 1994, S. 19)

men zu nützen.[46] Ein wesentlicher Grund dürfte darin bestehen, daß in Verhandlungssituationen die Projektfrauen als Fordernde bzw. als Bittstellerinnen auftreten und die Institutionsfrauen sich in der Rolle derjenigen wiederfinden, die begutachten, kontrollieren, geben oder nicht geben; ob nach eigenem Ermessen oder nach festen Richtlinien und mit engen Entscheidungskompetenzen ist für das Kommunikationsklima häufig eher unerheblich, da dieser Unterschied wenig wahrgenommen wird. In jedem Falle liegt die Moral auf seiten der Projektfrauen, denn sie wollen Gutes tun für bedürftige Frauen und Mädchen, d.h., sie sind von vornherein gut und müssen dafür nicht erst den Nachweis antreten. Ganz im Gegensatz dazu steht es mit den Institutionsfrauen. Sie müssen erst beweisen, daß sie es gut meinen, was sie nur dann vermögen, wenn sie ohne (kritische) Nachfragen alles Geforderte schnell bewilligen. Können sie das nicht, müssen sie entweder öffentlich protestierend ihren Posten verlassen oder es „weiter oben" durchsetzen. Wenn insgeheim die Institutionsfrauen das von sich selbst auch denken, gerade weil ihr Herz auf seiten der Projekte und Initiativen schlägt und sie Schuldgefühle wegen ihrer Stellung (und Bezahlung) haben, schließt sich der Kreis zu einem circulus vitiosus. Denn dann verkörpert die jeweils andere Seite fast zwangsläufig das Böse, da sie die guten Intentionen der eigenen Haltung verkennt. In einer derartigen Lage ist es erlaubt, sich zu wehren – wohlgemerkt, beide Seiten verteidigen sich im eigenen Selbstverständnis nur und zwar mit vollem Recht. Keine Seite versteht sich als angreifende. Ein in diesem Kontext häufig auftauchendes Problem hat Carol Hagemann-White als „Familialisierung der Macht" (1994, S. 22) bezeichnet: die Tendenz von Frauen, private und berufliche Umgangsformen miteinander zu vermischen, zu schwanken zwischen Ignorieren von Macht und Hierarchien im einen Moment und ihrer bedenkenlosen Nutzung bei entsprechender Position im nächsten.[47] Viel Feingefühl, Kontrolle über die eigenen Emotionen und ein unbeirrter Wille, die Sache der Frauen bestmöglich voranzutreiben, sind erforderlich, um sich nicht in dieser bereitgestellten Dynamik hoffnungslos zu verheddern.

Angesichts dieser Interessenkonflikte und emotionalen Verwicklungen zwischen Institutions- und Projektfrauen verwundert es nicht, daß auch frauenbewegte Frauen offen oder heimlich sagen, daß Verhandlungen mit Männern manchmal angenehmer und einfacher sind, sofern diese ein Ohr

---

46  Dieses schwierige Verhältnis wird auch an den unerwarteten Interessenunterschieden zwischen Frauendezernat und Projektfrauen in Frankfurt deutlich, obwohl die Projektfrauen maßgeblich zur Durchsetzung des Dezernats beigetragen haben (Jung 1995).

47  Carol Hagemann-White (1994) führt am Beispiel des Verhältnisses von nichtabgesicherten Projektforscherinnen und Referentinnen in Ministerien aus, warum die Durchsetzung feministischer Anliegen schwieriger werden kann, wenn sich als Feministinnen verstehende Frauen mit Machtbefugnissen ausgestattete Funktionen einnehmen und ihre eigenen Vorstellungen feministischer Forschung durchsetzen wollen. Scharfe Konkurrenzen, Übergriffe aufgrund ungenügender Rollendifferenzierung und überzogene Machtausübung können die Folge sein.

für Frauenfragen haben – und von Männern erwarten Frauen nicht viel und sind schnell bereit, sich über ein Mittelmaß an Entgegenkommen zu freuen. Derartige Männer sind häufig souveräner und oft weniger ängstlich, sich für Frauen einzusetzen. Eine wohlwollend väterliche Geste ist einfacher zu handhaben und besser zu legitimieren als das Plädoyer einer engagierten Frau in unsicherer und verunsicherter Position, die schon wieder etwas für Frauen durchsetzen will. Auch die erotische Komponente in der beruflichen Begegnung zwischen Frauen und Männern darf nicht unterschätzt werden, denn Erotik pflegt sich nicht darum zu scheren, ob sie in Verruf geraten ist.

### Gefühlsaufladung der Teamarbeit

Das Herzstück eines jeden Projektes ist das Team, unabhängig davon, ob die Zusammenarbeit gerade gut oder schlecht ist und alle sich eher mögen oder einander spinnefeind sind. Die Hauptemotionen gelten in jedem Falle dem Team, zumindest trifft das auf die große Mehrheit der Mitarbeiterinnen zu. Die Erfahrungen miteinander haben bewirkt, daß Beziehungen mit größerer Vorsicht gehandhabt werden und nur eine Minderheit feste Freundschaften mit Projektkolleginnen pflegt. Am meisten geschätzt wird ein locker, freundlicher Umgang miteinander, der Privates und Trost bei Kummer miteinschließt aber nicht so weit geht, daß viel Freizeit miteinander verbracht wird. Entsprechendes Gewicht haben Grenzen in Beziehungen, die im Arbeitsalltag als erleichternd empfunden werden. Die häufigsten Konfliktursachen und Enttäuschungen bestehen darin, wer wen wie unterstützt, wer wem was sagen darf, wer wem was abnimmt, wer sich wie darstellen und etwas durchsetzen kann. Nur eine Quelle der Disharmonie wird verblüffend selten genannt: wer die besseren, befriedigenden Beziehungen zu den Frauen und Mädchen aufbauen kann und entsprechend beliebter ist. Ob dieser Konflikt noch tabuisierter ist und daher ausgeblendet werden muß? (In meinem eigenen Arbeitsfeld an der Hochschule ist eine der zentralen, unterschwelligen Quellen von Neid und Scham, wer einen Fanclub hat, wieviele und welche Studierende zu wem kommen.)

### Das Verhältnis zu den Frauen und Mädchen

Die Beziehung zu den Frauen und Mädchen geht nur noch ganz selten über mehr oder weniger freundschaftliche Arbeitsbeziehungen hinaus. Schon lange werden keine Frauen oder Mädchen mehr mit nach Hause genommen, und die Trennung zu privaten Freundschaften scheint recht klar. Dennoch gibt es natürlich nähere und distanziertere Verhältnisse und Schicksale, die sehr viel oder nur wenig Mitgefühl hervorrufen. All das liegt in der Bandbreite professioneller Beziehungen. Schwieriger wird es, wenn eine professionelle Haltung verlangt, auch gegenüber einer mißliebigen Frau oder einem mißliebigen Mädchen, solange sie im Projekt sind, den erwartbaren Grad an Betreuung zu leisten und den Konventionen der Höflichkeit zu genügen, sogar dann noch, wenn diese selbst es nicht mehr tun. Was nicht heißt, sich alles gefallen zu lassen.

Noch viel schwieriger ist die Erkenntnis, daß es psychische und physische Grenzverletzungen auch unter Frauen geben kann und diese nicht per se schon deshalb ausgeschlossen sind, weil es Beziehungen ohne Männer sind. Es können Grenzverletzungen in Beratungssituationen sein, wo Frauen ohne ihre bewußte Entscheidung in intensive Beratungsgespräche hineingezogen werden oder die gewünschte Sachberatung eine Wendung in persönliche, die Identität berühende Bereiche nimmt, die nicht abgesprochen war. Daneben gibt es vermutlich seltene Fälle, die es aber dennoch gibt, wo das sexuelle Abstinenzgebot von Mitarbeiterinnen oder Honorarkräften nicht eingehalten wird. Wichtig scheint mir, darüber eine Debatte unter Frauen zu eröffnen, um insbesondere in beratungsnahen Situationen verbindliche ethische Maßstäbe zu setzen.

## Die Adressatinnen selbst

Von den Frauen und Mädchen selbst war bisher wenig, vielleicht zu wenig die Rede, denn in den Projekten geht es ja zu allererst um sie. Finden sie, was sie dort suchen? Dieser Frage nachzugehen, wäre eine eigene Untersuchung wert. Doch soviel kann gesagt werden: Ein Teil der Frauen und Mädchen sucht sich für ihr Anliegen speziell ein autonomes Frauenprojekt aus, andere suchen allgemein Ansprechpartnerinnen für ihr Problem und geraten eher zufällig an ein Projekt aus der Frauenbewegung, wieder andere finden nur hier ein entsprechendes Angebot vor und sind auf die Projekte angewiesen. Diejenigen, die explizit nach einem Frauen- oder Mädchenprojekt suchen, versprechen sich vor allem ein hohes Maß an Akzeptanz und eine Gruppe Gleichgesinnter, aber auch eine spezielle Expertise. Gerade Frauenhausbewohnerinnen jedoch ist der Unterschied zwischen autonomen und institutionellen Häusern häufig wenig bewußt, sei es, weil sie sich aufgrund ihrer sozialen Distanz zur Frauenbewegung nicht dafür interessieren, sei es, daß ihnen als Migrantinnen diese Feinheiten fremd sind.

Ein Indiz für die Qualität und die Notwendigkeit der Frauen- und Mädchenprojekte ist darin zu sehen, daß ihr Angebot von Frauen und Mädchen angenommen wird. Allerdings hat dieses Kriterium einen Pferdefuß, indem der Grad der Auslastung als zentrales Förderungskriterium nahegelegt wird. Das trägt dazu bei, geringe Frequentierungen zu verschleiern, statt sich damit auseinanderzusetzen und neu nachzudenken. Betroffene Projekte brauchen Zeit und Raum für eine öffentliche Auseinandersetzung, warum nicht alle Treffs, Kurse und Beratungen gleichermaßen wahrgenommen werden (was für ganze Bereiche sozialer Arbeit gilt) – ohne wegen ihrer Ehrlichkeit sofort um ihre Existenz bangen zu müssen. Dann wäre klärbar, warum Frauen und Mädchen ein Angebot nicht annehmen, obwohl das aufgegriffene Problem existiert, oder ob das Problem so nicht vorhanden ist und andere Schwerpunkte gesetzt werden müssen.

## Wo bleibt das Positive?

Frauen- und Mädchenprojekte machen weibliche Lebenslagen sichtbar, und Probleme von Frauen und Mädchen lassen sich nicht länger ignorieren. Durch die Arbeit der Projekte können wir viel über Frauen und Mädchen lernen, über ihre Befindlichkeiten und Sichtweisen, neue Organisationsformen und frauenorientierte Ansätze. Dennoch reicht es immer weniger aus, die Notwendigkeit von Frauen- und Mädchenprojekten einfach zu proklamieren, sondern aus politischen ebenso wie aus professionellen Gründen ist es wichtig, genau zu argumentieren und das Besondere der Projektarbeit inklusive ungelöster Fragen deutlich zu machen. Nur so kann die Lebendigkeit der Projektebewegung erhalten werden, und nur so haben die Projekte eine Chance, sich langfristig gesellschaftlich zu verankern.

Die Projektentwicklung und das berufliche Selbstverständnis der Mitarbeiterinnen können als richtungsweisend für innovative Ansätze und Ideen in der Frauen- und Mädchenarbeit gelten, inklusive des Überschüssigen der frühen Ideale, die nicht einfach als Ballast verworfen werden sollten. Es bedarf der Absicherung des „Anderen" der Projekte d.h. ihrer Themen, ihrer Arbeitsweise und ihrer Organisationsmodelle. Schließlich waren es nicht professionell arbeitende Institutionen und Wissenschaftsbereiche, die Tabuisierungen durchbrochen und neue Räume für Frauen und Mädchen geschaffen haben, sondern die Frauenbewegung und die aus ihr hervorgegangenen Projekte. Allen offenen Fragen zum Trotz haben die Frauen- und Mädchenprojekte einen klar benennbaren Beitrag zur Veränderung und Erweiterung von Arbeitsansätzen und Berufsbildern im sozialen, psychologischen und pädagogischen Bereich und zum Aufgreifen bisher ignorierter Probleme geleistet: Durch neue Fragestellungen, die Reflexion der Frauenrolle, ihren Anspruch auf ein demokratisches, solidarisches Verhältnis zu den Frauen und Mädchen und die Schaffung egalitärer Strukturen.

# III. Unerkannte Dimensionen des Anderen – auf den Spuren psychodynamischer Prozesse

Weniger bewußte Anteile der Projektarbeit stehen im Mittelpunkt der Untersuchung psychodynamischer Prozesse. Sie bleiben den Beteiligten häufig unerkannt, beeinflussen aber dennoch das berufliche Geschehen und fördern oder konterkarieren das Andere. Die jeweiligen Themen, Projektstrukturen und Zusammenarbeitsformen enthalten un- oder vorbewußte „Angebote", in denen frau sich verfangen kann, wenn sie sich mit entsprechenden individuellen oder kollektiven psychischen Strukturen verknüpfen[1]. Das Bemühen, diese Angebote als Fallstricke zu erkennen, eröffnet die Chance, ihnen bewußt zu begegnen und entsprechende Schritte zur Bewältigung zu überlegen. Dennoch sollten sie keineswegs nur als störend interpretiert werden, gibt dieses unbewußte Zusammenspiel doch Auskunft über versteckte Wünsche und Ängste von Frauen in gemeinsamen Arbeitskontexten. Arbeitsaufträge und -anforderungen werden transparenter, wenn es gelingt, neben den intendierten und damit bewußten Zusammenhängen auch diejenigen kennen- und verstehen zu lernen, die sich gleichsam „unter der Decke" ausbreiten und unkontrolliert und zumeist ungewollt in die Arbeit einfließen. Diese verborgenen Seiten der Arbeit können dann – soweit möglich – als Aufgaben und Herausforderungen produktiv in die Arbeit eingebunden werden. Wenig bewußte, psychodynamische Anteile des Arbeitsgeschehens sind z.B. im Schul- und Hochschulbereich längst als einflußreiche Größen unter dem Stichwort „geheimer Lehrplan" bekannt, ähnlich in Betrieben und Unternehmen, die gleichfalls nur bedingt nach den vorgegebenen „rationalen" Strukturen funktionieren. In der Frauen- und Projektarbeit werden derartige untergründige Dimensionen der Arbeit jedoch bislang kaum thematisiert, obwohl davon auszugehen ist, daß sie in wenig strukturierten Arbeitsgebieten mit hohen politischen und ethischen Ansprüchen an die Arbeit mindestens ebenso große Wirkungen zeitigen, deshalb aber vielleicht auch besonders schweren Tabus unterliegen.

---

1 Auf die Bedeutung von Organsiationsstrukturen und Organisationsaufgaben für gruppendynamische Prozesse weist Kernberg (1988) in seinen Überlegungen zu Regression in Organisationen am Beispiel von Kliniken hin.

Die Untersuchung psychodynamischer Prozesse basiert vor allem auf der Auswertung der teilnehmenden Beobachtung, die sich zum Erfassen der unerkannten Anteile der Projektarbeit besonders anbietet, da auch dem Beziehungsgefüge und der emotionalen Atmosphäre Aufmerksamkeit gewidmet wird. Um die subjektive Seite des Arbeitsprozesses miterfassen zu können, wurden die Aufzeichnungen des Beobachteten qualitativ angelegt und nur sehr wenig ordnende Vorgaben gemacht[2]. Die so entstandenen Texte haben wir in der Forschungsgruppe in Anlehnung an tiefenhermeneutische Verfahren interpretiert: Die affektive Reaktion der Beobachterin auf Sequenzen des Geschehens und die in der gesamten Forschungsgruppe ausgelösten Gefühle bei der Beschäftigung mit diesem wiedergegebenen Geschehen wurden als Erkenntnismöglichkeit latenter Sinnstrukturen genutzt. Die von Alfred Lorenzer (1986) in diesem Kontext entwickelte und in der psychoanalytischen Pädagogik zunehmend angewandte Methode des szenischen Verstehens (Trescher 1992) setzt jedoch nicht nur affektive Teilhabe, sondern ebenso die Fähigkeit zur Distanz durch Reflexion und Selbstreflexion voraus: Einzelne Ereignisabfolgen werden Theaterszenen gleich analysiert in bezug auf strukturelle, interaktionelle und psychische Zusammenhänge. Ganz zentral jedoch beruht die Interpretation der Projektbeobachtungen auf der freien Assoziation in der Forschungsgruppe, um oft nicht bewußte, aber dennoch handlungsleitende Facetten des jeweiligen Geschehens aufzuspüren (Flaake 1989).[3] Leitend waren für uns hierbei die zentralen Kriterien tiefenhermeneutischer Textinterpretation (Lorenzer 1986):

–  Sich ohne Vorbehalte auf den Text einzulassen, indem sich die Gruppe sowohl positiv faszinieren läßt als auch negative Assoziationen einbezieht;
–  gleichschwebende Aufmerksamkeit gegenüber Textirritationen zu wahren, wobei die Gruppe als Korrektiv vor individuellen Blindheiten fungiert, indem sie sich über das Textverständnis einigen muß;
–  Szenen probierend zu vergleichen, um strukturelle Gemeinsamkeiten aufzeigen zu können, auch wenn die Erscheinungsbilder unterschiedlich sind.

Themen, die dem Interaktionsprozeß zugrundeliegen und die Arbeit in vor- oder unbewußter Weise beeinflussen, werden durch Gegenübertragungsprozesse in der Forschungsgruppe sichtbar gemacht und verleihen dem Text einen zusätzlichen oder auch verändernden Sinn. Die Auseinandersetzung

---

2  Vgl. die methodischen Anmerkungen in Kap. I,2.
3  Hier wird noch einmal die große Bedeutung der Forschungsgruppe deutlich, ohne die die vorliegende Interpretation nicht möglich gewesen wäre. In diese Interpretation sind Gedanken der gesamten Gruppe eingeflossen. Daher möchte ich hier noch einmal den ehemaligen Studentinnen und Kolleginnen, insbesondere Simone Holler und Irmgard Vogt meinen Dank aussprechen (vgl. Vorwort).

mit latenten Gehalten sozialen Handelns setzt die „Anerkennung des Unbewußten und d.h. einer zweiten verhaltensbestimmenden 'Sinnebene'" (Lorenzer 1986, S. 44) voraus. Christa Rohde-Dachser (1991) konkretisiert die Bedeutung der Dimension des Unbewußten dahingehend, daß es bei Gruppenprozessen und gesellschaftlichen Übereinkünften um die „in den Diskurs eingelassenen *unbewußten Phantasien*" (S. 34) geht, um das Sichtbarmachen des kollektiven Unbewußten, das immer auch Resultat von Denkverboten und damit von Verdrängungsprozessen ist. Wobei sich in diesem Geschehen nicht einseitig die Phantasien durchsetzen, sondern die sozialen Tatsachen ebenso die Phantasiebildung beeinflussen. Den Phantasien liegen sowohl infantile Wünsche und Problemlösungen zugrunde als auch die Bewältigung gegenwärtiger Schwierigkeiten insbesondere zur Vermeidung von Scham. Das Verlangen nach Bestätigung der Phantasien in der Realität führt dazu, daß sie mit der eigenen Wahrnehmung und dem eigenen Denken zur Deckung gebracht werden müssen. Daher bestimmen unbewußte Strebungen, d.h. verdrängte Wünsche und Ängste, unser Verhältnis zur Realität und unser Handeln mit, ohne daß sie uns ohne weiteres zugänglich sind, aber sie hinterlassen Spuren, denen wir nachgehen können.

Unsere Forscherinnengruppe hat sich bemüht, diese, dem Handeln zugrundeliegenden Sinnebenen zu erschließen und dabei insbesondere den Gefühlsgehalt herauszuarbeiten.[4] Im Mittelpunkt stand die Art und Weise, wie die Ausgestaltung der Arbeitsaufgaben von der subjektiven Wirkung der Rahmenbedingungen und der normativen Grundlagen beeinflußt werden. In Projekten, in denen zugrundeliegende Dynamiken das Geschehen deutlich spürbar bestimmten, gelang es uns jeweils schon durch die Interpretation des ersten Beobachtungstages, Kernpunkte zu erfassen, die sich am zweiten Beobachtungstag in verstärkter oder abgeschwächter Form bestätigten. Dieses Phänomen ist für tiefenhermeneutische Verfahren nicht ungewöhnlich und macht die Wirksamkeit und Kraft dieser untergründigen Prozesse deutlich.

Nicht die einzelnen Mitarbeiterinnen und deren Stärken und Schwächen sind von vorrangigem Interesse, auch wenn es zunächst individuelle Verhaltensweisen sind, die auf projektprägende Tiefenstrukturen aufmerksam machen, sondern die in den Projekten sichtbar werdenden Unzulänglichkeiten machen weniger oder gar nicht bewußte Arbeitsdimensionen deutlich. Es geht darum, durch die Reflexion objektiver und subjektiver Beschränkungen und Grenzen, Handlungsspielräume zu erweitern. Deshalb ist es wichtig zu

---

4 Grenze aber auch Chance der aus der Beobachtung vorliegenden Texte bestanden darin, daß der Kontext des Projektgeschehens häufig nicht bekannt war, wenn keine Vorkenntnisse über Handlungszusammenhänge vorhanden waren und somit nur das Gesehene selbst interpretiert werden konnte. Das vermag zu unwahrscheinlichen Annahmen führen, ermöglicht jedoch gleichzeitig einen ungefilterten Blick auf die Ereignisse und gestattet neue Perspektiven; auch solche, die bei Kenntnis der Zusammenhänge entweder gar nicht aufkommen oder (vor)schnell verworfen werden (vgl. Lorenzer 1986).

verstehen, was die jeweiligen Projektgegebenheiten unbewußt auslösen und zwar sowohl bei Adressatinnen als auch bei Mitarbeiterinnen und nicht zuletzt bei Dritten, um gegenseitigen Mißverständnissen und gemeinsamen wie individuellen Mißerfolgserlebnissen vorzubeugen.

## 1. Fallstricke und Dilemmata

Den Projekten zugrundeliegende Dynamiken zu erkennen, ermöglicht nicht nur ein tieferes Problemverständnis des Projektgeschehens, sondern macht zentrale Konfliktdimensionen sichtbar, die den Mitarbeiterinnen nicht selten als Dilemmata erscheinen und gefühlsmäßige Verstrickungen nach sich ziehen. Diese Dynamiken spielen im Sinne von ausgelegten Fallen auf verschiedene Weisen und in unterschiedlichen Kontexten eine Rolle, beziehen sich aber letztlich immer auf einen wesentlichen Aspekt des Projektanliegens.

### 1.1 Die Bedeutung des Sexuellen

Im folgenden will ich anhand von Beispielen[5] Fallstricke in Frauenprojekten aufzeigen, die im Bereich Gewalt gegen Frauen tätig sind. Dabei wird deutlich, wie sehr das Thema Gewalt gegen Frauen auf der latenten Ebene mit dem Sexuellen verknüpft ist. Es handelt sich um Formen der Gewalt, die mehr oder weniger sichtbar mit gewalttätiger Sexualität verknüpft sind, zumindest aber mit der Geschlechterspannung zusammenhängen, da Frauen und Mädchen diese Gewalt durch Männer erlitten haben. Daraus entfaltet sich in den Projekten zumeist im Verborgenen eine Dynamik, die durch die direkte oder indirekte Konfrontation mit grenzüberschreitender Sexualität in Gang gesetzt wird. Eine gängige feministische These wird somit in Frage gestellt, nämlich daß alle Formen sexueller Gewalt im wesentlichen Machtausübung darstellen und mit Sexualität wenig oder gar nichts zu tun haben (vgl. Smaus 1994). Grenzüberschreitungen tragen neben ihrer erschreckenden und abstoßenden Seite offenbar Elemente in sich, die in bedrängender Weise auch etwas Faszinierendes enthalten, das es unter Umständen schwer

---

5   Die Beispiele bestehen aus Vignetten, die den teilnehmenden Beobachtungen entnommen sind. Wörtliche Textwiedergaben, zumeist einzelne Worte, sind in Anführungsstriche gesetzt, ansonsten wurden die Texte möglichst dicht an den Protokollen orientiert zusammengefaßt. Da die Texte zum einen sehr lang, zum anderen als schnelle Mitschrift häufig stichwortartig gehalten sind, erschien eine wörtliche Wiedergabe der Beobachtung nicht sinnvoll. Auch lassen sich Beobachtung und Interpretation nicht immer säuberlich trennen, sondern fließen manchmal ineinander über, wenn es der besseren Lesbarkeit und der Strukturierung dienlich ist.

macht, sich dem zu entziehen. Damit soll in keiner Weise sexuelle Gewalt an Frauen und Mädchen verharmlost, sondern vielmehr der Blick auf die Anziehungskraft des Bösen und des Unheimlichen ermöglicht werden. Ebenfalls soll nicht präjudiziert werden, daß Menschen diesem Bedrängenden aufgrund seiner libidinösen Anziehung bewußtlos nachgeben müßten, sondern die angemessene Schlußfolgerung ist vielmehr, Mühe darauf zu verwenden, mit der daraus erwachsenden psychischen Spannung umgehen zu lernen. Im ersten aufgezeigten Dilemma steht die Faszination der Grenz-überschreitung selbst im Vordergrund, im zweiten geht es um die Kraft des Sexuellen und seine heimliche Wiederkehr.

Dilemma 1:   Themen bahnen sich ihren Weg

In Projekten, die sexuell mißbrauchten Frauen und Mädchen helfen, ihnen Beratung, Unterschlupf oder offene pädagogische Angebote gewähren, spielt das Thema Grenzen setzen/Umgang mit Übergriffen eine große Rolle und zwar nicht nur als konkret von den Mädchen und Frauen erlebtes und zu bearbeitendes Problem, sondern als etwas, das sich in den Projektstrukturen widerspiegelt.

(T14): Das Projekt versucht sich einerseits durch massive Sicherheitsvorkehrungen im Eingangsbereich vor Eindringlingen zu schützen, gewährt aber andererseits männlichen Verwandten und Lehrern Zutritt zu den Projekträumen, von denen sich die Mitarbeiterinnen „benutzt" fühlen. Diese Männer verschaffen sich offenbar eher Zugang, als daß die Projektfrauen sie wirklich dort haben wollten. So merken sie erst hinterher, daß die Mitarbeiterinnentoilette mit der Aufschrift „privat" von einem Mann verschmutzt hinterlassen wurde. Das erweckt in ihnen Gefühle des „Be-schmutzt-Seins" – ebenso wie sich ihre Klientinnen vorkommen. Dieses als massiver Übergriff empfundene Geschehen wird in den Beobachtungstagen immer wieder von den Mitarbeiterinnen angesprochen und daraus die Konsequenz gezogen, vorsichtiger zu werden.

In dem beschriebenen Vorgang scheint das zentrale Thema auf: Die Mitarbeiterinnen beschäftigen sich mit Grenzverletzungen und sie selbst fühlen sich in ihren eigenen Räumen überfahren. Damit werden auch die Sicherheitsvorkehrungen nutzlos und können sie nicht schützen. Die in die Sicherungsmaßnahme gesetzte Hoffnung bestand wahrscheinlich darin, inneren Unsicherheiten gegenüber Grenzüberschreitungen und der von ihnen ausgehenden Anziehungskraft etwas Massives entgegenzusetzen.

(T14): Auch der Umgang der Mitarbeiterinnen mit der Beobachterin weist auf ihr Dilemma hin: Die Beobachterin sitzt ihnen in dem engen Büro auf dem ihr angebotenen Platz ihrem eigenen Gefühl nach „im Nacken". Dieses Gefühl bestätigt sich am nächsten Tag, als eine andere Mitarbeiterin sie bittet, sich woanders hinzusetzen. Gleichzeitig verhalten sich die Mitarbeiterinnen ihr gegenüber immer wieder „übergriffig", indem sie sie in ihrer Ungestörtheit erfordernden Beobachtungsaufgabe beeinträchtigen und sie durch schlimme Geschichten von betroffenen Frauen und Mädchen in den Sog des Projekts hineinzuziehen suchen: Niemand soll ihnen zu nahe kommen, aber alle sollen teilhaben am Schrecken des Mißbrauchs.

Diese Dynamik zeigt sich ebenfalls in der Interaktion mit denjenigen hilfesuchenden Frauen, die als aufdringlich empfunden werden und – aus im Nachhinein wenig einsichtigen Gründen – sehr eilig einen Beratungstermin haben wollen. Die Mitarbeiterinnen geben dem Drängen nach und fühlen sich anschließend „reingelegt".

Die bedrängende Haltung der Frauen wird zum Problem, weil sich die Projektfrauen davon nicht freimachen und dem Sog nichts entgegenzusetzen vermögen. So wird das Unentrinnbare des sexuellen Mißbrauchs im Projekt selbst ständig wieder durchlebt. Die Mitarbeiterinnen spüren das und fühlen sich im Gegenzug bemüßigt, jeder Ratsuchenden eine makellose, „unbenutzte" Umgebung zu präsentieren.

(T14): Sie beseitigen in den Beratungsräumen alle „Spuren" von Vorgängerinnen, um den Kreislauf des Benutzt-Werdens und des Benutzens zu durchbrechen (unbeschadet der Tatsache, daß ein aufgeräumter Raum auf der rationalen Ebene sinnvoll ist). So wird das Warte- und Beratungszimmer zwischenzeitlich penibel aufgeräumt, als zwei Schwestern nacheinander zur Beratung kommen.

Das benutzte Zimmer wird innerlich ähnlich behandelt wie das benutzte Clo: Beide Male wird vermutet, daß es zu „Übergriffen" kommt, die Spuren hinterlassen, welche dann von den Mitarbeiterinnen beseitigt werden müssen, die sich ihrerseits ohnmächtig fühlen. Das Ergebnis ist ein Wechselbad zwischen einem Sich-überfallen-Fühlen und dem Versuch, Grenzen zu setzen.

(T14): Da der Sog, sich hineinziehen zu lassen, angesichts des Mißbrauchsthemas so stark ist, haftet den vorgenommenen Anstrengungen zur Grenzziehung etwas Willkürliches an: sehr rigide gehandhabte Einhaltung von Telefonzeiten, Geheimhaltung der Aufgabenbegrenzung für die Praktikantin gegenüber der Beobachterin.

Das Thema sexueller Mißbrauch kann sich anders als im bisherigen Projekt auch in diametral entgegengesetzter Weise in den Projektstrukturen niederschlagen, wie im folgenden Beispiel deutlich wird.

(T10): Das Professionalität ausstrahlende Projekt wirkt kühl, die Mitarbeiterinnen reden weniger über Privates miteinander, als die Beobachterin aus ihrer früheren Büroarbeit unter Frauen kennt. Die Beobachterin fühlt sich korrekt behandelt: keiner nimmt weiter Notiz von ihr, zwischendrin wird sie kurz über einzelne Arbeitsgänge informiert. Die Atmosphäre im Team ist distanziert, die Funktionen sind klar und hierarchisch gegliedert. Die Räume sind freundlich und in warmen Farben gehalten und stehen tendenziell im Widerspruch zum kühlen Projektklima. Die beobachtete Mitarbeiterin arbeitet bei geschlossener Tür. Sie selbst wirkt abgegrenzt und sehr kompetent. Ihre Umgangsformen empfindet die Beobachterin in positiver Weise als distanziert, denn sie mag Kumpelhaftes nicht. Ihr Eindruck ist, daß die Mitarbeiterin eine vertrauensvolle Gesprächsatmosphäre herzustellen vermag, ohne Grenzen zu überschreiten. Sie fühlt sich nicht unwohl und könnte sich vorstellen, hier zu arbeiten.

In diesem Projekt sind klare Verhältnisse geschaffen worden. Gefühle werden begrenzt und im Zweifel lieber der Ausstattung und den Gegenständen anvertraut, da sind sie sicher aufgehoben. Alles Überbordende wird im Zaum gehalten. Haftet ihm etwas Gefährliches, potentiell Grenzüberschreitendes an, vor dem sich alle schützen müssen?

(T10): Dennoch wird auch in diesem Projekt Gefühlshaftes sichtbar: Der Beobachterin fallen immer wieder mehrere Großpackungen Tempo-Taschentücher ins Auge und sie fragt sich, ob der Bedarf in dem Projekt so groß ist. Das würde die kühle Atmosphäre erklären, mit der traurigen Gefühlen angesichts schrecklicher Erlebnisse entgegengesteuert wird.

Auch die Zusammenarbeit zweier Kolleginnen weist auf Anstrengungen zur Gefühlsvermeidung hin: Sie verläuft konzentriert, ohne persönliche Gespräche. Ärgerliche Fehler werden in der Jahresabrechnung der einen Kollegin aufgedeckt und von der erfahreneren geduldig geklärt. Letztere entschuldigt sich häufiger für ihre Verbesserungen, obwohl sie die mächtigere Position hat und ihre Korrekturen immer stimmen. Die Entschuldigungen haben für die Beobachterin etwas „Unnatürliches", da sie in ihrer Korrektheit Regungen wie Wut nicht deutlich werden lassen. Obwohl die Verbesserungen in Frageform vorgetragen werden, haben sie etwas von Anweisungen. Es herrscht eine ruhige Arbeitsatmosphäre, nicht unangenehm, aber formal. Auch wenn keine Kritik geübt wird, liegt sie dennoch in der Luft. Die Arbeit zieht sich über Stunden hin, ohne eine Reaktion von Ungeduld, während die Beobachterin die Situation ermüdend findet. Trägt das Verstecken der Gefühle zur Ermüdung bei?

Die Projektarbeit geht zügig vonstatten, auch bei ärgerlichen Anlässen bleibt für Gefühle wenig Zeit und wenig Raum, statt dessen herrscht Korrektheit vor.

(T10): Weniger korrekt erscheint, daß wichtige Informationen über das Projekt und seine Arbeit, ebenso Poster über sexuellen Mißbrauch, im Clo aufgehängt sind.

Zeigt sich hier ein Zusammenhang zum Projektthema, wo es um „schmutzige" Sexualität geht? Im ersten Projekt spielte das Clo als wichtiger Ort geheimer Grenzüberschreitungen ebenfalls eine Rolle. Gehört der Mißbrauch auch in sofern auf das Clo, als er dort heruntergespült werden kann, bevor es zu gefährlichen Regungen und Gefühlsausbrüchen kommt?

(T10): Durchbruch verschafft sich das Thema unerwartet auf einer ordnungsgemäß nach Tagesordnung verlaufenden Arbeitsbesprechung der fünf Mitarbeiterinnen: Die Atmosphäre wirkt etwas glatt, die Besprechung verläuft in ruhigem Ton. Das Team hat klar geregelt, bei welchen Themen die Beobachterin dabei sein kann. Im Raum ist es kalt, eine Mitarbeiterin hat sich eine Decke geholt, auch die Beobachterin friert. Bewirken die zurückgenommenen Gefühle ein Frösteln? Doch dann ändert sich das Klima sichtbar bei einem Bericht über einen „besonders schlimmen Fall" von sexuellem Mißbrauch. Es wird lebendiger, die Berichtende spricht lebhafter als sonst und das Interesse an dem ausführlichen Bericht ist groß. Das Thema läßt niemanden kalt. Recht schnell geht die Diskussion zu aus dem Fall resultierenden Fachfragen über, wodurch die Faszination, die alle erfaßt hat, gebannt wird. Jetzt geht es nicht mehr um sexuelle Übergriffe, sondern um Arbeitsmethoden. Doch auch während dieser Debatte bleibt der Umgang miteinander offener und gefühlsbetonter. Bald schlägt eine Mitarbeiterin eine kurze Pause vor, worauf alle eingehen. War dieser Ausbruch zuviel, muß er erst verdaut werden, um zu einer kontrollierten Haltung zurückkehren zu können?

Im Lauf der beobachteten Tage kommt die schmutzige Sexualität doch noch auf den Tisch und zwar so plötzlich und für die Beobachterin unerwartet, daß sie davon völlig gefangen genommen wird und nichts über den Fall aufschreibt. Bisher wurde der Sog, den das Thema ausübt, durch Gefühlsvermeidung im Zaum gehalten; jetzt flammt das Thema auf und darf nicht festgehalten werden. Die gefühlsmäßige Überschwemmung durch das Grauen – und das Faszinierende, das davon ausgeht – ist offenbar so groß, daß es die Beobachterin ganz in Anspruch nimmt und zum Schreiben keinen Raum läßt. Sicher spiegelt sich darin auch der Umgang des Projektes mit dem Thema wieder: es muß in seiner Ungeheuerlichkeit in Schach gehalten werden, um die eigene Arbeitsfähigkeit zu erhalten.

In beiden Projekten wird aus entgegengesetzten Richtungen um Grenzziehungen gerungen, um den Sog des Themas zu bewältigen. Hat das erste Projekt sich in Anlehnung an die Frauenbewegungsmaxime der Betroffenheit sehr weit für die emotionale Einbindung in das Thema geöffnet, steht das zweite Projekt für das Bemühen, sich durch professionelle Distanz von diesem Sog fernzuhalten. Dieses Ringen um Grenzen, das auch in Beratungen und dem Umgang mit den Frauen und Mädchen seinen Niederschlag findet, ist Bestandteil des Themas sexueller Mißbrauch. Die Konsequenz sollte weniger sein, damit einhergehende Schwierigkeiten zu meiden, was ich sowieso für unmöglich halte, sondern sich dem Sog des Themas in einem solchen Projekt bewußt zu werden. Auch unerwünschte Gefühlsregungen und die Konfrontation mit der eigenen Triebhaftigkeit können als wichtige Zugangsmöglichkeit zu diesem problembeladenen Arbeitsfeld reflexiv genutzt werden, um die Einfühlungsfähigkeit in das Schicksal mißbrauchter Frauen und Mädchen und in ihre Ambivalenzen zu fördern (vgl. Düring 1993).

## Dilemma 2:   Die Wiederkehr sexueller Wünsche

In ähnlicher Weise wie in den vorgestellten Projekten gegen Mißbrauch bahnt sich das Drängende des Sexuellen als zentrales, zumeist unbewußtes Thema in der Frauenhausarbeit seinen Weg.

(T27): In einer lockeren Gesprächssituation im großen Arbeitsraum eines Frauenhauses, der als allgemeiner Treffpunkt von Mitarbeiterinnen und Bewohnerinnen zu dienstlichen und privaten Gesprächen und Aktivitäten genutzt wird, wird das Sexuelle als verstecktes Thema deutlich. Die Beobachterin fühlt sich an eine „open

house" Atmosphäre erinnert, wo „gemischte" Aktivitäten stattfinden (bewußt gemeint ist die Mischung privat und beruflich). Sie unterhält sich mit einer Mitarbeiterin über den Roman „Die Blechtrommel" (in dem deftige (Hetero-)Sexualität einen
zentralen Platz einnimmt). Die Beobachterin empfindet diese open-house-
Atmosphäre (offene Türen, lockere Stimmung) als angenehm: Die Mitarbeiterinnen
sind greifbar und haben gute Kontakte zu den Frauen.

Die Assoziationen „open house", „gemischt" und „Blechtrommel" haben
eine eindeutig sexuelle Färbung. Weshalb? Gerade im Frauenhaus ist das
Thema offen/geschlossen von großer Bedeutung: Das Haus ist offen für alle
Frauen, nach außen hingegen ist es geschlossen (viele Frauenhäuser sind im
Erdgeschoß vergittert). Frauen sollen hier Schutz finden, Männer draußen
gehalten werden. Der Grund für diese Maßnahme ist letztlich Sexualität,
d.h. gewalttätig gewordene sexuelle Beziehungen zwischen einer Frau und
einem Mann. Damit ist das Thema Sexualität im Haus präsent, ob gewollt
oder ungewollt, bemerkt oder unbemerkt und zwar in vielfältiger Weise: Die
Frauen wollten sexuelle Beziehungen zu einem Mann und die meisten Bewohnerinnen wollen es heute noch – und nicht alle sind vom Ausschluß der
Männer begeistert. Männer und Sexualität sind damit sozusagen im Haus
präsent, obwohl sie „draußen" gehalten werden. Wenn Sexualität mit Männern verboten oder tabuisiert ist, muß sie wie in der Blechtrommel unter den
Röcken stattfinden (der Vater des Helden wird unter den weiten Röcken der
Großmutter gezeugt, wo sich ein flüchtender Soldat versteckt hielt), und da
geht es bei Grass recht heftig zu, was der Erfahrung der Frauen mit Sexualität nahe kommt, die nicht immer (vielleicht sogar äußerst selten) zärtlich
und angenehm war. Wodurch der Reiz des Sexuellen aber keineswegs geringer werden muß: Es gibt im Haus Frauen, die nach den Praktikumserfah-
rungen der Beobachterin „wild" auf Männer sind, was zumindest den gängigen Vorstellungen – auch denjenigen der Beobachterin – und dem in der
Öffentlichkeit präsentierten Bild einer Frauenhausbewohnerin diametral entgegensteht.
    Im Haus selbst sind lediglich Frauen anwesend, damit ist Sexualität nur
unter Frauen als Möglichkeit vorhanden, unabhängig von deren jeweiliger
sexueller Orientierung. Innerhalb der Frauenbewegung und vieler Frauenhäuser wurde Liebe unter Frauen als die bessere Alternative zur Heterose-
xualität propagiert („Feminismus ist die Theorie, lesbisch sein die Praxis").
Heute wird diese Parole weniger offensiv vertreten, damit ist das Thema
aber nicht „erledigt", sondern höchstens „vom Tisch". Wie auch immer
Frauenhäuser sich entscheiden, mit dem Sexuellen umzugehen, es ist im
Haus Thema und zumeist ein umstrittenes: Ein ganzer Teil der Bewohnerinnen sucht einen Mann – das darf im Haus nicht sein –, die Mitarbeiterinnen selbst halten zum Teil eher Distanz zu Männern, insbesondere zu denen, die die Frauen sich aussuchen (und nicht selten sehr schnell finden).
Wird diese Konstellation von einigen/vielen Frauen im Haus als Wiederkehr

des mütterlichen Sexualverbotes erlebt? Wie gehen die Frauen mit dem „Eingeschlossensein" unter Frauen und der dort herrschenden „Offenheit" um? Wie wird das „Wildsein" auf Männer von den Mitarbeiterinnen erlebt? Unabhängig von den Antworten, die die jeweiligen Häuser finden, spielt das Thema Sexualität und Erotik zwischen Frau und Mann und zwischen Frauen eine Rolle und bahnt sich – ob offen oder versteckt – seinen Weg und bietet Anlaß zu Eifersucht, Konkurrenz, Abwehr und gegebenenfalls Verachtung.

Die Ehemänner haben bei den Frauen Grenzen überschritten, aber es ist eine trügerische Hoffnung, daß nicht auch Frauen untereinander Grenzen (sexuelle und andere) überschreiten könnten und somit der Schutz der Frauen im Haus seinerseits begrenzt ist, was vielleicht von Bewohnerinnen unbewußt befürchtet wird (eventuell auch von Mitarbeiterinnen) und daher zum Arbeitsthema gemacht, zumindest aber bewußt gehandhabt werden sollte.

## 1.2 Ordnungen und Unordnungen

**Dilemma 3:** Allzuständigkeit als Wunsch und Diskontinuität als Ergebnis

Obwohl das Credo „alle machen alles" längst Strukturierungsanstrengungen gewichen ist, macht der Arbeitsalltag, insbesondere im Frauenhaus, diese Bemühungen nicht selten wieder zunichte. Ein Grund liegt meines Erachtens in der Unübersichtlichkeit dieser Tätigkeit: alle Aufgaben der Lebensbewältigung und der Projekterhaltung fallen in oft unvorhersehbarer Reihenfolge und zumeist in großer Zahl an. Damit werden Wünsche nach Allzuständigkeit und Allkompetenz – wie sie traditioneller weiblicher Arbeit im Haus zu eigen sind – wiederbelebt. Mitarbeiterinnen können sich durch „ganze" Arbeit mit dem „ganzen" Projekt identifizieren, ohne sich auf einen Teilbereich „abgeschoben" zu fühlen, wo sie nicht länger den Überblick über „alles" hätten. Ein derartiges Arbeitsverständnis läßt zumindest in der Phantasie keinen Platz für Konkurrenz und Vereinzelung und bietet Schutz vor dem Ausgestoßenwerden, denn jede behält ihre umfassende Zuständigkeit. In der Praxis wirft dies jedoch die verschiedensten Probleme auf.

(T29): Nicht selten ziehen sich die Anfertigung eines Protokolls, die Aufstellung von Abrechnungen oder das Verfassen eines Schriftstückes in diesem und anderen Frauenhäusern aufgrund vielfältigster Unterbrechungen über ein bis zwei Tage hin. Anrufe, Kurzgespräche mit Kolleginnen, Bewohnerinnen, die etwas klären möchten oder brauchen und andere Arbeiten werden „zwischendrin" erledigt, weil sie als dringend erscheinen oder gerade Aufmerksamkeit erregen. Diese Zwischendrin-Tätigkeiten werden zwar als lästig, im wesentlichen aber als normal oder unabänderlich empfunden. Teilweise sind sie Resultat der Räumlichkeiten, teilweise mangelnder Arbeitsteilung sowie der vorherrschenden Arbeitsauffassung. Alles ist gleichermaßen wichtig und eilig und sollte sofort erledigt werden, was es schwierig macht, eine Aufgabe zu Ende zu führen.

Die hier beschriebene Arbeitshaltung „ergibt" sich angesichts der bunten Vielfalt der Anforderungen quasi von selbst, frau muß sich ihr nur überlassen. Es bedarf einer besonderen Anstrengung, dem nicht nachzugeben, sondern klare Strukturen dagegen zu setzen. Dadurch würde die Arbeit allerdings ihren Charakter verändern: Sie beruht dann eher auf Spezialisierungen und Aufteilungen als auf Allseitigkeit, Gleichzeitigkeit und Zusammengehörigkeit. Obwohl die Mitarbeiterinnen unter den Auswirkungen – alles auf einmal tun zu sollen – leiden, übt die damit einhergehende hohe Belastung, in dem ganzen Wust einen klaren Kopf zu behalten und etwas zu bewerkstelligen, eine gewisse Faszination aus: Sind es „Mutters Hände, die nie ruhen", die ihre Anziehungskraft erhalten haben und weitere Nachforschungen über die eigene Produktivität und die Sinnhaftigkeit der Arbeitsorganisation erübrigen, ja fast unmoralisch erscheinen lassen? Die Frage wäre, wie sich einige der Vorteile dieser Arbeitshaltung wahren ließen, ohne ein derartiges Maß an Frustration und Ineffizienz mit sich zu bringen.

Dilemma 4:  Überwältigung durch Aufgabenflut und willkürliche Ordungsmaßnahmen

Der dargestellten Anforderungsvielfalt immanent ist ebenfalls insbesondere in Frauenhäusern das Überwältigtwerden von der Aufgabenflut. Um sich davor zu schützen, unternehmen auch diese Projekte vielfältige „Ordnungs"-bemühungen, wie zum Beispiel die Einhaltung von Zeiten und achten auf deren rigide Durchsetzung. Angesichts der Schwierigkeit, für diese Ordnungswünsche einen inneren und äußeren Raum zu finden, fallen die Entscheidungen darüber, was und wen die Ordnungsmaßnahme treffen soll, nicht immer nach rationalen Kriterien. So können sie sich auf ein relativ ungeeignetes Objekt wie z.B. die Kinder richten. Diese werden stellvertretend zur absoluten Pünktlichkeit erzogen, auch wenn sie durch das ganze Haus stürmen und keine der anwesenden Mitarbeiterinnen einen klaren Gedanken mehr fassen kann.

(T28): Das Büro der Mitarbeiterinnen liegt direkt neben dem Kinderraum. Um 15.00 Uhr ist ein Ausflug geplant, den die Kinder kaum noch erwarten können. Die Kinderfrau kramt im Büro herum und die Kinder kommen alle paar Minuten herein und fragen, wann es denn los geht. Sie werden mehrfach hinausgeschoben, auf 15.00 Uhr vertröstet und toben durchs Treppenhaus. Im Büro selbst geht es bei den vier Mitarbeiterinnen[6] geschäftig zu: das Telefon klingelt und M.1 beantwortet es. M.2 stört der Lärm, die Kinderfrau will die Kinder gleich mitnehmen. Eine Bewohnerin

---

6  Um folgenden werden die Mitarbeiterinnen immer mit M.1 usw. in der Reihenfolge ihres Auftretens abgekürzt, wobei M.1 jeweils die beobachtete Mitarbeiterin ist.

kommt herein und fragt, ob Kindergruppe ist und erinnert die Kinderfrau, daß ihre Tochter keine Pampers anhat. Die Mitarbeiterinnen beschäftigen sich mit verschiedenen Verwaltungsaufgaben, mindestens jeweils eine läuft durch das Zimmer und von außen dringt der Krach herein.

Es liegt Chaos in der Luft, nur die Kinder müssen der Pünktlichkeit halber warten, auch wenn die Nerven der Mitarbeiterinnen doppelt strapaziert werden und die Arbeitseffektivität gegen Null geht. Vielleicht ist dieses hohe Maß an Streß die Vorbedingung dafür, Ordnungsmaßnahmen legitim erscheinen zu lassen. Es spricht so vieles gegen feste Strukturen, daß sie nur durchgesetzt werden dürfen, wenn sie einiges Leid – in diesem Fall Lärm – mit sich bringen. Dann müssen alle etwas auf sich nehmen und nicht nur die von der Auflage Betroffenen: Die Mitarbeiterinnen strapazieren ihre Nerven, die Kinder müssen ihre Ungeduld aushalten. Der Gewinn ist möglicherweise wiederum die Befriedigung, die aus einer hohen Arbeitsbelastung gezogen werden kann und das Gefühl vermittelt, etwas geleistet zu haben.

Dieses Beispiel zeigt, wie wichtig es ist, sich bewußt zu werden, warum und an welchem Punkt Ordnung in einem eher wenig abgegrenztem Ganzen geschaffen werden soll, und welche Phantasien in diese Maßnahme einfließen. Vielleicht hat es die Kinder getroffen, weil Ordnung bei ihnen am ehesten durchsetzbar ist. Damit soll nicht bestritten werden, daß für Kinder feste Zeiten wichtig sind. Angesichts des Projektganzen erhält diese Maßnahme jedoch eine zwanghafte Note. Denn sie ist aus der inneren Schwierigkeit erwachsen, überhaupt Strukturen zu schaffen, diese aufrechtzuerhalten und durchzusetzen.

Projekte, die das Problem damit zu lösen versuchen, daß sie alle Aufgaben und Anliegen in eine feststehende Struktur pressen wollen, vernachlässigen meines Erachtens gleichermaßen die spezifischen Anforderungen von Frauenhäusern und anderen Frauenprojekten. Es gilt vielmehr einen Weg zwischen bürokratischen Strukturen und Strukturlosigkeit zu finden und zwar einen, mit dem die Mitarbeiterinnen zurechtkommen (natürlich auch die Bewohnerinnen), der ihrer Arbeitsweise entspricht und ihrem Arbeitsauftrag dienlich ist.

Dilemma 5: Das Klumpsyndrom – where the action is

In einigen Projekten aller drei untersuchten Bereiche ist so etwas wie ein Klumpsyndrom zu beobachten. Das Phänomen des Zusammenballens in einem Raum beschreibt eine Frauenhausmitarbeiterin in ihrem Interview als „Marktplatz, wo jede sitzen bleiben will, um nur ja alles mitzukriegen" (Fj, S. 16). Ein derartiges Verhalten kann in wenig strukturierten Projekten die einzige Möglichkeit darstellen, teilzuhaben und mitzubestimmen. In Frauenhäusern kann dieser Klumpeffekt sowohl bei den Mitarbeiterinnen als auch – offenbar noch häufiger – bei den Bewohnerinnen auftauchen, doch zunächst zu den Mitarbeiterinnen.

(T30): In dem Frauenhaus gibt es nur ein Büro für immerhin acht Teilzeit-Mitarbeiterinnen, so daß nicht einmal jede Frau über einen Schreibtischplatz und ausreichende Ablagemöglichkeiten verfügt. Angesichts des Hangs, die Arbeitszeiten und Arbeitsaufgaben so zu gestalten, daß sich zumeist mehrere oder gar der größere Teil der Mitarbeiterinnen in diesem Raum drängen, ist fraglich, ob diese Konstellation lediglich der Raumnot und nicht auch heimlichen Wünschen der Mitarbeiterinnen geschuldet ist, unabhängig davon, daß sie alle auf diese Raumsituation schimpfen. So gibt es nicht selten Zeiten, in denen nicht nur der Lärm des Frauenhausalltags deutlich in den Büroraum dringt, sondern sich die Mitarbeiterinnen fast auf die Füße treten und dennoch als „normal" empfundene Frauenhausarbeit stattfindet. Trotz steigender Hektik innerhalb und außerhalb des Büros werden folgende Aufgaben von den anwesenden Mitarbeiterinnen in freundlich, gelassener Weise gleichzeitig erledigt: Eine kommt und holt einen Schlüssel aus dem Schlüsselkasten, eine Zweite erklärt einer Dritten einen Weg, eine Vierte sortiert Quittungen, eine Fünfte kommt herein und fragt eine der Anwesenden nach einem Termin, die daraufhin von weiteren geplanten Aktivitäten berichtet.

Diese Umtriebigkeit führt plastisch vor Augen, daß in diesem Haus etwas passiert, hier wird gearbeitet und sich abgerackert. Ein bißchen hat es den Charakter von Härtetraining: Wieviel kann ich aushalten, ohne unterzugehen und den Überblick zu verlieren. Diese Anstrengung verdient Würdigung und vermittelt das Gefühl, etwas geschafft zu haben, nur taucht auch hier wieder die Frage auf, was? Bleibt angesichts dieser Arbeitsorganisation genügend bzw. so viel wie möglich Kraft für die Arbeit mit den Frauen und Kindern? Oder müssen sich die Mitarbeiterinnen, um solche Arbeitsbedingungen auszuhalten, nicht nur gegen Lärm, sondern gegen alle Anforderungen unempfindlich machen (z.B. gegenüber einer neuen Frau, die eine ganze Weile auf ihr Erstgespräch warten muß)? Doch auch die Mitarbeiterinnen halten diese Hektik nicht lange durch, sondern suchen bis auf eine das Weite, die sich schließlich der neuen Frau annimmt. Aber der nächste Anlaß zum Klumpen ergibt sich noch am selben Tage.

(T30): Nach und nach kehren die Mitarbeiterinnen ins Büro zurück: M.2 sitzt an der Schreibmaschine, M.1 will über einen Bankbesuch berichten, M.2 aber zuerst fertig schreiben. Sie ist die erste, die sich nicht unterbrechen läßt. M.5 kommt herein, fragt, wann zuletzt gesaugt wurde und holt den Staubsauger. M.2 berichtet über die neue Frau und vermutet, daß sie bald wieder geht. M.4 kommt, M.5 und M.1 essen etwas, M.1 berichtet M.2 über Finanzprobleme, anschließend machen sie die Kassenabrechnung. M.4 und M.5 gehen hinaus. M.1 telefoniert mehrfach und berichtet zwischendrin weiter. M.5 möchte von M.2 einen bestimmten Ordner, anschließend arbeiten M.1 und M.2 weiter, bis M.4 und M.1 kurz hinausgehen. Eine Bewohnerin mit Baby betritt das Büro und berichtet von Schwierigkeiten wegen einer Sozialwohnung, M.1 reagiert sehr „verständnisvoll". Eine andere Frau möchte Waschmünzen. Ein Kind mit einer Knieverletzung kommt, gefolgt von der Mutter, weinend herein und wird von M.2 versorgt, ein anderes Kind schaut wortlos zu. M.3 und M.6

treten ein und besprechen mit M.1 und M.2 Geldfragen. M.6 kocht Tee, M.3 geht wieder, während M.4 kurzfristig hereinschaut und mit M.2 redet, die weiterhin rechnet. M.1 und M.2 sprechen über Supervisionsprotokolle. M.3 tritt ein, schickt die sie umringenden Kinder hinaus und schließt die Tür ab. War es bisher eher leise, ist es nun wieder turbulent. M.2 verabschiedet sich. M.3 setzt sich an den frei gewordenen Schreibtisch, ißt etwas und erzählt M.1 von einem Beratungsgespräch. M.6 liest im Teambuch. M.7 kommt herein. Sie leitet heute Abend die Hausversammlung und M.1 erzählt ihr, daß „Zoff" zu erwarten ist. M.1 und M.3 sprechen über die Enge im Büro. Im Moment sitzt, geht, steht oder sucht überall eine Frau etwas. Dennoch ist die Atmosphäre in den Augen der Beobachterin entspannt und zum Wohlfühlen.

Ist das Gewusel auch attraktiv? Die Enge schafft Nähe, weckt Zusammengehörigkeitsgefühle und schweißt alle zu einer Schicksalsgemeinschaft zusammen. Die soziale Dichte ist offenbar schön und schrecklich zugleich, letztlich überwiegen aber wohl die positiven Aspekte oder zumindest das Gefühl, daß es nicht anders geht und frau es einfach schwer hat. Nur so erklärt sich, warum keine anderen Lösungen gesucht werden bzw. angestrebte Entzerrungen immer wieder in sich zusammenfallen. Wie stark der Wunsch nach Nähe ist, selbst wenn widrige Umstände in Kauf genommen werden müssen, zeigt sich auch bei den Bewohnerinnen, die dauernd in der Küche sitzen.

(T25): Dieses Haus verfügt über einen schönen Hof mit Sitzgelegenheiten und fast südländischem Flair. Zudem gibt es noch eine Terrasse mit Blumen und Gartenmöbeln. Beides wird von den Frauen nicht genutzt, obwohl ein schöner Sommertag ist. Sie sitzen lieber drinnen in der Küche.

(T24): Auch in diesem Haus halten sich die Frauen selbst bei schönem Wetter meistens in der Küche auf, nicht im Wohnzimmer und auch nicht auf der Terrasse mit anschließendem Garten. Sie sitzen in den Augen der Beobachterin wie „angenagelt" in der Küche, was etwas Bedrückendes hat. Die Kinder nutzen den Garten ebenfalls nicht, nur den Hof.

Da die Mitarbeiterinnen durch ihr eigenes Klumpverhalten kein Vorbild sind, können sie die Frauen und Kinder wenig animieren, bei schönem Wetter hinauszugehen. Der Gang ins Freie würde das gleiche Problem aufwerfen, wie das Verlassen des zentralen Büros, nämlich den „Marktplatz" aufzugeben, nicht mehr „alles mitzukriegen" und möglicherweise gar allein dazustehen. Gleich zweierlei ginge verloren: der zentrale Treffpunkt und der gesicherte Platz am angestammten, unbestrittenen Ort der Frauen, der Küche. Symbolisiert die Küche für die Bewohnerinnen etwas ähnliches wie das Büro für die Mitarbeiterinnen: das Zuhause innerhalb des Frauenhauses mit doppelter Schutzfunktion als eigener Raum und als Ort der Rückversicherung durch die Gruppe? „Ein Raum für sich allein" dürfte keineswegs das Credo jeder Frau sein, sondern für manch eine eher ein Horror, ein Verlust der verbindenden Nabelschnur zu anderen Menschen auf der Basis geteilter privater Räume, in denen Frauen zentrale Fürsorgefunktionen einnehmen und unabkömmlich sind (vgl. Brückner 1991c).

Dieses Klumpsyndrom ist ebenfalls im Beratungsbereich zu finden.

(T15): Obwohl das Projekt über mehrere Räume verfügt, findet das Projektleben in einem einzigen Büro statt. 'Projektleben' ist hier wörtlich gemeint, denn nicht deprimiert und tiefernst, sondern lebendig geht es hier zu. Es ist das geballte Leben, das in diesem etwas chaotisch-schmuddeligen, aber gemütlichen kleinen Raum stattfindet. Alle drängeln sich hier, obwohl es eng ist und Ausweichmöglichkeiten da wären, aber wer will schon dem geballten Leben ausweichen? Es käme nicht nur dem Verlust des Nervigen, sondern mindestens ebenso des Anregenden gleich – sozusagen der halben Miete auf das Projekt. Gerade in diesem Projekt wird das Animierende eines derartigen Ambientes deutlich, denn die Mitarbeiterinnen laufen keineswegs kopflos herum, sondern zielstrebig und zweckorientiert. Sie leisten erfolgreiche Arbeit, wenn auch sicher nicht mit dem geringstmöglichen Kraftaufwand.

Neben dem Wunsch, mitten im Projektgeschehen zu sitzen, dabeizusein und sich anregen zu lassen, dürften auch hier Machtfragen eine Rolle spielen. Wenn Strukturen fehlen, die die Position der einzelnen sicherstellen, müssen alle immer da sein, sonst bekommt frau nicht alles mit und wichtige Entscheidungen fallen ohne sie. Sie verliert die Kontrolle und möglicherweise ihre Position im Team, denn sie weiß nicht, was die anderen über sie reden und wie nahe diese sich mittlerweile kommen und sie an den Rand drängen. Da alle Mitarbeiterinnen ausgesprochene „Powerfrauen" sind, ist Anwesenheit besonders ratsam.

Auch in einem der Bildungsprojekte, das über schöne Räumlichkeiten verfügt, klumpen sich die Mitarbeiterinnen.

(T4): Ein kleines etwas chaotisch, aber gemütlich eingerichtetes Büro bildet das Zentrum des Projektgeschehens, ein weiterer großer Raum hingegen wird selten genutzt, außer als Fluchtort, wenn einer Mitarbeiterin die Dynamik zu viel wird. Insbesondere die Gründerin macht im Büro nichts allein, sondern bezieht ständig andere in ihre Arbeit ein oder mischt sich bei ihnen ein oder gibt ihnen Aufträge. Sie bildet den Kern, um den die anderen kreisen, was diese ebenso zu genießen, wie zu verfluchen scheinen. Räumliche Enge und gleichzeitige Anwesenheit aller Mitarbeiterinnen wird durchaus als Problem gesehen und im Team angesprochen. Die beobachtete Mitarbeiterin stellt sich die Arbeit einfacher vor, wenn jede ein eigenes Büro hätte. Doch scheint sie gleichzeitig zu ahnen, daß das die Struktur des Projektes ändern würde, so das niemand Vorstöße in Richtung Entzerrung unternimmt.

Neben fortwährenden Kompetenzüberschreitungen insbesondere durch die Gründerin ermöglicht ständiges Zusammensein, sich gegenseitig zu unterstützen aber auch sich zu stören, sich beizustehen und gleichzeitig sich zu nerven. All diese Zeichen äußerer und innerer Enge tragen die Züge einer Großfamilie in sich, die um die Stammesmutter kreist (wie es dieses Projekt tut) und versinnbildlichen den Zentrumscharakter dieses Projektes.

Das Vorhandensein oder nicht Vorhandensein des Klumpsyndroms sagt etwas über die Projektdynamik, nicht notwendigerweise etwas über die

Qualität der Arbeit aus. Ebensowenig wie eine rationale Organisation der Arbeit zwingend zum Erfolg führt, weist Arbeit im Stil einer Großfamilie oder Wohngemeinschaft zwangsläufig ins Leere. Die Frage scheint mir eher zu sein, ob das Klumpsyndrom im Einzelfall eher lähmend oder kreativitätsfördernd wirkt, nur in ersterem Falle sollte es geändert werden. Dennoch läßt sich relativ eindeutig sagen, daß das Klumpsyndrom nicht die effektivste Form der Arbeitsorganisation darstellt, aber ob eine solche immer die besten und vor allem wünschenswerte Resultate mit sich bringt, scheint mir auch nicht ausgemacht. Am wahrscheinlichsten ist, daß sich hinter dem Klumpsyndrom sowohl eine Stärke als auch eine Schwäche verbirgt und sowohl arbeitsförderliche als auch arbeitshinderliche Wirkungen zeigt.

## 1.3 Raum als Ort und Metapher: Die symbolische Kraft des Räumlichen

Dilemma 6:   Drinnen – Draußen – Durchgänge

Speziell für Frauenhäuser ist von Bedeutung, welche Grenzziehungen und welche Durchgänge sie zwischen Orten der Bewohnerinnen und Orten der Mitarbeiterinnen anbieten respektive herstellen wollen. Oftmals sind die Linien sehr fein gezogen, nicht immer auf den ersten Blick erkennbar und nicht immer bewußt so gewollt. Häufig ergeben sie sich quasi naturwüchsig im Zusammenleben, dann aber nicht zufällig, sondern entsprechend der bewußten und unbewußten Angebote der Mitarbeiterinnen, die die Nutzung der vorhandenen Räume zunächst einmal vorgeben. Manche Häuser sind von klaren Grenzen geprägt, in anderen herrschen fließende Übergänge vor. Wie auch immer sich die Projekte entscheiden oder entschieden haben, wichtig ist, Gründe und Wirkungen dieser Festlegungen in die Arbeit einzubeziehen und gegebenenfalls zu überdenken.

(T22): Das Haus selbst ist sehr schön und erzeugt ein Gefühl der Vertrautheit. Dieser Eindruck setzt sich im Inneren des Hauses jedoch nicht fort, da ist es eher ungemütlich. Obgleich das Büro der Mitarbeiterinnen zentral im Erdgeschoß liegt, geht durch das Haus eine unsichtbare Trennung zwischen diesem Raum und den Räumen der Frauen, die ein Gefühl von „drinnen" und „draußen" aufkommen lassen. Die Schwelle zwischen diesen Bereichen scheint in beide Richtungen wenig überschritten zu werden. Die Mitarbeiterinnen verbringen in den beiden Beobachtungstagen viel Zeit im Büro (insbes. mit Telefonieren und Abrechnungen) und relativ wenig Zeit mit den Frauen, widmen sich jedoch ausführlich den Kindern. Die Tür zum Büro wird geschlossen gehalten. Als eine Frau klopft (während eines Anrufes), wird darauf nicht reagiert (auch nicht mit „Moment bitte" o.ä.). Die Bewohnerin bleibt wartend vor der Tür stehen. Erst nach dem Anruf und Anfertigen einer Notiz ruft die Mitarbeiterin die Frau zu sich, die sie mittlerweile zwischen hereinkommenden Kolleginnen sieht. Die Frau bleibt auf der Schwelle stehen und will nur sagen, daß sie den Küchendienst getauscht hat und geht sofort wieder. „Drinnen" (im Büro) erscheint es der Beobachterin „absolut langweilig", die Anrufe klappen nicht und die beobachtete Mitarbeiterin spricht kein Wort mit ihr. „Draußen" (außerhalb des Büros) ist eine eigene Welt, die lebendiger scheint und als Geräuschkulisse manchmal hereinschwappt. Auch die Mitarbeiterin sucht nach mißlungenen Telefonierversuchen ihr Glück draußen (beim Münztelefon der Frauen auf dem Flur). Das Glück liegt eher draußen, denn drinnen klappt und passiert wenig und die Beobachterin hat das wachsende Bedürfnis, die Tür offen zu halten. Vielleicht bleibt neben dem Glück jedoch auch das Gefährliche draußen, für das die Frauen stehen: Männer, Sexualität, Gewalt. Thema des heutigen Gruppentreffens mit einer Mitarbeiterin in der Wohnküche sind obszöne nächtliche Anrufe im Haus, erlittene „Anmache" in der Kneipe und befürchtete weitere sexuelle Belästigungen aufgrund entsprechender Erfahrungen, die die überwiegend sehr jungen Frauen beunruhigen.

Ort der Begegnung zwischen Frauen und Mitarbeiterinnen ist die Küche der Frauen, d.h. Begegnungen finden auf dem Territorium der Frauen statt. Dort werden die schwierigen Themen abgehandelt. Die geschlossene Bürotür symbolisiert dann vermutlich das Bedürfnis, sich vor dem Sog der dramatischen Lebensschicksale und Lebensrealität der Frauen und deren Nähe zu Sexualität und Gewalt abzuschirmen.

In einem weiteren Haus verlaufen die Grenzen anders, aber das gleiche Problem – der Umgang mit dem Sog der Gewalterfahrungen – ist deutlich Thema und bildet den Hintergrund der Grenzziehungen.

(T21): Der offene Eindruck des Hauses, das nur von einer Hecke umzäunt ist, setzt sich im Inneren durch die zumeist geöffneten Türen fort. Auch hier liegt das Büro im Erdgeschoß, nahe dem mäßig gemütlichen Aufenthaltsraum der Frauen. Frauen und Kinder kommen immer mal kurz ins Büro. Die Mitarbeiterinnen bekommen viel mit, den Krach allerdings auch. Angesichts zeitweiliger Ruhe unterhalten sich die drei Mitarbeiterinnen über die erstaunliche Stille und daß eine Bewohnerin meinte, 'was ein Halli-Galli, da könne man ja nicht arbeiten'. Mitarbeiterinnen, Bewohnerinnen und Kinder begegnen einander freundlich und sprechen häufig kurz miteinander. Gemeinsame Aktivitäten finden an diesem Tag nicht statt. Einzelne Frauen und Kinder kommen öfters ins Büro, fragen etwas oder schauen herein und gehen wieder, wenn alle beschäftigt sind. Der Lärmpegel steigt ab und zu, aber dafür gibt es viel Durchlässigkeit zwischen Büro- und Wohnteil. Der geballte Frauenhausalltag ist miterlebbar, hat für die Beobachterin allerdings auch etwas Erschlagendes: Viele kleine Aufgaben müssen mit zahlreichen Unterbrechungen erledigt werden und „dazwischen" geht es um akute Not: Frauen wollen aufgenommen werden; Ausweisung droht; Frauen werden von ihren Männern um ihre Wohnung gebracht usw. Trotz der freundlichen Atmosphäre geht von der Gesamtsituation etwas Beunruhigendes aus. Die Beobachterin fühlt sich unter permanentem Druck und hat das Gefühl, dauernd mitschreiben zu müssen. Im Büro ist es eng, sie sitzt im Weg, muß häufiger die Beine anziehen oder sich zur Seite drehen, zudem bricht der Tisch, an dem sie schreibt, plötzlich zusammen.

Die Beobachterin erlebt diese Situation – Alltagshektik und Präsens des Gewaltthemas – als bedrängend; es löst Atemlosigkeit und Fluchtimpulse aus. Darin spiegelt sich vielleicht die aufgeregte Ausweglosigkeit vieler

Frauen und häufig auch der Frauenhausarbeit wider. Gibt es keinen sicheren Weg nach draußen, um der Gewalt und dem Deprimierenden eines Frauenhausdaseins zu entkommen? Der Beobachterin gelingt es nicht, ein inneres Bild dieses Hauses aufzubauen, zu wenig ist greifbar. Gleichzeitig passiert so viel und doch so wenig. Aller Frauensolidarität zum Trotz hat das Leben der Frauen und das Leben im Haus auch etwas Abschreckendes, das zum innerlichen Rückzug animiert. Spuren dieses Beunruhigenden finden sich im Alltagsgeschehen wieder.

(T21): Eine Mitarbeiterin berichtet von einer Frau, bei der „Gefahr im Verzug" ist, da ihre Ausweisung droht. Diese in dem Zusammenhang merkwürdige Wendung signalisiert weniger ein konkretes, schwerwiegendes Problem als etwas diffus Bedrohliches. Ort und Quelle der Gefahr sind unklar: Gefährdet die Frau sich selbst, da sie im Sinne des Ausländerrechtes tatsächlich einen gravierenden Fehler gemacht hat? Ist das Haus gefährdet, wenn die Polizei kommt? Stellt auch die Beobachterin eine 'Gefahr im Verzug' dar? Auch im Haus geht es derzeit gefährlich zu: Machtkämpfe unter den Frauen, die laut Mitarbeiterinnen um ihre Stellung ihnen gegenüber ringen. Sie wollen daher die Frauen besser „einbinden" in das Haus, andererseits lassen sie sich selbst einbinden, indem sie Partei ergreifen. In diesem Zusammenhang fällt den Mitarbeiterinnen ein, daß das Gerümpel entsorgt werden muß, d.h. nicht nur Einbinden, sondern auch Entfernen ist Thema: Wie können wir uns der Sorgen entledigen, von denen wir überschüttet werden? Lohnt sich das Einbinden, wo so viele Frauen wieder zurückgehen? Weitere Gefahren tauchen im Laufe des Tages auf: Im Haus wird gestohlen und es bedarf besserer Sicherungsmaßnahmen. Auch außerhalb des Hauses lauert Gefahr, denn die Behörden gehen nicht sorgfältig mit den Daten der Frauen um. Das emsige Mitschreiben der Beobachterin versetzt eine Mitarbeiterin in Staunen, wieviel es aufzuschreiben gibt, daraufhin die Beobachterin: „Ich muß wie wild schreiben".

„Wie wild" weist wieder auf das Gefährliche, Unbezähmbare hin: Wo überall lauert „Gefahr im Verzug"? Wer will uns vereinnahmen? Wie können wir uns schützen? Es legt eine Raubtierassoziation nahe: Wer verschlingt wen, wer bleibt übrig – im Team, im Haus? Spiegelt sich die Angst vor einer nicht einschätzbaren Gefahr darin wider, daß die Beobachterin sich gehetzt fühlt und wie wild gegen die lähmende Frauenhausapathie anschreibt? Entfaltet sie diese hektische Aktivität aus Abwehr gegen das Unstrukturierte, Beunruhigende des Frauenhauses, das gleichzeitig Aufgehobenheit in symbiotischer Verschmelzung mit den Frauen beinhaltet? Besteht die Gefahr letztlich darin, in den Sog weiblicher Passivität und weiblichen Erduldens zu geraten, der der Preis für die Erfüllung der Sehnsucht nach Einheit zu sein scheint? Erwächst gegen diesen Sog das große Abgrenzungsbedürfnis?

Beide hier beschriebenen Formen des Umgangs mit Abgrenzung und Durchlässigkeit zwischen Räumen haben mit dem zentralen Thema 'Gewalt gegen Frauen' zu tun. Sowohl eine starke Trennung zwischen den Bereichen der Mitarbeiterinnen und denen der Bewohnerinnen als auch ein hohes Maß an Durchlässigkeit sind Reaktionen auf den Sog, den die Gewalterfahrung der Frauen und ihre oft passive Lebenshaltung auszulösen vermögen.

## Dilemma 7:  Getrennte Welten

Frauenhausmitarbeiterinnen haben sich an höchst unterschiedlichen Orten innerhalb und außerhalb des Hauses niedergelassen und damit ihren Platz dokumentiert. Die Variationen reichen vom unscheinbaren Büroraum, über den Keller bis zum Paradezimmer und schließen die Möglichkeit ein, sich außerhalb des Hauses, zumeist in der dazugehörigen Beratungs- oder Bildungseinrichtung anzusiedeln. Ging es im vorherigen Dilemma mehr um den Umgang mit dem Gefährlichen für das die Frauen stehen, geht es jetzt um das Verhältnis zu den Frauen selbst und um die Definition der eigenen Rolle. Die gewählten Orte symbolisieren das Verhältnis der Mitarbeiterinnen zu den Bewohnerinnen, wobei die Entschlüsselung dieser Symbolik kompliziert und in den seltensten Fällen eindimensional ist.

(T31): Das Büro dieses Frauenhauses liegt im Keller, der durch ein großes Fenster verhältnismäßig hell und farblich ansprechend gestaltet ist. Früher lag das Büro neben der Küche im jetzigen Wohnzimmer der Frauen. Jetzt sind die Mitarbeiterinnen nur noch über eine steile Kellertreppe erreichbar. Sie gehen „hoch", wenn es etwas zu regeln gibt, bzw. die Frauen kommen „runter". Dennoch liegt in gewisser Weise auch dieses Büro zentral, da alle, die ins Haus gehen am Fenster vorbeikommen. Die Kinder nutzen es zur Kontaktaufnahme, die Frauen grüßen. Die Beobachterin beschleicht dennoch ein komisches Gefühl, ins Büro zu gehen, weil das Geschoß trotz aller Bemühungen eine Kelleratmosphäre ausstrahlt. Warum sind die Mitarbeiterinnen in den Keller abgetaucht? Einerseits sicher, um den Frauen Platz zu machen und ruhiger arbeiten zu können, doch welchen Ort schreiben sie sich damit zu? Sind sie die armen Kellerkinder, während die Bewohnerinnen zwar noch ärmer dran sind, aber wenigstens im Hellen sitzen? Was kann frau von solchen Mitarbeiterinnen verlangen bzw. erhoffen? Die Frauen müssen jedenfalls zweimal klopfen bevor die Mitarbeiterinnen 'herein' rufen, wobei sie immer etwas gestört klingen. Die Mitarbeiterinnen sind im Büro nur über Klopfzeichen erreichbar, denn die Tür ist normalerweise zu, aber auch wenn sie aufsteht, verhalten sich alle ähnlich.

Ist es das, was sich die Mitarbeiterinnen vom Umzug in den Keller erhofften, von den Frauen und Kindern ungestört zu sein und gleichzeitig durch das Fenster alles im Auge zu haben?

(T32): Das Büro eines anderen Frauenhauses ist das Paradezimmer im Erdgeschoß: groß, gemütlich, mit Kaffeemaschine und Geschirr. Nur hier hängen Bilder an der Wand. Die Bewohnerinnen kommen lediglich herein, wenn sie etwas fragen wollen, setzen sich aber nicht. Das Büro nimmt sich zur Wohnküche der Frauen wie eine getrennte Welt aus. Die Wohnküche ist groß und viel genutzt und es herrscht ein ziemliches Durcheinander mit Essensresten etc. Die Mitarbeiterinnen halten sich, außer den Kinderfrauen, überwiegend im Büro auf und unternehmen nur kurze Ausflüge ins Haus, so daß eine „Komm"struktur entsteht. Die Beobachterin möchte in der Küche der Frauen nichts essen, da es ihr dort im Gegensatz zum Büro zu schmuddelig und ungemütlich ist. Die Mitarbeiterinnen spülen nur ihr schmutziges Geschirr in der Küche, d.h. sie teilen ihr Dreckiges mit den Frauen in deren Küche, lassen diese aber nicht an ihrem eigenen Gemütlichen partizipieren.

Was für eine Trennung produziert dieses Arrangement zwischen Mitarbeiterinnen und Frauen? Wäre diese Aufteilung in ordentlich/unordentlich bezüglich des Essens und in gemütlich/ungemütlich bezüglich der Räume durch entsprechende Aktivitäten veränderbar? Es ist einen Versuch wert.

(T32): In einem Gespräch über Verantwortlichkeiten mit der Beobachterin betont eine der Mitarbeiterinnen, daß den Frauen Eigenverantwortung zugestanden werden muß. Diese entscheiden selbst, „wie weit sie gehen wollen". Das ist zwar bezogen auf deren Lebensentscheidungen gemeint, aber daran läßt sich auch die Frage der Eigenverantwortung der Mitarbeiterinnen gegenüber dem Haus diskutieren: Wie weit wollen sie diese übernehmen?

Sehen die Mitarbeiterinnen in den räumlichen Unterschieden einen Niederschlag der Eigenverantwortung der Frauen? Mutiert die sichtbare Differenz zu einer pädagogischen Maßnahme? Die Mitarbeiterinnen führen den Frauen vor, wie schön und ordentlich es sein kann und daß sie jetzt zu spüren bekommen, wie es ist, wenn frau es nicht hinbringt. Sicher ist es nicht Aufgabe der Mitarbeiterinnen, bei den Frauen zu putzen, aber es fällt in ihre Zuständigkeit, für die räumliche Umgebung Sorge zu tragen, denn sie leiten das Projekt. Die derzeitige Situation läßt sich hingegen so interpretieren: Die „guten" Frauen, die sich für ihr eigenes Wohl anstrengen, haben es angenehm und die „schlechten" Frauen, die keine Eigenverantwortung übernehmen, sitzen im Dreck. Nur ist es nicht die zentrale Aufgabe der Mitarbeiterinnen, für sich selbst zu sorgen, sondern für die Bewohnerinnen. Die Mitarbeiterinnen zeigen, daß sie Wert auf eine schöne Umgebung legen und in der Lage sind, eine solche für sich herzustellen. Doch wie sieht ihr Angebot an die Frauen aus und was bewirkt dieses Zwei-Klassen-Modell?

Das angesprochene Thema Verantwortlichkeit/Eigenverantwortung betrifft einen zentralen Aspekt des Frauenhausalltags, das seinen räumlichen Ausdruck findet: Da die Mitarbeiterinnen täglich den Umgang der Frauen mit ihrem Leben und der Mütter mit ihren Kindern vor Augen haben, wollen sie möglicherweise die Bürotür lieber geschlossen halten, um Gefühle der Wut und Enttäuschung bzw. der Ohnmacht nicht zu spüren und Wünschen nach „autoritärem" Eingreifen nicht nachzugeben. Doch wo liegt die Verantwortlichkeit der Mitarbeiterinnen für das Haus und wo sind die Grenzen? Fühlen sie sich für alles und nichts verantwortlich und entscheiden daher mal so und mal so? Die Voraussetzung, einen sicheren Rahmen – auch einen äußeren – zu schaffen, wäre die Übernahme klarer und begrenzter Verantwortlichkeiten durch Mitarbeiterinnen und Bewohnerinnen, welche dann einforderbar wären.

Ebenfalls räumlichen Ausdruck verschafft sich das Thema Nähe/Distanz und kann sich in gegenseitiger Befangenheit äußern, wenn angesichts räumlicher Entfernung und innerem Abgrenzungsbedürfnis unklar bleibt, was die einen von den anderen erwarten, wenn sie die Räume der jeweils anderen betreten.

(T23): In einem weiteren Haus sind die Büros ausgelagert, aber zu Fuß erreichbar. Sie sind übersichtlich geordnet, groß und hell. Der Hauptaufenthaltsraum der Frauen im Haus verbreitet hingegen eine eher gedrückte Stimmung, weil er dunkel ist. An dem Beobachtungstag sind alle Mitarbeiterinnen im Büro. Erst abends gehen zwei Mitarbeiterinnen (M.1 und M.2) zu einer Gruppensitzung ins Haus. Die Frauen sitzen schon im Gemeinschaftsraum, es herrscht aber noch einiges Hin und Her. Das Verhältnis zwischen Mitarbeiterinnen und Frauen wirkt eher distanziert als vertraut, was den Mitarbeiterinnen eventuell peinlich ist, denn die Beobachterin fühlt sich wie eine Voyeurin. Obwohl die Gruppe längst angefangen haben sollte, erledigen die beiden Mitarbeiterinnen ihnen dringend erscheinende Dinge für einzelne Frauen. Ist diese Aufgabe einfacher und klarer? Die übrigen Frauen unterhalten sich angeregt in kleinen Gruppen. Dann setzt sich M.1 zu den Frauen und läßt sich erzählen, was diese bisher besprochen haben. Über die mehr als einstündige Verspätung sagt sie nichts. Die Stimmung ist etwas zäh: Ein Weihnachtsfest ist geplant, die weitere Gestaltung der Abende wird angesprochen. Die Frauen verhalten sich wie Kinder, die keine Lust haben. Sie hätten sich wohl lieber weiter unterhalten. Der Status der Gruppe scheint völlig unklar und macht den Umgang miteinander schwierig: Handelt es sich um Pflicht oder um Vergnügen, sollen schöne Sachen besprochen werden oder drohen unangenehme Themen (wie eigentlich von den Mitarbeiterinnen für heute geplant)?

Es gibt weder für die Mitarbeiterinnen noch für die Frauen einen gesicherten Verhaltenskodex, denn es soll weder formal zugehen – das wäre in einem Frauenhaus auch nicht angemessen – noch soll das Treffen eine Kaffeeklatschrunde sein. Aber was dann, wenn der Kreis so heterogen ist und die Interessen so unterschiedlich sind? Welche Aufgaben haben die Mitarbeiterinnen, welche die Bewohnerinnen, was für Rollen sind jeweils für sie vorgesehen? Wenn das nicht geklärt wird, entsteht schnell eine gekünstelte Atmosphäre und wachsendes Unbehagen, die – wie in diesem Falle – zur schnellen Beendigung der Gruppe führen, mit der alle einverstanden sind, um den peinlichen Empfindungen nicht länger ausgesetzt zu sein.

(T23): Eine weitere Gruppensitzung findet am nächsten Tag im Büro der Mitarbeiterinnen bei Tee und Kaffee statt. Eine der Mitarbeiterinnen fragt nach anstehenden Themen, während noch auf eine Frau gewartet wird. Ansonsten passiert nichts; alle sind eher still, nachdem sich die Frauen vor der Tür lebhaft unterhalten haben. Ist das entstandene Vakuum wieder ein Hinweis auf das Unklare der Beziehungen zwischen Mitarbeiterinnen und Frauen, die etwas Ungemütliches haben? Jetzt wäre ein aktives Überbrücken der Kluft erforderlich, aber die Mitarbeiterinnen lassen nach einigen halbherzigen Versuchen der Strukturierung die Sitzung „laufen" – ohne Tagesordnung und ohne Protokoll.

Das Dilemma „getrennte Räume" zeigt die Vor- und Nachteile der verschiedenen Formen von Trennungen auf. Wesentlich scheint mir, daß sie jeweils unterschiedliche innere Bilder des Gegenübers zweier Gruppen produzieren, mit denen beide Seiten umgehen müssen. Je größer die Trennungen, desto aktiver müssen Begegnungen hergestellt werden, je stärker das Ineinander-Überfließen, desto mehr rücken individuelle und kollektive Abgrenzungsbemühungen und entsprechende Ängste vor Vereinnahmung in den Vordergrund.

## Dilemma 8:  Einladungen – Ausladungen

Die Bedeutung des Umgangs mit Räumen liegt zwar in den Frauenhäusern aufgrund ihrer doppelten Funktion als Wohnort und als Arbeitsplatz am meisten auf der Hand, spielt aber auch in den anderen Projektbereichen eine nicht zu unterschätzende Rolle und zwar bezogen auf drei Aspekte: die äußere Sichtbarkeit, die Zugangsmöglichkeit und die jeweils vorhandenen Aufenthaltsmöglichkeiten für die Frauen und Mädchen.

Die Gestaltung der äußeren Sichtbarkeit haben die einzelnen Beratungs- und Bildungsprojekte auf sehr unterschiedliche Weise gelöst (hingegen sind die Frauenhausadressen immer geheim), wobei es nicht so ist, daß schlecht sichtbare Projekte immer leer und leicht sichtbare immer gut besucht sind. Dennoch kommt der Art und Weise, wie ein Projekt auf sich hinweist, eine symbolische Bedeutung zu. Manche Projekte, besonders solche in ehemaligen Ladenräumen, können von der Straße aus betreten werden und laden dadurch zum Hereinschauen ein. Bei anderen Projekten muß frau obere Stockwerke aufsuchen und zumeist klingeln; d.h. Frauen und Mädchen gehen eher mit einem spezifischen Anliegen dort hin, dem eine entsprechend große Bedeutung zukommt. Alle Projekte müssen die Frage klären, welchen Raum sich die Mitarbeiterinnen nehmen, welche Räume für Mitarbeiterinnen und Frauen und Mädchen zusammen gedacht sind und ob und wieviel Raum den Besucherinnen zur Verfügung steht.

(T18): Auf das Beratungsprojekt in einem ehemaligen Laden weist ein großes Schild mit eigenem Logo hin, im Schaufenster hängen Plakate. Bei schönem Wetter steht die Tür zur Straße manchmal sperrangelweit auf. Der ehemalige Verkaufsraum wirkt wie ein Zentrumsraum mit Infoecke im Eingangsbereich, einem großen Tisch und Stühlen. Er animiert zum Eintreten, zumindest die auf dem Schild benannte Gruppe von Frauen und Mädchen. Die Ausstattung ist postmodern, mit hohem technischen Standard, die Mitarbeiterinnen sind entsprechend gekleidet und Besucherinnen müssen sich in diesem 'duchgestylten' Ambiente zurechtfinden. Die Mitarbeiterinnen sprechen hereinschauende Frauen freundlich auf ihre Wünsche an. (Andere Projekte mit ähnlichem Anspruch zeigen sich ambivalenter.) Im Laufe des Tages kommen immer wieder Frauen herein – häufig bekannte oder befreundete –, so daß eine bunte Mischung aus privaten Gesprächen, Informationen und Beratungen entsteht. Die Beobachterin sitzt allein im Eingangsraum (mit Einblick in das dahinterliegende

Büro) und fühlt sich wie eine „Empfangsdame", eine Position, die dieses Ambiente in spielerischer Weise nahelegt und durchaus etwas Schillerndes hat, denn dem Projekt haften illustre Züge an.

Die doppeldeutige Ausstrahlung des Projektes – kühles High-Tech und gleichzeitig schillernd – entspricht der starken Vermischtheit von Beruflichem und Privatem. Es öffnet sich weit für die Besucherinnen, stellt sich aber auch als professionell vor, vielleicht um zu demonstrieren: Wir haben zwar Aspekte eines Zentrums wie in den Anfangszeiten der Neuen Frauenbewegung – allerdings für eine bestimmte Gruppen von Frauen –, aber wir arbeiten hier auch und bieten neben Treffmöglichkeiten Beratung an und bestimmen die Ausrichtung.

Eines der Projekte aus dem Bildungsbereich strahlt auf andere Weise eine Mischung aus Offenheit und Privatheit aus, indem es gleichfalls eine changierende Haltung zwischen Beruf und selbstorganisierter Frauengruppe einnimmt, jedoch wird hier deutlich eine Ambivalenz spürbar.

(T5): Auch dieses Projekt befindet sich in einem ehemaligen Laden. Im Schaufenster hängt der Name, Plakate weisen auf das Anliegen hin. Der Ladenraum ist liebevoll eingerichtet, wieder gibt es Infoblätter, gemütliche Tische und Stühle. Heute findet das wöchentliche, traditionelle Kaffeetrinken mit Kuchen statt, das für alle Frauen der angesprochenen Gruppe offen ist. Die Mitarbeiterinnen beginnen den Arbeitstag mit Kaffee und Musik und der Raum mit dem gedeckten großen Tisch wirkt fast privat. Mehrere Besucherinnen treten ein, sie scheinen alle den Mitarbeiterinnen bekannt zu sein, außer einer, die etwas später hinzukommt. Die neue Frau wird von einer Mitarbeiterin gebeten, sich zu setzen, dabei steht sie weder auf, noch stellt sie sich vor, fragt aber nach, ob die Frau das Projekt schon kennt. Da dies nicht der Fall ist, händigt sie ihr ein Infoblatt aus. Danach sitzt die Frau den ganzen Nachmittag angespannt da, sagt nichts und wird nicht angesprochen. Um sie herum findet ein lockeres Gespräch statt. Das Anliegen des Projektes wird von keiner der Mitarbeiterinnen aufgegriffen, die Unterhaltung hat einen eher zufälligen, privaten Charakter.

Das offene Angebot bezieht sich in erster Linie auf Frauen, die im Projekt bekannt sind, andere müssen sich weitgehend selbst zurechtfinden und sich aktiv ihren Weg in das Projekt bahnen. Abgesehen von einer kurzen, einladenden Geste geben sich die Mitarbeiterinnen eher wie in einem privaten Setting als in einer beruflichen Situation und verhalten sich nicht wie Frauen mit einem spezifischen Arbeitsauftrag. Sie ziehen Grenzen gegenüber unbekannten Frauen, indem sie Beruf und Privatheit in der beschriebenen Weise miteinander vermischen und eher „zu sich" als in ein von bezahlten Mitarbeiterinnen getragenes Projekt einladen. Die Proklamation von Offenheit muß also keineswegs mit einem besonders einladenden Verhalten gegenüber nicht dazugehörigen Frauen einhergehen, vielleicht eher im Gegenteil und das zumeist ohne, daß den betreffenden Projekten bewußt ist, wie sehr sie eine In-group-Atmosphäre herstellen. Dieses Spannungsverhältnis wird sichtbar, als eine neue Frau kommt, die nicht über die Fähigkeit verfügt, sich in einem solchen Rahmen Gehör zu verschaffen.

Eine weitere Variante des Dilemmas wird in einem anders strukturierten Projekt deutlich, das weniger Offenheit ausstrahlt als die vorherigen.

(T17): Dieses Projekt aus dem Beratungsbereich ist in einem modernen, unpersönlichen Bürogebäude untergebracht. Außen am Gebäude befindet sich ein Schild, der Eingang zu dem Projekttrakt selbst ist verschlossen. Eine Mitarbeiterin, die die Beobachterin nicht kennt, öffnet auf ihr Klingeln und fragt, zu wem sie möchte, ob sie einen Termin habe und bittet um ihren Namen. Nach Aufklärung über den Besuchszweck bietet sie der Beobachterin einen Stuhl im Projektflur an und geht sich erkundigen. Es „amüsiert" die Beobachterin, wie eine „Klientin" behandelt zu werden, da sie nicht sofort sagt, wer sie ist. Dennoch muß die Kontaktaufnahme einen nachhaltigen Eindruck bei ihr hinterlassen haben, denn kurze Zeit später merkt sie beim Mitschreiben, daß sie statt „Projekt" aus Versehen „Station", im Sinne einer Frauenstation, schreiben wollte. Diese Assoziation steht dem Anspruch des Projektes entgegen, in ratsuchenden Frauen keine Klientinnen und schon gar keine Patientinnen zu sehen. Aber der erste Eindruck wird durch die Arbeitsatmosphäre verfestigt. Die beobachtete Mitarbeiterin strahlt ein bißchen Unnahbarkeit aus und wird von der Beobachterin als „die Expertin" gekennzeichnet, was den Eindruck einer „Station" nochmals bekräftigt.

Hier wird deutlich, wie schwierig es ist, die gewünschte Atmosphäre herzustellen und das Intendierte zu signalisieren: eine „andere" Professionalität, in der sich Frauen angenommen fühlen. Statt dessen vermittelt sich „normale" Professionalität, die zu Assoziationen von Station und Unnahbarkeit Anlaß gibt. Das Dilemma der Projekte ist, einen sichtbaren Standort zwischen unprofessionellem Wohnzimmerambiente und konventionellem Dienstleistungsangebot einzunehmen und räumlich und inhaltlich auszufüllen.

Das folgende Projekt kämpft auf einer anderen Ebene mit diesem Problem.

(T9): Dieses Beratungsprojekt liegt im oberen Stockwerk eines Bürohauses und ist draußen mit einem kleinen Schild kenntlich gemacht. Die Etagentür zum Projekt ist offen. Ein großer Büroraum bildet den Mittelpunkt und dient mehreren Funktionen: Zwei Mitarbeiterinnen haben dort ihre Schreibtische stehen, an einem großen „Konferenztisch", etwas abgeschirmt durch Pflanzen, finden Besprechungen, Mittagspausen und gegebenenfalls Beratungen statt, wenn unangemeldet Frauen kommen und Informationen oder Hilfe brauchen. Hier lassen sich auch nicht selten Honorarfrauen, Praktikantinnen u.a. nieder. Der Raum wirkt auf die Beobachterin ein projektöffentlicher „Konferenzraum", in dem tendenziell alle Aktivitäten stattfinden. Die Konferenz-Assoziationen erhalten nachträgliche Berechtigung, denn hier finden viele Besprechungen und Beratungen statt, die alle ein Stückweit wie öffentliches Gut gehandhabt werden.

Der offene Raum hat eine Zwitterfunktion, so wie das Projekt selbst hin- und herschwankt zwischen selbsthilfeorientierter Unterstützungsgruppe und professionalisiertem Projekt. Einerseits wird signalisiert, hier wird alles solidarisch zusammen besprochen, andererseits gibt es eine Konferenzatmosphäre. Welchen Entwicklungsweg das Projekt weiter nimmt und wie sich dies auf die Funktion der Räume niederschlagen wird, ist offen. Zu untersuchen wäre die Einstellung der Adressatinnen gegenüber der unkonventionellen Umgangsweise mit unangemeldeten Beratungen und dem „Konferenz"-Arrangement. Die praktizierte Offenheit muß nicht falsch sein, mag vielen Frauen sogar guttun. Nur scheint es keinen durchgehenden Konsens zu geben, welche Art Angebot gemacht werden soll: ein professionalisiertes mit einem entsprechenden Setting oder ein offenes, wo vieles gleichzeitig möglich ist und gemacht wird und die Mitarbeiterinnen eine unterstützende, informierende Anlaufstelle anbieten. Die Entscheidung sollte sich danach richten, welche Besucherinnenstruktur und welche Hilfeformen angestrebt werden.

Eines der Bildungsprojekte zeigt sich ebenfalls nach innen sehr offen gegenüber den Besucherinnen, wirkt aber gleichzeitig nach außen abgeschottet.

(T2): Das Projekt ist nach außen fast unsichtbar, abgesehen vom Namen am Klingelknopf und frau muß läuten, um hineinzugelangen. Aber die Frauen, für die das Projekt gedacht ist, finden sich in großer Zahl dort ein. Erst an der Etagentür steht der Name auf einem handgeschriebenen Zettel. Den Mitarbeiterinnen ist es nie aufgefallen, daß außen kein Schild ist. Innen ist es freundlich eingerichtet, mit ausreichend Sitzecken und die Frauen scheinen sich wohlzufühlen.

Vielleicht ist es allen recht, daß das Projekt in gewisser Weise eine verschworene Gemeinschaft bildet, denn die angesprochenen Frauen – Migrantinnen – befinden sich in einer Minderheitsposition. Auch wenn es ihrem Anliegen, ebenfalls deutsche Frauen anzusprechen, entgegensteht, erfüllen sich die Mitarbeiterinnen so möglicherweise den heimlichen Wunsch, einen eigenen Ort in einer Gesellschaft zu haben, die ihnen sonst nichts zugesteht.

Das Oszillieren mancher Projekte zwischen Momenten der Einladung und Momenten der Ausladung weist häufig einen inneren Zusammenhang zum Projektthema auf. Eines der „offenen" Projekte, ließe sich als Einladung zum Lesbisch-Werden verstehen, während eines der „geschlossenen" Projekte mit Migrantinnen arbeitet, wo möglicherweise das Bedürfnis dominiert, sich nach außen abzuschirmen. Der Wunsch, etwas für sich selbst zu schaffen und selbst etwas zu bekommen, ist bei denjenigen Projekten besonders ausgeprägt, die als Selbsthilfegruppe begonnen haben. Als benachteiligte Gruppe billigen sie sich das moralische Recht zu, sich selbst etwas Gutes zu tun, indem sie das alte Credo der „Verbindung von Leben und Arbeit" für sich passend interpretieren.

## 1.4 Definitionsmacht und Autonomie

Dilemma 9:    Wessen Projekt und wessen Autonomie?

Die Frage nach der Definitionsmacht über das jeweilige Projekt weist auf ein Konfliktpotential hin, das sich aus dem Anspruch der Autonomie speist. Autonomie meinte zunächst zwar Autonomie gegenüber gesellschaftlichen Instanzen, enthält aber darüber hinaus den Gedanken genereller Selbstbestimmung für alle Frauen. In der täglichen Projektarbeit wird dieser Anspruch weniger gegenüber dem Staat als im Verhältnis zwischen Mitarbeiterinnen und Adressatinnen virulent. Ziel der Arbeit ist, Selbständigkeit und Eigenverantwortlichkeit der Frauen und Mädchen zu stärken und in den Projekten Raum dafür anzubieten. Daraus erwachsen im Arbeitsalltag und im Arbeitsansatz eine Reihe Probleme, deren Ursache darin liegt, daß aus dem WIR aller beteiligten Frauen die gemeinsam nach Selbstbestimmung streben, längst zwei Gruppen geworden sind: WIR und SIE, Mitarbeiterinnen und Adressatinnen.

Dieses Dilemma läßt sich an einem Frauenhausbeispiel gut aufzeigen, wo einerseits Autonomie eingeübt werden soll, ihr andererseits aber deutlich Grenzen gesetzt werden.

(T33): In der Teambesprechung zeigt sich, daß aufgrund von Koordinationsproblemen statt einer Frau mit zwei Kindern zwei Frauen mit je zwei Kindern aufgenommen wurden – eine marokkanische und eine deutsche Frau. Die Mitarbeiterinnen sind sich einig, daß eine von ihnen in ein anderes Haus wechseln soll, was heute mit beiden zu klären ist. Bedingt durch ein langes Wochenende und die Abwesenheit der Mitarbeiterinnen wohnen sie seit 4 Tagen mit ihren Kindern im Haus (in einem Zimmer und verstehen sich nicht gut). Doch warum entscheiden die Mitarbeiterinnen allein, daß eine Frau gehen muß, wären keine anderen Lösungen vereinbar, falls die Frauen das wollen? (z.B. Zusammenziehen mit einer Frau ohne Kinder). Hingegen entsteht eine engagierte Diskussion, welche Frau weggeschickt werden soll. Die Marokkanerin wird bevorzugt, um so die Ausländerfeindlichkeit im Haus zu bekämpfen. Da es auf einen Tag nicht ankommt, soll es am Abend geklärt und den Frauen mitgeteilt werden.
    In der Hausversammlung zwei Tage später werfen die Mitarbeiterinnen die Frage des leeren Verbandskastens auf. Eine Frau übernimmt es dann auf Anfrage, eine Liste zu erstellen und einzukaufen und bekommt das Geld dafür. Wird an diesem Punkt „Verantwortung übernehmen" eingeübt?

Eine Gegenüberstellung beider Ereignisse und der jeweiligen Entscheidungsstrukturen macht den schwierigen Umgang mit Autonomie deutlich: Der Verbandskasten kann den Bewohnerinnen anvertraut werden, die Entscheidung über den Verbleib der beiden Frauen, von denen keine gegen die Hausordnung verstoßen hat, hingegen nicht. Beide Anlässe werden als Vehikel pädagogischer Einflußnahme genutzt: Über den Verbandskasten sollen die Frauen Verantwortung für die Gemeinschaft übernehmen, mit der Entscheidung der Mitarbeiterinnen über die Köpfe der Frauen hinweg soll den Bewohnerinnen ihre Ausländerfeindlichkeit ausgetrieben werden. Da das Beispiel kraß ist, kann es leicht als exotisch abgetan werden, zeigt aber in seiner extremen Form ein strukturelles Dilemma auf. Denn die Autonomiefrage ist auf das engste mit der Machtfrage verbunden: Wieviel Macht wollen die Mitarbeiterinnen mit den Bewohnerinnen teilen, wieviel wollen sie für sich reservieren und mit welcher Legitimation?

Weniger an einzelnen Beispielen denn als durchgängiges Thema im Untergrund zeigt sich das Problem der Machtaufteilung im Alltag eines anderen Hauses. Immer wieder geht es um die Frage: Wem ist zu trauen, wer weiß, was vorgeht und wer bestimmt, wo es im Hause langgeht?

(T26): Eine Bewohnerin mußte ausziehen, weil sie trinkt, ihre Kinder schlägt und mehrmals die Hausversammlung versäumt hat. Sie konnte ein paar Tage privat unterkommen, ist aber am Wochenende wiedergekommen, weil sie obdachlos ist. Heute ist ein gemeinsames Kaffeetrinken auf der Terrasse geplant, und die Mitarbeiterinnen beratschlagen, ob die „Obdachlose" (Bezeichnung der Beobachterin) dabei sein soll, sind sich unschlüssig und beschließen nichts. Inzwischen haben die Frauen einschließlich der „Obdachlosen" nach einigen Ermunterungen den Tisch gedeckt und alle setzen sich. Die Atmosphäre ist angenehm, die Mitarbeiterinnen zeigen sich wohltuend interessiert an den Frauen, dennoch ist die Anwesenheit der „Obdachlosen" seltsam und bewirkt ein Knistern. Sie sagt nichts, brüllt nur die Kinder an. Zwei Tage später sprechen die Mitarbeiterinnen wieder über die „Obdachlose", die nach Information einer Bewohnerin seit gestern nicht mehr aufgetaucht sei, was die Mitarbeiterin „glaubt", wobei Unsicherheit über die Richtigkeit der Information mitschwingt. Die Beobachterin hat jedoch das Gefühl, daß es einiges Verschwiegenes im Haus gibt und die Frau nachts zum Schlafen kommt. Ist unklar, ob die Frauen die Wahrheit sagen? Wenn sie die Frau nachts heimlich aufnehmen, wen beherbergen sie noch alles (was in Frauenhäusern durchaus vorkommt, M.B.)? Machen die Frauen, was sie wollen und bedürfen der Kontrolle?

Dieser Eindruck verstärkt sich, als die Kinder einer Frau wegen Vernachlässigung ins Heim sollen. Ist auch den Müttern nicht zu trauen? Gibt es lauter Heimlichkeiten und müssen alle fürchten, ertappt zu werden: die Frauen bei nächtlichen Aktionen, die Mütter bei mangelnder Fürsorge und last not least die Mitarbeiterinnen bei Komplizinnenschaften. Nachdem eine Mitarbeiterin die Anwesenheit der Beobachterin bei einem Aufnahmegespräch abgelehnt hat, erhält diese von einer anderen „heimlich" Unterlagen über die zu beratende Frau, die sie mit Angst-vorerwischt-Werden schnell durchliest. Als nächste fühlt sich die ablehnende Mitarbeiterin „ertappt". Sie lacht die Beobachterin mitwisserisch an als sie zurückkommt und vermutet, daß sie wohl erzählen soll, was „herauskam". Der nächste geheimnisumwitterte Punkt ist eine amtliche Wohnungszuteilung, bei der eine später eingezogene Bewohnerin einer anderen vorgezogen wird und was die Frage aufwirft, ob diese sich die Zuteilung erschlichen hat. Die Mitarbeiterin versucht, bei „den Frauen" die Wahrheit herauszufinden. Das Geheimnisvolle und Spannende im Haus und unter den Frauen bleibt erhalten und hat an manchen Stellen erotische Tönungen (es geht um Schwangerschaften, unklare Vaterschaften und um die schwarze Lederkluft einer Mitarbeiterin, die sie im Büro wechselt. Offen ist, inwieweit diese Spannung die Arbeit stört oder auch anregt.

Auf zwei Ebenen geht es in den ausschnittsweise beschriebenen Tagen um Verstrickungen, Verdächtigungen, Heimlichkeiten: Wer tut Verbotenes und wer hat das Sagen, das heißt, Thema sind Grenzüberschreitungen und Kontrollversuche. Verwobenes wird sichtbar, libidinöse Besetzungen schimmern durch, Geheimgehaltenes spielt eine Rolle, aufregend ist, was Frauen so alles machen, wenn sie unbeobachtet sind. Vielleicht ist diese Gemengelage eine gute Voraussetzung für Lösungsprozesse, denn die Beobachterin fühlt sich wohl im Haus, dessen Gesamtatmosphäre angenehm ist. Eine Frage bleibt jedoch, wie in diesem Kontext Schritte in Richtung Autonomie angegangen werden können.

Wie schwierig es ist, Autonomie zu fördern, wird auch an zwei Beispielen aus dem Beratungsbereich in der Arbeit mit Mädchen deutlich.

Eine Mitarbeiterin des ersten Projektes beschreibt im Interview ihre Enttäuschung, daß letztlich die anfallende Arbeit entweder liegenbleibt oder von den Mitarbeiterinnen übernommen werden muß, da die Idee, daß die Mädchen selbst gestaltende Funktionen im Projekt übernehmen, bisher fehlgeschlagen ist:

„Wir pflegen die Räume zu wenig. Die Mädchen haben zu wenig Verantwortung dafür und wir selber sind auch chaotisch. Da ist nichts gestaltet. Wir haben es den Mädchen überlassen und es kommt nichts. Im Flur steht schon ewig eine Tafel, sie müßte angebracht werden, aber keine Frau hat Lust dazu." (Bz S. 13)

Niemand sorgt dafür, daß es behaglich ist. Die Mädchen verweigern sich, vielleicht nicht zuletzt als Ausdruck ihrer Autonomie oder zumindest als Ausdruck töchterlicher Grenzziehung. Denn die Übernahme autonomer Verantwortung würde die Erfüllung mütterlicher Erwartungen bedeuten. Da aufgrund des Konzeptes die Mitarbeiterinnen ihrerseits die Räume nicht ansprechend herrichten, droht daraus ein Machtkampf zu werden. Mögliche Hintergründe für derartige Interessenunterschiede zwischen Mädchen und Mitarbeiterinnen werden im zweiten Projekt deutlicher.

(T11): Das Projekt verfügt über ein Café, das von deutschen und ausländischen Mädchen und junge Frauen besucht wird. Die Mitarbeiterinnen haben gehofft, daß die Mädchen das Café selbst organisieren und gestalten, was die Mädchen laut beobachteter Mitarbeiterin nicht „genutzt" haben. Daher finden dort weniger Aktivitäten als geplant statt. Die Mädchen würden die Räume gern mit Jungen (ihren Freunden) zusammen nutzen, aber gerade das sollen sie wiederum nicht.

Die Grundidee, für Frauen- und Mädchen autonome Räume zu erschließen, schneidet sich in der Praxis nicht selten mit der Bindung des Autonomiegedankens an frauenbewegte, inhaltliche Vorstellungen, die nicht von allen interessierten Frauen und Mädchen geteilt werden, wodurch der Autonomiegedanke mehr oder weniger empfindliche Einschränkungen erfährt. Autonomie setzt offenbar etwas voraus, das selten mitgedacht und -gesagt wird: Geteilte Vorstellungen über eigene Räume, frei von patriarchaler Vorherrschaft und orientiert an den Maximen der Frauenbewegung. Mit zunehmender Professionalisierung wird die Chance der Selbstbestimmung innerhalb der Projekte für die Adressatinnen immer kleiner. Inwieweit Autonomie eine zentrale Zielsetzung bleiben kann, ohne ein ausreichendes Maß an Selbst- oder auch nur an Mitbestimmung im Projekt anzustreben und zu verankern, scheint mir eine bedenkenswerte Überlegung.

## Dilemma 10: Feministische Ungeduld und die Langsamkeit individueller Änderungsprozesse

Aufbruch aus weiblicher Unterordnung war das zentrale Motiv, Frauenprojekte zu gründen. Damit einher ging die Hoffnung auf rasche kollektive und individuelle Erfolge hinsichtlich einer Veränderung des Geschlechterverhältnisses, so daß die Kämpfe nicht umsonst sind und die persönlichen Emanzipationsanstrengungen Früchte zeitigen. Diese Radikalität steht in einem strukturellen Widerspruch zur Langsamkeit dauerhafter individueller Änderungsprozesse im Rahmen von Beratungen. Daraus resultiert ein schmerzlicher Widerspruch, der ungeduldig macht, denn die Aufbruchsidee der Frauenprojekte läßt sich nicht ohne weiteres in langwierige Aufklärungsaktivitäten und sozialpädagogische Begleitungen umwandeln; insbesondere, wenn die eigenen Transformationsprozesse innerlich noch wenig abgesichert sind und äußerer Unterstützung bedürfen.

Eine Folge dieses Dilemmas kann die Vorstellung sein, daß Therapie noch am schnellsten Umwälzungsprozesse zumindest bei einzelnen in Gang setzen kann, da sie am „tiefsten" geht. Das führt nicht selten in eine „Therapiefalle", d.h. die zu Enttäuschungen führende Hoffnung, daß therapeutische Prozesse geeignet sind, allen Frauen „wirklich zu helfen", indem der „innere Punkt" in der Kindheit oder der Persönlichkeitsstruktur gefunden wird, der alles Leid verursacht. Demgegenüber scheint dann das Besprechen von Alltagserfordernissen und die Unterstützung bei den nächsten Lebensschritten weniger wichtig und wird aufgrund der vermuteten kleinen Wirkung und der geringen gesellschaftlichen Anerkennung eher vernachläßigt.[7] Die Hoffnung, daß Therapie das Übel an der Wurzel fassen kann, scheint zu verschiedenen Formen von Eingriffen in die Integrität der Frauen Berechtigung

---

7  Um der Therapeutisierung von Beratungsangeboten zu entgehen plädiert z.B. Katharina Gröning für eine klare Trennung zwischen Therapie und Beratung und versteht Beratung als sozialpädagogische Handlungs- und Interventionsform „die aus den Elementen des Informierens, des Ordnens, Systematisierens und Gewichtens von Problemlagen, des Rekonstruierens bezogen auf Lebensumstände und der prozeßhaft angelegten Unterstützung und Hilfe besteht. Sie ist entscheidungsorientiert und kann in einzelnen Fällen die Reflexion der Beziehung von Beraterin und Ratsuchenden sowie die Reflexion der zum Problem des/der Ratsuchenden gehörende Affekte mit einschließen." (Gröning 1993, S. 93) (Vgl. auch das Konzept des Ansatzes an den Lebensstärken, Brückner 1987b)

zu geben. Ein anderes Problem ist die große Kränkung, die darin liegt, daß die Entwicklungsprozesse der Frauen, wenn sie denn überhaupt sichtbar werden, unendlich langsam und widersprüchlich sein können, was die eigene Ohnmacht widerspiegelt und entsprechend starke Gefühle auslöst. Die meisten Beispiele für dieses Dilemma haben wir in Frauenhäusern gefunden, da dort Beratungen am offensten gehandhabt werden und wir am meisten Zugang hatten. Daraus sollte jedoch nicht geschlossen werden, daß vor allem dort Gefahr besteht, Frauen entweder dadurch helfen zu wollen, daß sie in therapeutische Prozesse gedrängt werden oder aber die eigene Ungeduld sich in anderer Form Bahn bricht und sich in entsprechenden Gefühlen oder Reaktionen entlädt.

(T37): Im Frauenhaus erwartet eine Mitarbeiterin eine Frau zur Beratung, die in ihren Augen letztes Mal „schlecht lief", weil sie „nicht weiter kam". Doch wer soll in der Beratung „weiter" kommen und wohin – gibt es nur einen „richtigen" Weg? Die Mitarbeiterin ist unzufrieden mit sich und überlegt, eine Weiterbildung zu beginnen.

Bedeutet das Gefühl, nicht „weitergekommen" zu sein, daß sie nicht „tief" genug in die Persönlichkeitsstruktur der Frau vordringen konnte und somit die Ursache des Problems nicht gefunden hat? Nährt eine Zusatzausbildung die Hoffnung, die Geschwindigkeit der Veränderung der Frauen zu erhöhen? Ein Wunsch, der von „tiefgehender" Hilfeleistung getragen ist, aber die Autonomie der Frau verletzen kann, selbst wenn diese durch ihr Verhalten unbewußt dazu auffordert, was möglicherweise im folgenden Beispiel der Fall ist.

(T38): In das Frauenhaus kommt eine spanische Frau aus der Nachbarschaft zur Beratung, die seit vielen Jahren mit ihrem Mann hier lebt. Sie spricht zum wiederholten Male davon, sich von ihrem Mann trennen zu wollen. Nach einer Zeit wendet die Mitarbeiterin ein, daß sie so nicht „weiterkommen", sondern sich „im Kreis drehen". Wo will sie hin? Warum darf die Frau nicht „nur" jammern? Die Beobachterin hat den Eindruck, daß die Frau einfach über ihr Problem reden will. Die Mitarbeiterin setzt sich durchaus für sie ein und hat Kurmöglichkeiten beim Müttergenesungswerk erkundet, aber abschlägigen Bescheid erhalten. Jetzt empfiehlt sie der Frau, über eine Therapie nachzudenken und will das Gespräch beenden. Der Frau wird schwindlig, was nach der Therapie"androhung" und versuchten Abschiebung verständlich ist. Sie weint, bekommt ein Glas Wasser, beruhigt sich und fängt wieder von ihrem Elend an. Sie fürchtet, daß der Mann die Kinder zugesprochen bekommt und liebt ihn auch noch. Die Mitarbeiterin kommt auf ihren Therapievorschlag zurück und beendet die Beratung nachdem sie die Frau über Therapiekostenübernahmen informiert hat. Anschließend muß sie sich erst einmal hinlegen und die Beobachterin schließt daraus, daß die Beratung sie wohl mitgenommen habe, auch sie selbst fühlt sich „fertig".

Wenn die Frau ihren Mann noch liebt, hat sie Grund zu bleiben und dreht sich nicht nur im Kreis, auch wenn sie gleichzeitig unter der Beziehung leidet und überlegt, sich zu trennen. Sie will sich ausweinen, nicht etwas über sich verstehen. Gleichzeitig hofft sie diffus auf Hilfe durch jemand, die sie aus ihrer Lage befreit. Der Verweis auf Therapie enthält eine Zurückweisung, die sowohl etwas Hilfloses als auch etwas Aggressives hat. Was bedeutet Therapie für diese Frau, kann sie sich darunter mehr vorstellen, als daß sie für verrückt gehalten wird? In der Therapie wird zwar „tiefer" an den Problemen gearbeitet, aber unabdingbare Voraussetzung ist Krankheitseinsicht und Beteiligung am therapeutischen Prozeß. Der Vorschlag hat denn auch eher den Charakter, die Frau loszuwerden, was bei allen Anwesenden Wirkungen zeigt: Die Frau weint, die Beraterin ist k.o. und die Beobachterin „fertig". Sind das Schicksal der Frau und die Frau selbst so schwer auszuhalten, weil sie an ihrem Schicksal „klebt", wodurch Empathie in Ohnmachtsgefühle und Abweisung umzuschlagen droht?

Es gibt auch Beispiele für Beratungsprozesse, wo die Ziele eher verschwimmen und dennoch das „Tiefgreifende" eine Rolle spielt:

(T39): Eine schon lange im Haus lebende, vormals gut situierte, deutsch sprechende eritreische Frau soll eine Putzstelle annehmen, für die sich die Mitarbeiterin sehr eingesetzt hat, um ihren Aufenthaltsstatus zu verbessern. Deutlich sichtbar ist, daß der Frau dieses Gespräch über den Job nicht angenehm ist, da sie sich nicht vorstellen kann, putzen zu müssen. Sie tut, als höre sie nicht zu. Die Mitarbeiterin redet auf sie ein und erklärt alles mehrfach, um sie doch noch zu überzeugen. Soll durch die Wiederholungen etwas weggeredet werden – und vor unliebsamen Entscheidungen schützen (putzen, ausziehen)? Die Frau sitzt in sich versunken da, guckt in die andere Richtung. Dann äußert sie ihre Enttäuschung über so eine Arbeit und alles wird noch einmal besprochen, wie eine Beschwörungsformel. Dann geht es um ihre Angst, abgeschoben zu werden und darum, ihren Mann wegen Zahlungsverpflichtungen zu verklagen. Jetzt sprudelt sie, während sie vorher zurückhaltend bis abweisend war. Nach einigen äußeren Unterbrechungen des Gesprächs, entspannen sich alle, obwohl die Probleme vor sich hinschmoren. Die Frau erzählt, daß sie im Rücken Schmerzen hat und schlecht schläft. Die Mitarbeiterin führt die Schmerzen auf ihre vielen Sorgen zurück – werden auch die Schmerzen wegerklärt? Als alle auseinandergehen, ist die Stimmung gelöst, auch die der Frau.

Diese Stimmung paßt nicht so recht zum Ernst der Themen, aber es hat gut getan, über „alles" einmal zu reden. Wahrscheinlich hoffen alle insgeheim, daß das Ansprechen der Probleme diese auf magische Weise schon irgendwie ihrer Lösung näher bringt. Während die ersten beiden Beispiele von der Suche nach einem tieferen Punkt und Weiterkommen geprägt waren, scheint in diesem Falle niemanden zu stören, daß nichts geklärt wird. Ein Element haben sie aber auch gemeinsam: konkrete Probleme (Arbeitsplatzsuche) werden tendenziell zugunsten tiefergehender Ebenen (Interpretation der Schmerzen) nicht weiter verfolgt.

Im nächsten Beispiel wird noch einmal deutlich, wie groß die Verführbarkeit zur Grenzüberschreitung zu sein vermag, wenn die Ungeduld der Beraterinnen herausgefordert wird und kein klares Setting vorhanden ist, das Grenzen wahren hilft und Schutz bietet. Das kann zu einer Mischung von Ziellosigkeit und Bohren nach dem tieferen Punkt führen.

(T44): Zwei jüngere Mitarbeiterinnen beraten eine Frau in mittleren Jahren, die schon mehrfach im Frauenhaus war. Sie will in ihre Wohnung zurück und daher soll ihr Mann rausgeklagt werden. Die Beobachterin hat jedoch das Gefühl, daß die Frau noch gar nicht so weit ist. Während des Gesprächs hält sie die Hand vor den Mund und wird aufgefordert, sie wegzunehmen, was wie ein Übergriff wirkt und die Assoziation weckt, daß sie von zwei Mitarbeiterinnen in die Mangel genommen wird und sich auch so fühlt. Das nächste Thema ist „die Vergangenheit" der Frau, d.h. die mehrfache Wiederaufnahme ihres Mannes in die Wohnung. Die Frage ist, ob nicht ihre Zukunft wichtiger wäre. Sie soll „genau gucken, welcher Punkt es bei ihr ist". Die Suche nach dem Punkt, an dem sie den Mann wieder reinläßt, klingt sehr doppelbödig: wann und wie ist sie verführbar? Eine Mitarbeiterin will wissen, 'wo kriegt er dich' und erklärt ihr, wie solche Mechanismen funktionieren. Die Frau weint und die Mitarbeiterinnen ermuntern sie, sich Zeit zu nehmen und noch im Haus zu bleiben. Dann redet die eine nochmals ohne Punkt und Komma auf die Frau ein: Sie müsse auf „ihr eigenes Problem" kommen. Die Frau fängt wieder an zu weinen, ihr Mann tue ihr leid. Worauf sie gefragt wird, ob sie sich nicht selbst leid tue. Wird die Frau so dem Ziel, an sich selbst zu denken nähergebracht? Als nächstes wird ihr prophezeit, daß sie die Räumungsklage wieder zurückziehen wird, wenn sie die Beziehung nicht abbricht. Der Eindruck der Beobachterin ist, daß die Frau zwischendrin abschaltet und nachredet, was die Mitarbeiterin ihr gesagt und sie sicher nur halb verstanden hat. Als die Frau auf die Toilette geht, erklärt die aktive Mitarbeiterin ihr Vorgehen: Alles dreht sich im Kreis und das möchte sie „durchbrechen". Nach „brechen" wirkt auch das Gespräch, nicht nach beraten. Als die Frau zurückkommt wird ihr erläutert, was sie die nächsten Tage organisieren soll. Die Frau weint wieder und bekommt praktische Ratschläge. Immer wenn die Frau weint, ändern die Mitarbeiterinnen kurzfristig ihren Kurs, sind etwas ratlos und freundlicher. Es geht um die ungeklärte Versorgung eines behinderten Familienmitgliedes, wo die Frau möchte, daß die Mitarbeiterinnen ihren erwachsenen Kindern als möglichen Helfern ins Gewissen reden sollen. Das lehnen diese ab, woraufhin die Frau wieder weint und betretenes Schweigen eintritt. Erst wird die Frau „aufgebrochen", dann soll sie ihre Probleme allein regeln, ohne daß es ihr plausibel gemacht wird.

Obwohl die Beratung angesetzt war, wirkt sie unvorbereitet und diffus. Vermutlich spüren die Mitarbeiterinnen ihre Hilflosigkeit, denn die erfahrenere von beiden wird zunehmend kribbelig. Die Frau soll ihre Situation begreifen, aber die Mitarbeiterinnen erkennen ihre eigene Rolle und die von ihnen in Gang gesetzte Dynamik nicht. Sie halten nur aus, was sie sich „eingebrockt" haben und erwarten das gleiche von der Frau. Für alle unerwartet wird die Beratung zu einem Strudel der Gefühle. Die Frau bricht immer wieder in Tränen aus und wird zunehmend hilfloser, die Mitarbeiterinnen wechseln abhängig von der Reaktion der Frau ihre Strategie zwischen Gewährung (sie darf bleiben) und Anforderung (sie muß ihren Mann rauswerfen und die Kinder rankriegen), was an Zuckerbrot und Peitsche erinnert. Weitgehende Eingriffe in die Gefühlswelt der Frau scheinen den Mitarbeiterinnen angemessen, konkrete Unterstützungen hingegen lehnen sie ab, sicher mit dem Argument, daß die Frau selbständig werden soll. In der kurzen Gesprächspause ist nicht das Gespräch und sein Verlauf Thema, sondern die Situation der Frau. Das heißt ihre eigene schwierige Aufgabe gerät nicht ins Blickfeld. Tief einzudringen in ihr Gegenüber, fast im Sinne eines Herausoperierens des Problems, scheint angesichts mehrfacher Frauenhausaufenthalte die einzige, verbleibende Möglichkeit. Vielleicht entspricht das scharfe Vorgehen durchaus den Wünschen der Frau, wenn auch sie überzeugt ist, daß nur bittere Medizin heilsam ist und sowieso glaubt, daß sie alles falsch macht. Die Konfrontation mit weiblicher Hilflosigkeit und Uneinsichtigkeit weckt offenbar eher Aggression als Hilfsbereitschaft, wenn das Bedürfnis groß ist, sich von so einer Frau innerlich zu distanzieren. Dann bleibt kein Raum für Empathie, sondern nur noch für eingreifende mütterliche Machtübernahme. Das kann in manchen Lebenskrisen durchaus entlastend sein, wenn nicht gleichzeitig jede lebenspraktische Unterstützung abgelehnt würde.

Wie ungeduldig Beratungssituationen Mitarbeiterinnen auch in anderen Bereichen machen können, wird im folgenden Beispiel deutlich.

(T35): Die beobachtete Mitarbeiterin des Beratungsprojektes im Themenbereich Gewalt gegen Frauen und Mädchen stöhnt jedesmal laut, wenn sie eine Frau telefonisch oder mündlich beraten hat, da es zumeist „schwierige Fälle" sind und weder die Problemlage noch die vermutete Verstrickung der Frauen einfach auszumachen sind.

Letztlich trägt jede Inanspruchnahme von Hilfe den Stachel in sich, daß Frauen nicht soweit sind, wie sie sein sollten, um dem Ideal einer emanzipierten Frau, die sich nichts gefallen läßt, zu entsprechen. Die Frauen spiegeln den Mitarbeiterinnen in ihrer Hilflosigkeit und Unzulänglichkeit wider, was Frauen nicht können. Das wirkt besonders beunruhigend, wenn es auf entsprechende eigene Gefühle trifft. Auch die Spaltung in 'gute Frauen' und 'schlechte Männer', die gerade durch das Thema männliche Gewalt nahegelegt wird, kann nicht durchgängig aufrechterhalten werden. Zwar erweisen sich die Männer tatsächlich als schlecht, aber die Frauen entpuppen sich in anderer Weise ebenfalls als nicht fehlerfrei und ziemlich unvollkommen. Schockierend ist zudem die Tatsache, daß Frauen häufiger wenig einsichtig und lernwillig sind – was die Veränderung ihrer eigenen Haltung betrifft. Die Verweigerung oder Unfähigkeit von Frauen, Wege aus Abhängigkeiten zu suchen, bringt Enttäuschungen für das eigene Frauenbild und Kränkungen hinsichtlich der eigenen Arbeitsleistung mit sich. Etwas davon wird im nächsten Beispiel sichtbar.

(T36): Die Mitarbeiterin dieses Beratungsprojektes im Themenbereich Gewalt gegen ausländische Frauen fühlt sich den ratsuchenden Frauen besonders verpflichtet, da sie aus demselben Kulturkreis kommt. Ihr hohes Engagement innerhalb und außerhalb der Dienstzeit ist an die Erwartung geknüpft, daß Frauen selbständig werden. Tun sie das nicht, läßt sie sie zunächst fallen, ist später aber doch wieder bereit zu helfen. Beispiel ist eine junge Frau, die trotz gemeinsam überlegter Trennung zu ihrem Mann zurückgekehrt ist und jetzt wieder ihre Hilfe in Anspruch nimmt und erhält, nachdem eine Phase großer Enttäuschung und des Rückzugs vorangegangen ist.

Als Frau aus einem anderen Kulturkreis und noch dazu demselben wie die Adressatinnen steht sie unter einem weit größeren Solidaritätsdruck als ihre deutschen Kolleginnen. Sie fühlt sich zu grenzenloser Hilfe verpflichtet, gleichzeitig gestattet ihr ein stärker paternalistisch geprägtes Sozialmilieu, es die Frauen offen spüren zu lassen, wenn sie nicht tun, was ihr richtig erscheint, doch letztlich muß sie den Frauen ihre „Fehltritte" aufgrund der starken Gruppenbindungen verzeihen. Das Dilemma erhält eine weitere Facette, indem sie sich gleichzeitig durch ihre Art der Hilfeleistung „schuldig" macht an deutschen Vorstellungen von Eigenverantwortlichkeit und entsprechende Kritik erntet. Ihr bleibt nur, durch unermüdlichen Einsatz zu beweisen, daß sie gute Arbeit leistet.

Die Hoffnung auf rasche persönliche Veränderung, diesmal wieder mit Hilfe von Therapie, wird auch in Bildungsprojekten deutlich.

(T1): Eine etwa 40jährige Frau im Orientierungskurs für berufliche Wiedereingliederung erhält auf ihren Wunsch hin eine Einzelberatung. Sie hatte der Mitarbeiterin einmal erzählt, daß sie eine Therapie gemacht habe. Die Mitarbeiterin berichtet der Beobachterin anschließend, daß sie das Gespräch schwierig fand, weil die Frau „nervig" ist und auch im Kurs „nervt". Sie versuche, alles richtig zu machen, bereite sich jedoch nicht vor und schaffe keine guten Arbeitsbedingungen für sich. Außerdem leidet die Teilnehmerin unter einer psychosomatischen Krankheit. Die Mitarbeiterin hat ihr gesagt, daß sie sie seit einiger Zeit sehr angespannt erlebe und ihr zur Therapie rate, woraufhin die Frau entsetzt fragt, ob sie so wirke.

Therapie erhält ein janusköpfiges Gesicht: einerseits eine letzte Hilfe, wenn das Projektangebot nicht greift, andererseits gerät sie zur Drohung. Abgesehen davon, daß Therapie richtig sein kann, ist die Frage, ob der Vorschlag in eine berufsorientierte Beratung gehört oder als Teil des Erfolgsdrucks verstanden werden muß, der auf den Projekten lastet, sowohl in ihren eigenen Augen, wie denen der Geldgeber.

Ein unvermutetes und auf den ersten Blick wenig sichtbares Problem der Frauenprojekte liegt möglicherweise in der Aufgabe – Frauen und Mädchen zu helfen – selbst begründet: Im täglichen Umgang mit ihnen erhält die Enttäuschung über sie mehr Nahrung als die ursprüngliche Kritik an oder Wut auf die verursachende männliche Dominanz und Gewalttätigkeit. Wenn dem so ist, müssen die Projektmitarbeiterinnen viel Energie darauf verwenden, mit dieser Enttäuschung und Wut umzugehen und sie verborgen zu halten, da sie der Zielsetzung des Projekts diametral widerspricht. Dieser Zorn taucht in der Forschungsgruppe in Form von negativen Gegenübertragungen auf und führte dort zu ebenso vielen Schuldgefühlen, wie die Mitarbeiterinnen sie über Wutregungen empfinden mögen. In der Forschungsgruppe wächst die Enttäuschung, daß die Projekte nicht perfekt sind und menschliche, schlimmer noch, weibliche Unzulänglichkeiten sichtbar wer-

den. Dürfen wir das sehen und wenn wir das sehen, dürfen wir darüber sprechen? Die Linie zwischen kritischer Reflexion und Verrat ist sehr fein gezogen und dazu angetan, zunächst die geheime Wut auf die sie auslösenden
Frauen noch zu vergrößern bis es gelingt, dahinterstehende Prozesse von
Idealisierung und Entidealisierung bewußt zu machen.

## Dilemma 11: Kein Ort für negative Gefühle

Wieviel Raum läßt das Credo „Frauen helfen Frauen" negativen Gefühlen?
Diese Maxime der Frauenprojektebewegung faßt das Bedürfnis von Frauen,
einander zu unterstützen und sich positiv aufeinander zu beziehen zusammen, hat aber den Nebeneffekt, sozialisationsbedingte Aggressionsverbote
bei Frauen eher noch zu verstärken.[8] Die Orte, die Frauen für sich geschaffen haben, um sich auf neue Weise zu begegnen und kennenzulernen, erweisen sich gleichzeitig als Orte an denen Frauen mit ihren unterschiedlichen
Vorstellungen aufeinanderprallen. Die entstehenden Gefühle von Wut und
Enttäuschung sind besonders schwer zu ertragen, weil sie dem Selbstverständnis der Projekte und ihren Gründungsmotiven ganz und gar entgegenstehen und den Anspruch, gegenseitigen Verstehens und parteilicher Hilfe
zunichte zu machen scheinen. Viele Mitarbeiterinnen aller Projektbereiche
versuchen daher, derartige Gefühle so gut wie möglich zu verdrängen oder
zumindest nicht zu zeigen.

So möchte ein Frauenhausteam nicht, daß die im Team geäußerten negativen Gefühle von Mitarbeiterinnen gegenüber Bewohnerinnen publik
werden.

(T40): Eine Mitarbeiterin berichtet ihren Kolleginnen von einem Erstgespräch mit
einer Frau mit drei kleinen Kindern aus verschiedenen Beziehungen aus einem sozialen Brennpunkt, die sich in Problemsituationen Mut antrinkt. Das Jugendamt
kennt die Familie. Eigentlich möchte sie zu ihrem Mann zurückgehen, aber der hat
sie aufgrund ständigen Streits rausgeworfen. Die Mitarbeiterin vermutet, daß die
Frau schnell wieder zurückkehrt. Ihr Eindruck ist, daß die neue Frau schon eine geschlagene Frau sei, der gegenüber sie aber so negativ wie selten gegenüber einer
Frau eingestellt sei. Die anderen Mitarbeiterinnen lachen und machen Witze darüber. Diese teils gleichgültige, teil ironische Reaktion auf den Bericht irritiert die
Beobachterin. Das bemerkt eine der Mitarbeiterinnen und sagt, sie solle diese negativen Äußerungen nicht mitschreiben.

---

8   Die Tabuisierung von negativen Gefühlen zwischen und unter Frauen birgt die Gefahr von
    Pseudobeziehungen in sich (Windaus-Walser 1988), da Aggressionen gegenüber Frauen nicht
    reflektierter Teil professioneller Beziehungen, z.B. in Beratungen werden können, wenn sie
    aus der Beziehungsdynamik ausgeblendet werden müssen.

Warum nicht? Dürfen negative Gefühle nicht sein?[9] Erkennen die Mitarbeiterinnen in der Irritation der Beobachterin ihre eigenen Schuldgefühle über kritische Haltungen gegenüber Bewohnerinnen wieder? Gefühle, ob positiv oder negativ, sind jedoch wichtige Indizen zum Verstehen des Gesprächs und geben Hinweise auf Möglichkeiten und Grenzen, mit der Frau im Frauenhauskontext in Beziehung zu treten und mit ihr zu arbeiten. Vielleicht erscheinen negative Gefühle vielen Mitarbeiterinnen auch als unprofessionell, denn Professionalität spielt gerade auch in diesem Frauenhaus eine große Rolle. Nur, wenn derartige Gefühle nicht sein dürfen, aber unweigerlich aufkommen, wo bleiben sie dann? Offenbar hat die Frau viele Probleme und ist als Person ebenfalls problematisch. Das Bild vom Opfer, das ohne eigenes Zutun in eine schwierige Lage gerät und Hilfe benötigt, als Person aber angenehm ist, sitzt tief und das nicht nur in Frauenprojekten. Dahinter steckt die Vorstellung, daß es moralisch unzulässig sei, Hilfesuchende als wenig angenehme oder gar unangenehme Menschen wahrzunehmen, denen zu helfen emotionale Überwindung kostet, zu der man und frau sich so gut wie möglich durchringen muß und manchmal auch daran scheitert. Die Witze der zuhörenden Mitarbeiterinnen lassen auf Entlastung von Schuldgefühlen in diese Richtung schließen. Professionalität heißt aber keineswegs Gefühlsverbot, sondern das Wissen darum, daß eine Frau wie diese aller Abneigung zum Trotz hilfebedürftig ist und ein Hilfeangebot braucht.

Im folgenden Beratungsprojekt zum Thema Gewalt gegen Frauen und Mädchen geht es um ein ähnliches Problem – negative Gefühle gegenüber einer neuen Frau, wo die Mitarbeiterin noch ein weiteres zentrales Credo der Frauenprojekte verletzt, nämlich die moralische Verpflichtung, jeder Frau zu glauben.

(T41): Die Mitarbeiterin kommt nach einem Beratungsgespräch zurück ins Büro und fragt ihre Kollegin: „Hast du während eines Gespräches schon mal jemanden rausgeschmissen? Ich war nahe dran." Die Frau kam ihr „schräg" vor und ihr Bericht über sexuelle Belästigungen schien ihr fragwürdig, da so vieles unklar geblieben sei. Die Kollegin überlegt, ob die Wahrnehmung der Frau gestört sein könne. Die Mitarbeiterin will abwarten und die Frau ernst nehmen, auch wenn es keine sexuelle Belästigung ist und ergänzt, daß sie manchmal aufpassen müsse, über manche Frauen nicht zu lachen.

Angesichts dieser möglicherweise verrückten, ratsuchenden Frau kommen bei der Mitarbeiterin die unterschiedlichsten Gefühle auf. Im Vordergrund steht ihr Erschrecken, daß sie die Frau am liebsten hinausgeworfen hätte, denn darüber sucht sie als allererstes bei ihrer Kollegin Rückversicherung. Es ist entlastend, wenn andere auch hin und wieder mit derart negativen

---

9  Wie sehr viele Frauen sich wegen ihrer aggressiven Gefühle verurteilen, macht Christa Rohde-
   Dachser (1991) deutlich, da Frauen sie „kaum oder gar nicht mit ihrem mütterlichen Ich-Ideal
   zusammenbringen können und auch nicht mit einer „töchterlichen Existenz (vereinbar sind)."
   (S. 273)

Gefühlen zu kämpfen haben. Das Unheimliche dieser und ähnlicher Frauen bei denen unklar ist, in welcher Realität sie leben, versucht sie, mit Lachen zu bewältigen, d.h. den komischen Aspekt der Verrücktheit wahrzunehmen. Ihre innere Spannung löst sie durch den Beschluß, die Frau auf jeden Fall in ihrem Beratungswunsch ernst zu nehmen.

Eine Quelle vielen Ärgers und großer Enttäuschung ist die Arbeit mit jungen Frauen und Mädchen im offenen Bereich. Da hier das pädagogische Anliegen und die eigene Vorbildfunktion im Vordergrund stehen, scheint es in diesem Bereich noch schwieriger, mit negativen Gefühlen umzugehen und die Versuchung groß, aufkommende Wut herunterzuschlucken.

(T13): Die Mitarbeiterin des Mädchenprojektes berichtet, wie schwierig es ist, Mädchen für die offene Arbeit im Cafébereich zu gewinnen. Sie muß mit viel Einsatz dafür werben. Die Arbeit im offenen Bereich hat obendrein im Gesamtprojekt einen niedrigen Stellenwert, worunter sie leidet. Derzeit organisiert sie eine Skiwoche, aber bis sich die Mädchen entschließen, ist „immer ein großes Hickhack", so daß über längere Zeit unklar bleibt, ob die Freizeit überhaupt stattfinden kann. Entsprechend geknickt nimmt die Beobachterin die Mitarbeiterin wahr und notiert, daß diese Ungewißheit sehr unbefriedigend sein muß. In ihrem Verhalten gegenüber den Mädchen am gleichen Tag kommt ihre Frustration jedoch nicht zum tragen. Sie wirkt nach außen freundlich und gut gelaunt, bei aller Lockerheit jedoch auch angestrengt und hektisch. Sie selbst spricht anschließend von Animation und erwähnt nochmals ihren Frust. Als danach ein Mädchen aus einem anderen Grund im Büro anruft, fragt sie gut gelaunt, ob es nicht mitfahren möchte und zählt auf, wer sich schon angemeldet habe. Die Beobachterin notiert das Stichwort „Werbeton" und erinnert sich der zuvor berichteten Schwierigkeiten.

Die Mitarbeiterin muß mit einer doppelten Frustration fertig werden: Die Mädchen sind unzuverlässig bzw. uninteressiert und die Kolleginnen abschätzig. All dem begegnet sie mit Freundlichkeit, die bisweilen angestrengt wirkt. Es ist keineswegs so, daß ihr diese Frustration unbewußt ist, denn sie berichtet der Beobachterin darüber, doch im Projekt selbst hat sie keine Form und keinen Ort für ihren Ärger gefunden, sondern verwandelt ihn in Freundlichkeit. Bei so viel Gefühlsvermeidung kann es auf Dauer nicht ausbleiben, daß das Verhältnis zu den Kolleginnen und die Beziehung zu den Mädchen Schaden nimmt.

Auch in anderen Projekten werden ähnliche Probleme in der Arbeit mit Mädchen sichtbar.

(T12): Heute ist nur ein Mädchen zum Bauchtanzkurs erschienen, es wird von der Kursleiterin mit professioneller Freundlichkeit empfangen. Allein hat das Mädchen eigentlich keine Lust. Die Leiterin erklärt ihr, weshalb die anderen Mädchen nicht da sind. Dabei geht sie nach Empfinden der Beobachterin „deutlich pädagogisch" vor, d.h. sehr bemüht zu überzeugen. Als das Mädchen sich unschlüssig zeigt, wozu es Lust hat, macht sie zwei Vorschläge, Aufwärmübungen oder Massage. Das Mädchen entscheidet sich für ersteres und erhält Einzelunterricht. Sie soll die Übungen ohne Anstrengung machen, findet diese aber anstrengend. Die ganze Situation hat etwas Angespanntes: Die Mitarbeiterin fühlt sich unter Druck, ihren Kurs abzuhalten und übt sanften Druck auf das Mädchen aus, das sich überreden läßt und dann ihre Sonderposition sichtlich genießt. Es folgt ein langes Gespräch über die Probleme des Mädchens. Am Schluß fragt sie, ob sie nächste Woche wieder einen Einzeltermin haben kann, was die Mitarbeiterin nach einem Blick in den Kalender bejaht.

Das Mädchen reagiert ambivalent auf die aus Not geborene Einzelbehandlung und schwankt zwischen Rückzug und Genuß. Die Mitarbeiterin hat die problematische Situation für sich gelöst, indem sie das Gruppenangebot zur Einzelarbeit umfunktioniert hat. Sie will ihre Arbeit machen, hat sich darauf vorbereitet und das Projekt erhält dafür Gelder. Das führt dazu, daß sie den Druck, unter dem sie aufgrund der Unzuverlässigkeit der Mädchen steht, zwar nicht als Enttäuschung äußert, aber in pädagogischem Gewand an das Mädchen weitergibt und keinen unbefangenen Blick auf die Lage des Mädchens werfen kann.

In einem weiteren Projekt, das Arbeit mit Mädchen anbietet, wird das Problem der Verbindlichkeit der Mädchen und des versteckten Umgangs mit Frustration bei einer Mitarbeiterin im offenen Bereich ebenfalls deutlich.

(T42): Als der Fotokurs beginnt, den sich die Mädchen ausdrücklich gewünscht haben, sind erst wenig Mädchen da und die Kursleiterin fragt eine andere Mitarbeiterin, ob die Mädchen heute wohl Lust dazu haben. Der Eindruck der Beobachterin ist, daß sich die Kursleiterin ärgert und notiert: „Darf frau das hier nicht zeigen?" Allmählich kommen einige weitere Mädchen und setzen sich an den vorbereiteten Tisch, andere laufen hin und her und rauchen erst noch eine Zigarette. Als die Beobachterin die Kursleiterin auf den schleppenden Beginn anspricht, entgegnet diese, daß sie sich anfangs schlecht dabei gefühlt habe, aber jetzt wisse, daß die Mädchen sich erst einmal entscheiden müßten und sie sei ja keine Lehrerin, die sie zu dem Kurs zwingen würde. Dennoch ist ihr Ärger spürbar. Hinzu kommt, daß die Mädchen offenbar nicht den Eindruck haben, als würde hier gearbeitet, denn eines sagt zu einer der anderen Mitarbeiterinnen „das ist doch keine Arbeit für dich." Dennoch gelingt es der Fotokursleiterin einige der Mädchen bis zum Schluß bei der Kursarbeit zu halten.

Die Kursleiterin kümmert sich intensiv um die Mädchen und steht dabei ebenfalls unter großem Druck. Dieser Druck darf nicht sichtbar werden und die Mädchen haben offenbar auch nicht das Gefühl, daß hier Frauen ihre Arbeitskraft auf sie verwenden, wobei die betreffenden Frauen sich insgeheim vielleicht fragen, inwieweit sie dabei ihre Arbeitskraft nicht verschwenden. Verstärkt sich bei den Mädchen durch das Verhalten der Leiterinnen der Eindruck, daß Frauen immer – ob bezahlt oder unbezahlt – klaglos für andere da sind?

Auch Mitarbeiterinnen in Bildungsprojekten sind nicht frei davon, ihren empfundenen Ärger gegenüber Frauen zurückzunehmen. Im folgenden Beispiel profitiert die ratsuchende Frau unmittelbar davon.

(T43): Die Mitarbeiterin berichtet der Beobachterin von einer gestrigen Einzelberatung, wo sie die Frau am liebsten „rausgeschmissen" hätte, da diese sofort „pampig" geworden sei, als sie sie darauf hinwies, daß sie eine halbe Stunde zu spät gekommen sei. Sie wollte deshalb eigentlich nur einen neuen Termin ausmachen, aber die Problemklärung dauerte eine 3/4 Stunde. Sonst nimmt sie 80 DM für eine Beratungsstunde, aber in dem Fall hat sie kein Honorar gefordert, da es „eigentlich keine richtige Beratung" war.

Nimmt die Mitarbeiterin kein Geld, weil sie die Frau aus Wut eigentlich gar nicht beraten wollte und darüber Schuldgefühle hatte? Zu vermuten ist, daß hier wieder eine Rolle spielt, daß negative Gefühle nicht statthaft sind und somit gegen sich selbst und nicht gegen die andere Frau gerichtet werden. Dieses Verhalten der Schuldübernahme gleicht einem Umkehrschluß gegenüber sonstigen zwischenmenschlichen Umgangsformen in unserer Gesellschaft, wo eher anderen die Schuld zugeschoben wird. Aber Frauen sind angetreten, es besser zu machen und berücksichtigen die eigenen Kosten dabei häufig zu wenig.

In allen Beispielen dieses Dilemmas spielt sicher auch eine bisher nichtgenannte Quelle der Wut eine Rolle, nämlich auf die eigene Abhängigkeit von den Frauen und Mädchen, indem diese von dem Projekt überzeugt werden müssen, so daß sie seine Angebote annehmen. Letztlich sind die Frauenprojekte mehr oder weniger dazu gezwungen, sich „marktgerecht" zu verhalten, sonst steht ihre Existenz auf dem Spiel. Der eigene feministische Projektanspruch verlangt darüber hinaus den Mitarbeiterinnnen ab, daß die angebotene Arbeit bei den Frauen und Mädchen nicht nur zu Zufriedenheit führt, sondern der Anspruch, andere Arbeit zu leisten soll sichtbar werden, ebenso wie das Besondere eines autonomen Projektes.

*Resümee:* Die als Dilemmata dargestellten exemplarischen Fallstricke, die in Frauen- und Mädchenprojekten ausgelegt sind, kreisen in Variationen um das zentrale Thema Abgrenzung und Grenzen setzen und damit um das Spannungsverhältnis von Nähe und Distanz. Dieses Spannungsverhältnis wird bestimmt von den jeweiligen institutionellen Bedingungen, der Ausgestaltung der professionellen Beziehung zu den Adressatinnen und der Selbstdefinition der Mitarbeiterinnen, in einem Frauenprojekt parteiliche Arbeit zu leisten. Erst die Klärung der Interdependenzen zwischen Projektstruktur – Mitarbeiterinnen – Adressatinnen als triangulärem System und das Verständnis aufkommender Gefühle als eingebunden in dieses Netzwerk, kann auf Dauer eine sichere Basis für eine kontinuierliche, den Frauen und Mädchen förderliche Unterstützung gewährleisten und ein Maß beruflicher Zufriedenheit herstellen.

## 2. Spannungsbögen: Im Bauch der Projekte

Viele Projekte sind unterlegt von bereichsspezifischen Spannungsbögen, die aus inneren, zumeist unbewußten Bewegungsströmen herrühren und die Arbeitsatmosphäre prägen. Diese untergründigen Dynamiken gehen hervor aus

Thema und Aufgabenstellung der Projekte, institutionellen Gegebenheiten, Kooperationsformen im Team und Umgang mit den Adressatinnen. Gelingt es, die derzeitige psychodynamische Grundstruktur zu erfassen, werden Antworten auf die Frage möglich, was die Projekte „umtreibt", welche Matrix ihnen zugrunde liegt[10]. Der institutionelle Kontext der Arbeit wird als Ursache von Problemen und als Ausgangspunkt für Lösungen häufig zugunsten der subjektiven Beziehungs- und Kommunikationsebene vernachläßigt, wenn Konflikte auf dieser Ebene weniger identitätsgefährdend erscheinen als Unsicherheiten und Ängste gegenüber der Bewältigbarkeit der Arbeit (Wellendorf 1986). Probleme in Teams und Schwierigkeiten zwischen Mitarbeiterinnen und Adressatinnen sind jedoch nicht selten mangelnder Klarheit der Projektstruktur und der Arbeitsaufträge und damit einhergehenden Verunsicherungen geschuldet.[11]

Am deutlichsten läßt sich bei den Frauenhäusern ein übergreifender Spannungsbogen ausmachen, der die Bewältigung des Alltags unter schwierigen Bedingungen charakterisiert. Die Mitarbeiterinnen müssen mit einer immensen Gefühlsbelastung fertig werden, da die anfallenden Aufgaben nur als Ganzes nicht aber in der Art und Weise und zeitlichen Abfolge ihres Auftretens vorhersehbar sind. Diese spezifische Belastung ergibt sich zum einen aus dem Zusammenfallen von Arbeiten und Wohnen und zum anderen aus dem schwierigen Umgang mit Gewalterfahrungen. Der Frauenhausalltag ist durchdrungen von der Notwendigkeit spontaner und gleichzeitig sozialpädagogisch folgenreicher Reaktionen auf kleine und größere Ereignisse in bunter, manchmal rasender Abfolge. Die daraus hervorgehenden Arbeitsbedingungen und Aufgaben bringen starke Gefühlsanteile und große psychische Anspannungen mit sich: ein hoher Lärmpegel, ständige Unterbrechungen, Betreuung emotional aufgewühlter Frauen und Kinder im Alltagskontext, ständige Sorge um einen halbwegs geregelten Tagesablauf, rasche Entscheidungen im Umgang mit einer zumeist flexibel gehandhabten Hausordnung, die zudem vieles offen läßt etc. Eine grundlegende Frage, die sich angesichts dieses Kataloges stellt: Inwieweit ist eine Strukturierung und Professionalisierung des Alltags (nicht spezifischer Tätigkeiten wie Beratung, Gruppenarbeit und Verwaltung) wünschenswert und welche Auswirkungen hätte das auf die Atmosphäre im Haus? Oder ist es angemessener, auf intuitives Alltagshandeln prägende Kräfte mit ihren positiven und nega-

---

10  Zum Konzept der Matrix vgl. Foulkes 1986. Foulkes versteht Gruppen als dynamische Netzwerke, denen ein inter- und transpersonales Kommunikationsgewebe auf einer allen gemeinsamen situativen Basis zugrundeliegt (vgl. hierzu auch Finger-Trescher 1991)

11  Dieser institutionelle Kontext liegt den im folgenden aufgezeigten Spannungsbögen zugrunde, ohne daß immer einzelne auslösende Faktoren benannt werden können, da mit unserem Untersuchungsinstrumentarium nur auf allgemeine Zusammenhänge rückgeschlossen werden kann. Für eine genauere Darstellung der Problemzusammenhänge in den jeweiligen Projekten wären längerfristige Supervisionssitzungen unter Einbeziehen einer Institutionsanalyse notwendig.

tiven Anteilen als vertraute Realität und als Lernfeld zunächst einmal zu vertrauen?

Mädchenarbeitsprojekte, die unter den bisherigen Fragestellungen zumeist dem Beratungsbereich zugeordnet wurden, stellen ein anderes Feld dar, in dem sich ein eigenständiger Spannungsbogen herausschält. Bei ihnen zieht sich der Umgang mit dem Aspekt des Mütterlichen in der Projektarbeit fast wie ein roter Faden durch. Wie auch immer die Symbolisierung der Mutter und die dazugehörigen Tochterrollen abgehandelt werden, spielt das Thema eine tragende Rolle: Sei es, indem sich das Team an einer „Projektmutter" abarbeitet, das Verhältnis Mitarbeiterinnen – Mädchen Mutter-Tochter-Konstellationen wachruft oder ein Spannungsverhältnis zwischen Mitarbeiterinnen und den realen Müttern der Mädchen entsteht. Mütterlichkeit spielt auch in den anderen Projektbereichen eine Rolle, denn Frauenprojekte legen Assoziationen der großen Mutter, d.h. nach umfassender Versorgung und entsprechender Enttäuschung nahe. Jedoch scheinen diese Phantasien in Projekten, in denen zwei Frauengenerationen aufeinandertreffen, besonders stark und emotional aufgeladen: Bei den Mitarbeiterinnen wird sowohl die Rolle der Mutter als auch die Rolle der einerseits abhängigen, andererseits aufsässigen Tochter wiederbelebt und bei den Mädchen eine Neuinszenierung adoleszenter Identifikationen und Abgrenzungen in einem nichtfamiliären Kontext ausgelöst.

Beratungs- und Bildungsprojekte eint trotz großer Unterschiede zwischen den einzelnen Projekten eine Standortsuche zwischen Familialität und Professionalität, die sich in der Arbeit als charakteristischer Spannungsbogen abbildet. Elemente, die diese Projekte untereinander verbinden, sind die Trennung von Wohnen und Arbeiten und die fließenden Übergänge zwischen Bildung und Beratung. Ihre Vielfalt wird sichtbar am Umgang mit ihrem Zentralthema der Standortsuche, wo die Spannbreite groß ist zwischen subkultureller Verbundenheit unter Kolleginnen und mit Adressatinnen bis hin zu sehr professionell anmutenden Binnenstrukturen und Arbeitsweisen. Besonders interessant sind die unterschiedlichen Mischungsverhältnisse und der Umgang mit Bedürfnissen: Welche finden in die jeweilige Projektstruktur Eingang und welche werden draußengehalten?

## 2.1 Frauenhäuser: Ringen um Gefühlsbewältigungen als Alltagsaufgabe ·

In den Frauenhäusern ist die permanente Gefühlsüberflutung angesichts eigener und fremder dramatischer Lebensschicksale von zentraler Bedeutung für Bewohnerinnen ebenso wie für Mitarbeiterinnen. Daher nimmt der Schutz vor ständiger innerer Aufgewühltheit einen wichtigen Platz ein. Der Alltag im Frauenhaus ist geprägt von diesem Übermaß schwer zu bewälti-

217

gender Gefühle, gleichzeitig aber auch der Ort, an dem sie erträglich gemacht werden, indem die Routine gewöhnlicher Lebenserfordernisse Aufmerksamkeit beansprucht und Kontinuität mit sich bringt. So ermöglicht das zumeist turbulente Frauenhausgeschehen gleichermaßen das Hervortreten dieser Gefühle als auch deren „Verschwinden" in dem Sinne, daß sie nur kurzfristig eine alles überdeckende Bedeutung erlangen und dann wieder zurücktreten hinter den Gang der Dinge im Haus und die Bewältigung alltäglicher Aufgaben. Wie lange und in welcher Weise diese bedrängenden Gefühle eine Rolle spielen, und wie sie wahrgenommen werden, ist von Haus zu Haus verschieden. In unserer Beobachtung werden unterschiedliche, häufig auch unbewußte Mechanismen deutlich sichtbar, mit denen sich die Frauen und die Mitarbeiterinnen vor diesen Gefühlsüberflutungen schützen.

Die folgenden Alltagsszenen aus einem Frauenhaus zeigen den sprunghaften Wechsel zwischen Gemütlichkeit, Anspannung und untergründigem Entsetzen, der die Arbeit in diesem Projektbereich nicht selten prägt.

In dem großen Haus mit vielen Mitarbeiterinnen und einer entsprechend hohen Zahl Frauen und Kinder ist das Alltagsgeschehen gleichermaßen aufregend, turbulent und hektisch wie unübersichtlich. Es scheint fast nötig, eine Skizze anzufertigen, um nicht den Überblick zu verlieren, wer gerade kommt, geht, wo sich aufhält. Diese ständige Bewegung, die vielen Menschen und der von außen hereindringende Stadtlärm stellen einen beachtlichen Streßfaktor dar. Dennoch ist die Atmosphäre locker und der Kontakt zwischen Mitarbeiterinnen und Frauen unverkrampft.[12]

(T45): Mehrere Mitarbeiterinnen sind in den offenstehenden Büro- und Aufenthaltsräumen mit Büroarbeiten und Telefonaten beschäftigt, andere führen kurze Gespräche mit hereinschauenden Frauen, wieder andere laufen hin und her, um kleinere Aufgaben zu erledigen. Als eine weinende Frau (Lea) mit einem Brief in der Hand die Räume betritt, geht eine der Mitarbeiterinnen (M.2) mit ihr in den Teamraum und schließt die Tür. Auf Nachfrage berichtet die zurückkommende M.2 nur, daß „nichts Tragisches" passiert sei. Lea und ihre Tochter sitzen derweil im Aufenthaltsraum, Lea weint nicht mehr, sondern erzählt M.1, die einen Ordner durchblättert, lebhaft vom Schuhkauf für ihre Tochter und von einer neuen Wohnung. Zwei Bewohnerinnen kommen hinzu und sprechen über ihre Erfahrungen beim Sozialamt. Lea redet wieder über ihr Problem und liest allen aus dem Brief (vom Anwalt ihres Mannes) vor, ist sehr erregt und spricht ununterbrochen und mit jeder Frau, die neu hereinkommt. Die anwesenden Frauen unterhalten sich in kleinen Grüppchen, andere schauen nach ihrer Post. Die Mitarbeiterinnen sprechen zwischendrin mit den Frauen und erledigen nebenher verschiedene Aufgaben. Lea erzählt jetzt von ihrer Wohnung. Einige Kinder holen sich Spielsachen und werden zwischen Telefonaten von M.1 ermahnt, etwas leiser zu sein. Danach verläßt M.1 mit der Beobachterin

---

12  Auch in diesem Kapitel beziehen sich Worte und Sätze in Anführungsstrichen ohne weitere
    Quellenangabe auf entsprechende wörtliche Passagen aus den Mitschriften der Teilnehmenden
    Beobachtungen und geben entweder Zitate der Mitarbeiterinnen oder der Beobachterinnen
    wieder. Mitarbeiterin wird weiterhin mit M.1 usw. abgekürzt.

kurz das Haus, um etwas auf der Bank zu erledigen. Bei der Rückkehr trinkt Lea mit Tochter und der für sie zuständigen M.4, die inzwischen über Leas Problem informiert wurde, im Aufenthaltsraum Kaffee. Sie erzählt weiterhin pausenlos, diesmal über ihren Mann, ihren Freund, ihre Wohnung, dabei herrscht einiges Kommen und Gehen und Telefonate werden getätigt. Dann erscheinen andere Frauen und Kinder und Lea und ihre Tochter verlassen den Raum.

Die Begegnung mit Lea löst bei der Beobachterin wegen der raschen Themenabfolge und damit einhergehender Stimmungsänderungen ein Wechselbad der Gefühle aus (erst weinen, dann Schuhgröße der Tochter). Diese Art, mit Problemen umzugehen, überrascht und verwirrt sie, und die „Sprünge" und zunehmende Unruhe in den Büro- und Aufenthaltsräumen strengen sie an. Sie bewundert die beobachtete Mitarbeiterin, die bei dem Lärm ruhig weitertelefoniert und kleinere Aufgaben erledigt. Vielleicht ist es dieser aber auch „zuviel", denn sie geht erst einmal zur Bank. Bei der Rückkehr wirkt die Atmosphäre „gemütlich", alle trinken zusammen Kaffee. Auffallend ist nur der kaum unterbrochene Redefluß von Lea. Die Beobachterin ist wieder beeindruckt von der Gelassenheit der anwesenden Mitarbeiterinnen und fühlt sich selbst etwas „genervt". Unklar ist, wie die Mitarbeiterinnen mit ihren „Nerven" umgehen. Für Lea erscheint die offene Situation zunächst hilfreich, denn sie kann in der Hektik ihre eigene Unruhe unterbringen, ihr inneres Chaos nach außen tragen und wirkt ruhig, als sie geht. Andererseits ist Leas Unruhe dazu angetan, die hektische Atmosphäre weiter aufzuheizen, ebenso wie die vorherrschende Atmosphäre nicht ohne Einfluß auf Leas Unruhe ist: Einen Moment wirkt es gemütlich, dann sprudelt Lea wieder los und gerät in zunehmende Hektik. Durch Leas psychische Unruhe entstehen starke Wechselbäder in der Stimmung im Raum, die die Beobachterin „verrückt" machen. Wäre es gut gewesen, Lea zu bremsen und beruhigend auf sie einzuwirken oder wäre der Gedanke an Ruhe für sie und alle anderen noch schwerer zu ertragen? Der Szene scheint eine doppelbödige Gemütlichkeit innezuwohnen: Die Mitarbeiterinnen behalten ihre „Nerven" und die Frauen wechseln zwischen ernsten Problemen, Alltagsbelangen und Schwatz, aber „unter der Decke" bleiben alle angespannt. Auf Nachfrage der Beobachterin fühlte sich die zuständige Mitarbeiterin auch „genervt", zeigte es aber nicht.

Anschließend macht die beobachtete Mitarbeiterin Büroarbeiten, bei denen sie mehrfach durch Anrufe und Nachfragen unterbrochen wird. Insgesamt ist es trotz einigem Hin- und Her vergleichsweise still, was die Beobachterin sehr angenehm findet, doch bald folgen weitere emotional belastende Situationen.

(T45): Eine ehemalige Bewohnerin, die lange im Haus gelebt und die Mitarbeiterinnen sehr in ihrer Arbeit unterstützt hat, kommt zu Besuch und berichtet zwei Mitarbeiterinnen über gravierende familiale Probleme. Sie spricht ganz „ruhig" und die anderen reagieren ebenso „ruhig". Die Problematik der Familie ist ihnen bekannt, denn die Frau erzählt nicht zum ersten Mal darüber, doch jetzt gibt es eine neue Facette in dem Familiendrama um einen der Söhne, die die Beobachterin erschüttert.

Die Beobachterin ist „fertig" über das Gehörte. Wo bleiben die Mitarbeiterinnen mit ihren Emotionen? Reagieren sie ebenso wie an der „gemütlichen" Kaffeetafel nur nach außen ruhig? Vielleicht gibt es einfach zu viele Katastrophen im Frauenhausalltag, daß es zu anstrengend wäre, auf jede mit Emotionen zu reagieren. Sie versuchen daher, sich durch ihre äußere Ruhe vor ständigem Gefühlsaufruhr zu schützen, das Schreckliche und Ängstigende an sich abprallen zu lassen und der 'Normalität' der Frauenhausarbeit zuzuordnen. Das neuerliche Drama geht wie letztlich auch Leas Problematik in der Alltagsbelastung verloren bzw. fließt in den Alltag ein und vermengt sich zu einem Knäuel allgemeiner Anspannung, dem es zu entkommen gilt, so lange keine tragfähigen inneren und äußeren Strukturen vorhanden sind, die ein Halten im Sinne der *holding function* ermöglichen (Winnicott 1979).[13]

Eine andere Möglichkeit der Gefühlsreduktion liegt in der Begrenzung drohender Gefühlsüberflutungen durch eine distanzierte Haltung und entsprechende Handlungsmuster, die nicht selten als Sachlichkeit interpretiert werden oder gar als Ausdruck von Professionalität gelten. Im nächsten Beispiel wird deutlich, daß diese Strategie angesichts der Fülle und Vielschichtigkeit von Problemlagen und Aufgabengebieten daran scheitern kann, daß das Bemühen um sachliche Abklärungen mit der Unterdrückung eigener aggressiver Regungen einhergeht und sich auf Dauer nicht durchhalten läßt. Dann mündet die Gefühlsvermeidung in offenem Ärger und strikten Anordnungen.

Auch in diesem· Frauenhaus gehen die Mitarbeiterinnen auf die Bedürfnisse und Probleme der Bewohnerinnen unmittelbar ein und übernehmen die Verantwortung für das Geschehen im Haus.

(T46): Als die beobachtete Mitarbeiterin erfährt, daß Lore, eine schon länger im Haus lebende Bewohnerin mit erheblichen Alkoholproblemen (für die sie gerade eine Wohnung gefunden hat) von einer anderen Bewohnerin beschuldigt wird, Internas auszuplaudern und dadurch Frauen zu gefährden, holt sie Lore zur Abklärung ins Büro. Sie stellt die Beobachterin vor und spricht Lore auf das Problem an: Zwei Frauen haben erzählt, sie hätte gestern in der Kneipe einem Mann die Telefonnummer des Frauenhauses gegeben, damit er eine von ihnen, Alma, anrufen könne. Alma vermute, sie solle verkuppelt werden und befürchte, daß ihre Adresse bekannt werde. Die Mitarbeiterin schafft durch ihren ruhigen, aber bestimmten Ton eine unaufgeregt, sachliche Atmosphäre. Lore nimmt eine abwehrende Haltung ein und erzählt *ihre* Geschichte des gestrigen Abends. Sie wirkt nervös und unsicher und scheint um

---

13 Die Aufgabe des Haltens in Gruppen sieht Winnicott darin, inneren Raum für unbewußte Gefühle zu schaffen, die sonst abgespalten oder verdrängt werden müssen. So wird ein Übergangsbereich geschaffen, der es ermöglicht, Wünsche und Ängste erlebbarer zu machen und damit die psychosoziale Kompetenz der einzelnen zu erhöhen. (Vgl. auch Finger-Trescher 1991)

eine Erklärung zu ringen. Es wird deutlich, daß es sinnvoller ist, Alma und deren Freundin, die die Vorwürfe gemacht haben, hinzuzuziehen; aber nur die Freundin ist da und schildert noch einmal die gestrige Situation. Die Beobachterin hat den Eindruck, daß beide Frauen nicht den ersten Streit ausfechten. Lore bleibt dabei, daß sie die Frauenhausnummer nicht weitergegeben habe und fühlt sich sichtlich in die Enge getrieben. Die Situation wird zunehmend unangenehm: Die Mitarbeiterin spricht Lore auf ihre derzeitige Alkoholfahne an und die Mitbewohnerin beklagt sich, daß Lore immer viel trinke und ausfallend und belästigend werde. Lore reißt sich zusammen und entgegnet, daß sie Sonntag ausziehe und sich bemühen will, bis dahin freundlich zu sein. Sie steht auf und macht immer wieder einen Schritt in Richtung Tür. Die Mitarbeiterin wirft ein: „Vielleicht auch schon früher". Lore drängt zur Tür und entschuldigt sich im Hinausgehen bei der Mitbewohnerin. Die Beobachterin ist erleichtert, daß das Gespräch zu Ende ist. Die Freundin richtet von Alma aus, daß diese heute nicht zur Hausversammlung käme, da sie mit ihrem Freund verabredet sei, worüber die Mitarbeiterin verärgert ist und erklärt, daß das nicht gehe.

Mutig entschließt sich die Mitarbeiterin, das Problem anzugehen und sachlich zu klären; wahrscheinlich ahnt sie, daß es nicht einfach wird. Im Gespräch ergibt sich denn auch ein Problem aus dem anderen: Zum Vorwurf der Informationsweitergabe kommt Lores Alkoholmißbrauch, gefolgt von Almas Schwänzen der Hausversammlung. Die Beobachterin ist froh über das Ende des Gesprächs, denn es erweist sich als schwierig, etwas mit Lore zu klären, noch dazu, wenn sie getrunken hat. Dennoch ist fraglich, ob sie nicht zusätzlich etwas von den allgemeinen Hauskonflikten abbekommt. Hätte es in der Situation gereicht, Lore noch einmal deutlich auf die Hausregeln hinzuweisen und die Klärung des Konfliktes entweder zu vertagen bis alle Beteiligten da sind oder den Bewohnerinnen zu überlassen? Von der anfänglichen Sachlichkeit der Mitarbeiterin bleibt wenig übrig, als sie Lore unvermittelt auf ihre Alkoholabhängigkeit anspricht. Wäre es sinnvoller gewesen, Lore von vornherein die eigene Enttäuschung und Wut zu zeigen, statt zu versuchen, „sachlich" zu sein und es dann nicht durchhalten zu können? Wie sehr sich bei ihr Wut aufgestaut hat, wird deutlich, als Alma sich entschuldigen läßt. Jetzt ist die Mitarbeiterin offen ärgerlich; dieser Konflikt kann nicht mehr „sachlich" geregelt werden. Nach einer entlastenden Phase der Büroarbeit, muß sie das nächste schwierige Problem bewältigen.

(T46): Eine Kollegin ruft wegen einer aggressiv gestimmten Bewohnerin an, deren Forderung nach Begleitung in ihre Wohnung in einer anderen Stadt sich als überflüssig erwies, da sie nur Kleinigkeiten holen wollte. Als sie für den Frauenhaus-Schlüssel eine Kaution hinterlegen sollte, wurde sie ausfallend und weigerte sich, die 5 DM zu bezahlen. Die Mitarbeiterin berichtet ihrerseits von Lore und daß geklärt werden müsse, ob sie bis Sonntag bleiben kann.

Ein unangenehmer Fall nach dem anderen, für die sich keine einfachen Lösungen anbieten und die nicht nach vorgefertigten Mustern angegangen werden können. Weitere aufwühlende Aufgaben folgen.

(T46): Die beobachtete Mitarbeiterin geht mit einer Bewohnerin zum Gericht, wo es zu einer unangenehmen Begegnung mit deren Mann kommt. Die Beobachterin ist sich danach unschlüssig, ob sie in einem Frauenhaus arbeiten könnte. Bei der Rückkehr treffen sie Alma und die Mitarbeiterin teilt ihr mit, daß 'das nicht geht, nicht auf die Hausversammlung zu kommen'. Sie habe die Hausordnung gelesen, lebe hier und es sei wichtig, daß sie anwesend ist. Alma hat sich mit ihrem Freund verabredet, der 150 km fahren muß und kann ihm nicht mehr absagen. Die Mitarbeiterin ist verärgert und es folgt ein längeres Hin und Her. Alma, eine etwa 40jährige Frau, wirkt wie ein trotziges Kind und die Mitarbeiterin sagt schließlich: „du bist heute abend da" und geht ins Haus.

Angesichts unumgänglicher Regelungen im Frauenhausalltag ist diese Reaktion verständlich und die zunehmende Verärgerung angemessen. Der Versuch, „sachlich" zu bleiben, erweist sich im nachhinein als nicht tragfähig im Umgang mit der Fülle von Ärgernissen, Problemlagen und sich zuspitzender Machtfragen. Die Gefühle erweisen sich als stärker und bahnen sich ihren Weg. Ihnen freien Lauf zu lassen würde jedoch die tendenzielle Treibhausatmosphäre aufgewühlter Affekte noch verstärken. Wege zu suchen, in denen die eigenen Gefühle spürbar werden, sie nicht zu verdammen und möglichst reflektiert und bewußt mit ihnen umzugehen, könnte allein deshalb viele Versuche wert sein, weil Gefühlsunterdrückung kein gutes Vorbild für Frauen ist, denn das können sie zumeist gut.

Um dem Problem der Gefühlsüberflutung zu begegnen, gibt es noch die Möglichkeit, die Organisation des Alltags gegenüber der Beschäftigung mit den Frauen in den Vordergrund zu stellen. Übermäßige und unangenehme Gefühle werden versucht kleinzuhalten, indem Frauen mit all dem Schwierigen, das sie mitbringen, zwar im Haus vorhanden und akzeptiert sind, aber nicht ständig im Zentrum der Aufmerksamkeit stehen, sondern eher einfach „mitlaufen", was emotional entlastend wirken kann.

Auch in diesem Frauenhaus kümmern sich die Mitarbeiterinnen einfühlsam um die Frauen, aber anders als in den vorherigen, treten hier die Probleme der Frauen und der direkte Kontakt zu ihnen gegenüber den Organisationsaufgaben in den Hintergrund:

(T47): Die beobachtete Mitarbeiterin (M.1) macht an diesem Tage vornehmlich Akten- und Behördenarbeit im Büro. Dennoch kommt es zu einer Reihe von Gesprächen mit Frauen: Magda, eine kleine, drahtige Frau, die gerade auszieht, klopft und möchte sich einen Moment ausruhen. M.1 sagt ihr, daß wegen ihr der Gerichtsvollzieher da war. Magda weiß das und hat „alles" mit ihrem Anwalt besprochen. Während Magda von ihren Schwierigkeiten mit Spedition, Mietvorauszahlung etc. berichtet, versucht M.1 erfolglos die zuständige Stelle telefonisch zu erreichen. Dann hört sie Magda zu. Magda will Wäscheständer und Bügelbrett in der Kleiderkammer unterstellen, damit sie nicht gestohlen werden. Sie wirkt auf alles gefaßt und ihre Situation scheint ihr trotz aller Widrigkeiten unproblematisch. Vielleicht doch nicht ganz, denn ihr Redeschwall kann eine Reaktion auf die von der Beobachterin empfundene Peinlichkeit des Themas sein. Der Beobachterin erscheint Magdas Bericht suspekt: Sie tritt einerseits handfest auf, aber was sie sagt und was sie tut, passen nicht so recht zueinander, zudem widerspricht sie sich. Sie leitet alles in die Wege, aber nichts klappt so recht. Eine weitere Mitarbeiterin (M.2) und eine Dolmetscherin betreten das Büro; alle sprechen von einem bevorstehenden türkischen Fest im Haus. Magda sucht inzwischen die Quittung für die vorausbezahlte Miete, hat die „totale Panik" und zittert vor Aufregung. M.2 nimmt sie kurz am Arm, sagt, sie solle langsam suchen. Offen bleibt, warum Magda die Quittung zeigen will; wohl deshalb, weil ihr niemand ihre Bemühungen abnimmt. Auch die Beobachterin ist skeptisch.

Magdas Geschichte wirkt undurchsichtig und Magda als Person bei den Mitarbeiterinnen „abgehakt", eine Situation, in der Empathie aufgrund vorangegangener Ärgernisse kaum mehr möglich scheint. Magda läuft sozusagen nur noch im Sinne einer Duldung weiter mit. Sie kommt beiläufig ins Büro, um sich auszuruhen und wird weitgehend stehengelassen in ihrer ganzen Undurchsichtigkeit. Das ermöglicht widerum Magda überhaupt ins Büro zu gehen, denn ihr muß schwanen, daß es unangenehm werden könnte. Dennoch enthält das Stehen-gelassen-Werden auch den Aspekt einer verdeckten Machtdemonstration, die dazu angetan ist, Ohnmachtsgefühle auszulösen und vielleicht einen Selbstschutz der Mitarbeiterinnen gegenüber der großen Verwirrung um Magdas Person darstellt. Die Mitarbeiterinnen versuchen – bis auf die kurze Berührung – nicht, Magda aus ihrer Panik zu befreien, sondern vertrauen dem Lauf der Dinge: Irgendwie wird der Knoten sich lösen oder zumindest das Leben trotzdem weitergehen, so wie Magdas Geschichte:

(T47): Magda berichtet den Mitarbeiterinnen weiter, daß sie in 9 Tagen in ihre neue Wohnung einziehen kann und enttäuscht sei, noch so lange im Frauenhaus bleiben zu müssen. Faktisch wohnt sie nur noch zeitweise dort und schläft dann auf der Couch im Kinderzimmer, was den Mitarbeiterinnen nicht ganz recht scheint, wozu sie aber keine eindeutige Position einnehmen. Schwanken sie zwischen Mitleid und genervt sein? Verstehen sie den schnellen Auszugswunsch auch als Kritik? Mit „ach, was ich dir noch sagen wollte" leitet M.2 ein, daß sie für Magda eine Nachricht von einer ehemaligen Mitbewohnerin hat, der Magda Geld schuldet. M.2 setzt zu Magdas Problemen sozusagen noch eins oben drauf, wozu Magda sicher unbewußt einlädt. Magda regt sich über die Mitteilung auf, woraufhin M.2 ihr die Telefonnummer der Frau gibt, damit sie das Problem selbst klären könne. M.1 erteilt Magda „den Auftrag" (Formulierung der Beobachterin), einstweilen ihre Sachen in die Kleiderkammer zu stellen und gibt ihr den Schlüssel.

Die Beobachterin fragt M.1 anschließend, ob Magda lüge, was diese bejaht, ihr aber nicht als bewußten Akt unterstellt, sondern als Problem im Umgang mit der Realität. Diese offene Frage erschreckt M.1. Darf frau so etwas nicht denken oder gar aussprechen und daher auch nicht klar handeln? Muß deshalb vieles im Nebulösen bleiben, wo die Unzufriedenheit (z.B. über das Schlafen auf der Couch) nur sprachlos spürbar wird, sich dann aber im Stehenlassen Bahn bricht? Eventuell sehen die Mitarbeiterinnen Magdas Hilflosigkeit nicht, zumal sie forsch auftritt, ihr Verhalten irritiernd ist und den Frauenhausalltag belastet. Magda hat wohl Angst, das Haus „ganz" zu verlassen, das ihr neben Ärger auch Schutz geboten hat, denn sie will einige Haushaltsgeräte im Haus deponieren. Diesen Geräten kommt im traditionellen Frauenleben eine große Bedeutung zu, ebenso der Küche, wo sie hauptsächlich verwandt werden. Im Frauenhaus selbst drängen sich die Bewohnerinnen in der Küche und die Mitarbeiterinnen in einem kleinen Büro, während in den Zimmern die Möbel abgestellt werden. Ist das für alle Frauen immer noch beruhigender, als allein in einem Zimmer zu sitzen? Jedenfalls will Magda in diesem zentralen Bereich weiterhin symbolisch präsent sein. Ihr wird zugestanden, über die Kleiderkammer Verbindung zum Haus aufrechtzuhalten und sie bringt ein Moment der Ordnung in das Undurchsichtige um Magda. Bietet diese Kammer Schutz und Unterschlupf für diejenigen, denen sonst kein Ort mehr zukommt und die bisweilen untertauchen? Daher empfindet die Beobachterin den Hinweis, alles in die Kleiderkammer zu stellen, als „Auftrag", denn jetzt wird etwas geklärt, und daraufhin kehrt auch kurzzeitig Ruhe ein.

(T47): Magda kommt mit dem Brief einer Wohnungsbaugenossenschaft wieder, über die sie aber nicht ihre Wohnung gefunden hat und setzt sich. M.1 und Magda unterhalten sich plaudernd über die neue Wohnung, die Miete und den Mietvertrag. Magda ist ruhig und M.1 freundlich, dann geht Magda wieder.

Ist diese „Unterhaltung" eine Art Good-will-Aktion von beiden Seiten? Als Magda weg ist, äußert M.1 ihre Kritik an Magda: Sie ist nur noch manchmal da, hat „die Leute verrückt gemacht", verteilt überall ihre Sachen, hat lange ein Zimmer blockiert und wurde von den Mitarbeiterinnen aufgefordert, auszuziehen. Heißt „verrückt machen", daß sie Grenzen überschritten hat und wenn ja welche? Oder war es eher so, daß durch jemanden wie Magda die Fragilität des Frauenhausalltags deutlich geworden ist? Denn das Frauenhaus selbst ist eine Durchgangsetappe in einer Lebenssituation, in der für die Frauen vieles noch längst nicht wieder gerade-gerückt, sondern weiterhin ver-rückt ist und sie noch keinen dauerhaften Platz für sich gefunden haben. Was ist in so einer Lage das unumstößlich Feste im Frauenhaus, woran Frauen und Mitarbeiterinnen sich halten können?

(T47): Im weiteren Verlauf des Tages besprechen die Mitarbeiterinnen noch einmal das Problem, daß Frauen Zimmer blockieren, die sie nur zum Möbelabstellen benutzen. Einige sind dafür, daß diese Frauen gehen sollen, einige dagegen.

Manche der Bewohnerinnen sind nicht mehr richtig da, aber auch noch nicht richtig weg. Für diese fließende Übergangszeit gibt es offenbar keine klare Regelung. Warum werden die Zimmer mit Möbeln blockiert? Ist es überhaupt als Blockade zu verstehen oder als Versuch, sich in einer sehr verunsichernden Lebenssituation eine Rückzugsmöglichkeit offen zu halten, wenn die neuen Wagnisse – die auch die alten sein können – scheitern? Einerseits spüren die Mitarbeiterinnen offenbar das Anliegen, das hinter den zurückgelassenen Möbeln steckt, andererseits sind sie für einen geordneten

Alltag im Frauenhaus und für neue hilfesuchende Frauen zuständig, so daß sie schwanken zwischen „Sich-benutzen-Lassen" (zum Möbel abstellen) und rigiden Maßnahmen (ohne Übergangsphase ausziehen).

In einem weiteren Haus wird deutlich, wie die starke Gefühlsanspannung zum Bedürfnis führt, alles in feste Hände zu legen. Auch hier ist es so, daß die Bewohnerinnen und ihre Probleme eher „mitlaufen", als daß sie im Mittelpunkt des Geschehens stünden. Nicht selten wird darauf vertraut, daß vieles sich „von selbst" regelt, was ja durchaus zutreffen kann.

(T48): Die Mitarbeiterinnen führen ein Gespräch mit einer Psychologin über deren mögliches Angebot für die Bewohnerinnen, in dem alles ungeklärt bleibt: Für Beratungsangebote tun sich Probleme mit der Krankenkasse auf, eine Zusammenarbeit bei Veranstaltungen wird nur angerissen.

Das Gespräch wird ohne Vereinbarungen beendet, die sich möglicherweise einfach ergeben sollen. Nicht nur die Ziele der Mitarbeiterinnen sind unklar, auch die Gesprächsatmosphäre strahlt etwas Verunsicherndes aus: Die Beobachterin traut sich nicht, vom bereitgestellten Kuchen zu nehmen und bekommt auch nichts angeboten. Versteht sich auch hier „von selbst", daß sie nur zuzugreifen braucht? Es gibt jedoch nichts, was die Beobachterin sich dazu sicher genug fühlen ließe. Auch nach dem Treffen steht sie verunsichert zwischen den Frauen und hat das Gefühl zu stören, obwohl ihr das nicht nahegelegt wird, allerdings gibt es auch keine Willkommenssignale. Ist das eine Atmosphäre in der schwer etwas beschlossen werden kann, weil es so wenig „Festes" gibt, an das sich jede einzeln und alle zusammen als Gruppe halten können? Die beobachtete Mitarbeiterin erklärt der Beobachterin hinterher, wie wichtig solche Kontakte als mögliche Anlaufstellen seien. Sie hätten sich getroffen, um 'mal' zu sehen, ob sich vielleicht etwas ergibt; ein Vorgehen, das unter bestimmten Bedingungen durchaus sinnvoll sein kann.

(T48): Zurück im Büro sprechen die Mitarbeiterinnen über einen Kühlschrank, den jemand spenden will und der abgeholt werden muß. Es läßt sich nicht klären, wer die Zusage gemacht hat, ihn abzuholen, was die anwesenden Mitarbeiterinnen mehr beschäftigt als abzuklären, wer den Kühlschrank holt und ob er überhaupt geholt werden soll.

Indirekt scheint neben der Frage der Verantwortlichkeit wieder das Thema Essen eine Rolle zu spielen: Zwar steht nichts auf dem Tisch, aber anlässlich des Kühlschranks fällt der Beobachterin ihr mitgebrachtes Brot ein, das sie nicht zu essen wagt, da soviel passiert. Geht es bei dem Kühlschrank um Versorgung: Wer was bekommt, wieviel überhaupt da ist, und ob es für alle reicht? Denn dieser Kühlschrank ist ein Ärgernis, er muß abgeholt werden und ist zudem noch leer. Macht Frauenhausarbeit eher hungrig als satt, wenn soviel ungeklärt bleibt und das Eindeutige, der Kühlschrank, nichts Nahrhaftes enthält? Ist es dann eine Zumutung, ihn abholen zu sollen, noch dazu für andere? Weckt das Angebot eher das Gefühl 'soll die Frau ihn doch selbst bringen, wenn sie uns schon nur einen leeren Kühlschrank gibt, wo wir doch gute, nährende Inhalte bräuchten? Muß letztlich jede für sich selbst Sorge tragen und zusehen, daß sie satt wird, zumal im Haus „Hilfe zur Selbsthilfe" im Gegensatz zu einem Versorgungsangebot einen hohen Stellenwert hat?

(T48): Kurz darauf kommt eine Mitarbeiterin mit einer verweinten Frau aus dem Beratungszimmer, das mit dem Büro verbunden ist, wo die anderen Mitarbeiterinnen über Handwerkerprobleme reden. Die verweinte Frau kehrt noch einmal zurück und fragt nach dem Telefonbuch. Sie geht anschließend wortlos hinaus und erweckt bei der Beobachterin den Eindruck, daß sie nicht angesprochen werden möchte. Ebenso wortlos bringt sie das Buch zurück.

Die verweinte Frau wird von niemandem angesprochen, was die Beobachterin in der Situation allerdings richtig findet, da sie auch nicht angesprochen werden wollte. Dennoch fällt auf, wieviel angesichts dieser Wortlosigkeit gegenüber der Bewohnerin über Handwerker und Kühlschränke gesprochen wird. Ist die Frau bei den Mitarbeiterinnen nicht so recht als anwesend angekommen? Oder ist es ein Charakteristikum häuslichen Alltags, daß die Menschen sowohl in guten wie in schlechten Zeiten mehr oder weniger mitlaufen, Dinge hingegen eine dominierende Rolle spielen? Wirkt dies überwiegend entlastend, solange die Menschen „sowieso" dazugehören? Die Frage ist nur, inwieweit sich die Bewohnerinnen in dieser selbstverständlichen Weise dazugehörig fühlen, denn sie müssen wieder gehen, selbst wenn sie das Bügelbrett (vgl. T47) noch ein wenig stehen lassen dürfen. Wenn dieses entlastende Moment des Alltags stimmt, der im wesentlichen von Intuitionen und unvorhergesehenen Gesprächs- bzw. Abweisungssituationen bestimmt ist, was bedeutet das für die Frauenhausarbeit? Gilt es, diesen Anteil bewußt zu erhalten oder zugunsten einer professionelleren Gliederung des Hauslebens aufzugeben bzw. stark einzuschränken? Ob mehr Frauen besser mit der einen oder der anderen Siutation zurechtkommen, scheint mir offen. In jedwedem Falle sollte das Alltagsgeschehen im Frauenhaus der Reflexion zugänglich gemacht werden, zumal es sich nie um einen ganz normalen Alltag handelt, sondern um eine Übergangsphase. Denn dem Frauenhausalltag steht immer die Notwendigkeit gegenüber, auszuziehen und das eigene Leben neu zu organisieren. Die Mitarbeiterinnen stellt ein bewußter Umgang mit Alltag daher vor die Aufgabe, mit 'gleichschwebender Aufmerksamkeit' bei den Frauen und Kindern zu sein, um einzuschätzen, was für diese an sozialpädagogischen Interventionen wichtig ist. Oder ist ein mütterlich wohlwollendes und gleichzeitig eingreifend ordnendes 'Dabei-Sein' angemessener?

In der folgenden Sequenz werden die Zusammenhänge zwischen den Dingen und den Frauen im Verlauf des Tages noch einmal deutlich, denn während die Dinge verläßlich sind und den Frauen zugute kommen, geben diese selbst nicht selten Anlaß zu Enttäuschung.

(T48): Eine Bewohnerin holt Waschmünzen im Büro und berichtet empört, daß in der Nacht eine Frau von der Polizei gebracht wurde, die eine Fahne hatte. Dann fragt sie Mitarbeiterin M.1 nach Gardinen. M.2 weist sie auf den Sperrmüll hin, bei dem alle mithelfen sollen. Während die neue Frau zunächst kein Thema ist (später führt M.2 ein Erstgespräch mit ihr), sind es der Sperrmüll und die Gardinen. Die Beobachterin hingegen interessiert sich anläßlich der neuen Frau für den Umgang mit abhängigen Frauen. M.1 erwidert ihr, daß der Einzelfall geprüft wird, denn es gibt auch andere schwierige Frauen, die ihr „etwas auf die Backe nähen". Von der Polizei gebrachte Frauen blieben meist nicht lange, brächten viel Ärger, bezahlten nicht und verließen alles unordentlich. Dabei fällt M.1 eine weitere frustrierende Erfahrung ein: Sie hat heute gehört, daß eine Frau, die gerade ein Kind bekommen hat, die von der Mitarbeiterin gefundene Wohnung wohl nicht nehmen, sondern zum Mann zurückgehen wird, woraufhin sie ihr nur gesagt habe, daß sie die Wohnung selbst absagen und zudem ausziehen müsse. M.1 hatte gestern ein Babygeschenk gekauft und wollte die Frau eigentlich im Krankenhaus besuchen. Sie sei zwar „sauer", aber nicht mehr so enttäuscht wie früher, denn sie wolle „nichts mit nach Hause nehmen".

Auf die Beobachterin wirkt diese Haltung sehr professionell – es fragt sich aber, ob diese distanziert wirkende Art über die Frauen zu sprechen, nicht vor allem von unbearbeiteten Entäuschungen geprägt ist, denn Professionalität würde bedeuten, sich trotz allem immer wieder gefühlsmäßig berühren zu lassen, nicht sich abzuschotten. Ist es nicht verständlich – wenn auch angesichts der umsonst geleisteten Arbeit ärgerlich und aufgrund der Gewalttätigkeit des Mannes traurig –, daß die Frau mit ihrem Neugeborenen zurückgeht? Diese hier sichtbar werdende distanzierte Haltung läßt es wenig lohnend erscheinen, in eine neue Frau mit einer ungünstigen Prognose (Alkohol, Polizei) Arbeit und Gefühle zu investieren. Unter diesem Blickwinkel erscheint es vielversprechender und angenehmer, sich um die Gardinen und das Haus zu kümmern als um wankelmütige oder chaosverursachende Frauen. Derartige Tätigkeiten kommen den Frauen insgesamt zugute, sind nicht so aufreibend und vielleicht letztlich ertragreicher, denn sie steigern die Lebensqualität aller im Haus. Die Orientierung an den Dingen mag zudem angesichts der vielen Unwägbarkeiten für das Bedürfnis nach etwas Festem, Haltbietendem stehen.

(T48): Die Mitarbeiterinnen haben die Finanzarbeit wegen ihrer Kompliziertheit in „feste Hände" gelegt. Das Rotationsprinzip wurde in diesem Bereich aufgegeben, da es ein „heilloses Durcheinander" verursache.

Etwas – am liebsten alles? – in feste Hände zu legen, ist aufgrund der zwiespältigen Erfahrungen im Projektalltag mit seinen Gefühlsüberflutungen verständlich: Sollten daher nicht nur die Finanzen, sondern auch andere Belange in festen Händen liegen, um einerseits „heilloses Durcheinander" zu vermeiden und andererseits Gefühlen, spontanen Handlungen und neuen

Ideen genügend Raum zu verschaffen, was in einem „festen" Rahmen viel eher möglich ist?

## 2.2 Mädchenprojekte: Balanceakte im Beziehungsdreieck Mütter, Töchter, Institution

Das Thema Mutter wird in den Mädchenprojekten in höchst unterschiedlicher Weise virulent. Allgemein auffallend ist, welch große Rolle Mutter-Tochter-Konstellationen spielen und wie stark der institutionelle Kontext in den Hintergrund tritt, obwohl die Folie der Auseinandersetzungen berufliche Aufgabenstellungen und deren strukturelle Absicherung sind. Die Mädchenprojekte haben sich zum Ziel gesteckt, Orte für Mädchen jenseits patriarchaler Unterordnungen zu schaffen und besser als die herkömmlichen Angebote für Mädchen zu sein, da die freie Entfaltung von Mädchen nur in einem allein von Frauen geprägten Rahmen im Mittelpunkt zu stehen vermag. In der aus diesem Standpunkt hervorgehenden Projektdynamik spielt das Frauenbild und Beziehungen unter Frauen verschiedener Generationen eine zentrale Bedeutung und bewirken einen spezifischen Spannungsbogen. Das psychodynamische Projektgeschehen kreist um die Figur der Mutter, die als 'Projektmutter' phasenweise zur Inkarnation des Guten idealisiert, aber auch als verfolgend böse dämonisiert werden kann. Es sei denn, es handelt sich um ein mutterloses Projekt, das von den Töchtern regiert wird, die die Mutter abgesetzt oder verloren haben. Zudem kann die Mutterproblematik auch an den Müttern der Mädchen abgehandelt werden.

Einige allgemeine Aspekte dieser Dynamik will ich anhand von Projekten mit einer starken „Projektmutter" aufzeigen. In diesen Projekten treffen nicht selten beide Seiten der Idealisierung – die vergötternde und die aggressive – in einer schwer auszuhaltenden Weise aufeinander:[14]

Diese „Mutter" ist so toll und so viel besser als die anderen Mitarbeiterinnen, daß sie einerseits grenzenlos bewundert wird, andererseits den Töchter-Mitarbeiterinnen die Luft zum Atmen und die Fähigkeit zu eigenständigem Handeln nimmt, so daß sie kleingemacht, entwertet oder ausgestoßen werden muß. Ein solcher Prozeß bindet viel Kraft und steht der Erledigung der Projektaufgaben entgegen. Die befürchteten Folgen für das Projekt bewirken ein zusätzlich schlechtes Gewissen, wodurch die Normierungen noch fester und das Verhaltenskorsett noch enger geschnürt werden. Das dahinterliegende Institutionsproblem besteht darin, daß die basisdemokratische Organisation und das Projektziel als unantastbar gelten und alle anstehenden Probleme nicht als Struktur-, sondern als Beziehungsfragen abgehandelt werden.

Doch das Projekt hat keine ideale Mutter, ist seinen Mitarbeiterinnen keine ideale Mutter und die Mitarbeiterinnen selbst sind ihrerseits keine unfehlba-

---

14 Dieser Analyse liegt vor allem ein Projekt zugrunde, wo die Problematik besonders deutlich wurde und das völlig anonym bleiben soll.

ren Mütter für die Mädchen, die sich gleichfalls als fehlerhafte Töchter erweisen. Alles zusammengenommen bewirkt zum einen Projektfrustrationen zum anderen Enttäuschungen gegenüber den Mädchen, die beide große berufliche Verhaltensunsicherheiten hervorrufen, zumal die eigenen Arbeitsplätze alles andere als gesichert sind. Doch der Kampf gegen und um die Mutter scheint immer noch weniger gefährlich als das Überprüfen der Ansätze und Strukturen, die den Blick auf die eigenen Wünsche und Bedürfnisse, Fähigkeiten und Grenzen und entsprechende Handlungen und Aktivitäten verlangen würden.

Am Beispiel verschiedener Projekte sollen im folgenden einzelne Konstellationen von belastenden Mutter- und Tochterverhältnissen und deren Auswirkungen auf den Arbeitsprozeß aufgeführt werden.

## Gute und schlechte Mütter

In dem hier vorgestellten Projekt zum Thema sexueller Mißbrauch schwingt eine klare Differenzierung zwischen guten und schlechten Müttern mit: Die schlechten Mütter sind die realen Mütter der ratsuchenden Mädchen, die guten Mütter sind die Mitarbeiterinnen selbst. Diese Haltung ist angesichts der Projektthematik nicht selten realistisch, doch unreflektiert schlagen sich die darin enthaltenen Setzungen und Spaltungstendenzen in ungesteuerter Weise in den Konzepten und Methoden nieder. Nicht nur die eigene Rolle als Tochter bzw. als Mutter wird wiederbelebt, sondern das Projekt selbst wird mit der guten Mutter assoziiert, weckt entsprechende Hoffnungen und lädt zu hohen Ansprüchen ein, in deren Mitte sich die Mitarbeiterinnen wiederfinden: Auch sie haben Hoffnungen gegenüber dem Projekt, sind aber gleichzeitig diejenigen, die sich als Stellvertreterinnen des Mutterprojektes gegenüber den Adressatinnen als gute Mütter zu erweisen haben. Eine derartige Überhöhung des Projektes legt die Gefahr nahe, gute und böse Anteile aller beteiligten Personen und gute und schlechte Seiten involvierter Institutionen abzuspalten und damit mehr oder weniger bewußte, arbeitserschwerende Idealisierungs- und Entidealisierungsprozesse zu fördern statt aufzulösen.

(T49): Eine Mutter, die zur Beratung kommt, wird von der Mitarbeiterin, die mit der Frau das Erstgespräch geführt hat, gegenüber der Beobachterin als „schlechte Mutter" bezeichnet. Das Projekt hingegen präsentiert diese Mitarbeiterin als „gute Mutter", wo sich die Mitarbeiterinnen für die Frauen und Mädchen besonders umfassend einsetzen, sie zu anderen Institutionen begleiten und deren Arbeit überprüfen. Dieser Ansatz hat allerdings zu einer langen Warteliste geführt, so daß sie ihrem Anspruch, sofort zu helfen, nicht gerecht werden können. Die „schlechte Mutter" hat die Mitarbeiterinnen unangenehm bedrängt, um vorzeitig einen Termin zu erhalten und fällt in der Erstberatung durch ihre emotionslose Art der Problemdarstellung und ihre unbeteiligte Haltung gegenüber ihrer Tochter auf. Das Mädchen muß sich während der Sitzung übergeben, die Mutter reagiert bagatellisierend und erheischt die ganze Aufmerksamkeit für sich. Die Mitarbeiterin findet die Mutter „unmöglich" und möchte nicht mit ihr arbeiten. Daher berät sie jetzt nur noch die Tochter und eine Kollegin arbeitet derzeit mit der Mutter, die sich als stark am Familiendrama beteiligt herausstellt.

Die Mitarbeiterin läßt sich wider ihre Intention auf mehrfache Weise von der „unmöglichen" Mutter vereinnahmen: Zunächst durch die Terminvergabe selbst, dann wird sie im Gespräch von deren Darstellungsdruck und Bedürftigkeit überrollt. Zudem mag das Familiendrama so furchtbar sein, daß die Mitarbeiterin zu gelähmt war, um sich ihrerseits aktiv um das Mädchen zu kümmern. Die heftige physische Reaktion der Tochter und die emotionslose Darstellung der Mutter haben sie erschreckt und empört und die Macht dieses problematischen Beziehungsgefüges ist so verheerend, daß sie sich selbst darin verstrickt. Sie löst das Problem, indem sie sich von der Mutter trennt, und läßt sich dabei vielleicht mehr von ihrer Antipathie als der Einsicht in ihre Grenzen leiten. Angesichts des eigenen Anspruchs, einerseits diejenige Instanz zu sein, die „wirklich" hilft und andererseits aber nur über begrenzte Hilfemöglichkeiten zu verfügen, erwachsen Schuldgefühle über die eigene Unvollkommenheit, die durch unermüdliche Einsatzbereitschaft wieder ausgeglichen werden müssen. Dann kann das Gefühl, 'alles' für die Hilfesuchenden zu tun, aufrechterhalten werden. Daraus enstehen jedoch neue Probleme, die wiederum die eigene Begrenztheit vor Augen führen, nämlich nicht allen sofort helfen zu können, die ihrerseits die Schuldgefühle verstärken. Das Projekt verlangt unermüdlichen Einsatz, der dennoch nie reicht. Damit wird es zu einer gierigen mütterlichen Instanz, die auch bei größter Anstrengung nicht zufriedenzustellen ist. Das erlaubt die Frage, ob nicht nur die Mutter „unmöglich" ist, sondern auch das Projekt; zumindest so, wie es konzipiert ist, denn nicht nur die Mutter will die Mitarbeiterin mit Haut und Haaren, sondern auch das Projekt. Ist das Projekt selbst vielleicht ebenfalls nicht so gut wie es sich gibt, weil es zwingende und unersättliche Seiten hat?

In diesem Projekt wird die Fürsorglichkeit gegenüber den Ratsuchenden auf die Kontrolle aller anderen Institutionen in dem Arbeitsbereich ausgedehnt. Das mag durchaus sinnvoll und in manchen Fällen nötig sein; als allgemeiner Arbeitsansatz enthält eine derartige Konzeption aber auch ein Moment der Omnipotenz und der Überversorgung, das aus dem Gefühl gespeist wird, nur das eigene Projekt sei willens und in der Lage, den Betroffenen 'wirklich' zu helfen. In diesem Mißtrauen gegenüber allen anderen Institutionen kann zudem ein reichliches Maß an Konkurrenzgefühlen gegenüber anderen Professionellen untergebracht werden, die alle – ungleich ihnen selbst – nur unzureichend für das Wohlergehen der Mädchen sorgen. Andererseits unterliegt diese überhöhte Selbsteinschätzung entsprechenden Zweifeln, ob die eigenen Fähigkeiten dafür ausreichend sind. Die Unermüdlichkeit enthält daher ein Moment der Wiedergutmachung angesichts der eigenen Unvollkommenheit und die ständige Überforderung produziert immensen Druck gegenüber sich selbst und anderen. Das entlastende Gefühl, „gut genug" (Winnicott) zu sein, kann sich nur schwer einstellen.

Unabhängig von der Projektkonzeption und der psychischen Struktur der Mitarbeiterinnen legt die Arbeit gegen sexuellen Mißbrauch nahe, daß tendenziell „schlechte" Mütter zur Beratung kommen, die zumindest darin versagt haben, ihren Töchtern Schutz zu gewähren. In Gestalt der Mitarbeiterinnen sollen die Töchter nun endlich „gute" Mütter erhalten, die ihre Nöte verstehen, sie schützen und ihnen helfen. Die Spaltung in gute und schlechte Mütter ist so gesehen in Projekten zu diesem Thema angelegt, denn wären die Mütter „gut", würden sie nicht in dem Projekt Rat suchen müssen. Sie können sich daher nur als mehr oder weniger „schlecht" erweisen, je nachdem wie kooperativ sie sich gegenüber den Mitarbeiterinnen verhalten und deren Erwartungen erfüllen. Hingegen nehmen die Mitarbeiterinnen strukturell die Position der „guten" Mütter ein, über denen allerdings das Damoklesschwert schwebt, sich ebenfalls als nicht vollkommen zu erweisen. Diese Spaltung der Frauen in gute und schlechte Mütter ist keineswegs intendiert, sondern steht im Widerspruch zur Projektidee, guten Frauen und Mädchen gegenüber schlechten Männern zu helfen. Das Projekt selbst wird zumeist nicht ausreichend auf Positives und Negatives, Machbares und Überforderndes hin analysiert, so daß es dabei bleibt: Die Beteiligten sind schwierig und fehlbar, nicht ebenso das Projekt, seine Strukturen und Aufgabenstellung.

Rebellion der Töchter und der Verlust der Mutter

In einem anderen Projekt gegen sexuellen Mißbrauch stehen die Auseinandersetzungen um die starke Frau im Team (eine der Gründerinnen) zur Zeit im Vordergrund, obwohl oder auch weil sie sich aufgrund langwieriger Konflikte entschlossen hat, das Projekt zu verlassen. In Projekten gegen sexuellen Mißbrauch spielen Mütter eine zentrale Rolle, da eines der Projektanliegen darin besteht, dem gängigen Vorurteil, das den Müttern bei Mißbrauch durch familiennahe Männer fast ebenso viel Schuld zuschreibt wie diesen selbst, eine frauenfreundliche Perspektive entgegenzusetzen. Damit werden offenbar negative Gefühle gegenüber Müttern und Mutterfiguren insgesamt tabuisiert, so daß unterschwellig der Haß gegen sie gedeihen kann, da es keine legitime Äußerungsform negativer Gefühle ihnen gegenüber gibt.

(T50): Die „Projektmutter" hatte bisher aufgrund ihrer Aktivität und langen Erfahrung viele zentrale Funktionen inne. Jetzt geht es im Team um die Machtumverteilung innerhalb des Projektes. Die Zukunft der Projektmutter selbst ist offen. Das Projekt macht sich zudem darüber Sorgen, daß die einzelnen Aktivitäten von den Mädchen sehr unterschiedlich angenommen werden. Die Altersgrenze ist in einigen

Bereichen sehr nach oben gerutscht (25 Jahre), da die alten Mädchen zwar noch kommen, aber wenig neue hinzugewonnen wurden.

Die hohe Altersgrenze der betreuten 'Mädchen' hat fast symbolischen Charakter. Sie ist so hoch, daß nicht nur die Beobachterin (25 Jahre alt) sich in den Status eines Mädchens zurückversetzt fühlt, sondern auch die Mitarbeiterinnen – bis auf die Projektmutter – in gewisser Weise unter die Kategorie Mädchen fallen und nach Bedarf eine töchterliche Rolle einnehmen können. Selbst jetzt, wo die Projektmutter das Projekt aufgrund der Anfeindungen verläßt, ranken sich viele Phantasien und Ängste um ihre Person und ihre vakant werdene Position. Was wird nun aus den Mitarbeiterinnen? Als Töchter konnten sie die Mutter nicht länger ertragen und haben sie erfolgreich verdrängt. Nun sind sie mit ihren Verlassensängsten und Schuldgefühlen konfrontiert und müssen den Beweis antreten, wie sehr die Mutter sie an ihrer Entfaltung gehindert hat: Eine Mutter, die so sehr als erdrückend erlebt wurde, daß das Erdrückende der Projektarbeit unbeachtet blieb, da sich die Auseinandersetzungen ganz auf die Projektmutter verschoben haben. Ängste, die sich um die Unsicherheit ranken, was eine gute Mädchenarbeit ist, mutieren zu Gefühlen hilfloser Abhängigkeit gegenüber der Projektmutter, die alles besser kann, der man aber auch alles zuschieben darf. So werden Wut und Hilflosigkeit gegenüber der Projektthematik zur Wut auf die Projektmutter – vielleicht derzeit ein Weg, das Projekt zu erhalten. Jetzt müssen die Töchter jedoch entscheiden, ob sie selbst leitende Funktionen übernehmen und erwachsen werden oder aber eine neue Mutterfigur suchen wollen.

(T50): Im Projekt gab es keine Gleichbezahlung und die bisherige Projektmutter bezog aufgrund ihrer Ausbildung die höchste Gehaltsstufe. Diese Struktur soll nach dem Willen des Teams erhalten bleiben, daher wurde inzwischen eine Frau für diese Stelle gesucht und gefunden.

Die Einführung der Gleichbezahlung hätte der Mutter-Tochter-Konstellation die Basis entzogen, aber die Töchter wollen wieder eine neue Mutter haben, so daß die Gefahr besteht, weiterhin in der abhängig-rebellierenden Tochterrolle zu verharren und Institutionsprobleme hintanzustellen. Wie sehr die Mitarbeiterinnen die Frage Mutter-Tochter-Verhältnis versus gleichberechtigte Beziehungen beschäftigt, wird an einigen Beispielen aus der Arbeit der beobachteten Mitarbeiterin sichtbar.

(T50): Die Mitarbeiterin mißt ihre eigene Arbeit ständig an der Projektmutter, die nach ihrer Einschätzung und gemäß Projektmeinung in einem wichtigeren Bereich tätig ist als sie selbst, wobei offiziell alle Bereiche als gleich wichtig gelten. Dem Bereich der Mitarbeiterin kommt laut Konzept ein hoher Stellenwert zu, den er auch innehatte als die Projektmutter ihn noch wahrnahm. In allem ist diese besser als sie selbst, z.B. bei öffentlichen Auftritten. Ihr selbst kommen nur zweitrangige zu, wo sie für das Projekt „nur" eine gebrauchte Computeranlage mit allem Zubehör gesponsert bekommt und keine neue. Was auch immer sie anfängt, es fällt weniger Glanz darauf als auf die Taten des Vorbildes.

Durch die eigene Minderbewertung bleibt die Tochterposition erhalten und das wichtige Thema unterschiedlicher Bewertungen einzelner Arbeitsschwerpunkte muß weiterhin nicht als strukturelles Problem bearbeitet werden.

(T50): Gegenüber den Mädchen schwankt die Mitarbeiterin in ihrem Verhalten zwischen Freundin und Mutter, Gleichberechtigung und Fürsorge. So ist ein Mädchen (bzw. eine junge Frau) inzwischen zu einer Freundin geworden mit der sie viel verbindet. Dennoch kümmert sie sich weiterhin in sozialarbeiterischer Weise um deren Wohlergehen. Ein Verhalten, das sie selbst kritisiert, denn ihr Wunsch ist, mehr zu trennen zwischen beruflichen und privaten Kontakten.

Offenbar hat die Rolle der Mutter einerseits etwas Anziehendes, das sie umsetzt, indem sie selbst fürsorglich ist, andererseits wünscht sie sich gleichberechtigte Beziehungen zu den Mädchen. Schwierige Seiten dieses Balanceaktes, in dem sich offenbar das ganze Team befindet, werden in den folgenden Konflikten mit der Projektmutter sichtbar.

(T50): Trotz der Tatsache, daß für die bisherige Projektmutter Ersatz gefunden ist, gibt es im Team Ängste, ob das Projekt ohne sie weiterbestehen kann, da sie alles perfekt gemacht hat und zudem auch noch andere Frauen weggehen wollen.

Diese Ängste zeigen, daß die Töchter innerlich bereit waren, zugunsten ihrer Konflikte mit der Mutter notfalls das ganze Projekt aufs Spiel zu setzen, um ihrer Wut auf deren Übermacht Luft zu machen. Hinter dieser personalisierten Wut kann sich die noch viel ohnmächtigere Wut auf sexuelle Gewalt und begrenzte Bekämpfungsmöglichkeiten verborgen halten.

Obwohl die Projektmutter nur gelobt wird für ihre Kompetenz, spürt die Beobachterin in zunehmendem Maße Aggression gegen sie. Deren Großartigkeit wird offenbar so lange betont, bis sie bei den Zuhörerinnen ins Gegenteil umschlägt und dann der eigenen Gefühlslage entspricht. An die Beobachterin ist diese dunkle Seite der Idealisierung abgetreten worden und sie entwickelt ihrerseits negative Phantasien, daß die Projektmutter alles an sich gerissen habe und den anderen nichts mehr blieb, wodurch ihre Verjagung gerechtfertigt erscheint. Aber auch die beobachtete Mitarbeiterin selbst löst mit ihrer angestrengten, mütterlich organisierenden, immer verständnisvollen Art gegenüber den Mädchen zunehmend aggressive Gefühle bei der Beobachterin aus. Ist die teils aufgesetzte Freundlichkeit die andere Seite ungestillter Wut (gemischt mit Schuldgefühlen)? Ist perfekt d.h. aggressions- und fehlerlos sein zu müssen aufgrund ungelöster Abhängigkeits- und Rebellionswünsche der stille Fluch, der in dieser Projektdynamik enthalten ist?

## Eine immer verständnisvolle Mutter

Das folgende Projekt steht ebenfalls im Zeichen einer Projektmutter, die jedoch – anders als in dem vorherigen Beispiel – unangefochten 'regiert', wobei sie bewußt demokratisch vorgeht und den Mitarbeiterinnen viel Lob und
Anerkennung spendet. Im Unterschied zum letzten Projekt, das Wert auf
seine basisdemokratische Tradition legt, hat sich dieses Projekt aus äußeren
Gründen davon verabschiedet und versucht, im Sinne seines gleichfalls basisdemokratischen Erbes, wenigstens möglichst oft gemeinsame Entscheidungen zu treffen. Wie schwierig das jedoch angesichts realer Ungleichheiten ist, zeigt sich in den anschließenden Sequenzen aus dem Büroalltag, wo
die Projektmutter mit einer jüngeren Kollegin zusammenarbeitet.

(T51): Ein Reporter einer eher frauenfeindlichen Zeitschrift fragt wegen eines Interviews an und die junge Mitarbeiterin (M.2) sagt telefonisch zu. Danach kommen
ihr jedoch Zweifel und sie fragt die Projektmutter, ob das in Ordnung sei. Beide diskutieren eine Weile über das Für und Wider, bis M.2 die Zusage selbst nicht länger
sinnvoll findet, was der Projektmutter nach Einschätzung der Beobachterin von
vornherein klar war; aber es sollte demokratisch entschieden werden, und daher hat
sie versucht, Konsens herzustellen.

Angesichts der Erfahrungs- und Wissensunterschiede und der Projekthierar-
chie erhält die gemeinsame Entscheidung ein didaktisches Moment und
wird zu einer Art pädagogischer Maßnahme. Welche Dynamik ein solches
Vorgehen auf Dauer bewirkt, ist schwer vorauszusagen und abhängig von
der Art des Umgangs mit Ungeduld und aggressiven Gefühlen, die der
Transformation eines ungleichen Teams in ein gleichrangiges innewohnt.
Während im vorherigen Projekt die Mitarbeiterinnen an ihrer Tochterrolle
festgehalten und die Gräben sich zunehmend vertieft haben, ist dieses Projekt bemüht, die Unterschiede zu verringern, was möglicherweise durch die
hierarchische Struktur erleichtert wird, weil vorhandene Differenzen weniger tabuisiert werden müssen.[15] Wie mühsam und prekär dieser Prozeß dennoch ist, wird im weiteren Verlauf des Tages deutlich.

(T51): Die nächste Klippe, die es zu bewältigen gilt, ist eine mißverständliche Formulierung von M.2 in einem Antrag, der abgeschickt wurde, bevor die Projektmutter
ihn gesehen hat. Deutlich, aber freundlich weist sie M.2 auf das Problem hin, die
dies sofort einsieht. Die Projektmutter sieht sich bestätigt, daß M.2 ihr alle Schreiben zeigen sollte, bevor sie herausgehen. Als das nächste Problem auftaucht (der
Verlust eines Sportgerätes) wird zunehmend sichtbar, daß nur die Projektmutter für
alle Projektbelange Verantwortung übernimmt, während M.2 sich dafür nicht zuständig fühlt und allmählich „verstockter" reagiert. Um die Situation nicht weiter
eskalieren zu lassen, kümmert sich die Projektmutter selbst darum und verläßt den

---

15   Hier gilt es, formal festgeschriebene Unterschiede zu minimieren, während im letzten Projekt
     entgegen der eigenen Überzeugung Unterschiede vorhanden waren, die zunächst enttabuisiert
     werden mußten, bevor entsprechende Aktivitäten in Gang gesetzt werden können.

Raum. M.2 reagiert beim nächsten Anruf auffallend freundlich gegenüber einem Mädchen und flucht nur über ihre Schreibmaschine. Sie ist anscheinend verärgert, versucht das aber keinesfalls an Personen, sondern nur an Dingen auszulassen. Nach ihrer Rückkehr bittet die Projektmutter M.2, an die Mädchen weiterzugeben, daß aufgeräumt werden müsse. Diese hat aber offensichtlich keine Lust, Ermahnungen weiterzugeben. Nach einigen weiteren Ausführungen über deren Notwendigkeit stimmt sie zögerlich zu, wodurch sich die Situation entspannt. Beide sind augenscheinlich daran interessiert, es nicht zum Konflikt kommen zu lassen.

Die Projektmutter hat sich zum Ziel gesetzt, sachlich zu bleiben und aufkommenden Unmut zurückzuhalten. Dadurch bleibt das latente Gerangel um Einflußnahme, Zuständigkeiten und Kompetenzen – also letztlich um Machtfragen – zwischen beiden Mitarbeiterinnen unter der Decke, aber auch handhabbar.

(T51): Im weiteren Verlauf der Büroarbeit beantwortet die Projektmutter M.2 eine Reihe Fragen und erklärt ihr in lockerer, aber konzentrierter Weise Details zu einem neu aufgetauchten Problem.

Durch ihre Fragen lernt M.2 einerseits wichtige Bereiche der Arbeit kennen, denn sie wird gut und umfassend informiert, andererseits macht sie sich dadurch von der Expertise der Projektmutter abhängig. Die Dynamik zwischen beiden gleicht denn auch einem Mutter-Tochter-Verhältnis, aber das entspricht – im Sinne eines Lernverhältnisses – der Realität. Schwierig wird es nur, wenn dieses Lernverhältnis zu stark von Gefühlen aus dem Mutter-Tochter-Szenario überlagert wird und nicht die Vermittlungs- und Lernprozesse im Vordergrund stehen, sondern Macht- und Ablösungsprozesse.

Die beschriebenen Kommunikationstrukturen machen deutlich, wie schwierig Gleichheit angesichts realer Ungleichheiten herzustellen ist und wie stark traditionelle Muster in diesen Prozeß hineinspielen. Zu vermuten ist, daß sich in diesem Bemühen etwas widerspiegelt, das auch für das Verhältnis zu den Mädchen gilt: Unterschiede zu minimieren und abzubauen. Wie schwierig diese Prinzipien durchzuhalten sind, kann aus den beobachteten untergründigen Spannungen im Team rückgeschlossen werden. Wichtig wäre es, diese zu Spannungen führenden Zielsetzungen im Team und zwischen Team und Mädchen zum Thema zu machen, was vielleicht deswegen so schwierig ist, weil ein gleichberechtigtes Verhältnis im Team und zu den Mädchen einen zentralen Aspekt der Arbeit und des beruflichen Selbstverständnisses darstellen.

## 2.3 Beratungs- und Bildungsprojekte: Standortsuche zwischen Familialität und Professionalität

Für die Beratungs-und Bildungsprojekte sind verschiedene Formen von Professionalisierung bzw. Professionalität mit je eigenen Akzentsetzungen charakteristisch, denn die Standortsuche im Spannungsfeld von Frauenbewegung und beruflicher Arbeit hat zu sehr unterschiedlichen Modellen geführt. Zwei Faktoren sind hauptsächlich für die jeweiligen Varianten kennzeichnend: nach innen die Art der Arbeitsorganisation und der Teamstruktur und nach außen der Grad der Verläßlichkeit und Strukturiertheit des Angebotes und die Form der Beziehungen zwischen Mitarbeiterinnen und Adressatinnen. Die Standorte selbst lassen sich stichwortartig umreißen mit: Wohnzimmermodell, wilde Mischungen und gute Kombinationen, unaufgeregte Professionalisität.

## Das Wohnzimmermodell

Mit 'Wohnzimmermodell' ist eine für die späten siebziger und frühen achtziger Jahre typische Projektstruktur gemeint, wo sich zumeist kleinere Frauengruppen auf informelle Weise zusammentaten, um sich einen Ort für gemeinsame Anliegen und Treffen zu schaffen und jede Frau gleichermaßen zur kollektiven Mitarbeit aufgerufen war. Die Realität sah allerdings häufig eher so aus, daß ein fester Kern das Geschehen bestimmte, um den sich eine größere, lockere Gruppierung scharte. Die Frauen verhielten sich zu ihren Räumen ähnlich einer Wohngemeinschaft, d.h. einem halböffentlichen Raum mit informellen Regeln jenseits bürgerlicher Konventionen. Der größte Teil der Debatten und Aktivitäten beruhte auf Spontaneität und Informalität; weniges basierte auf formalisierten Strukturen und fest vorgegebenen Konzeptionen. Dadurch entstand ein weiter Raum für Kreativität und Phantasieentfaltung, mit Platz für unvorhersehbare Entwicklungsschübe je nach Trend und Kräfteverhältnissen, gepaart mit einem starken Zugehörigkeitsgefühl und dem Bewußtsein, etwas bahnbrechend Neues zu machen, das Frauen 'weiterbringt' und das eigene Lebensgefühl tief beeinflußt. In dieser Aufbruchsstimmung schien alles machbar, und entsprechend euphorische Gefühle überwogen. Voraussetzung war allerdings, sich aktiv diesen Gruppen zuzuordnen und selbstbewußt zu beschließen, eine von ihnen zu sein.

Obgleich diese Grundstimmung längst vorbei ist, gelingt es Frauengruppen auch heute noch in ländlicheren Regionen oder auf der Basis einer zusammenschweißenden sozialen Gemeinsamkeit, etwas von dieser Gründungsmentalität in neue Projekte hineinzutragen. Auch wenn grenzensetzende öffentliche Finanzierungen und berufliche Dimensionen seit geraumer Zeit eine ungleich größere Rolle spielen als vor knapp zwanzig Jahren. Hinzuzufügen ist jedoch, daß unter heutigen professionalisierten Bedingungen die alten Zentrumsstrukturen nicht nur positive Auswirkungen haben, sondern auch quer zu strukturierten Arbeitsprozessen und Projektkonsolidierungen stehen. Auf Dauer werden sie häufig eher als belastend empfunden, wenn es Frauen gibt, die dort ihre berufliche Existenz aufbauen wollen. Im folgenden zwei Beispiele zur Komplexität dieser Problematik aus den beiden Bereichen Beratung und Bildung:

Dieses Beratungsprojekt ist vor nicht allzu langer Zeit als beruflich organisiertes Selbsthilfeprojekt gegründet worden. Derzeit bemühen sich die Mitarbeiterinnen, den offiziellen Projektcharakter auszubauen und von der bisherigen starken Vermischung von Freundinnen/Adressatinnen und privaten/beruflichen Zusammenhängen etwas Abstand zu gewinnen. Diese Zielsetzung drückt sich schon äußerlich in einer veränderten Projektausstattung aus, die sich zusammenfassen läßt als 'weniger Sofa-, mehr Arbeitsatmosphäre'. Dadurch wird der formalere Projektcharakter gegenüber einem informelleren Zentrumsimage in den Vordergrund gerückt. Dennoch kommt es nach wie vor auf verschiedenen Ebenen zu vielen Vermischungen, die dem Projekt seinen spezifischen Flair verleihen.

(T52): Es gibt keine klaren Grenzen zwischen Projektförderinnen, die als aktive Unterstützerinnen in die inhaltliche Arbeit einbezogen werden und ratsuchenden Frauen, die die angebotene Beratung in Anspruch nehmen – ein Problem, das die beobachtete Mitarbeiterin (M.1) selbst erwähnt und wo das Team versucht, Abhilfe zu schaffen. Eine weitere Schwierigkeit besteht in der Abgrenzung des Beratungsangebotes von den offenen Café-Nachmittagen, an denen die Beraterinnen auch mit Ratsuchenden zusammentreffen, da das Team dasselbe ist. Darüber hinaus kommt es zu Überlappungen zwischen Freundinnen und Besucherinnen, denn die angesprochene Gruppe von Frauen ist vergleichsweise klein. Daher wollen sich die hauptamtlichen Mitarbeiterinnen aus der Gruppenarbeit zurückziehen, diese an Honorarfrauen übergeben und gleichzeitig straffer an das Projekt anbinden.

Hier wird deutlich, wie sehr die Mitarbeiterinnen um Strukturen ringen. Sie mühen sich, die Beziehung der Frauen untereinander, aber auch zwischen sich selbst und den Adressatinnen etwas zu entflechten, um ihr Beratungsangebot, das in dem Umfang gar nicht geplant war, aufrechterhalten zu können.

(T52) Ein anderes Indiz für den informellen Charakter des Projektes kann darin gesehen werden, daß sich die Mitarbeiterinnen am Telefon mit Projektnamen und Vornamen melden.

Der Vorname signalisiert subkulturelle Vertraulichkeit und verweist noch einmal auf die Nähe zu vorberuflichen Zentrumsstrukturen, was für die einen beruhigend und vertrauensfördernd, für andere eher unprofessionell bis befremdlich wirken dürfte.

(T52): Als die beobachtete Mitarbeiterin in einem Buch mit Projektaufzeichnungen blättert, notiert die Beobachterin „eine Art Dienstbuch". Darin klingt Unsicherheit über die Art der Tätigkeit und des Buches an. Ist ihr unklar, inwieweit in diesem Projekt Dienst Dienst und Schnaps Schnaps ist?

Diese Verunsicherung der Beobachterin läßt auf unklare Zuordenbarkeit vieler Projektaktivitäten schließen, wo die Übergänge von beruflichen und privaten Handlungen und Begegnungen fließend sind.

(T52) Auch die Zusammenarbeit unter den Mitarbeiterinnen ist noch nicht klar und verläßlich organisiert. M.1 kann nur hoffen, daß ihre erwartete Kollegin M.2 auch kommt, weil diese eine Beratung hat, und es viel zu besprechen gibt (Anmerkung: M.2 kommt), da es bisher keine genaue Arbeitsteilung zwischen den hauptamtlichen Mitarbeiterinnen gibt. Manchmal überkommt sie ein Gefühl der Enge im Projekt. Dieses Gefühl teilt die Beobachterin, allerdings sehen es die Mitarbeiterinnen als räumliches, die Beobachterin hingegen als inhaltliches und gefühlsmäßiges Problem.

Der Eindruck von Enge dürfte im wesentlichen mangelnder Abgrenzung zwischen privaten und beruflichen Bezügen geschuldet sein und stellt die andere Seite der im Projekt vorhandenen Nähe dar. Mit Dauer der Projekterfahrung scheint dieses negative Gefühl gegenüber dem Wunsch nach Gemeinsamkeit zu überwiegen. Die daraus resultierenden Bemühungen in Richtung Professionalisierung weisen zwei Facetten auf: die Veränderung der Projektorganisation und der Beziehung zu den Frauen. Eine Konsequenz dieses Prozesses wird sein, daß das Freundinnenhafte zunehmend verloren geht und die Kommunikationsstrukturen distanzierter werden. Das bedeutet einen Verlust des Anheimelnden, hat aber auch etwas Erleichterndes, indem nicht länger private und berufliche Belange konturlos ineinander übergehen. Hierzu noch einmal ein anschauliches Beispiel aus diesem Projekt.

(T52): Die Mitarbeiterin erzählt der Beobachterin, daß das Projekt einen Stammtisch gegründet hat, dem der Kollaps drohe, da Frauen, die sich nicht leiden können, dort unvermutet aufeinandergetroffen sind. Zudem gibt es Querverbindungen zu anderen Projektaktivitäten, insbesondere zur Beratungsarbeit, die nicht unproblematisch seien. Die Besucherinnen haben M.1 aufgefordert, sich der Probleme anzunehmen und die Verantwortung für das Funktionieren der Gruppe zu übernehmen (z.B. wer eingeladen wird), was diese aber nicht möchte, da sie findet, die Frauen müßten miteinander über diese Schwierigkeiten sprechen und sie gemeinsam klären.

Die Idee des Stammtisches, die zunächst attraktiv erscheint, wirft ein prinzipielles Problem auf: Ein Stammtisch etabliert sich normalerweise „von selbst" unter FreundInnen. Hier wird von bezahlten Mitarbeiterinnen quasi offiziell dazu eingeladen und der Stammtisch erhält somit eine Zwitterfunktion zwischen Freundinnenkreis und organisierter Gruppenaktivität: Einerseits sollen sich alle wie unter Freundinnen fühlen, andererseits ist es nicht Freundschaft, die sie zusammenführt, sondern das Projekt. Dieses künstliche Element soll nach dem Wunsch der Mitarbeiterinnen möglichst zum Verschwinden gebracht werden. Dem widerspricht aber, daß er von Frauen in ihrer Funktion als Projektmitarbeiterinnen initiiert wurde, wodurch Erwartungshaltungen entstanden sind: nämlich dort etwas vorzufinden und nicht so sehr, gemeinsam etwas aufzubauen. Ein gleichsam hierarchisches Moment bezüglich der Zuständigkeit für das Gelingen dieses Kreises hat sich eingeschlichen, deren Annahme von den Mitarbeiterinnen letztlich nur aus pädagogischen bzw. konzeptionellen Gründen zurückgewiesen werden kann, was wiederum ihre Sonderposition bestätigt.

Überhaupt hat sich vieles in dem Projekt unintendiert 'eingeschlichen', das jetzt bewältigt werden muß und charakteristisch für Projekte ist, die eher bewegungsnah und aus Selbstbetroffenheit, denn aus vorrangig professionellen Motiven gegründet wurden:

– Die Arbeitsschwerpunkte waren von den Gründerinnen anders geplant, als sie jetzt nachgefragt werden. Ursprünglich sind die Mitarbeiterinnen von einem Bildungs- und Selbstverständigungsansatz ausgegangen und von der zunehmenden Nachfrage nach Beratung eher überrascht worden.[16]

– Die Nähe zu den Anliegen der Frauen, die zur Projektgründung führte, erwies sich als nicht nur vereinfachend, sondern auch als erschwerend für die Arbeit und zudem als Problem für die eigene Person hinsichtlich der Selbstdefinition als Betroffene und/oder Professionelle. Die Tätigkeit in einem privat hochbesetzten Umfeld verändert die Bewegungsmöglichkeit in diesem Kreis, indem sie zum Teil erleichternd wirkt (aufgrund der persönlichen Bekanntheit), zum Teil belastend (aufgrund der Beratungstätigkeit).

– Eine klare Arbeitsorganisation und ein eindeutiger Projektaufbau mit beschreibbaren Aufgaben und Zielsetzungen zeigen sich als zunehmend notwendig, trotz der damit einhergehenden Versachlichung des Arbeitszusammenhangs und der größeren Distanz zu den Frauen. Dadurch entfernt sich das Projekt aber zwangsläufig von einem zentralen Gründungsinteressen, nämlich etwas für sich selbst in Verbindung mit der eigenen Gruppe zu tun.

Am Beispiel eines gleichfalls relativ neuen Bildungsprojektes mit starkem Zentrumsanteil will ich aufzeigen, welche Bedürfnisse von Mitarbeiterinnen, sicher aber auch eines ganzen Teils der Adressatinnen in wohnzimmernahen Projekten abgedeckt werden.

(T53): Mittelpunkt des Projektgeschehens ist ein kleines, gemütlich eingerichtetes Büro mit Wohnzimmercharakter. Offenbar genießen es die Mitarbeiterinnen, sich bei der Arbeit wie zu Hause zu fühlen. Das Projekt verfügt außerdem über Räume für Besucherinnen, die etwas weniger häuslich eingerichtet sind. An den beobachteten Tagen kommen eher Bekannte zu Besuch, als daß es von Adressatinnen nachgefragt wird, allerdings sind an diesen Tagen keine Kurse vorgesehen. Die offenen Angebote haben noch etwas Unbestimmtes: Das Frühstück findet aus Mangel an Besucherinnen schon mal nur für die Mitarbeiterinnen statt und Öffnungszeiten werden nicht immer eingehalten. Es gibt auch Angebote, die regen Zuspruch finden und bei

---

16  Die Mitarbeiterinnen verfügen über Zusatzausbildungen in Beratung, so daß sie diese unerwartete Aufgabe kompetent übernehmen können.

Professionellen stößt das Projekt aufgrund seiner Arbeit mit Migrantinnen auf großes Interesse.

Die Mitarbeiterinnen fühlen sich wohl und an den beobachteten Tagen scheinen ihnen die eigentlichen Adressatinnen nicht weiter zu fehlen, sie finden auch so genügend Anerkennung (in Fachkreisen). An Kurstagen wird es anders aussehen. Aber der Eindruck bleibt, daß das Angebot noch nicht sehr ausgewogen und an der Nachfrage orientiert ist.

(T53): Im Büro herrscht eine geschäftige Atmosphäre. Die meisten Arbeiten werden gemeinsam erledigt. Selten gibt es stille Phasen. Keine der Mitarbeiterinnen hat ihren festen Platz. Trotz Aufgabenteilung in der Bildungs- und Beratungsarbeit herrscht der Eindruck von Strukturlosigkeit bei der alltäglichen Arbeit vor. In dieser unklaren Situation haben sich inoffizielle Machtverhältnisse etabliert; sowohl die Rolle der Hausherrin als auch des Dienstpersonals („butler") sind entstanden, die sich im Kampf um den besten Schreibtischplatz niederschlagen und darin, wer wen zu Botengängen schickt. Diese 'Kämpfe' haben jedoch eher etwas von der Dynamik einer Großfamilie als etwas Verbissenes; ein Teil der Frauen ist denn auch miteinander gut befreundet.

Die Wohnzimmerstruktur des Projektes erweist sich keineswegs nur als Ausstattungsphänomen, sondern als bestimmend für die Kommunikation und die Projektverhältnisse. Es geht zu wie in der Großfamilie, für beide sind die gleichen Stichworte charakteristisch: Nähe, Eingebundenheit, Sich-aufgehoben-Fühlen, Überall-dazwischen-Funken, Einander-auf-die-Nerven Gehen, Kontrolle. Wenn die negative Seite dieser Struktur nicht zu dominant wird und die eigentliche Projektarbeit nicht zu sehr ins Abseits gerät, kann diese Form durchaus attraktiv und funktional für die Bedürfnisse von Frauen sein. Aber die Adressatinnen sollten in den Großfamiliencharakter einbezogen werden oder in anderer Weise davon profitieren, damit das Projekt nicht zum Selbstzweck degeneriert. Inwieweit innerhalb solcher Strukturen auf Dauer produktiv gearbeitet werden kann, lohnt es auszuprobieren.

Wilde Mischungen und gute Kombinationen

Während beim Wohnzimmermodell informelle Strukturen eindeutig dominieren, stehen die folgenden Projekte für die Vielfalt von Mischungsverhältnissen mit recht unterschiedlichen Anteilen von Professionalität und Frauenbewegungskultur, welche zumeist insofern etwas Erstaunliches haben, als sie unvermutet nebeneinander bestehen. Offenbar gibt es keine Beschränkungen in den Verzahnungsmöglichkeiten von Ansätzen aus dem Beginn der Projektebewegung und inzwischen erfolgten, klareren Organisationsstrukturen. Die Art der Zusammensetzung ist dabei vermutlich weniger dem Thema geschuldet als den gemeinsamen Vorlieben und den vorhandenen Personen in den jeweiligen Teams, was am Beispiel zweier Projekte aus dem Beratungs- und Bildungsbereich aufgezeigt werden soll.

Das Beratungsprojekt vermittelt einen lebendig-chaotischen Eindruck, in dem gleichermaßen gelacht und geschimpft, aber nicht gelitten wird, denn das Projekt hat keine Opferperspektive auf die Frauen ihres Adressatinnenkreises am Rande der Gesellschaft und vermittelt auch keine Leidenshaltung. Die Mitarbeiterinnen haben eher etwas Schillerndes und sind sehr powervoll in ihrem Auftreten, was durchaus mit der Beschäftigung mit einer marginalisierten Gruppe zu tun haben dürfte und dazu paßt.

(T54): In dem Projekt wird vor allem eine professionelle, erfolgreiche Öffentlichkeitsarbeit geleistet, dem nicht gerade anheimelnden Hinterzimmercharakter des zentralen Projektraumes und einem gerüttelten Maß an internem Krach unter den Kolleginnen zum Trotz. Das Projekt ist technisch gut ausgestattet, aber die Geräte können nicht voll genutzt werden (z.B. um Veröffentlichungen den letzten Schliff zu geben), da den Mitarbeiterinnen teilweise die nötigen Kompetenzen fehlen, was aber niemanden zu stören scheint.

Unabhängig von Kontroversen wirken die Mitarbeiterinnen sehr identifiziert mit dem Projektanliegen, was sich insbesondere in der engagierten Lobbyarbeit niederschlägt. Einen Knick erhält der Eindruck des professionellen Charakters der Arbeit durch die noch recht geringen technischen Kenntnisse, die einer qualifizierten Öffentlichkeitsarbeit zugute kämen. Vielleicht wird dieser Mangel aber durch die Power, die in die Arbeit einfließt, mehr denn wettgemacht. Das Bunte des Alltagsablaufes ist möglicherweise eine der Voraussetzungen für die beachtlichen Leistungen, zumindest in diesem Projekt, mit diesen Mitarbeiterinnen.

(T54): Mehrere Mitarbeiterinnen arbeiten gleichzeitig auf engem Raum, zwischendrin unterhalten sie sich über private Dinge. In der anschließenden Teamsitzung werden zunächst Informationen gesammelt, dann über Themen entschieden, wobei Unbehagensäußerungen Berücksichtigung finden. Es gibt schnelle Wechsel zwischen witzigen Anmerkungen, Geplänkel und hartem Durchsetzen von Interessen. Wirklich Konflikthaftes bleibt allerdings zunächst unentschieden. Der zeitweise deftige Umgang miteinander scheint Teil des Projektalltags und daher normal. In einem Interview, das eine der Mitarbeiterinnen einer Reporterin in den Projekträumen gibt, wird ihre gute PR-Arbeit sichtbar. In manchen kleineren Fragen scheitern sie hingegen an ihrer schlechten Arbeitsorganisation, die dazu beiträgt, daß Arbeitsgänge immer wieder unterbrochen werden. Als ein gutaussehender Mann mit einem sehr zufriedenstellend erledigten Plakatentwurf das Projekt betritt, kommt Stimmung auf. Beim Betrachten des Entwurfs fangen alle fröhlich zu erzählen an, und es wird sehr lustvoll. Die Beobachterin notiert: „Das Ganze macht auf mich den Eindruck einer erweiterten Wohnung". Danach wird die routiniert wirkende Zusammenarbeit unter den Kolleginnen fortgesetzt – nicht ohne Streß, verursacht durch das tendenzielle Arbeitschaos – gelegentlich unterbrochen durch private Kurzaktivitäten und witzige Einwürfe.

In dem Projekt findet sich eine wilde Mischung von Kompetenz und Chaos, sachverständiger Arbeit und reichlich Team-Turbulenzen. Es scheint eine Mischung, die zwar viel Kraft kostet, aber auch ein großes Maß an Kreativität, öffentlicher Darstellungsfähigkeit und Einflußnahme zugunsten der Adressatinnen freisetzt.

Auf den ersten Blick recht anders wirkt das folgende Bildungsprojekt, in dem der professionelle Anteil einen größeren Raum einnimmt, das sich aber ebenfalls weiterhin viele frauenbewegte Elemente, insbesondere im Teamumgang und im Umgang mit den Frauen gestattet. Dieses Bildungsprojekt strahlt räumlich Professionalität und Modernität aus und macht einen gut organisierten Eindruck. Begegnungsmöglichkeiten zwischen Teamfrauen und Teilnehmerinnen respektive Durchlässigkeit zwischen Bürotrakt und Seminarräumen sind vorhanden und werden genutzt.

(T55): Es gibt wohl klare Linien zwischen dem Frauen- und dem Mitarbeiterinnenbereich, die auch architektonisch vorgegeben sind, die sich aber problemlos überschreiten lassen. Die Frauen werden im Büroteil freundlich begrüßt und es ist immer Zeit für kurze Gespräche, wobei der Grund des Kommens zweckgebunden ist. Die Mitarbeiterinnen ihrerseits haben ein offenes Verhältnis zu den Kursfrauen und verhalten sich unbefangen.

Vielleicht sind es die vorgegebenen, überschreitbaren Grenzziehungen und die freundliche, unkomplizierte Projektatmosphäre, die diese Form des selbstverständlichen Kontaktes zwischen Mitarbeiterinnen und Teilnehmerinnen leicht machen. Auch in den Seminarsituationen gibt es diese spezifische Mischung von Klarheit in der Aufgabenstellung und Lockerheit bis hin zur Familialität im Umgang miteinander.

(T55): Der beobachtete Kurs ist didaktisch gut aufbereitet; die Diskussion wird offen geführt, obwohl sehr unterschiedliche Frauen teilnehmen und einige von ihnen eher darauf warten, angesprochen zu werden, was die Mitarbeiterin auch tut. Der Umgangston ist angenehm und die gemeinsame Aufgabe nimmt einen großen Raum ein, wird ernstgenommen und kompetent gehandhabt. Wo das Thema es nahe legt, zielen die Interventionen der Mitarbeiterin direkt auf die persönliche Situation der Frauen, was offenbar alle selbstverständlich finden, bei der Beobachterin aber ein kleines Unbehagen auslöst.

Die Arbeit im Kurs ist eindeutig sachbezogen. Gleichzeitig werden in sehr persönlicher Weise Aspekte des behandelten Themas auf die einzelnen Frauen bezogen bzw. die Frauen animiert, über sich und ihren eigenen Umgang mit dem Thema zu berichten. Der Beobachterin war das für eine Seminarsituation etwas zu „hautnah", aber den Frauen schien es nicht unangenehm. Vielleicht schätzen sie diese Art, denn auch die Mitarbeiterin erzählt sehr unbefangen von sich, so daß keine Atmosphäre des Ausfragens, sondern eher eine der Selbsterfahrung entsteht, wie sie in den frühen Frauengruppen üblich war. Nur, um noch einmal das Bedenken der Beobachterin aufzugreifen, diese Teilnehmerinnengruppe war keine Frauengruppe in diesem Sinne, sondern absolvierte ein Seminar zu ihrer beruflichen Weiterbildung. Inwieweit und mit welchen Auswirkungen Elemente sehr persönlicher Selbstdarstellung in formalere Seminarkontexte in Frauenprojekten übernommen werden sollten, ist eine bedeutsame und meines Erachtens offene Frage.

(T55): Im Büro herrscht eine strukturierte Atmosphäre, arbeitsam, aber nicht verbissen. Es gibt fest definierte Arbeitsbereiche, die eingehalten und gegenseitig akzeptiert werden. Im Gespräch tauschen die Mitarbeiterinnen recht intime Details über einzelne Frauen aus, was für die Arbeit sinnvoll sein mag. Es erscheint wie der familiale Touch eines sonst professionellen Projektes, wo die Befindlichkeit aller Familienmitglieder unter den weiblichen Familienangehörigen als öffentliches Gut gehandhabt wird.[17]

Auch im Büro findet sich diese Mischung von Arbeitsorientierung mit familialen Tupfern wieder, die eine Atmosphäre zwischen Vertrautheit und beruflicher Aufgabe schafft, die insgesamt von der Beobachterin als angenehm – anheimelnd – empfunden wird. Wobei die Linie zu einem Gefühl von Enge, hervorgerufen durch zu viel Intimitätspreisgabe, sicher fein zu ziehen und individuell verschieden ist.

(T55): Es gibt noch weitere Momente in denen die ansonsten vorhandene Professionalität durchbrochen wird: Die beobachtete Mitarbeiterin zögert nach einer Einzelberatung zum Fachgebiet des Projektes Geld zu verlangen und schlägt der Frau vor, per Überweisung zu bezahlen, nicht bar, wie die Frau es wollte. Hinterher sagt sie der Beobachterin, daß sie nicht glaube, daß die Frau das Geld überweist. Warum wollte sie dann nicht Bargeld? Weil das Ergebnis für die Frau enttäuschend war und sie nicht viel Geld hatte? Aber das wäre ein Gespräch wert gewesen. Hier bricht das alte Selbstverständnis aus der Projektanfangszeit durch, als es noch keine berufliche Selbstdefinition gab. Andererseits ist die Mitarbeiterin sehr kompetent in Fachfragen, ist sich dessen durchaus bewußt und scheut sich nicht, den Frauen unangenehme Konsequenzen ihres Handelns aufzuzeigen und steckt die Grenzen ihrer eigenen Hilfemöglichkeiten klar ab.

Die eigene Arbeitsleistung gegenüber einer Frau, in eine Geldforderung münden zu lassen, fällt sogar einer derart kompetenten Mitarbeiterin nach eigener Aussage auch heute noch in manchen Fällen schwer. Hier kommt sicherlich zweierlei zusammen: Die Hemmung, für erbrachte Leistungen etwas zu verlangen und der Fakt, daß immer noch Frauen meinen, in Frauenprojekten sei alles kostenlos, wodurch zusätzlicher Druck entsteht.

(T55): Auch in diesem Projekt gibt es gerade einen Konflikt unter einigen Teammitgliedern, der aber nicht durchschlägt und in der Gesamtatmosphäre nicht spürbar ist. Teamdifferenzen sind offenbar das eine, die Arbeit mit den Frauen das andere und letztere wird nicht in Mitleidenschaft gezogen oder vernachläßigt. Ergänzt werden muß allerdings, daß das Problem nicht die wichtigsten Mitarbeiterinnen berührt, sondern die neueren.

---

17  Dieser familiäre Umgang mit Lebensgeschichten („Fällen") ist ein in der sozialen Arbeit häufig anzutreffendes Phänomen.

Die Trennung zwischen teaminternen Problemen und einer dennoch erbrachten guten Arbeitsleistung gilt für beide Projekte und ist nicht zuletzt auf den Grad der Professionalisierung und den Grad der Identifikation, nicht nur mit dem Projekt als solchem, sondern mit der Arbeit und der Zielsetzung zurückzuführen. Natürlich ist das auch abhängig von der Schärfe der Konflikte, die offenbar nicht an die Grundfesten rührten. Dennoch bleibt das Spezifische der Blickwinkel: Im Vordergrund steht die Aufgabe, für deren Erhalt einiges in Kauf genommen wird und nicht so sehr die Heimatfunktion des Projektes, wo zeitweise das eigene Wohlgefühl bzw. Unwohlsein über die Aufgabe oder gar den Erhalt des Projektes gestellt werden kann.

## Unaufgeregte Professionalität

Ein drittes und unter den Projekten im Beratungs- und Bildungsbereich recht weit verbreitetes Modell läßt sich unter dem Stichwort unaufgeregte Professionalität zusammenfassen. Darunter verstehe ich, daß keine übergreifenden Spannungsbögen im Sinne untergründiger Themen, die die gesamte Projektarbeit kennzeichnen, sichtbar werden, d.h. der alltägliche Arbeitsablauf nicht unter dem Zeichen einer spürbaren, bereichsspezifischen Dynamik steht. Als Beispiele will ich zwei Projekte aus dem Beratungs- und zwei aus dem Bildungsbereich heranziehen, die in sich sehr unterschiedlich sind, denen aber gemeinsam ist, daß die anfallende Arbeit in überwiegend gut organisierter, kompetenter Form ihren Lauf nimmt, ohne daß andere einfließende Elemente sichtbar würden. Daraus ist jedoch keineswegs zu schließen, daß sie insgesamt stabiler und konfliktärmer sind als andere Projekttypen, nur daß sie einen anderen Arbeitsmodus für sich gefunden haben. Dieses Modell kann im Einzelfall sowohl aus dem Umstand erwachsen sein, daß Wege gesucht wurden, konflikthafte Fragen und Bereiche derzeit auszusparen, um die gemeinsame Arbeit nicht zu gefährden, als auch daraus, daß sie derzeit ausgeräumt werden konnten. Zumindest wird durch die vorherrschende unaufgeregte Professionalität eine Möglichkeit geschaffen, relativ reibungsarm der täglichen Arbeit nachzugehen. Eine Bedingung dafür scheint zu sein, daß diese so arbeitsteilig und klar organisiert ist, daß die Beteiligten ohne allzu große Probleme im wörtlichen wie im übertragenen Sinne aneinander vorbei kommen und die Aufgabenstellung gegenüber den Adressatinnen ebenfalls genügend spezifiziert und aufgeteilt ist, daß kaum prinzipielle Unsicherheiten und ungeklärte Reibungsflächen vorhanden sind.

Das erste Beratungsprojekt ist modern und großzügig ausgestattet. Frauen, die das Projekt aufsuchen, müssen klingeln und werden von der öffnenden Mitarbeiterin nach ihrem Anliegen gefragt. Es werden Beratungsmöglichkeiten offeriert, fachspezifische Informationen und Kurse.

(T16): Das zentrale Büro wirkt eher nüchtern und unpersönlich, aber die Raumfarben sind angenehm und freundlich. Insgesamt strahlt das Projekt eine positive Arbeitsatmosphäre aus, obwohl die subjektive Anspannung und Anstrengung der Mitarbeiterinnen spürbar ist und sich auf die Beobachterin überträgt. Es gibt viel zu tun und die Arbeit muß aufgrund von Telefonaten häufig unterbrochen werden. Die Mitarbeiterinnen wirken geschäftig, aber nicht wuselig, da sie sich bei Bedarf in andere Räume zurückziehen können.

Die Mitarbeiterinnen scheinen sich im großen und ganzen in ihrem arbeitsorientierten Ambiente wohl zu fühlen, denn sie leisten eine Arbeit, die ihnen wichtig ist. Manchmal wird es auch etwas viel, aber sie stöhnen nicht groß und signalisieren keine Überforderung.

(T16): Die beobachtete Mitarbeiterin M.1 erledigt Büroarbeiten und läßt sich von der Beobachterin nicht weiter stören. Eine weitere Mitarbeiterin M.2 kommt hinzu und widmet sich gleichfalls Schreibtätigkeiten, um das neue Kursprogramm zu organisieren. Zwischendrin unterhalten sie sich über eine geplante Informationsveranstaltung. Bei Durchsicht des Programms ärgert sich M.2 über eine der nebenamtlichen Kursfrauen, durch deren kurzfristige Absage eine Einnahmequelle verlorengeht und beide überlegen, ob diese Frauen besser betreut werden sollten. Sie besprechen kurz das Problem, das als solches ärgerlich ist, aber es vermag sie nicht stundenlang von ihrer Arbeit abzuhalten. Als nächstes einigen sie sich darüber, daß eines der Angebote für das Selbstverständnis ihres Projektes zu esoterisch ist und von der Kursfrau geändert werden muß. M.1 bittet diese Kursfrau telefonisch, den Text zu ändern. Am Abend findet eine Gruppenberatung zu einem angekündigten Themenkomplex statt und M.1 gibt der zuständigen Beraterin die spezifischen Fragen der angemeldeten Frauen telefonisch durch, so daß sie sich vorbereiten kann.

Beide Mitarbeiterinnen arbeiten zügig, jede an ihren eigenen Aufgaben, manchmal sprechen sie sich ab, wenn es etwas zu klären gilt. Auch Ärgerliches gehört zum Arbeitsalltag, erzeugt aber keine überdimensionierte Empörung. Sie wissen genau, was sie wollen und welche Kurse zu ihrem Projekt passen und teilen das den Kursfrauen mit.

(T16): Am zweiten Tag äußert M.1 erstmals, daß die häufigen Unterbrechungen in der Büroarbeit sie „total nerven" und sie zudem nicht länger bereit sei, für organisatorische Aufgaben unbezahlte Überstunden zu leisten. Hingegen ist ihr die unbezahlte Vor- und Nachbereitung von Sitzungen in der Beratungsarbeit weiterhin kein Problem.

Auch in ihrer eigenen Arbeitshaltung ist die beobachtete Mitarbeiterin klar, nur das „Nervige" an ihrem Arbeitsplatz hält sie recht lange wortlos durch. Ein wichtiger Grund ist sicher der große Handlungsspielraum in ihrer Arbeit. Sie entscheidet, welche Aufgaben sie auch unbezahlt weiterhin übernehmen will und welche nicht und setzt damit eindeutige Prioritäten. In der Bereitschaft zu unbezahlter Arbeit ist sicher noch ein Moment aus den Hochzeiten der Frauenbewegung enthalten, wo das für viele Frauen selbstverständlich war, heute aber keineswegs durchgängig der Fall ist und zwar unabhängig vom Projekttyp.

Die Atmosphäre in dem zweiten Beratungsprojekt gleicht in ihrer Grundstruktur der eben beschriebenen: angenehm, geprägt von Arbeit und mit Raum für spontane Entscheidungen. Die Mitarbeiterinnen haben sich auch hier auf bestimmte Aspekte des Projektanliegens spezialisiert.

(T8): Die Büroräume sind funktional eingerichtet. Die anwesenden Mitarbeiterinnen gehen ihren Aufgaben nach und werden vielseitig beansprucht, inklusive Absprachen und Besprechungen, Planungen und Lobbyarbeit. Für die häufigen Anfragen zum Projektthema gibt es Formblätter, die gleichzeitig als Arbeitsnachweis dienen. Einer ratsuchenden ausländischen Frau wird spontan angeboten, sie noch am selben Tag aufzusuchen, da sie heute nicht kommen kann. Es herrscht eine selbstverständliche Freundlichkeit und die Beobachtung scheint keine Beeinträchtigung der Arbeit darzustellen. Überforderung wird nicht thematisiert, allerdings empfindet auch hier die beobachtete Mitarbeiterin die vielen Unterbrechungen als störend.

Die anfallende Büro- und Organisationsarbeit wird professionell erledigt. Angesichts des Beratungswunsches einer ausländischen Frau, ist die Mitarbeiterin sofort bereit zu helfen und in diesem Falle sogar, die Frau aufzusuchen. Auch hier wieder ein unkonventionelles Element, das noch der Frauensolidarität geschuldet sein dürfte und deutlich macht, daß Professionalität nicht Rigidität nach sich ziehen muß. Inwieweit darin etwas Grenzenloses enthalten ist, das zu der von der Beobachterin gespürten hohen Belastung beiträgt, ist offen. Das spontane, aufsuchende Hilfeangebot kann sowohl für eine ausgeprägte frauenorientierte Professionalität als auch für einen Professionalitätsbruch im Sinne von Allzuständigkeit stehen.

Das erste beispielhaft herangezogene Bildungsprojekt hat eine lange, konfliktreiche Entwicklung bis zum heutigen Stand eines ohne größere Reibungsverluste funktionierenden professionellen Projektes zurückgelegt.

(T7): Das Projekt ist geprägt von verbindlicher Kompetenz, gepaart mit etwas Unauffälligkeit. Die Räume sind zweckmäßig eingerichtet, aber auch nicht mehr, und laden zum Arbeiten ein. Das Projektambiente signalisiert: Wir wollen ein Lernangebot machen, nicht psychisch in die Frauen eindringen und sie als Personen verändern, sondern ihnen vornehmlich etwas beibringen.

Von dem Projekt geht eine sachliche Note aus, die sich durchaus mit der Aufgabenstellung verträgt und auf die Teilnehmerinnen ansprechend wirkt, denn sie scheinen sich wohlzufühlen.

(T7): Der beobachtete Kurs wird kompetent geleitet und findet in einer angenehmen, lernorientierten Atmosphäre statt. Die Teilnehmerinnen verhalten sich gegenüber dem fremden Stoff und den neuen Geräten ängstlich, nicht aber gegenüber dem Kurs und der Leiterin, die durch ihre Art vermitteln 'ihr könnt das'. Auch außerhalb des Kurses ist der Kontakt zu den Frauen freundlich, wobei der Abstand zu ihnen subjektiv und objektiv teilweise sehr groß ist und sich im schülerinnenhaften Verhalten gegenüber den Projektfrauen niederschlägt, auch wenn diese das nicht nahelegen.

Den Frauen wird signalisiert, daß sie über genügend Fähigkeiten verfügen, um Neues zu lernen und sich Neues zuzutrauen, auch wenn einige von ihnen nach jahrelangem Hausfrauendasein noch sehr verunsichert wirken.

(T7): Die Büro- und Öffentlichkeitsarbeit ist effizient und die Arbeitsorganisation klar und eindeutig. Auf den Schreibtischen gibt es kein zunehmendes Chaos, alles wird nach Gebrauch, respektive Bearbeitung weggestellt. Die Beziehungen unter den Mitarbeiterinnen wirken abgegrenzt, Privates wird in Gesprächen kurz angerissen, überwuchert aber nicht den Arbeitszusammenhang. Die Arbeitszeiten werden ernst genommen, doch wenn eine Frau wegen Krankheit ihres Kindes früher gehen muß, ist das möglich. Die Zusammenarbeit in der Kursplanung funktioniert gut, beide beteiligten Mitarbeiterinnen argumentieren aufeinander bezogen und auf die Aufgabe konzentriert.

Der Büroalltag und der Kommunikations- und Zusammenarbeitsstil im Team bestätigen den bisherigen Eindruck: Es gibt weder ein großes Durcheinander noch einen untergründigen Spannungsbogen, sondern die anfallende Arbeit wird zuverlässig und unaufgeregt bewältigt. Die andere Seite ist, daß der Beobachterin das Projekt auch entsprechend wenig aufregend scheint, dafür aber solide.

Das zweite Projekt im Bildungsbereich vermittelt einen ähnlichen Eindruck wie das gerade beschriebene. Nur dadurch, daß es sich um den Teilbereich eines größeren Projektzusammenschlusses handelt, werden einige Konfliktlinien in der Kooperation mit dem Gesamtteam deutlich, die trotz aller Professionalität und Erfahrung immer wieder die Zusammenarbeit im Projektverbund durchziehen.

(T3): In dem Unterprojekt herrscht ein angenehmes Büro- und Arbeitsambiente. Es geht sehr arbeitsam zu, wobei jede der beiden anwesenden Mitarbeiterinnen M.1 und M.2 eher für sich arbeitet. Ab und an macht M.1 kurze, manchmal witzige Bemerkungen, ansonsten wirkt sie eher ernst und ist ständig in Aktion. Die Besprechung zur Planung eines Seminars verläuft sachlich und gleichberechtigt, Privates wird kurz eingebunden, wenn es um Termine geht, so daß jede über den Hintergrund der Wünsche der anderen informiert ist.

Trotz nicht unerheblichen Arbeitsdrucks ist das Klima entspannt und obwohl die Arbeit zügig geleistet wird, bleibt Zeit für kurze private Anmerkungen. Im Großprojekt hingegen setzt sich diese positive Stimmung nicht fort und auch nicht die Produktivität.

(T3): Die Arbeit im Gesamtteam findet in etwas angespannter Atmosphäre statt und M.1 kommt die ihr lästige Aufgabe zu, für den Beginn zu sorgen. Die Sitzung hört ohne Beschlußfassung und ohne die diskutierten Themen auf. Zurück im Unterprojekt führt M.1 in zugewandt-ernsthafter Weise ein längeres telefonisches Beratungsgespräch mit einer Kursfrau, in dem sie versucht, die Frau in einer schwierigen Situation zu unterstützen, ohne die Probleme zu verharmlosen.

Trotz der eher unerfreulichen Sitzung kehrt M.1 voller Konzentration zu ihrem Projektbereich zurück und führt ein einfühlsames Beratungsgespräch.

Der Ärger über die vorangegangene Sitzung beschäftigt sie innerlich nicht so stark, daß sie nur dafür offen wäre, sondern sie geht mit gewohnter Ernsthaftigkeit ihrer Arbeit nach, also auch hier keine Gefühlsüberflutung. Unklar ist, ob die bestehenden Probleme mit dem Gesamtteam besser eingegrenzt oder besser beiseite geschoben werden konnten als in manchen anderen Projekten, und ob die beobachtete Gefühlslage eher auf einer gefestigten Grundstruktur oder auf einer Abkühlung der Beziehungen beruht – oder beides sich mischt.

Die verschiedenen Modelle bieten Anlaß zur Überlegung, ob es etwas gibt, das in jeder Variante gewonnen, aber auch verloren gehen kann, oder ob das eine zu mechanische Vorstellung ist. Vielleicht lassen sich zumindest Vermutungen darüber anstellen, welche Gefahren bei den verschiedenen Varianten lauern, die im Auge zu behalten, hilfreich wäre, um sich in keiner Sackgasse wiederzufinden und entweder zur Gelähmtheit oder zum ewigen Kreisen um sich selbst verdammt zu sein:

–  Projekte nach dem Wohnzimmermodell signalisieren an einem Ende kreativen Aufbruch zu neuen Ufern, am anderen die Gefahr sektiererischer Einengung in festgeschriebenen Vorstellungen von gut und böse, richtig und falsch. Dazwischen kann die ganze Bandbreite von Mischungen beider Elemente angesiedelt sein. Doch auch chaotisch oder fundamentalistisch anmutenden Nischenprojekten, die für sich einen eigenen Ort gesucht haben, kommt eine nicht zu unterschätzende Relevanz zu, zumindest für spezifische Gruppen von Frauen, die sich an den Rand gedrängt sehen. Ihnen sollte als Zeichen gesellschaftlicher Pluralität Raum zugestanden werden. Wobei zwischen Vorreiterfunktion für Neues und Abschottung gegenüber der Realität weiblicher Lebenszusammenhänge manchmal sicher nur feine Grenzen gezogen werden können. Insgesamt aber verbindet sich mit dem Wohnzimmermodell wohl eher etwas Vorübergehendes, ein Beginn, auf dessen Weiterentwicklung und künftige Ausrichtung Energie verwendet werden sollte.

–  Projekte, die nach einem mehr oder weniger wilden, mehr oder weniger angebrachten Mischmodell funktionieren, versuchen Familialität und Professionalität nach ihrem eigenen Geschmack zu verbinden. Dabei handelt es sich in den selteneren Fällen um bewußte Bemühungen, vielmehr um etwas, das sich im Laufe der Zeit hergestellt oder gefestigt hat (der professionelle Anteil) oder aus Anfangszeiten herübergerettet wurde (der familäre Anteil) und jedem Projekt ein eigenes Gesicht gibt. Eine Gefahr dieses Modells könnte darin liegen, daß die Übergänge nicht fließend genug, sondern abrupt und daher nicht von allen Mitarbeiterinnen und Adressatinnen hinreichend gut zu bewältigen sind. Ebenso verwirrend sind zu sehr fließende Übergänge, die die Orientierung erschweren und ebenfalls überhöhte Wünsche produzieren können.

- Unaufgeregte Professionalität legt als Modell schnell Arbeitsamkeit und Alltäglichkeit, also etwas Unspektakuläres nahe; das kann, muß aber nicht so sein. Sie weist zunächst auf eine Phase der Stabilisierung bzw. der Stabilität hin, die zwar nicht so glänzend ist wie die wilden Zeiten des Aufbruchs, aber für die Projektentwicklung durchaus angebracht und zudem einer professionellen Weiterentwicklung der Mitarbeiterinnen förderlich. Gefahren, die bei diesem Modell besonders in der Zeit des Umbruchs lauern, sehe ich am ehesten in einer falsch verstandenen Überprofessionalisierung, die sich in Rigidität und Prinzipienreiterei verheddert und ihren größten Ehrgeiz darein setzt, Distanz zu den Adressatinnen an den Tag zu legen und darüber Spontaneität, Engagement und Einfühlungsbereitschaft vergißt.

Eine Gewinn- und Verlustrechnung scheint für jede Variante angebracht, denn nicht alles ist auf einmal zu haben und schon gar nicht gleichzeitig. Es gilt vielmehr, Vor- und Nachteile sorgfältig abzuwägen, wobei eine nützliche Richtschnur darin liegen könnte, daß zuviel von einem Element (zuviel Wohnzimmer, zuviel Chaos, zuviel Ordnung, zuviel Gradlinigkeit, zu viele Regeln usw.) Projekte in eine Richtung überdeterminiert, so daß ein bewegliches Gleichgewicht von Dynamik und Stabilität gefährdet würde.

## 3. Resümee: Entwicklungsprozesse zwischen Profilgewinn und Identitätsverlust

### 3.1 Professionalisierung im Spannungsfeld von Bewegung und Institution

Standortsuche

Die zunehmende Professionalisierung der Frauenprojekte ist unabdingbare Konsequenz der Verberuflichung und der Weiterentwicklung von politisch motivierten Selbsthilfeeinrichtungen zu sozialen und pädagogischen Dienstleistungsangeboten, mit dem Ziel kontinuierlicher, öffentlicher Förderung. Die Zukunft der Projekte ist inzwischen weit weniger abhängig von der Stärke der autonomen Frauenbewegung, die ihnen zum Durchbruch verholfen hat, als von der politischen (und damit finanziellen) Akzeptanz gesellschaftlicher Entscheidungsträger. Darin liegt einerseits ihre Überlebensmöglichkeit, andererseits aber auch ihre Gefährdung: Wenn die politischen Gremien und die Fachöffentlichkeit, die in den Projekten geleistete Arbeit auf Dauer für notwendig halten und zu fördern bereit sind, werden sich in zunehmendem Maße andere Träger für diese von den Projekten eröffnete „Marktlücke" interessieren. Die öffentliche Unterstützung der Projektebewegung birgt das Problem in sich, daß sich die wachgerufene Konkurrenz auf dem Sozial- und Bildungsmarkt als stärker und durchsetzungsfähiger erweisen könnte, nicht zuletzt, da sie politisch genehmer ist.

Eine Chance der Projekte liegt zum einen in der besonderen Angemessenheit und Attraktivität ihres Angebotes und zum anderen in der frauenorientierten Ausgewiesenheit ihrer Arbeit. Die unwiderrufliche Leistung der Projektebewegung, die sich längst fachspezifisch aufgegliedert hat, besteht darin, auf frauen- und mädchenspezifische Probleme und Interessen aufmerksam gemacht und eine Behandlung dieser Themen eingefordert zu haben. Eine ganz andere Aufgabe wartet indes heute auf die Projekte, nämlich ein unverwechselbares Profil zu entwickeln und öffentlich zu machen. Die Alternative bestünde darin, als ein ausgewiesener Träger im Rahmen der Wohlfahrts- und Erwachsenenbildungsvereine, der eine bestimmte Interessengruppe vertritt, um vorhandene Mittel zu ringen. Ein Problem dabei ist, daß ein Großteil dessen, was das Andere der Frauen- und Mädchenprojekte ausmacht, gerade nicht im Schnittpunkt des Augenmerks von Finanzierungsinstanzen liegt und häufig quer zu Förderrichtlinien steht. Darauf zu verzichten, nähme den Projekten jedoch ihren besonderen Charakter und sicherte dennoch nicht zwangsläufig ihr Überleben. Zudem würden wesentliche Bedürfnisse von Frauen, wie dem nach einem eigenen gesellschaftlichen Ort, wieder zum Verschwinden gebracht.[18]

Zu Beginn der Projektebewegung waren vor allem soziale Kreativität und politische Durchsetzungskraft gegenüber einer frauenfeindlichen Umwelt vonnöten. Die Frauen wurden in ihrem Kampf von dem Gefühl beflügelt, als Frauen im Gegensatz zu anderen gesellschaftlichen Kräften und Instanzen zu wissen, was Frauen und Mädchen brauchen und was ihnen gut tut – sozusagen die Wahrheit zu kennen und eine Avantgardefunktion einzunehmen – (vgl. MacKinnon 1989). Unter heutigen Bedingungen ist eine derartige Haltung eher hinderlich und vor allem keineswegs ausreichend. Das Bewußtsein, als einzige die Bedürfnisse anderer Frauen und Mädchen zu erfassen und auf sie einzugehen, trifft nicht auf die Zustimmung aller Frauen und Mädchen – nur ein Teil fühlt sich von den Projekten und deren Sichtweise vertreten. Es bliebe dann nur, den anderen Teil der Frauen und Mädchen im Lichte derjenigen zu sehen, die noch nicht so weit sind, d.h. ihnen ein falsches Bewußtsein ihrer Lebensrealität zu unterstellen. Eine derartige Haltung leistet einer apodiktischen Form der Selbstdarstellung und -einschätzung Vorschub, die einer überzeugenden Präsentation der eigenen Arbeit, der Zusammenarbeit mit anderen Gruppen und Institutionen, und

---

18  Sorgfältig abgewogene taktische Kompromisse sollten damit nicht von vornherein als ausgeschlossen angesehen werden.

der Verhandlungsführung um öffentliche Mittel eher abträglich ist. Denn einem solchen Bewußtsein wohnt ein Moment der Selbstgerechtigkeit inne, das politischen Überzeugungen noch gut anstehen mag, aber in beruflichen Belangen selten produktiv ist und nicht zu größerer Klarheit über Art, Bedeutung und Wirkung der eigenen Hilfeleistung respektive des eigenen Bildungsangebotes beiträgt. Damit soll keineswegs suggeriert werden, daß sich die Stellung von Frauen und Mädchen in unserer Gesellschaft grundlegend verbessert hätte und Kampf um Frauenrechte und ein menschenwürdiges Leben nicht mehr nötig seien. Nur ist es von der aufzuwendenden praktischen Arbeit und der erforderlichen inhaltlichen Anstrengung her nicht dasselbe, sich politisch gegen Ungerechtigkeiten einzusetzen und ihr Ende zu fordern oder für kontinuierliche, qualitativ hochstehende professionelle Angebote für Frauen und Mädchen zu sorgen, die diesen Ungerechtigkeiten entgegenwirken, zumindest aber ihren Schaden eindämmen.

### Bedeutungszuwachs qualifizierter, inhaltlicher Arbeit

Mit der Etablierung der Projekte und der Verankerung eines Teils der Projektideen in allgemeinen Sozialinstitutionen (wie: eigene Angebote für Frauen und Mädchen, aufgreifen des Themas Gewalt gegen Frauen) sind den Projekten neue Erfordernisse erwachsen und zwar jenseits der Tatsache, daß längst nicht genügend Projekte unterstützt und viele wichtige Aufgabenstellungen nicht ausreichend angegangen werden. Dennoch steigt unübersehbar die Bedeutung der Qualität des Angebots und die geleistete Arbeit muß sich an dem vorhandenen Fachwissen messen (z.B. Beratung, Gruppenarbeit, Kursdidaktik, Projektorganisation), denn es geht zunehmend weniger um politisch richtige Haltungen und rudimentäre Unterstützung als um ausgewiesene Expertinnenleistungen. Andererseits darf auch nicht übersehen werden, wie sehr die Fachinstitutionen und ihre VertreterInnen von den innovativen Anregungen und frauenorientierten Sichtweisen der Projekte profitiert haben. Aber daraus lassen sich auf Dauer kein Ruhekissen stricken und keine Anrechte ableiten. Diese innovative Funktion sollte jedoch in das Selbstverständnis und die Selbstdarstellung der Projekte im Sinne eines Bewußtseins der eigenen historischen (und aktuellen) Leistung einfließen.

Eine zentrale Veränderung gegenüber der Pionierphase der Projektebewegung liegt also in der gestiegenen Bedeutung der Qualität von Hilfeleistung und Förderung. Waren zunächst die Idee selbst und ihre praktische Umsetzung – z.B. die Gründung eines Frauenhauses – von größter Relevanz, da das Haus selbst das Neue war, stehen heute viel mehr die spezifischen Angebote und deren Ausgewiesenheit im Vordergrund des Interesses und im Licht der Fachöffentlichkeit. Eine gute Idee bietet noch keine Garantie für die Qualität ihrer Umsetzung, die unabhängig von der Idee gut oder schlecht sein kann, dem derzeitigen Niveau der Angebote in diesem

Arbeitsbereich entsprechen, darüber, aber auch darunter zu liegen vermag. Die erbrachten Leistungen müssen nicht nur mit denen anderer Projekte, sondern aufgrund der wachsenden Nähe auch mit den Angeboten anderer Institutionen verglichen werden. Es ist eine Frage der politischen Einschätzung und der persönlichen Vorlieben, ob als eigener Maßstab gesetzt wird, auf jeden Fall besser sein zu müssen oder ob gleich gut ausreichend ist – eine keineswegs akademische Frage, sondern eine, die die Selbstdarstellung und die Argumentationslinie entscheidend beeinflußt. Gleich gut, aber anders nach dem eigenen Selbstverständnis zu sein, deutet eher auf Kooperationswillig- und -fähigkeit hin, als der Anspruch, besser zu sein. Unabhängig von dieser Frage bleibt die Bedeutung der Projekte als eigenständiger Ort für Frauen und Mädchen bestehen, und die Notwendigkeit, für deren Erhalt zu kämpfen, wird angesichts des Sozialabbaus wieder zunehmen. Darüber hinaus gilt es, sich politisch zu entscheiden zwischen vermehrter Einflußnahme, d.h. Ausweitung frauenorientierter Angebote über die Projektebewegung hinaus und Zusammenarbeit mit anderen Einrichtungen (unter Inkaufnahme wachsender Integration) oder Abwehr von Vereinnahmung zugunsten autonomer Vorstellungen, d.h. Abschotten der Projekte gegen gesellschaftliche Institutionen und Gruppen (unter Inkaufnahme steigender Isolierung).

'Zugehörigkeit' als Angebot

Ein zentrales, einzigartiges Angebot der Projekte ist meines Erachtens ein Angebot an 'Heimat' im Sinne eines Ortes der Zugehörigkeit und der Entfaltung außerhalb des Hauses, aber jenseits der allgemeinen, von Männern definierten Öffentlichkeit.[19] Die Projekte tragen das Bild der selbständigen Frau in sich, präsentieren die Möglichkeit autonomer Arbeitsplätze und symbolisieren mehr als andere Errungenschaften der Frauenbewegung die Suche nach neuen weiblichen Lebenszusammenhängen. Der Begriff Heimat ist mit Bedacht gewählt, denn es haftet ihm insbesondere in Deutschland etwas Schillerndes an, das auch dem Heimatangebot der Projekte zukommt. Zum einen wird signalisiert, daß Frauen sonst keine Heimat – keinen Ort für sich selbst – haben. Zum anderen wird mit diesem Angebot das frauenfeindliche Moment der Gesellschaftsordnung akzentuiert und enthält die Aufforderung, sich der eigenen Ortlosigkeit bewußt zu werden. Damit hat das Angebot einen Haken, denn es verlangt Frauen Zuordnungen ab, und die Frauen kommen nicht umhin, sich diesen Entscheidungen zu stellen. Es ist somit ein polarisierendes Angebot.

Frauen entspricht immer noch eine Existenz zwischen allen Stühlen, sobald sie die ihnen zugeschriebene Privatsphäre verlassen: Sie sind nicht

---

19 Vgl. zum Begriff der Heimat und seiner kritischer Bedeutung für Frauen aufgrund deren struktureller Fremdheit in patriarchalen Kontexten: List 1993, Kap. VII.

nur Grenzgängerinnen, sondern mit dem Schritt in ein Projekt hinein oder aus einem Projekt heraus, überschreiten sie auch real Grenzen – zwischen einer männerdominierten und einer frauenorientierten Welt. Es sei denn, sie suchen ein Projekt utilitaristisch für einen sehr begrenzten Zweck auf bzw. erhoffen sich dort lediglich einen angenehmen Arbeitsplatz und lehnen implizit das darüber hinausgehende Angebot an Zugehörigkeit ab.

Konkrete Hilfeleistung und Angebote von Frauen für Frauen, eingebettet in feministische Überzeugungen, enthalten die Chance, gelebte Solidarität unter Frauen im Zeichen des gemeinsamen Aufbruchs zu erfahren, aber auch das Problem, Konformitätsdruck ausgesetzt zu sein, Frauen angesichts deren Unterstützung dankbar sein zu sollen und von Frauen aufgrund des eigenen Arbeitsplatzes abzuhängen. Ein derartiges Gefühl der Verpflichtung betrifft auch das spezifische Weltbild, in welches das Angebot eingeschlossen ist; eine Verpflichtung, die bewegungsferneren Institutionen so nicht anhaftet, denen andererseits aber der zündende Funke gemeinsamer Selbstbefreiung fehlt.[20] Dieses janusköpfige Element der Arbeit 'von Frauen – für Frauen' im Namen von Emanzipation und Parteilichkeit macht die Sprengkraft des feministischen Heimatangebotes aus: Es bindet (an bestimmte feministische Orientierungen) und entbindet (von patriarchalen Ordnungen) gleichzeitig; ein Prozeß mit offenem Ausgang. Auch andere soziale Institutionen sind von Weltbildern bestimmt – nicht selten von wenig frauenfreundlichen –, doch der Grad ihrer Professionalisierung und Bürokratisierung hat zumindest für die Adressatinnen zu einer Art sekundärer Neutralität bis weit in die kirchlichen Träger hinein geführt.

Ansiedlung im intermediären Bereich[21]

Das Besondere der Projekte besteht – trotz der geringer werdenden Bindung an die inzwischen selbst stark veränderte Frauenbewegung – in ihrer Exi-

---

20 Eine andere Möglichkeit ist, daß Frauen und Mädchen, die die Projekte aufsuchen, deren frauenbewegte Herkunft und besondere Zielsetzung gar nicht bemerken und auch nicht darauf aufmerksam gemacht werden. Dann stellte sich die Frage der politischen und sozialen Verortung und der intermediären Funktion neu und würde nahelegen, daß die Projekte als feministische Projekte gescheitert sind, ohne damit ihre sozialpädagogische Relevanz zu verlieren.

21 Zur wachsenden Bedeutung des intermediären Bereiches vgl. Effinger/ Körber 1994, Effinger 1993. Nach Effinger und Körber werden derzeit soziale Aufgaben zwischen Gemeinschaften, Markt und Staat neu verteilt und zunehmend von gemeinschaftsnahen Gruppierungen übernommen, die aufgrund der ihnen eigenen Verschränkung von institutionell-professionellen und informellen Momenten neue Aufgabenfelder und Problemebereiche besser abdecken können. Ihr Erfolg basiert auf der sich ausweitenden Lücke zwischen staatlichen Lösungen in sozialdemokratischer Tradition und familienorientierten, konservativen Modellen. Institutionen im intermediären Bereich dienen der Bewältigung prekärer Integrationsprobleme, die durch gesellschaftliche Differenzierungs- und Individualisierungsprozesse entstanden sind und einen „welfare-mix" (Adalbert Evers) erforderlich machen.

stenz im intermediären Raum zwischen Bewegung und Institution, zwischen Privatheit (Wohnzimmer/WG-Küche) und Öffentlichkeit (Arbeitsplatz/ Dienstleistung) und zwar für die Mitarbeiterinnen ebenso wie für die Adressatinnen. Damit können die Projekte Bedürfnisse aufgreifen, die zwischen nichtprofessionellen Selbsthilfegruppen (organisiert von der Frauenbewegung) und zweckorientierten Angeboten (organisiert von Sozial- und Bildungsinstitutionen) liegen. Auf dieser Zwischenlage beruht jedoch nicht nur die spezifische Qualität der Projekte, sondern aus ihr erwächst auch ein Problem: Die Neigung, sich im Zuge erforderlicher Organisationsentwicklung auf das Projekt selbst zu konzentrieren und Ziele und Inhalte auf den zweiten Platz zu verlagern (vgl. Schuijt 1995). Ein je nach Intensität und Dauer ebenso notwendiger wie problematischer Prozeß, der sowohl mit zunehmender, selbstbewußter Verankerung in der Öffentlichkeit als auch mit wachsender Verwobenheit in den Glauben an die eigene Einzigartigkeit und an eine Stellung außerhalb der Gesellschaft einhergehen kann.

Um eine vermittelnde Funktion zwischen den Anliegen der Frauen und Mädchen und dem Sozialapparat über einen längeren Zeitraum ausüben zu können, kommt der Suche nach einem angemessenen Mischungsverhältnis von Struktur und Flexibilität eine vorrangige Bedeutung zu. Einerseits muß genügend Raum da sein, um neue Interessenlagen von Frauen und Mädchen aufzunehmen, andererseits ist trotzdem ein eindeutiges Profil unverzichtbar, um in professioneller Weise auf die jeweiligen Anforderungen eingehen zu können. Daher bietet sich der Erhalt eines Maßes unkonventioneller und unkomplizierter Umgangsformen an, die das gemeinsame Band zwischen Frauen deutlich machen, und die Formalisierung der Kommunikation und der Angebote sollte sich in Grenzen halten. Auch die Frage 'Expertinnen oder Freundinnen' als kennzeichnende Stichworte für das Verhältnis von Mitarbeiterinnen zu Adressatinnen ist möglicherweise nicht abschließend klärbar, denn Frauen brauchen sicher beides, und die Aufgabe besteht eher darin, nach gangbaren Mischungen zu suchen, um dem aus der Bewegung stammenden Credo der Schwesterlichkeit ebenso gerecht zu werden wie beruflich bedingter Distanziertheit und Abstinenz.

Das delikate Verhältnis Projekte – Bürokratie

Der Balanceakt einer Verankerung im intermediären Bereich erfordert eine entsprechende Sensibilität gegenüber dem Umgang mit der Bürokratie zwischen den Enden 'geliebter Feind' und 'sachdienliches Arbeitsbündnis'. Wenn die Ansiedlung der Projekte in einer Zwischenposition einen Sinn hat, dann müssen Projekte und Bürokratie strukturell quer zu einander stehen. Sie sind nicht aufeinander abgestimmt und das soll von beiden Seiten aus bewußt so bleiben. Doch es muß auch Kooperationsformen geben, wenn die Projekte ihrer Aufgabe der Interessenvertretung nachkommen und die

Bürokratie den Beweis ihrer BürgerInnennähe antreten sollen. Mit Frauen- und Mädchenarbeit eine gesellschaftlich notwendige, anerkannte Funktion zu erfüllen, ist hinwiederum für die Projektebewegung durchaus zwiespältig, denn einerseits schulden sie ihre Existenz der eigenen Kampfeskraft gegen vorhandene Strukturen, andererseits konnten sie nur deshalb erfolgreich sein, weil gesellschaftlich relevante Kräfte ihre Zielsetzung für sinnvoll und unterstützenswert halten, was einer starren Frauenfeindlichkeit entgegensteht. Diese gefühlsaufgeladene und verwickelte Grundstruktur des Verhältnisses von Projektebewegung und Gesellschaft schlägt sich insbesondere dort nieder, wo die größte Kooperationsdichte und damit die stärkste Reibungsfläche vorhanden ist, und das sind die bürokratischen Erfordernisse, die sich aus der institutionellen Anerkennung der Projekte ergeben. Daher kann in jedem Akt sowohl der Feind gesucht (und gefunden) werden als auch der Kooperationspartner, wo einer des anderen bedarf, wenn auch die Machtverhältnisse eindeutig zugunsten der Bürokratie ausschlagen. Die auf seiten der Projekte insbesondere in den Anfängen vorhandene Emotionalisierung von Verwaltungsvorgängen und entsprechende Gefühlslagen der Träger der Bürokratie basieren auf dieser Zwischenstellung der Projekte als Ausdruck von Kritik an der Gesellschaft einerseits und als Indiz für deren Wandlungsfähigkeit andererseits. Die notwendigen Kontakte nicht länger im Zeichen der Rache anzusiedeln, stellt für beide Seiten einen schwierigen Prozeß dar. Abrechnungsnachweise fürderhin nicht als Beweis des Scheiterns von Autonomie und daher als kränkend zu erleben, gleichzeitig aber allen bürokratischen Anforderungen und Herrschaftsgesten kritisch gegenüberzutreten, entspricht der derzeit erreichten Position der Projekte und ist ein Zeichen selbstbewußter Verortung in einer Gesellschaft, die beansprucht, auf einer sozialen und bürgerlich-demokratischen Grundordnung zu beruhen.

## 3.2 Kritische Würdigung der Projektbereiche und mögliche Zukunftsorientierungen

Der zusammenfassende Blick auf die drei untersuchten Projektbereiche hat zum Ziel, vorhandene Entwicklungstendenzen aufzugreifen und in eine Richtung voranzutreiben, die den eigenständigen Charakter der Frauen- und Mädchenprojekte durch eindeutige Profilierungen unterstreichen und dabei entstehende dynamische Prozesse berücksichtigen. Die Frauenhäuser sollen als getrennter Bereich, die Beratungs- und Bildungsprojekte inklusive der Mädchenprojekte hingegen als Einheit betrachtet werden, wobei letztere dennoch in ihrem jeweils zentralen Aspekt besondere Würdigung erfahren. Dabei geht es mir um nicht gelöste Fragen, die sich aus den Arbeitsansätzen ergeben und bisher zumeist unbeachtet blieben.

Frauenhäuser

– Das Spannungsverhältnis zwischen Alltag und methodischem Handeln

In der Frauenhausarbeit ist Alltag als Be- und Entlastung gleichermaßen sichtbar geworden: durch die Unendlichkeit des Tuns einerseits und die Möglichkeit des Mitlaufens von Ungeheuerlichkeiten und Schmerzlichem andererseits, die das Weiterleben der Frauen und die berufliche Last der Mitarbeiterinnen leichter machen. Das Aufstellen und Durchsetzen von Regeln ist in einem derartigen Kontext besonders notwendig und ebenso schwierig, denn es gilt, der überschwappenden Vielfalt und Gleichzeitigkeit des Alltagsgeschehens, Klarheit und Grenzen gegenüberzustellen und an ihnen, entgegen dem Strom der unablässigen Ereignisse und tausenderlei Anforderungen festzuhalten. Das gleiche Problem stellt sich bei der Anwendung von Methoden, denn methodisches Handeln steht ebenfalls quer zum Ablauf des Alltags und erfordert sowohl auf seiten der Mitarbeiterinnen als auch auf seiten der Frauen ein Umdenken und zwar im heimischen Kontext, d.h. ohne erleichternden Orts- und Personenwechsel. Das macht Beratung oder Gruppenarbeit besonders kompliziert, denn das geeignete Setting für eine solche Aufgabe muß durch persönliche Anstrengung hergestellt werden. Wird auf Klärung der jeweiligen Absicht verzichtet, entsteht eine für beide Seiten uneindeutige Situation, um was für eine Art Kontakt es sich handelt: ein Gespräch oder eine Beratung, ein Kaffeeschwatz oder eine Gruppensitzung. Die andere Seite des Dilemmas besteht darin, daß das bewußte Herstellen eines methodisch angemessenen Rahmens inklusive scharfer Trennungen zwischen einer informellen und einer formalen Ebene in einem derartigen Zusammenhang schnell etwas Aufgesetzes erhalten, wodurch das Produktive eines klaren Settings wieder verloren zu gehen droht. Damit werden sowohl Übergänge als auch Grenzziehungen zu einer spezifischen und wahrlich nicht einfachen Aufgabe im Frauenhauskontext. Wenn die Schwierigkeiten, Regeln zu setzen und Methoden anzuwenden, tatsächlich mit der Dominanz des Alltags in der Frauenhausarbeit eng zusammenhängen, drängt sich im Umkehrschluß die Frage auf, ob sich ein Zurückdrängen des Alltags zugunsten formalisierter Strukturen und Festlegungen anbietet. Das ist meines Erachtens nicht der Fall, wobei zu unterscheiden ist zwischen Alltagsdominanz als der Frauenhaussituation angemessen und Überrollt-Werden vom Alltag als Ausdruck von Ohnmacht und Überforderung. Eine zu starke Begrenzung von Alltagssituationen erschiene künstlich und daher nicht zweckdienlich. Es gilt daher abzuwägen, wieviel Alltag einem Haus gut tut und ab wann zu wenig Raum für Aktivitäten und Gedanken über die Alltäglichkeit des Lebens hinaus vorhanden ist.

Ein wichtiger Grundsatz, der alle methodischen Überlegungen zur Frauenhausarbeit leiten sollte, ist das Ansetzen an den Stärken der Frauen und zwar gerade angesichts der Sichtbarkeit ihrer Schwächen im gemeinsamen Alltag (Brückner 1987b, Brandau u.a. 1990). Für den sozialpädagogischen Blick in diesem Sinne ist kennzeichnend, daß er nicht vergangenheits-, sondern zukunftsorientiert ausgerichtet ist. Die Frage, warum es so schlimm war, ist für das weitere Leben der Frauen von sekundärer Bedeutung gegenüber der Frage, wie es besser weitergehen kann, welche Möglichkeiten sich bieten und welcher Voraussetzungen und Unterstützungen sie bedürfen. Die tägliche Konfrontation mit der Mühsal weiblicher Aufbruchsversuche, mit Rückschlägen und sichtbar werdenden Abhängigkeitswünschen, produziert einen Sog, mit dem alle Beteiligten im Frauenhausalltag umgehen müssen. Je stärker er empfunden wird, desto größer das Distanzierungsbedürfnis, um Bestrebungen nach Unabhängigkeit aufrecherhalten zu können, und desto größer die Wut auf diejenigen, die eigene symbiotische Wünsche und Ängste wiederbeleben. Angesichts der Unvermeidbarkeit solch aggressiver Regungen selbst gegenüber Opfern männlicher Gewalt stellt sich die Frage, wie Frauen mit diesen unerwünschten Gefühlen umgehen können. Eine gängige Strategie ist die der Vermeidung mit dem Nachteil, daß sie nicht selten – allerdings nicht ohne weiteres erkennbar – im Gewande von Pädagogik und Beratung wieder auftauchen. Professionalität als Schutzschild gegen innere Berührungen ist wenig tauglich, denn so lassen sich die Regungen nicht vom Leib halten und zudem werden die Methoden in einer Weise instrumentalisiert, die den Adressatinnen nicht dienlich ist.[22] Der angemessenere Weg besteht darin, auch unerwünschte Gefühle ernstzunehmen (ohne ihnen notwendigerweise freien Lauf zu lassen). Sie können als wertvolle Möglichkeit im Sinne von Gegenübertragungen genutzt werden (vgl. Finger-Trescher 1991), um die eigene Funktion und die betroffenen Frauen und Kinder besser zu verstehen und die Wirksamkeit unbewußter Zusammenhänge in die Arbeit einzubeziehen. Die Trennung zwischen Gefühlsregung und Handlung eröffnet einen neuen Zugang zu den Frauen (und den älteren Kindern), denn es bedeutet einen wesentlichen Lernschritt, daß z.B. Wut und Enttäuschung nicht nur – so lange es eben geht unterdrückt und ansonsten unmittelbar ausgelebt werden, sondern daß es einen dritten Weg gibt: Gefühle zu spüren und auszuhalten und ihnen dadurch nicht länger hilflos ausgeliefert zu sein. Fühlen und Handeln müssen nicht zwangsläufig dasselbe sein, sobald die Konfrontation mit den eigenen Gefühlen durch eine ausreichende innere Sicherheit erträglich wird. Kein einfacher, aber der einzige Weg im Umgang mit Aggressionen, der geeignet ist, die eigene psychosoziale Kompetenz zu erweitern. Im Zusammenhang mit der Welt der Gefühle stellt sich die Frage neu, inwieweit Gerechtigkeit

---

22  Vgl. hierzu Devereux' (1967) Analyse zum Gebrauch von sozialwissenschaftlichen Methoden, die sich auf sozialarbeiterische Situationen übertragen läßt: Der Punkt an dem Methoden eingesetzt werden, ist die Angst vor der weiteren Erforschung des Gegenstandes bzw. der Aufgabe.

und Gleichheit auf der Ebene der Gefühlshaftigkeit eine Fiktion sind, respektive wie „ungerecht" Frauen sein dürfen. Gleichbehandlung schließt nicht gleich intensive Gefühle gegenüber jeder Frau ein, sondern bezieht sich auf die Wahrung zwischenmenschlichen Respekts und auf das Hilfeangebot. Nur ein derart limitiertes Verständnis von Gerechtigkeit und Gleichheit ermöglicht, Sympathieunterschiede frei von Schuldgefühlen zu halten und gleichzeitig im Rahmen der Frauenarbeit Gleichbehandlung zu vertreten und einzufordern.

– Bedeutungszuwachs für Hausversammlungen und Kinderarbeit

An zwei Bereichen der Frauenhausarbeit will ich aufzeigen, wie Neudefinitionen vorhandener Strukturmomente zu einer Akzentverschiebung beizutragen vermögen, die dem ursprünglichen Anspruch auf Basisdemokratie und Selbstentfaltung zu neuem Leben verhelfen[23] und positive Auswirkungen auf die Dynamik im Haus haben könnten: Die Hausversammlung und die Kinderarbeit. In beiden Fällen handelt es sich meines Erachtens um vernachlässigte Bereiche, im ersteren aufgrund von Enttäuschungen über die Passivität der Frauen im Haus und sukzessiver Machtübernahme der Mitarbeiterinnen (Brückner 1990a), im letzteren aufgrund der thematischen Priorität der Frauenarbeit von Beginn an.

In allen Häusern ist die Hausversammlung ein fester Strukturbestandteil, der jedoch viel von seiner Beteiligungsfunktion verloren hat. Daher gilt es, diese frühere Bedeutung wiederzubeleben und durch Methoden der Gruppenarbeit in neuer Weise aufzuwerten, um ihr einen wesentlichen Anteil am Geschehen im Haus zu sichern. Ziel einer solchen Aufwertung ist, daß die Bewohnerinnen unter Anleitung der Mitarbeiterinnen Erfahrungen in der Anerkennung gegenseitiger Bedürfnisse und mit der Durchsetzung eigener und fremder Interessen sammeln und so das Aushandeln von Kompromissen ermöglicht wird. Die Hausversammlung kann sich dann zu einem Forum entwickeln, wo auf Gleichberechtigung basierendes Alltagsverhalten lernbar ist.

Ursprünglich sollte die Hausversammlung ein zentrales Entscheidungsgremium darstellen. Inzwischen ist sie nicht selten zu einer ungeliebten Pflichtveranstaltung für Mitarbeiterinnen und Bewohnerinnen degeneriert, auf der im wesentlichen Lästiges zur Sprache kommt. Sicher wird die Hausversammlung angesichts weitgehender Professionalisierungsprozesse nicht die ihr früher zugedachte Bedeutung zurückgewinnen, zumal ihr Versagen offensichtlich war (wenn nicht von Anfang an eher den Plena der Projektgründerinnen die zentrale Funktion zukam). Dennoch ist und bleibt die

---

23  Zur Bedeutung der Selbstverwaltung in Frauenhäusern vgl. die eindrückliche Selbstdarstellung des Frauenhauses Hochtaunus (Zehn Jahre Frauenhaus Hochtaunus 1995).

Hausversammlung das einzige Organ, das dem Anspruch auf Autonomie und Emanzipation potentiell gerecht werden könnte. Einschränkend muß bedacht werden, daß das basisdemokratische Ideal der Frauenbewegung in professionalisierten Projekten – was die gleichberechtigte Einbeziehung der Bewohnerinnen betrifft –, nicht umstandslos in ein pädagogisches Modell zahnloser Mitbestimmung umzuwandeln ist. Welche Wege eröffnen sich zwischen gescheiterten Selbstverwaltungsidealen und Resignation, die einer faktischen Preisgabe des autonomen Frauenhausgedankens zugunsten einer sozialen Einrichtung ohne institutionalisierten Gemeinschaftsanspruch gleichkäme?

Vorausgesetzt die Frauenhausprojekte gehen weiterhin davon aus, daß Frauen nicht nur deshalb vorübergehend in einem Haus zusammen leben, weil es billiger und praktikabler ist, sondern weil die gemeinsame Lebenssituation erleichternde und verbindende Aspekte hat, dann könnten diese als Anstoß für kollektive Lernprozesse genutzt werden. Ein erster Schritt bestünde darin, die im Haus lebenden Frauen als Gruppe mit inhärenten Lern- und Entwicklungsmöglichkeiten zu verstehen (Volhard 1992). Das gilt auch dann noch, wenn die Gruppe nicht gewählt wurde, somit in ihrer Zusammensetzung keine freiwillige ist und daher vermehrt Distanzierungsbedürfnisse wachruft. Das macht es mühsamer, die Hausversammlung zu einem positiv besetzten Gremium zu machen und das Potential, das ihr innewohnt, konstruktiv zu nutzen. Dennoch sind die Hausversammlung und das gemeinsame Leben im Haus, eine wichtige Chance im Leben der Frauen, andere Form des Gruppenlebens als die Familie kennenzulernen. Eine Hausversammlung bedeutet für alle Beteiligten Arbeit, manchmal vergnüglich, manchmal nervenaufreibend und manchmal langweilig, weil alle mauern. Sie spiegelt aber in jedem Falle die Kommunikationsfähigkeiten und -grenzen unter Frauen wider und ist allein deshalb eine wertvolle Erfahrung, die als Anlaß zum Nachdenken über Möglichkeiten der Kommunikationserweiterung genommen werden sollte.

Es kann nicht darum gehen, ein abstraktes Modell für eine „richtige" Hausversammlung zu entwickeln, da dies an den jeweiligen Bedingungen einzelner Häuser und vorhandener Kompetenzen vorbeigehen würde; einige Aspekte erscheinen mir jedoch von grundlegender, allgemeiner Bedeutung:

– Die Hausversammlung sollte selbstverständlicher Teil der demokratischen Kultur eines Hauses sein und als Chance ernst genommen werden, über diese Gruppenerfahrung soziale Fähigkeiten zu erweitern. Dann könnte sie zu einem Ort werden, an dem eine wachsende Sicherheit im Umgang mit Gefühlen gegenüber anderen erlangt wird. Sie könnte zudem ein Übungsfeld sein, an dem Frauen zu lernen vermögen, sich besser durchzusetzen und die Berechtigung der Wünsche anderer wahrzunehmen, respektive zwischen akzeptierbaren und nicht akzeptierbaren Forderungen zu unterscheiden.

- Eine solche Gruppe erfordert methodische Gruppenarbeit, d.h. Kenntnisse über gruppendynamische Prozesse und Erfahrungen im Leiten, denn es geht um emotional hochbesetzte Fragen wie z.B. Putzpläne, Einstellungen gegenüber dem Haus, den Mitarbeiterinnen und den Mitbewohnerinnen.[24] Auch wenn deren Bearbeitung schwierig ist, kommen Probleme und Ärgernisse zumindest auf den Tisch. Aufgabe der Mitarbeiterinnen ist vor allem, diese Gefühle und die Zähigkeit notwendiger Regelungsprozesse aushaltbar zu machen – im Sinne des Containing.[25]

Die Position der Kinderarbeit ist in vielen Frauenhäusern ungesichert und hat nicht selten Stiefkindcharakter, obwohl allen Beteiligten die Bedeutung dieser Arbeit klar ist und es engagierte Kinderfrauen gibt, die sich der Kinder und ihrer Probleme annehmen. Ein Grund für diese Ambivalenz gegenüber der Kinderarbeit dürfte im Ursprung der Frauenhäuser liegen. Frauenhäuser wollten Frauen eine Zufluchtsstätte vor ihren gewalttätigen Männern bieten und die Kinder waren insofern lediglich ein Anhängsel, als sie nicht um ihrer selbst willen aufgenommen wurden. Die Kinder bedürfen nicht selten ebenfalls des Schutzes, aber das ist nicht der Grund ihres Aufenthaltes im Haus. Sie sind da, weil sie zu den Frauen gehören: fleischgewordenes Symbol der Beziehung zu einem gewalttätig gewordenen Mann. Als Personen können sie durchaus von ihren Müttern geliebt und von den Mitarbeiterinnen gemocht werden, aber in ihrer Eigenschaft als sichtbares Ergebnis gewollter oder ungewollter Sexualität vergegenwärtigen sie zumeist die gewalttätig gewordene Liebesbeziehung, vor der die Frauen geflüchtet sind.

Noch ein anderer Grund erschwert die Kinderarbeit und den Umgang mit den Kindern im Frauenhaus: Über die Kinder werden andere Facetten des Lebens und der Persönlichkeitsstruktur der Frauen deutlich. Die Kinder zeigen sie als Mütter und nicht nur als Frauen gewalttätiger Männer und lassen somit weitere Dimensionen der Ehe- und Elternverhältnisse aufscheinen. Den Kindern einen anderen Platz im Frauenhaus zuzuordnen bedeutet, das Verhältnis zu den Frauen zu verändern und die Vielschichtigkeit ihrer Person und ihres Lebenskontextes neu zu sehen. Derartige Reflexionen machen deutlich, wieviel Zündstoff die Existenz und die Rolle der Kinder bietet und könnten dazu beitragen, das innere Bild nicht nur der Mädchen und

---

24 Zu überlegen ist, ob zeitweise eine von außen kommende Gruppenleiterin sinnvoll sein könnte, da sie nicht in die im Haus vorhandene Dynamik eingebunden ist. Bisherige Modelle der Heranziehung einer Expertin von außen (Supervision/Organisationsentwicklung) beziehen sich ausschließlich auf das Team und dessen Weiterentwicklung. Hier würden die Frauen im Haus in Entwicklungsprozesse einbezogen und eine zentrale Rolle spielen.

25 *Containing* beschreibt nach Bion (1971) den Prozeß, wo eine Person oder eine Gruppe etwas in sich aufnimmt, wodurch sich sowohl *the container* wie auch *the contained* verändern und zu aller Gunsten, etwas Neues, Drittes entstehen kann, indem das Ganze erfaßt und ertragen wird, ohne dem Frustrierenden auszuweichen, d.h. das Nichtdenkbare wird allmählich denk- und aushaltbar gemacht.

Jungen, sondern auch der Frauen und schließlich gar der Beziehungsstrukturen zu korrigieren.

Ein feministischer Blick auf das Verhältnis der Mütter zu ihren Kindern ist dazu angetan, weibliche Verstrickungen in Gewaltbeziehungen vollständiger zu erfassen. Gerade in Frauenhäusern wird sichtbar, daß Frauen nicht frei davon sind, ihre Kinder wie ihren Privatbesitz zu behandeln, sie gegebenenfalls zu vernachlässigen oder zu schlagen. Diese Erfahrung ist für Mitarbeiterinnen, die Frauen unterstützen wollen, weil sie Opfer von Gewalt wurden, schwer aushaltbar und ihre Vergegenwärtigung hat Folgen für die Beziehung zu den mißhandelten Frauen und für die Arbeit mit ihnen. Die Reflexion der Widersprüche in den Frauen selbst, ihren Lebensäußerungen und Verhaltensweisen könnte bewirken, ein vollständiges Bild der Frauen erträglich und zur Basis der Arbeit zu machen, so daß die innere Repräsentanz der Frauen nicht ständig kippt zwischen gut und schlecht, unschuldig und schuldig, der Hilfe wert und verlorene Mühe. Daß Frauen sowohl Opfer männlicher Gewalt sein als auch selbst ein ungeklärtes oder auch unakzeptables Verhältnis zur Gewalt haben können, sollte nicht dazu dienen, beides gegeneinander aufzurechnen, aber auch nicht dazu, die Einstellung der Frauen zu Gewalttätigkeit zu tabuisieren. Letzteres weniger aus moralischen Gründen als deshalb, weil nur das Bearbeiten der Verstrickung in Gewaltverhältnisse, Frauen erfolgreich aus der Erduldung männlicher Gewalt befreien kann.

Eine Beschäftigung mit dieser Dimension der Frauenhausarbeit trägt dazu bei, weibliche Selbstverständnisse zu klären und für Beziehungen auf der Basis gegenseitiger Achtung und Anerkennung einzutreten. Die Frauenhäuser könnten ein Forum bilden, heikle Fragen wie diese anzugehen und eine Auseinandersetzung zu ermöglichen: Alle Menschen sind gehalten, ihre aggressiven Regungen gegenüber anderen nicht zerstörerisch auszuleben und das Vorhandensein aggressiver Regungen bei Frauen stellt keine Rechtfertigung für männliche Gewalt dar.

Beratungs- und Bildungsprojekte

– Strittige Aspekte der Beratung

Psychologisch orientierte Beratung erfährt in den meisten Projekten eine hohe Wertschätzung (das gilt ebenfalls für Frauenhäuser). Was macht diese Art der Beratung so wertvoll? Der Bedarf scheint fraglos gegeben, denn auch Projekte, die zunächst Beratung gar nicht oder nur wenig eingeplant hatten, bauen aufgrund der Nachfrage ihr Beratungsangebot aus. Das Ansehen von Beratung basiert meines Erachtens auf seiner Therapienähe und damit Nähe zu anerkannten Wissenschaften, die aufgrund ihrer entwickelteren Methoden größere Wirksamkeit in der Anwendung und Klarheit im

Vorgehen versprechen als Pädagogik und Sozialarbeit zugeschrieben werden. Aber ist es wirklich therapienahe Beratung, um die Frauen und Mädchen in den Projekten nachsuchen? Oder suchen sie vielmehr Aussprachemöglichkeiten, Verständnis und 'Hilfe', und die heutige professionelle Antwort auf diese Bedürfnisse lautet: Beratung. Wie angemessen diese vornehmliche Antwort auf eine zumeist sehr unspezifische Anfrage ist, wird selten hinterfragt. Möglicherweise vertrauen die Projekte ihrer Innovativkraft hinsichtlich „anderer" Antworten auf Hilfebedürfnisse in subjektiven und objektiven Notlagen zu wenig, und eventuell gibt es derzeit auch keine bessere Antwort auf Hilfeansinnen, aber eher, weil Professionellen bisher keine eingefallen ist oder praktikabel erscheint, als daß Beratung immer schon die beste Wahl darstellt.[26]

Worin besteht nun die Differenz zwischen der Nachfrage 'Hilfesuche' und dem Angebot 'Beratung'? Hilfesuche hat etwas sehr Umfassendes und Allgemeines. Das Problem soll gelöst, die Notlage beendet werden und je größer die Qual, desto weitreichender und langfristiger der Wunsch nach Unterstützung; zudem bedarf es des Trostes, um über das Schwierige hinwegzuhelfen. Für diese Art weitreichender Nachfrage gibt es nur recht fragmentarische Angebote. Diese Diskrepanz müssen beide Seiten (Hilfesuchende und Hilfegewährende) aushalten, ohne das Ausufernde des Hilfewunsches oder die Enge des Angebotes zur gegenseitigen oder eigenen Entwertung zu nutzen. Eine Möglichkeit, „andere" Aspekte in dem Hilfevorgang zu verankern, scheint mir darin zu liegen, das Beratungsangebot mit all seinen methodisch relevanten und sinnvollen Begrenzungen in etwas Weitergehendes einzubetten. Dieses Weitergehende müßte aus dem Gedanken der Frauensolidarität im Sinne gegenseitiger Stärkung entwickelt werden, dessen adäquate Ausdrucksform für die späten neunziger Jahre noch zu suchen ist. Die alten Ideale – wie gemeinsame Betroffenheit – haben ihre Zugkraft in der Praxis vielfach verloren und Selbsthilfekräfte müssen auf neue Weise mobilisiert werden. Der hier vorgebrachte Einwand gegen eine Überbewertung psychologisch ausgerichteter Beratung hat zum Ziel, nachdenklich zu machen gegenüber dieser Methode und sie nochmals auf ihre Tragweite zu überprüfen und ihr andere Formen sozialer Unterstützung gegenüberzustellen, sei es Begleitung, Betreuung, Gesprächs- und Unterstützungskreise oder sonstige praktische Hilfestellungen, die nicht ausschließlich auf das Individuum und die jeweilige Persönlichkeitsstruktur konzentriert sind.[27]

---

26  Der Zusatz „feministisch" vor Beratung birgt keine notwendigerweise neue Perspektive in sich, vermag aber sicher Frauen das Gefühl zu vermitteln, akzeptiert zu werden.

27  Die hohe Bewertung psychologisch orientierter Beratung muß auch im Zusammenhang mit der derzeitigen Methodendiskussion in der sozialen Arbeit gesehen werden. Nach der scharfen Kritik an bisherigen Methodenvorstellungen als vorwissenschaftlich und autoritär in den siebziger Jahren ist es der sozialen Arbeit noch nicht wieder gelungen, ein breit verankertes, sozi-

Ein weiteres Problem psychologisch orientierter Beratung liegt in dem nicht selten damit einhergehenden, unheimlichen Bedürfnis, auf den „Punkt" zu kommen, d.h. Ursachenforschung zu betreiben, ohne sich deren Heilkraft zu versichern. Zwar hat schon Freud gesagt, daß jeder Therapeut auch ein Detektiv sei, aber dieses detektivische Moment ist mit Vorsicht zu genießen. Die Gefahr, in ein eindringendes Vorgehen hineinzurutschen oder ein solches für angebracht zu halten, ist möglicherweise unter engagierten Frauen besonders groß. Denn der Wunsch, das Patriarchat zu bekämpfen und Frauen und Mädchen zur Selbständigkeit zu verhelfen, paart sich schnell mit der Hoffnung, durch radikales Vorgehen das Übel an der Wurzel zu packen und die Ratsuchende schlagartig zu befreien. Diese Vorstellung wird bekräftigt durch ein Frauenbild, das unterscheidet zwischen patriarchal aufgezwungenen Verhaltensweisen und dem wahren Sein einer Frau, das darunter zum Vorschein kommt, wenn es nur freigelegt wird (Helfferich 1994). Damit wird die Suche nach dem Punkt, an dem sich das Patriarchat in der Ratsuchenden eingenistet hat zu einem Akt der Parteilichkeit und des gemeinsamen Aufbruchs der Frauen. Noch aus einem weiteren Grund scheint gerade in der Frauen- und Mädchenarbeit Vorsicht gegenüber der Verführung zu bohrendem und drängendem Verhalten angebracht, da das vorrangige Thema – erlittene Grenzüberschreitungen (insbesondere sexuelle) – dazu animiert, „alles" erfahren zu wollen, um der gemeinsamen Empörung Ausdruck zu verleihen und anschließend sofort rettend einzugreifen.

Im folgenden will ich einige Punkte stichwortartig zusammenfassen, die zur Reflexion des Beratungsansatzes in der Projektarbeit und seiner Erweiterung beitragen könnten:

– Eine angemessene Einbindung von Solidaritätsanteilen in die professionelle Arbeit, um neben der persönlichen Not, dem geschlechtsspezifischen Charakter des Problems Ausdruck zu verleihen;

– Beratung nicht nur als individualisierende Selbstfindung, sondern auch als aktives Zusammenführen, Anleiten und Ratgeben zu verstehen, indem Betreuung und Begleitung als eigenständige, wertvolle Unterstützungsleistungen für Frauen und Mädchen in Not stärker gewichtet und der Schutzcharakter der Gruppe betont werden;

– Den Anspruch auf Weiterentwicklung überprüfen und auch denjenigen Frauen und Mädchen ein Stück Heimat zu sein, die so bleiben wollen wie sie sind. Das bedeutet Zuhören, Trösten und Unterstützen, ohne normative Verpflichtung zur Arbeit an sich selbst. Mit der Gründung von Projekten wurde Frauen und Mädchen Chancen jenseits patriarchaler Muster eröffnet, die aber Selbstveränderung – Herauslösen aus weiblichen Traditionen impliziert. Daher ist es wichtig, ihnen gleichzeitig zu

---

alpädagogisch ausgewiesenes Methodengebäude zu entwickeln. In letzter Zeit gibt es jedoch vermehrt Anstrengungen in diese Richtung (vgl. z.B. Müller 1994).

signalisieren, daß sie, so wie sie sind, ein Recht auf Anerkennung und menschenwürdige Behandlung haben.

– Strittige Aspekte der Bildung

In der Bildung ist das von allen Projekten geteilte Spezifische am schwierigsten auffindbar, da dieser Bereich inhaltlich und organisatorisch am heterogensten ist. Als übergreifendes Moment läßt sich am ehesten das Schaffen einer angstfreien, frauenorientierten Atmosphäre nennen, die Frauen und Mädchen Zugang zu neuen Erfahrungen im Bildungsbereich gewährt. Dazu bieten sich das Thematisieren von Ängsten an (beispielsweise gegenüber neuen Qualifikationen oder Wiedereinstieg als Schritt in eine fremde Welt) und das Einbeziehen sozialer und kommunikativer Kompetenzvermittlung zur persönlichen und kollektiven Stärkung der Frauen. Das macht erforderlich, eine Balance zwischen fachlich orientierter Kenntnisvermittlung und psychosozialen Befähigungen zu finden und beidem zu ihrem Recht zu verhelfen.

Zentraler Bestandteil des angstmindernden, ermutigenden Aspektes der Bildungsvermittlung ist die Arbeit nur mit Frauen respektive Mädchen. Doch das eine ist, keine Angst zu haben vor Versagen, etwas anderes, ein Klima zu erzeugen, in dem Frauen und Mädchen sich nicht nur Kenntnisse aneignen, sondern 'gut' sein dürfen und in produktive Konkurrenz und Auseinandersetzung miteinander treten können. Während Angst vor neuen Lernprozessen und das Gefühl ungenügend berücksichtigter weiblicher Lebenszusammenhänge Frauen eint, rücken sie durch das Erringen persönlicher Fähigkeiten und individueller Kenntnisse auseinander – Unterschiede werden sichtbar. Damit wird eine neue Dynamik in Gang gesetzt, mit der Frauen in Frauenkontexten noch nicht viel Erfahrung sammeln konnten, und wo Frauenprojekte sich aufgrund ihres feministischen Anspruches in einer Vorreiterposition befinden.

Darüber hinaus umfaßt die Frage, wie lernen Frauen und Mädchen am besten, nicht nur das Lernklima, sondern auch die Wahl der pädagogisch-didaktischen Lernschritte. Wieviel Wert und welche Aufmerksamkeit wird der Rolle der Lehrenden zugemessen? In welchem Verhältnis stehen identifikatorische Lernprozesse und didaktische Methoden und technische Mittel zu einander? Inwieweit sind hier frauenspezifische Besonderheiten zu beachten und wo stellen sich allgemeine Fragen des Lernens? In welchem Maße soll der Lernprozeß standardisiert und professionalisiert werden und welcher Raum soll gemeinsamem Lernen unter Frauen im Sinne kollektiver Selbsterfahrung und experimenteller Ansätze zukommen? Zwar gibt es mittlerweile Spezialistinnen für verschiedene Sparten der Frauenbildung, doch bleibt zu überlegen, wie ein gemeinsamer Aufbruch der Frauen als Lernprozeß zu verankern ist. Es sei denn, die Projekte kommen zu dem

Schluß, daß es in einem professionellen Zusammenhang dieses Gemeinsame als Bildungsansatz nicht recht gibt und daher nicht einzuplanen ist oder aber sich von selbst herzustellen hat.

Neben einer spezifischen Herangehensweise an Bildung sind die behandelten Themen selbst immer Merkmal eines frauenspezifischen Ansatzes gewesen. Viele dieser Inhalte und teilweise auch die Methoden wurden inzwischen von anderen Institutionen aufgegriffen. Noch stärker als andere Projektbereiche mußten Bildungsprojekte erfahren, wie sehr sie dem Markt, d.h. den wandelnden Interessen der Frauen und den Trends politischer Fördermaßnahmen unterworfen sind. Daher stellt sich die Frage neu, wer definiert frauenrelevante Inhalte, die Themen in Projekten sein sollten? Ist dafür eine Frauenöffentlichkeit vonnöten oder folgen die Projekte einer je eigenen Mischung aus Marktanalyse und individueller Überlebensstrategie? Die vielen offenen Fragen zeigen, wie verschwommen derzeit die inhaltliche, mehr noch als die methodische Bestimmung dessen ist, was Frauenbildung umfaßt, eine Offenheit, die Anlaß zu neuer Kreativität sein kann.

– Strittige Aspekte der Mädchenarbeit

Ein zentraler Aspekt der Mädchenarbeit, der über die schon angesprochenen offenen Fragen der Beratung und Bildung hinausgeht, scheint mir in der zu wenig beachteten Vorbildfunktion von Projekten als Einrichtungen und von Mitarbeiterinnen als Personen zu bestehen (vgl. Heiliger 1994). Vorbild meint hier nicht vorrangig, Bewunderung auszulösen (wobei Hoffnung auf Anerkennung und Nachfolge durchaus eine Rolle spielen), sondern durch das persönliche Vertreten von Werten und Positionen, Chancen der Auseinandersetzung und des sozialen Heranwachsens zu bieten. Angesichts der antiautoritären Tradition der Neuen Frauenbewegung ist der Umgang mit dieser Aufgabe schwierig, bedeutet sie doch, gegenüber den Mädchen (vielmehr noch als gegenüber Frauen) eine Führungsrolle einzunehmen und dadurch mit allen Stärken und Schwächen sichtbar zu werden. Nirgendwo sonst werden Projekte und Mitarbeiterinnen derart geprüft, was für Frauen Feministinnen sind, wie sie sich verhalten, welche Werte sie vertreten und wie sie handeln. Unterschiedliche Lebenszusammenhänge von Frauen und deren spezifische Wertschätzung je nach Schicht, Ethnie und sexueller Orientierung treten hervor und führen bei den Mädchen nicht selten zu starken Gefühlsaufwallungen zwischen Identifikation und Ablehnung.

Die Vorbildrolle ist bei vielen Projektfrauen deshalb negativ besetzt, weil sie gleichgesetzt wird mit Bestimmen und Befehlen, mit Anmaßung und dem Anspruch auf Richtigkeit des eigenen Tuns. Vorbilder dienen jedoch gemeinhin dazu, sich vor allem an ihnen abzuarbeiten, um den eigenen Weg herauszufinden. Frau steht im Rampenlicht und wird sowohl an ihren projektbezogenen als auch ihren persönlichen Ansprüchen gemessen.

Diesen Turbulenzen rund um die Beziehungsebene zum Trotz oder auch wegen ihnen scheint auf den Mädchenprojekten ein starker Druck zur Konfliktvermeidung zu liegen, denn adoleszente Ablösungsprozesse sind aufgrund ihrer Gefühlsintensität manchmal schwer auszuhalten (Flaake/ King (Hg.) 1992). Bei der Projektgründung stand im Vordergrund, etwas für die Mädchen zu tun, für sie da zu sein und ihnen die Anerkennung zu bieten, die ihnen sonst verweigert wird. Das hat möglicherweise dazu geführt, daß sich die Projekte nicht hinreichend auf ihre Ablösungsfunktion eingestellt haben, d.h., daß Selbständigkeit, Duchsetzungsfähigkeit und emanzipiertes Verhalten auch gegenüber den Mitarbeiterinnen eingeübt werden.

Vielleicht kann die Vorbildrolle nur dann positiv besetzt werden, wenn die eigene Auseinandersetzung mit weiblichen Vorbildern hinreichend geführt und mit ihren widersprüchlichen Gefühlsregungen – Abhängigkeit und Unabhängigkeit, Ähnlichsein und Anders-Sein, Bewunderung und Ablehnung – durchlebt wurde. Erschwert wird die Übernahme dieser Rolle zusätzlich durch den Perfektheitsanspruch vieler frauenbewegter Frauen hinsichtlich ihrer eigenen Emanzipiertheit. Vorbilder funktionieren jedoch nicht nach dem Motto 'je feministischer, desto größer die Chance, daß die Mädchen feministisch werden', sondern sie werden höchst unterschiedlich in den eigenen Entwicklungsprozeß aufgenommen. Diese Unwägbarkeit zeigt, daß Identifikationen oder Ablehnungen nicht vorhersehbar sind und die Komplexität des Prozesses dazu angetan ist, sich einerseits damit auseinanderzusetzen, andererseits Gelassenheit gegenüber eigenen Unvollkommenheiten zu bewahren.

– Übergänge als Gütekriterium

Als Spezifikum der Frauen- und Mädchenprojekte im Beratungs- und Bildungsbereich sind fließende Übergänge anzusehen, die eine neue Form von Angeboten und Hilfeleistungen ermöglichen, indem sie zum einen Nähe zu den Adressatinnen mit Professionalität verbinden und zum anderen verschiedene Problemlagen und Interessensbereiche gleichzeitig abdecken. Damit füllen sie eine Lücke zwischen informellen Frauengruppen und institutionellen Angeboten.

Die Verbindung von Nähe zu den Adressatinnen mit Professionalität beruht auf der Herkunft der Projekte aus der Frauenbewegung einerseits und der Entwicklung eines frauenorientierten Expertinnentums andererseits. Voraussetzung für die Aufrechterhaltung dieser beiden Elemente ist, daß sie in der Arbeit erkennbar und Teil des Selbstverständnisses bleiben. Dabei macht die Vielzahl unterschiedlicher Mischungsverhältnisse zwischen schwesterlich-solidarischen und professionellen Anteilen die Buntheit der Projektebewegung aus. Daneben haben sowohl Frauengruppen (ohne berufliche Strukturen) weiterhin ihren Sinn, als auch ebenso die wachsende Zahl von Klein- und Kleinstbetrieben, die frauenorientierte, professionelle Arbeit ohne darüber hinausgehende politische Ansprüche leisten. Wenn die Projekte dafür stehen wollen, für Frauen etwas zu bewegen und ein berufliches Angebot zu machen, scheint mir ihr intermediärer Charakter, d.h. das gleichzeitige Einfließen von Elementen aus Bewegung und Beruf unverzichtbar. Das erfordert, die Balance zwischen diesen beiden recht unterschiedlichen Anforderungen an die Projektarbeit aufrechtzuerhalten, wobei wesentliche Aspekte in den informellen Momenten und der Leichtigkeit der Kommunikation bestehen, die dazu angetan sind, die Schwellenangst zu senken und die Identifikationsmöglichkeit mit dem Projektanliegen zu stärken.

Die zweite Form fließender Übergänge bezieht sich auf das gleichzeitige Abdecken verschiedener Problemlagen und Interessenbereiche und beruht auf einer umfassenden Sicht der Frauen und Mädchen unter Einbeziehen ihrer Stärken und Schwächen. Ein breit gefächertes Angebot, zumeist eine Kombination von Beratung, Bildung und offenem Bereich, verbunden mit Öffentlichkeits- und Weiterbildungsarbeit vereinfacht den Zugang und minimiert negativ bewertete Zuschreibungen.

Die derzeitige Aufgabe der Projekte läßt sich dahingehend zusammenfassen, daß sie den professionell ausgerichteten Anteil ihrer Zielsetzung durch ein eindeutiges Profil stärken müssen und in diesem Prozeß ihre Identität als frauenbewegte Projekte wahren und wertschätzen sollten, um das Spannungsverhältnis zwischen Bewegung und Institution aufrechterhalten und produktiv nutzen zu können.

# IV. Suchbewegungen zwischen Idealisierungen und Ernüchterungen

## 1. Von der Endlichkeit des Experimentellen und dem Verlust der Lust

Das Experimentelle der Projekte, zunächst eine Quelle ihrer Produktivität, kann nicht konserviert werden. Wird es dennoch versucht, besteht die Gefahr, daß die Arbeit leitende Wertvorstellungen zu fundamentalistisch anmutenden Prinzipien gerinnen, die einer als unzulänglich wahrgenommenen Realität und alltäglichen Erfordernissen entgegengehalten werden. Diese Flüchtigkeit des Neuen und des damit einhergehenden Enthusiasmus ist häufig begleitet von einem Verlust der Lust, dem Ende anfänglicher Leidenschaft für die Sache, solange sie vor allem Idee war (vgl. Freytag 1993b). Im Laufe der Jahre und zunehmender Praxiserfahrung wird Projektarbeit vorwiegend zu einer beruflichen Tätigkeit mit vielen sich wiederholenden Elementen, eine Tätigkeit, die sich hinter dem Rücken der Akteurinnen zur sozialen, pädagogischen oder psychologischen Arbeit transformiert und nicht selten das Beiwort „nur" erhält. Für die Mitarbeiterinnen problematisch daran ist, sich in der Nähe derjenigen – der Mainstream-Professionellen und der Sozialinstitutionen – wiederzufinden, von denen frau sich mit dem Projekt ja eigentlich absetzen wollte.[1] Dann muß Enttäuschung verarbeitet werden, um befriedigende Alltäglichkeit im gewandelten Projekt leben zu können, oder die Enttäuschung wird festgehalten und damit die Wut über den Verlust, manchmal mutiert zur endlosen Klage. Darüber hinaus gilt es, mangelnde gesellschaftliche Anerkennung zu verwinden, die in der häufig schwierigen ökonomischen Situation vieler Projekte ihren Ausdruck findet und zusätzlich gravierende Probleme schafft (Möller/Fröse 1993). Die Diskussionen über die bedrückende Finanznot dient in den Projekten aber häufig auch dem Verdecken inhaltlicher und organisatorischer Verunsicherungen, die zeitgleich zu bewältigen sind. An diesem Punkt der Entwicklung

---

[1] Bei diesem Gefühl der Annäherung an das, was frau verlassen wollte, gerät nicht selten in Vergessenheit, welche innovatorischen Leistungen die Projektebewegung vollbracht hat, indem sie tabuisierte und ignorierte Problembereiche von Frauen und Mädchen (und damit von Männern und Jungen) aufgegriffen und professioneller Arbeit zugeführt hat. Zudem kommt es zu einer Angleichung nicht zuletzt deshalb, weil die sozialen Institutionen ehemals alternative und frauenbewegte Ansätze integriert haben respektive Arbeitsplätze im Frauen- und Mädchenbereich von Feministinnen besetzt worden sind.

steht die Trennung von alten Überzeugungen und Idealen an[2], doch nicht als unfreiwillige Aufgabe und auch nicht als einfaches Brechen mit früheren Werten, sondern als aktive Neuorientierung, die eine öffentliche Sichtbarkeit dieses Prozesses einschließt. Zu einem derartigen neuerlichen Aufbruch gehört, sich nicht nur mit den Begrenzungen abzufinden, sondern trotz schwieriger Umstände den Arbeitsalltag weiterhin kreativ zu gestalten und offen zu bleiben für sozialpolitische Fragen und gesellschaftliche Probleme von Frauen und Mädchen. Auf der inhaltlichen Ebene heißt das, eine Balance zu finden zwischen dem feministischen Anspruch einer „anderen" beruflichen und politischen Praxis einerseits und einer professionellen Bewältigung anfallender sozialpädagogischer und organisatorischer Aufgaben andererseits. Auf der emotionalen Ebene bedeutet das, diese Balance auch psychisch zu vollziehen: sich weder ganz der Enttäuschung zu überlassen oder sich gekränkt zurückzuziehen, noch jenseits aller Erfahrungen eisern an Bewegungsidealen festzuhalten oder sich innerlich von allem einst Verfochtenem zu verabschieden.

Ursprüngliche, historisch angemessene feministische Gewißheiten über Frauen (und damit über Männer) weichen aufgrund der Erfahrungen unter Frauen in Projekten, aber auch mit Frauen in verschiedenen gesellschaftlichen Funktionen, neuen Suchbewegungen (Brückner 1996).[3] Der damit einhergehende Verlust des positiv aufgeladenen Frauenbildes in der feministischen Frauen- und Mädchenarbeit gefährdet die identitätsstiftende Hoffnung auf ein besseres Leben mit und unter Frauen. Was bleibt, ist der gemeinsame Kampf gegen männliche Vorherrschaft, der geführt werden muß, ohne sich des wärmenden Schutzes aller Frauen sicher sein zu können, noch nicht einmal derjenigen, für und mit denen dieser Kampf geführt wird. Doch was könnte an dessen Stelle treten? Oder ist jede kollektive Wertvorstellung ersatzlos zu streichen zugunsten individueller Lösungen? Meiner Ansicht nach gehören die politischen Hoffnungen und Werte, die die Neue Frauenbewegung gut 20 Jahre getragen haben, nicht umstandslos auf den Müllhaufen der Geschichte, sie sollten nicht verworfen, sondern neu betrachtet und in ihrer Funktion und Bedeutung reflektiert werden.

---

2   Die erforderliche Neuorientierung steht in engem Zusammenhang mit derzeit notwendigen Selbstverständigungen über Finanzierungsmodelle und den Grad angestrebter bzw. in Kauf zu nehmender Einbindungen in die vorhandene Struktur sozialer Dienstleistungen.

3   Vgl. Barbara Kavemanns eindrückliches Ringen um eine neue Position zum Thema sexueller Mißbrauch, die es ermöglicht, auch Frauen gegebenenfalls als Täterinnen zu sehen, ohne die Parteilichkeit mit Frauen, die Opfer männlicher Gewalt wurden aufzugeben (Kavemann 1995).

## 2. Frauenpolitische Perspektiven: Normative Orientierungen und ethische Prinzipien in Frauenprojekten

Die meisten Frauenprojekte stehen vor dem Problem, daß die alten Ideale an Glanz und Überzeugungskraft eingebüßt haben, es aber derzeit keine neuen Ideale mit ähnlich bindender Kraft gibt. Nach wie vor orientieren sich die Projekte im Frauen- und Mädchenbereich an diesen alten Idealen und sei es unter negativen Vorzeichen. Konzepte aus der Gründerinnenzeit haben sich in der Praxis überlebt oder gar als untauglich erwiesen und neue Konzeptdebatten erforderlich gemacht. Dennoch bilden sie die Richtschnur, an der Abweichungen gemessen und nicht selten bedauert werden. Das Bedauern gilt dabei weniger der veränderten, professionalisierten Alltagspraxis, die häufig als Fortschritt und als Erleichterung gegenüber früheren uneinlösbaren Anforderungen empfunden wird, sondern der entstandenen Orientierungslosigkeit. Es fehlen ethische Prinzipien und politische Zielsetzungen, die angesichts der Erfahrungen in den Projekten als hinlänglich motivierend und ausreichend umsetzbar angesehen werden. Die Gründungsideale und großen Hoffnungen der Anfangszeit sind daher für die Dynamik der Projekte durchaus noch virulent, wenn auch weniger als manifest geäußerte Prinzipien, denn in latenter Weise, indem sie in gefühlsmäßigen Haltungen zum Ausdruck kommen und den Hintergrund vieler Konflikte ausmachen. Ihre hohe emotionale Bedeutung erklärt sich daraus, daß sie zentrale politische Vorstellungen darstellen, die den erfolgreichen Aufbruch der Neuen Frauenbewegung begründet haben. Daher ist der Blick auf diese Ideale keineswegs „ein alter Hut", sondern Voraussetzung derzeitiger Suchbewegungen. Im folgenden will ich den Auswirkungen dieser Ideale auf die Interaktions-, Kommunikations- und Organisationsvorstellungen der Projektebewegung nachgehen.

### Das Ideal des Anderen

Das „Andere" der Frauen hat in der Neuen Frauenbewegung eine große Bedeutung, wobei den Projekten eine zentrale Rolle zukommt (Verein SFBF 1990, Sichtermann 1993). Denn die Frauenprojekte sind der eindeutigste Ort autonomer, weiblicher Erfahrung, unabhängig von männlicher Einflußnahme. Durch den Prozeß zunehmender Institutionalisierung haben die Projekte jedoch ihren Charakter als Inkarnation des „ganz Anderen" halbwegs eingebüßt (Gerhard 1992, Gerhard 1991, Kontos 1989), wozu die umstrittene Akzeptanz von „Staatsknete" (Brückner 1987a, 1982) und die damit einhergehende Verberuflichung wesentlich beigetragen haben. Die

Selbstdefinition der Projekte, anders zu sein, spiegelt einen Anspruch wider, der noch nichts darüber aussagt, inwieweit er sicht- und fühlbar wird oder aber Wunsch bleibt, ob für Gründerinnen, Mitarbeiterinnen oder Adressatinnen. Unabhängig vom Grad der Umsetzung hat dieser Anspruch jedoch Auswirkungen auf das Selbstverständnis und die Selbstdarstellung. Dennoch werden die Projekte zunehmend pragmatisch verstanden und genutzt, weil auf allen Ebenen (politisch, organisatorisch, gegenüber Adressatinnen) Kompromisse geschlossen werden mußten, um die Projekte zu erhalten (Möller/Fröse 1993).[4]

Die Kategorie des Anderen hat Simone de Beauvoir (1968) in ihrer für die Neue Frauenbewegung wegweisenden Kritik am Patriarchat eingeführt, wo sie Frauen als das „andere Geschlecht" bezeichnet: die verleugnete Hälfte der Gesellschaft, das ausgegrenzte Andere. Die Neue Frauenbewegung hat dem Anderen der Frauen im Laufe ihrer Entwicklung eine identitätsstiftende, praxisbezogene Bedeutung zugeschrieben, wodurch sich der Begriff von einer analytischen Kategorie zur positiven Bestimmung verwandelte (List 1993, Kap. II). „Frauen sind ganz anders", „Frauen machen alles anders" wurde in der Aufbruchstimmung der siebziger Jahre mit dem Vorzeichen „anders = besser" versehen. Anders-Sein kennzeichnete in emphatischer Weise die Möglichkeiten, die sich Frauen eröffneten, wenn sie ihre Fähigkeiten endlich zu ihren Gunsten nutzen können, ihnen ein Ort und eine Stimme zukommt (Brückner 1991a). Frauen wurden in dieser Zeit nicht nur für Frauen zu Hoffnungsträgerinnen für eine bessere Zukunft, sondern auch für andere Bewegungen (Friedens- und Ökologiebewegung) und für einflußreiche kritische Denker wie Herbert Marcuse (1975). Barbara Kavemann merkt zu dieser Entwicklung an:

„Feministinnen kritisierten diese Sicht bereits früh als Idealisierung bzw. Funktionalisierung von Weiblichkeit, aber ich glaube, daß sehr viele von uns offen oder insgeheim auf dieses Bessere in den Frauen vertraut haben." (Kavemann 1995, S. 34)[5]

Basis dieser positiven Zuschreibung ist meines Erachtens denn auch weniger eine ambivalenzfreie Überzeugung von weiblichen Qualitäten – alle Frauen wissen, wie gemein und böse Frauen als Mütter oder Konkurrentinnen sein können –, als vielmehr ein innerpsychisch verankerter Wunsch, den Frauen (und Männer) auf Frauen richten (Dinnerstein 1979, Chodorow 1985, Benjamin 1990). Heute vertreten Frauen kaum noch, daß Frauen „edel, hilfreich

---

4  Ähnliche Entwicklungsprozesse gesellschaftlicher Einbindung lassen sich in Alternativprojekten (Effinger/Körber 1994) und auch in Kibbuzzim (Schaffhauser Nachrichten 21.8.1995) beobachten.

5  Auch die These der Mittäterschaft von Frauen am Patriarchat von Christina Thürmer-Rohr (1987) vermochte daran wenig zu ändern, obwohl die anschließende Debatte über die gesellschaftliche Rolle der Frauen die Frauenöffentlichkeit stark beeinflußt hat. Vermutlich bewirkte sie eher, daß die Rettungsphantasien im Untergrund verschwanden und als Selbstbeschuldigungen wiederkehrten.

und gut" sind, aber das hindert nicht daran, ihnen dennoch übelzunehmen, daß sie es nicht sind. Die Enttäuschung über diese „Entdeckung" schlägt auf die diejenigen zurück, die frauenspezifische Errungenschaften am meisten verkörpern und deren Verwirklichung beanspruchen.[6] Wenn sich die positiv überhöhten Bilder als irreführend erweisen, können sie gegen Frauen und gegen frauenpolitisches Engagement verwandt werden. Für die Projekte bedeutet das einen verstärkten Druck, nicht nur gute, frauenorientierte Arbeit zu leisten, sondern den Nachweis zu erbringen, „besser" zu sein, besser als Männer und besser als Nichtfeministinnen.

In diesem Kontext hat die These der moralischen Überlegenheit von Frauen (Gilligan 1984) ihren Platz, denn sie benennt die Hoffnung und vermittelt den Anspruch, daß die Projekte und die Beziehungen unter Frauen von weiblicher Fürsorglichkeit maßgeblich geprägt werden.[7] Auch wenn feministische Theoretikerinnen längst Abschied von Differenz festschreibenden Debatten genommen haben (Kramer/Menzel/Möller/Standhartinger (Hg.) 1994, Benhabib/Butler/Cornell/Fraser 1993, Konnertz (Hg.) 1991, List/Studer (Hg.) 1989), behalten Differenztheoreme als normative Orientierung frauenpolitischen und frauenarbeiterischen Handelns ihre Gültigkeit, solange sie nicht durch andere handlungsleitende Ideale ersetzt werden. Angesichts vielfältiger Unterdrückungs- und Gewalterfahrungen gleicht die sich darin ausdrückende Wertschätzung des eigenen Geschlechts einem Aufbäumen gegen erlittene Entwertungen. Die der männlichen Ordnung gegenübergestellte weibliche „Gegen"-Idealisierung

„kann als politisch notwendiges Moment gesehen werden, als Anstrengung zu beschreiben, was fehlt oder verloren gegangen ist, und nicht nur als unkritische Verherrlichung" (Benjamin 1993, S. 79).

Die Auseinandersetzung mit gynozentristischen Positionen, muß daher neben aller berechtigten Kritik an essentialistischen Vorstellungen (Gilde-

---

6    Für Arbeit und Selbstverständnis der Projekte stellen feministische Ideen und Ideale eine zusätzliche Belastung dar (Joan Meyer, Vortrag an der Universität Utrecht am 20.10.95). Meyer nennt vier Ursachen:
    – Enttäuschung über feministische Ideen, deren Nichterfüllung den Frauenprojekten angelastet wird;
    – Verantwortlichkeit, die traditionell von Frauen eher zuviel, gegenüber Frauenprojekten aber zu wenig übernommen wird;
    – Advokatinnenrolle, die verlangt, sich für die Adressatinnen einzusetzen und in der Rolle der ernüchterten, widerwilligen Retterin endet und das Überstehen der Entidealisierung nötig macht;
    – Macht, die häufig verneint wird, aber professionellen Feministinnen zuwächst, nachdem sie zunächst in einer Situation von Machtlosigkeit begonnen haben.
7    Jenseits nachhaltiger wissenschaftlicher Kritik spricht eine „hohe alltagsweltliche Plausibilität" (Nunner-Winkler 1991, S. 18) für eine spezifisch weibliche Moral. Zudem zeigt die lang anhaltende Auseinandersetzung mit der These, deren hohe normative und politische Bedeutung (Davis 1991).

meister/Wetterer 1992, List 1993), die Bedeutung positiv überzeichneter Frauenbilder für frauenpolitisches Handeln einbeziehen, ohne die Kehrseite dieser Bilder zu vergessen.

„[...] „Differenz" geht auf die Problematik der kulturellen Desymbolisierung weiblicher Erfahrungen ein. Wie können Netze zwischen Frauen in realer Kooperation und die symbolische Repräsentanz dieser Praxis hergestellt werden? Das betrifft sowohl die Normen und Werte als die individuellen Umgangsweisen mit Frauen und das Verhältnis zu den inneren Bildern von Weiblichkeit. Bei diesem Konzept liegt die Crux in einer gewissen Gewaltsamkeit. Die Einheitlichkeit innerer Orientierung soll auf Dauer hergestellt und mit dem Anspruch einzig wahrer Objektivität ausgestattet werden. Es entsteht die Gefahr totalitärer und isolierter Gruppenbildungen." (Prokop 1994, S. 87-88)

Da vermutlich allen politisch-handlungsorientierten Konzepten, die sich nicht auf Kritik an Bestehendem beschränken, dieses Problem anhaftet, stellt sich die Frage nach der Alternative. Stehen rational-kalkulierte Zweckbündnisse unterdrückter Frauen und lustvolles Zusammenschließen frauenbewegter Frauen, die gemeinsam Phasen von Euphorie in neu geschaffenen Räumen erleben (nicht selten gefolgt von Zerreißproben) als unüberbrückbare Denkmodelle gegeneinander? Teil einer „anderen" Politik könnte heute sein, sich aus der darin enthaltenen Dichotomie traditioneller Politikvorstellungen einerseits und Maximen subjektivitätsorientierter Positionen der frühen Neuen Frauenbewegung andererseits zu befreien. Hat die traditionelle Politik das Geschlechterverhältnis weitgehend ausgeblendet, ist die Verschmelzung von Persönlichem und Politischem, Öffentlichem und Privatem ihrerseits nicht ohne Gefahren. Denn dieser Position haftet etwas Grenzenloses an, das den Verlust des erhofften befreienden Momentes nach sich ziehen kann, wenn die getrennten Sphären ineinanderfließen (Cohen 1994).

Durch die Projektebewegung und andere Institutionalisierungen der Frauenbewegung ist deutlich geworden, daß Frauen zwar als ganzes Geschlecht persönlichen, sozialen, politischen und ökonomischen Benachteiligungen unterliegen, daß es aber auch große Differenzen unter Frauen gibt, die „andere" Strukturen, Problemlösungen und Umgangsformen, schwierig machen. Daraus erwächst die Aufgabe, Ideen und Projekte zu entwickeln, die beides zur Kenntnis nehmen: Die unterschiedlichen Interessen von Frauen und ihre gemeinsame Lage als zweites Geschlecht und darüber hinaus gehört dazu, an der Hoffnung auf beflügelnde, innovative Aspekte von Frauengruppen, die gemeinsam etwas bewegen wollen, festzuhalten.

*Das Ideal der Parteilichkeit*

Feministische Gewißheiten erweisen sich zunehmend als konflikthaft gegenüber der Idee der Selbstbestimmung, denn nicht alle Frauen interpretieren ihre Lebenssituation in der gleichen Weise und ziehen dieselben Schlüsse, auch die Lebensentwürfe zeigen große Unterschiede. Probleme einer Ethik der Parteilichkeit werden sichtbar, ebenso gewisse Vorteile professioneller Distanz und Abstinenz, um von der eigenen Sichtweise abstrahieren zu können. Der Versuch, dieser Einsicht gerecht zu werden, kommt einer Quadratur des Kreises gleich: sich als feministisch zu definieren und eine offene Haltung gegenüber den jeweiligen Lebensentscheidungen und Verhaltensweisen von Frauen einzunehmen. Barbara Kavemann (1995) versteht die Sorge vieler Projektfrauen um den Verlust ihrer Parteilichkeit und damit einer feministischen Konzeption als Ergebnis des Drucks, sich gegenüber einer frauenfeindlichen Öffentlichkeit nur eindeutige, widerspruchsfreie politische Positionen leisten zu können. Das macht es schwer, Zweifel an der Integrität von Frauen zuzulassen.

Darüber hinaus erwachsen auch für Feministinnen Grenzen der Parteilichkeit aus der Tatsache zunehmender institutioneller Einbindung und der Möglichkeit immaterieller und materieller Ressourcenverteilung.

„Dabei ist es unvermeidlich, daß die eigenen Vorstellungen vom rechten Frauenleben, von Emanzipation und weiblicher Freiheit übergreifend geltend gemacht werden. Denjenigen, deren Zugang zu Mitteln und Möglichkeiten ohnehin geringer ist, entgleitet derweil auch noch die Beteiligung an der Definition des Feministischen. Nichts könnte in dieser Situation fataler sein als der Selbstbetrug, der im Anspruch besteht, bei der Teilhabe an Macht zweifellos und unbeirrbar für Frauen als solche, für alle Frauen gleichermaßen zu agieren." (Hagemann-White 1994, S. 17)

Institutionalisierte Frauenarbeit macht die Mitarbeiterinnen in gewissem Sinne selbst zur Partei, auch gegenüber Frauen. Denn Verberuflichung führt zu partikularistischen Interessen zugunsten des eigenen Arbeitsplatzes, und darüber hinaus bringt die Position einer Stelleninhaberin eine gewisse Definitionsmacht mit sich. Diese Begrenzung gilt es zu bedenken, damit auf Parteilichkeit beruhende Konzepte als Ausdruck weiblicher Solidarität in überprüfbarer Weise aufrechterhalten und gegebenenfalls Gründe für das Durchbrechen oder die Unmöglichkeit von Parteilichkeit offen diskutiert werden können. Parteilichkeit war als politische Kategorie gemeint[8] und

---

8    So schreibt der Dachverband Münchener Frauenprojekte über das Prinzip der Parteilichkeit: „Dies bedeutet, Bedürfnisse, Interessen, Lebens- und Zukunftsvorstellungen und Wünsche von Frauen und Mädchen wahr- und ernst zu nehmen und jegliche Unterdrückung von Frauen und Mädchen zu demaskieren und zu bekämpfen. Feministische Frauenprojektarbeit verleiht dem eine Stimme, was in der sogenannten Hochkultur und der traditionellen Sozialarbeit untergeht. Sie entwickelt den anderen Blick, den frauenbewußte Frauen auf die Gesellschaft, ihre Lebensverhältnisse, Beziehungen, auf Wirtschaft und Politik werfen, und sie erweitert damit den

darf nicht als moralisches Postulat oder gar als Handlungsanweisung mißverstanden werden, was im Projektalltag aber durchaus der Fall ist (Freytag 1993b). Diese Gefahr macht es notwendig, zu einem gleichermaßen überzeugenden als auch erträglichen Verhältnis von praktischer Solidarität und kritischer Distanz zu den Adressatinnen zu kommen, ohne die eigene politische und berufliche Handlungsfähigkeit einzubüßen. Das bedeutet, problematische Seiten von Frauen nicht zu leugnen und die Identifikation mit Vorstellungen selbstloser Weiblichkeit aufzugeben. Aggressive Anteile bei Frauen wahrzunehmen, ist deshalb besonders schwierig, weil diese auch von Frauen „oft als überwältigend, hexenhaft und zerstörerisch phantasiert werden" (Rohde-Dachser/Menge-Herrmann 1995, S. 74).[9] Die damit einhergehende Relativierung des Frauenbildes ist dazu angetan, das Fundament der Projektebewegung ins Wanken zu bringen.

„Feministische Aktivitäten und feministische Politik scheinen nur dann berechtigt zu sein, wenn das Verhalten derjenigen, für die wir eintreten, dieses Engagement moralisch legitimiert. Was aber, wenn die Opfer nicht gut sind, sondern moralisch angreifbar?" (Kavemann 1995, S. 25)

Das Recht auf Fehlbarkeit und Irrtum kann sich nur die jeweils herrschende Mehrheit leisten, ohne zugleich ihre errungene Position und Wertschätzung zu gefährden. Aus der Defensive hervorzutreten und Forderungen, auch angesichts des Wissens um eigene Mängel und Mißstände zu stellen, beinhaltet ein Wagnis, ist aber unabdingbar, um endlich ein realitätsgerechtes Frauenbild zu schaffen. Über diesem Ansinnen darf jedoch nicht vergessen werden, welche Erschwernis eine derart selbstkritische Sichtweise für Akte der Solidarität und für Hilfeprozesse bedeutet, denn es ist alles andere als einfach, trotz dieser Einsichten, nicht nur den Glauben an die Sache der Frauen zu wahren, sondern sich auch aktiv zu engagieren. Jedenfalls bedarf es einer erheblich größeren Überwindung und einer Fähigkeit, von eigenen Befindlichkeiten und Überzeugungen zu abstrahieren, um denjenigen zu helfen, die auf den ersten und eventuell auch zweiten Blick kaum oder keine positiven Gefühle auslösen und deren Verhalten kritikwürdig ist. Hier kommt der Bezahlung eine entlastende Funktion zu, denn über die Verberuflichung haben Mitarbeiterinnen jenseits einer Betroffenheitsethik selbst etwas davon. Parteilichkeit schlägt einen wichtigen Bogen zwischen Frauen und macht die Arbeit miteinander zu einem gemeinsamen Anliegen, steht aber quer zu professionellen Ansätzen und zu einem offenen Blick auf die Vielfalt der

---

Erkenntnisbereich der Gesellschaft auf allen Ebenen." (Flugschrift von Ulrike Gerhart/Polina Hilsenbeck, 26./27. 10. 1995, München)

9    Es wäre interessant, unter diesem Gesichtspunkt einen Blick auf politische und soziale Bewegungen zu werfen: Inwieweit es Vorbilder gibt, wo es gelungen ist, einen Kampf gegen die eigene Unterdrückung zu organisieren und gleichzeitig der eigenen Gruppe legitimerweise kritisch distanziert gegenüberzustehen.

Verhaltensweisen von Frauen und Mädchen, insbesondere auf solche, die ihnen selbst oder anderen schaden.

## Das Ideal der Selbstverwirklichung

Die Frage ist, wie das Engagement frauenbewegter Frauen diese Ernüchterungen – bezogen auf Phantasien gemeinsamen Anders-Seins und daraus erwachsender Parteilichkeit (zusätzlich zur weiterhin mangelnden gesellschaftlichen Anerkennung) – überdauern kann. Denn die Grundlage dieses Engagements ist die Vorstellung von einer Politik in der ersten Person und damit gekoppelt an Wünsche nach eigenem Wohlergehen, persönlicher Entfaltung und Loslösung aus patriarchalen Begrenzungen. Der von der Frauenbewegung geschaffene Ort der Identitätssuche und der Selbstfindung ist das autonome Kollektiv der Frauen. Bald entwickelte sich als dazugehörige Methode die aus Amerika übernommene, gemeinsame Selbsterfahrung (Consciousness Raising) (Gerhard 1994b, Holland-Cunz 1990). Catherine MacKinnon definiert feministische Selbsterfahrung als „kollektive, kritische Wiederherstellung der Bedeutung der sozialen Erfahrung von Frauen, so wie Frauen diese durchleben" (MacKinnon 1989, S. 109). Inzwischen ist der politische Kontext des Prinzips einer „Politik in der ersten Person" und der Methode der Selbsterfahrung jedoch gegenüber individualisierenden Formen einer persönlichen Selbstverwirklichung mit Hilfe der Gruppe in den Hintergrund getreten.[10] War Selbsterfahrung von der Idee eines kollektiven Prozesses der Bewußtwerdung und der Veränderung getragen, kommt dem heutigen Ideal der Selbstverwirklichung eine viel stärker individuelle Bedeutung zu, dessen sozialer Kontext zumeist ungenannt bleibt. Fast ausschließlich in diesem psychologisierenden, nicht länger auf Gleichheit ausgerichteten Verständnis spielen Ansätze subjektiver Entfaltung weiterhin eine zentrale Rolle für die Frauenbewegung insgesamt und die Frauenprojekte im besonderen (Kontos 1989). Eine derartige Entwicklung – weg vom Kollektiv, hin zum Individuum – kann als Reaktion darauf verstanden werden, daß im Ansatz feministischer Selbsterfahrung nicht thematisiert wurde, daß Frauen neben verallgemeinerbaren, auch verschiedene soziale Erfahrungen machen, die unterschiedliche Sichtweisen und Interessen zur Folge haben.[11]

---

10  Das Postulat der Selbstverwirklichung ist nicht nur für die Frauenbewegung, sondern allgemein für die jüngere Generation insbesondere aus der gebildeten Mittelschicht (der große Teile der Frauenbewegung angehören) gleichsam „Bestandteil einer neuen Ethik" (Beck 1986, S. 156) im Rahmen eines individualisierten Wertsystems geworden.

11  Dieses kollektive Selbstbewußtheit, das in den siebziger Jahren der Neuen Frauenbewegung Schwung und Kraft verliehen hat, war fokussiert auf das Geschlechterverhältnis und hat andere Formen der Diskriminierung wie Klasse und Ethnie außer Acht gelassen. Eine Konzentration, die der „Frauenpower" dienlich war und ist, aber nicht als ausreichende Analyse gesell-

Dennoch scheint vielen Frauen in Frauenzusammenhängen nach wie vor das Bedürfnis gemeinsam, sich in der Gruppe oder auch als Gruppe selbst zu ergründen und Motivforschung in der Hoffnung zu betreiben, „daß es mich/uns weiterbringt", so daß weiterhin ein großes Interesse in diese Richtung vorhanden ist, das aus dem Selbsterfahrungsgedanken inzwischen nicht nur feministischer sondern auch therapeutischer Couleur stammt.

Insbesondere in beruflich organisierten Zusammenhängen ist die Beachtung realer, sozialer und persönlicher Differenzen unter Frauen ebenso wichtig wie die politisch bedeutsamen kollektiven Erfahrungen als Frauen.[12] Probleme im Kontext der Projekte verlangen heute weniger nach allgemeiner Selbsterfahrung und Selbstverwirklichung, sondern nach am Gegenstand der Aufgabe orientierten Ansätzen. Im Falle von Arbeitskonflikten sind – jenseits von Supervision – keine introspektiv ausgerichteten Diskurse, sondern Streitgespräche vonnöten (Sichtermann 1992). Daher sieht Marie Sichtermann geradezu eine Schwierigkeit darin, daß Selbsterfahrung im Sinne von Selbstergründung und Selbstverwirklichung das dominante Kommunikationsmuster in vielen Projekten ist, was arbeitsbezogene Vorgehensweisen erschwert (Sichtermann 1993). Auch Gabriele Freytag (1993b) weist auf unselige Verquickungen von Arbeit, Liebe und Freizeit hin, die entsteht, wenn die Projekte mehr nach Regeln der Selbsterfahrung als nach Regeln beruflicher Verständigung aufgebaut sind. Die zunehmende Institutionalisierung der Arbeit macht die Entwicklung neuer Organisations-, Verhaltens- und Kommunikationsprinzipien notwendig.

Dennoch sollte nicht unterschätzt werden, welche Bedeutung Selbsterfahrung in Frauengruppen – im Sinne eines Austausches privater und vormals tabuisierter Lebenserfahrungen – für die Frauenbewegung und als Initialzündung für die Projekte hatte. Ohne die Privatsphäre zum Politikbereich zu erheben und Erfahrungen über Sexualität, Liebe und Gewalt, Hausarbeit und Doppelbelastung öffentlich auszutauschen, wäre es nicht möglich gewesen, eine Politik zu entwickeln, die an die Interessen und Problemlagen von Frauen anknüpft, statt sie wie bisher auszugrenzen (Meyer 1992). Die Politik in der ersten Person und das Verständnis des Privaten als Politischem verknüpfen Selbstveränderung und kollektiven Protest in einer neuen Weise miteinander und bringen die inneren und die äußeren Verhältnisse „zum Tanzen" (Hänsch 1993). Gleichzeitig wohnt diesem Politikverständnis die Gefahr inne, sich auf Selbstbespiegelung zu beschränken und Veränderungsverlust nach sich zu ziehen, wenn das Persönliche selbst schon als das

---

schaftlicher Mißstände verstanden werden darf, was heute insbesondere von Frauen anderer Ethnien eingeklagt wird (z.B. Muriel 1993).

12   Seit einiger Zeit zu beobachten ist, daß Frauen Machtpositionen nicht nur zu ergreifen, sondern teilweise in rücksichtsloser Manier unter dem Stichwort „Selbstverwirklichung" und mit der Überzeugung von der eigenen Position als einzig richtiger umsetzen (Hagemann-White 1994). Das macht die Idee der Selbstverwirklichung nicht falsch, zeigt aber ihre andere Seite.

Politische mißverstanden und politsches Handeln privatisiert wird (Annecke 1990). Neben dem Verhältnis persönlicher und politischer Veränderungen zueinander ist für die Projekte das Verhältnis zwischen individuellen Entwicklungsprozessen und Belangen der Gruppe respektive des Projektes von essentieller Bedeutung. Aufgrund der Erfahrungen kann beides nicht länger gleichgesetzt, sondern muß zwischen der Selbstverwirklichung einzelner und Projekterfordernissen differenziert werden. Nicht immer ist das, was für die einzelne gut ist, für die anderen und das ganze Projekt gut und umgekehrt. Abstrakt gesehen wird Selbstverwirklichung von den meisten Frauen als etwas interpretiert, das durch die Gruppe ermöglicht wird, nicht selten dominiert jedoch in konkreten Kontexten das Gefühl, Selbstverwirklichung gegenüber der Gruppe durchsetzen zu müssen oder es erscheint gar legitim, das ganze Projekt zum Vehikel eigener Entfaltung zu nutzen. Für die Frauenprojekte bedeutet das, Strukturen zu finden, die der Selbstverwirklichung von Mitarbeiterinnen und Adressatinnen genügend Raum geben, ohne das Projekt, seine politische Zielsetzung und seine professionelle Aufgabe zu gefährden. Neue, positiv besetzte Wertvorstellungen jenseits der Gleichsetzung von individueller und kollektiver Emanzipation sind bisher nicht entwickelt worden. Noch immer steht die Frage im Raum, ob Frauen sich nur als ganzes Geschlecht (sozusagen im Gleichschritt) oder auch als einzelne weiterentwickeln dürfen und können (Flaake 1991a, 1991b).

## Das Ideal der Gleichheit

Gleichheit unter Frauen wurde in der Zeit des Aufbruchs vorausgesetzt und nicht als etwas mühsam Herzustellendes wahrgenommen (Altenkirch 1989). Das Augenmerk war stärker auf die gemeinsame Unterdrückungserfahrung gerichtet als auf die künftige Ausgestaltung von Frauenpolitik und Frauenarbeit. In den frühen Projekten schien das Gleichheitspostulat zunächst problemlos durch basisdemokratische Prinzipien – den Königinnenweg zur Aufhebung von Unterschieden und Hierarchien – umsetzbar.

Es herrschte die Überzeugung vor, daß Frauen jenseits männlich dominierter, von Über- und Unterordnung geprägter Machtsphären, ihre von Egalitätssinn getragene Gemeinschaftsfähigkeit entfalten würden. Das bedeutete für den Projektaufbau, daß vorgegebene Ordnungen mit festgelegten Strukturen und Grenzziehungen oder gar Kontrollsysteme unnötig schienen, da Frauen als frei von Herrschsucht und Machtansprüchen, kooperativ und korrekt, bereit zur Übernahme erforderlicher Aufgaben und Pflichten ohne Druck oder gar Zwang gedacht wurden. Wenn Frauen ihre eigenen Interessen verfolgen könnten, würden sie einander im Sinne einer freien Assoziation von Individuen begegnen, die einen herrschaftsfreien Diskurs pflegen und sich die Arbeit am gemeinsamen Ziel gleichberechtigt teilen. Dominanzgebahren, ausbeuterisches Verhalten oder passive Anspruchshaltungen wurden nicht als Möglichkeit einbezogen, da positive Eindeutigkeit und Pflichtübernahme gegenüber der Gemeinschaft als fraglos gegeben angenommen wurden. Angesichts dieser Erwartungen schien jede Absicherung von Gleichheit überflüssig und in ihrer Folge jede geregelte Verbindlichkeit. Eine derartige Abschottung vor realen Unzulänglichkeiten kann zu hermetischen Verhältnissen innerhalb der Projekte und der Bewegung führen, die desto strikter aufrechterhalten werden müssen, je gefährdeter die ursprünglichen Ziele sind. So weist Edda Uhlmann auf das lähmende und eventuell zerstörerische Moment des Gleichheitspostulates hin:

„Der Anspruch nach Gleichheit kann durchaus zum Würgegriff werden, durch den die Differenz, wenn sie denn in einem Bessersein oder Besserkönnen besteht, vernichtet werden soll." (Uhlmann 1995, S. 217)

Ein Effekt, der sich als Machtausübung nach dem Krabbenkorbmodell beschreiben läßt: Jede einzelne, die versucht, sich hochzuarbeiten, wird von den anderen wieder nach unten gezogen, so daß es keines Deckels bedarf, um alle im Korb zu halten (Hagemann-White 1995).

Damit der Anspruch auf Gleichheit unter Berücksichtigung von Differenzen umgesetzt werden kann, bedarf es sorgfältig hergestellter Rahmenbedingungen: der konkreten Definition von und Einigung über Möglichkeiten und Grenzen von Gleichheit und von Selbstverwirklichung für Förderinnen, Mitarbeiterinnen und Adressatinnen. Die Kunst liegt darin, diese Definitionen nicht so eng zu fassen, daß sie kreative Umgangsformen mit Aufgaben und Problemen verhindern und neue Ideen ersticken oder gar nicht erst aufkommen lassen. Basis dafür ist eine immer wieder auszutarierende Kombination von Vertrauen und Kontrolle, die weitgehend demokratisch organisierbar ist und Einsicht in das Spannungsverhältnis zwischen beiden Idealen voraussetzt.

„Das heißt, Abschied von der Vorstellung einer Gruppe der Identischen zu nehmen, die stets an einem Strang ziehen; anzuerkennen, daß wir als einzelne im Spanungsfeld von Ich- und Wir-Bezogenheit stehen." (Koppert/Lindberg 1993, S. 94)

Barbara Holland-Cunz (1990) folgert daraus, daß eine Ethikdiskussion, die von der derzeitigen Situation der Frauenbewegung und damit auch der Frauenprojekte ausgeht, das Verhältnis von Individuum und Gemeinschaft aufgreifen muß, d.h. von persönlicher Freiheit und Verantwortlichkeit gegenüber der Gruppe. Zur Erhaltung der in die Projekte gesetzten Erwartungen individueller Freiheitssuche und kollektiver Weiterentwicklung ist ein anerkennender Umgang mit Differenzen und die Schaffung von allgemein akzeptierten Konfliktregulierungsmodellen von größter Bedeutung. (Vgl. Meyer 1994, Sichtermann 1993)

## Alte Ideale – neue Utopien

Die ethischen Prinzipien, die in die Frauenprojekte einfließen, konnten in der Praxis nicht bruchlos umgesetzt werden und zeigen manchmal auch gegenteilige Effekte. Dennoch kommt den Idealen, die die Projektziele und -organisation bestimmt haben, eine wichtige Bedeutung als Symbolisierung des Ganzen und als gemeinsamer Bezugspunkt für frauenpolitische Perspektiven zu. Darin enthaltene Größenvorstellungen über Frauen können als eine der Bedingungen für Projektgründungen angesehen werden, die immer mehr als nur eine Abwehrfront gegen patriarchale Zumutungen, sondern immer auch vorweggenommene Utopie sein wollten. Unabhängig davon entwickeln sich diese Größenvorstellungen nicht selten zum Stolperstein für die Entwicklung der Bewegung und ihrer Projekte. Auf das Ende der Idealisierung von Frauen und Frauenprojekten sind unterschiedliche Reaktionen möglich: zum einen verunsichertes Beharren, d.h. auf äußere Faktoren wie unzulängliche Unterstützung begrenzte Problemwahrnehmung, zum anderen zunächst verunsichernde Suche, d.h. neuerliche Reflexion der eigenen Annahmen und Wagnis neuer Wege.[13]

Der derzeitige Umbruch macht neue Utopien notwendig, in die die Erfahrungen mit und unter Frauen einfließen können. Diese Suche nach neuen Utopien erhält in letzter Zeit wieder neue Anstöße, z.B. durch das Themenheft „Utopie" der „Beiträge zur feministischen Theorie und Praxis" (39, 1995).[14] Einerseits werden dort Frauenprojekte explizit als ehemaliges „Stück verwirklichter konkreter Utopie" (Editorial 1995, S. 8) benannt, andererseits werden sie heftig kritisiert (Sprock 1995).[15] Doch die im Editorial (1995) bemängelte Konzentration auf das Machbare scheint mir weniger das Problem als ein Mangel an Orientierung, die dem Machbaren eine Zielrichtung verleihen könnte. Auch in pragmatisches Handeln fließen Werthaltungen ein, die Bruchstücke von Utopie enthalten. So ist wohl auch die Annahme zu verstehen, daß „feministische Utopien und feministische praktische Politik gar nicht zu trennen (sind)" (Editorial 1995, S. 10). Nur reicht

---

13  Ein Beispiel für die Offenheit eines Teils der Projektebewegung für einen kritischen Blick auf die eigenen Strukturen und die Suche nach neuen Wegen einer Verankerung im sozialen Netzwerk ist die Frauenprojektetagung des Dachverbandes der Münchener feministischen autonomen Frauenprojekte 26./27. Okt. 1995.

14  Anliegen der Herausgeberinnen ist, sichtbar gewordene Differenzen und vorhandene Vielfalt ebenso in neue Utopien einzubeziehen, wie Gefahren, die vom Schaffen einer weiteren „schönen, neuen Welt" ausgingen. Daher sollen keine Menschen ausgeschlossen werden.

15  Im Beitrag dieser Autorin wird die Enttäuschung über die Projekte sehr deutlich. Spürbar wütend spricht sie kritische Punkte mit gnadenloser Schärfe an, um am Schluß in etwas versöhnlicherem Ton Verfahrensvorschläge zur Bewältigung entstandener Interessengegensätze zwischen „Arbeitnehmerinnen" und „Arbeitgeberinnen" zu machen. Die Übernahme dieser Begriffe macht deutlich, daß in ihren Augen eines der zentralen Anliegen der Projekte gescheitert ist.

es dann nicht, Widersprüche zwischen Utopie und Politik zu beklagen, sondern es gilt, das Wissen um diese Widersprüche zu nutzen, um realitätsgerechte Maximen zu formulieren, die das eigene So-Sein einbeziehen. Eine solche, aufgeklärte Haltung zu der schmerzlichen Seite der Erfahrungen in Frauenprojekten ermöglicht die zu Recht geforderte gewisse Nüchternheit in Verbindung mit Leidenschaft und Illusionslosigkeit. Sie könnte eine Grundlage für feministische Utopieentwürfe bilden, die keine normativen Endzeitvorstellungen enthalten (Editorial 1995), sondern Entwicklung ermöglichen, indem Rahmenbedingungen für Gerechtigkeit, Konfliktaustragungen und Kreativität unter den Bedingungen von Gleichheit und Anerkennung von Differenzen formuliert werden (vgl. Gerhard 1994b, 1990).

## 3. Sozialpsychologische Prozesse: Idealisierungen des Weiblichen als Voraussetzung und Problem der Projektarbeit

An Frauen als Geschlecht gebundene Phantasien geben Aufschluß über viele Probleme der Projektarbeit. Zugleich wird deutlich, welch wichtige, konstituierende Funktion diesen Phantasien zukommt: Wird der Abschied von Idealisierungen des Weiblichen zu einem Abschied von der symbolischen Bedeutung der Projekte als gemeinschaftsstiftende Orte von Frauen für Frauen und für die Fähigkeit von Frauen, qualitativ Neues zu schaffen? An die Stelle mitreißenden Aufbruchs und euphorischen Verschmelzens ist nicht selten etwas Schweres getreten, das zwar der Ernsthaftigkeit der Themen entspricht, aber ein darüber hinausgehendes generalisiertes, puritanisches Element enthält, eine Art „Lachverbot in Frauenprojekten" (Burgsmüller 1991, S. 42). Das mag damit zusammenhängen, daß die Idealisierung des Weiblichen lange an das Bild von Frauen als Opfer gebunden war und sicher in weiten Bereichen der Frauenpraxis heute noch ist (Prokop 1994).

Zudem scheint die bisherige Idealisierung des Weiblichen auf der psychodynamischen Ebene weitgehend gebunden an symbiotische Wünsche und verknüpft mit entsprechenden Erfahrungen aus der Gründungsphase der Projekte. Das würde das derzeit häufig vorherrschende Schwere in Frauenarbeitskontexten als Ausdruck von verhaltener Wut und Enttäuschungsaggression über die Unerfüllbarkeit der Hoffnungen auf dauerhafte Einheit unter Frauen verständlich machen. Die heutige Situation in den Projekten läßt sich als Zwischenphase verstehen: Die Zeit der Idealisierung ist vorbei, aber es gibt noch nichts Neues, das statt dessen ähnlich positiv besetzt werden könnte.

## Die große Mutter Frauenbewegung und Stufen der Entidealisierung

Die Frauenbewegung und ihre Projekte sind dazu angetan, frühe Mutterübertragungen zu aktualisieren. Spielen doch Frauen als Mütter unter den herrschenden Bedingungen geschlechtlicher Arbeitsteilung die zentrale Rolle als frühe Bezugspersonen, zuständig für Versorgung und Wohlbefinden. Beziehungen unter Frauen, zumal in von Frauen geschaffenen Einrichtungen, sind häufig geprägt von idealisierten Mutterbildern, die auf die Gruppe der Frauen übertragen werden und Schutz und Fürsorge erwarten lassen. Gleichzeitig breiten sich aber auch Phantasien bezogen auf die kontrollierende Seite der Mutter aus, die Eigenständigkeit und abweichende Haltungen ebenso verbieten wie Kontakte zu Männern („big mother is watching you"). Im Bild der Mutter sind Momente der Aufgehobenheit sowie der Bedrohung enthalten, die eine Spannung zwischen der Sehnsucht ineinander aufzugehen und dem Bedürfnis nach Selbsterhaltung und Unabhängigkeit mit sich bringen.

Diese beiden Aspekte von Mütterlichkeit scheinen in zwei Wellen nacheinander die Orte der Frauen zu erfassen. Stand zunächst das gemeinsame Erblühen unter dem wohlwollenden Auge der Mutter im Vordergrund, indem frau sich einander die gute Mutter war und solidarisch zusammenhielt, zeigt diese Mutter nun ihre verbietende Seite und erweist sich zunehmend als unzureichend und überfordernd. Die Gruppe der Frauen bietet keinen sicheren Hafen und keine fraglose Geborgenheit mehr, sondern jede fühlt sich ausgesaugt, alleingelassen und mit unerfüllbaren Ansprüchen überschüttet. Aufgrund der Frustration des Wunsches nach Aufgehobenheit macht sich unersättliche Gier als Ausdruck oraler Aggressivität, gemischt mit analen Zügen von 'Haben-wollen' und Verweigerung breit. Frühe Enttäuschungen auf der Ebene von Objektbeziehungen und verinnerlichte rigide Überich-Ansprüche werden in der Imago der großen feministischen Mutter wiederbelebt, der frau genügen muß und von deren Haßliebe frau sich aufgrund eigener Trennungswünsche und -ängste verfolgt fühlt.

Das Mutterbild der Frauenbewegung trägt Elemente einer Spaltung in gut und böse in sich und verweist auf eine frühe Stufe der Entwicklung, die in Frauenkontexten nicht selten aktualisiert wird. Frauenzusammenhänge sind oft durch Gruppenphantasien gekennzeichnet, die einer frühen, unabgegrenzten Einheit mit der Mutter entstammen und an denen die einzelnen ihrer Lebensgeschichte entsprechend teilhaben: Die einen mehr in der Rolle der strengen, verbietenden Mutter, die anderen eher in der Rolle der sich verweigernden, anspruchsvollen Tochter (vgl. Wülffing 1994).

In den von Frauenprojekten geschaffen Orten spielen neben Reinszenierungen von Mutter-Tochter-Konstellationen Geschwisterrivalitäten eine Rolle, da auch schwesterliche Beziehungsmuster in hohem Maße wiederbelebt werden. Die Schwesternschar, die sich zum Aufstand gegen die Männer (in Verteidigung und Absetzung von den Müttern) und für ein Miteinander unter Frauen zusammengerottet hat, erlebt zunächst in Zeiten des Kampfes und der Empörung Phasen der Einigkeit und des Verschmelzens miteinander, während nach dem Aufbau nicht selten Phasen der Auseinandersetzung bis hin zum Auseinanderbrechen folgen.[16]

Innere Unabhängigkeit von frühkindlichen Beziehungsmustern setzt eine Überwindung der Spaltung sowohl des Mutterbildes als auch des Selbstbildes in eine zumeist bewußte, fürsorgliche und eine häufig verleugnete, aggressive Seite voraus. Die Gruppe der Frauen müßte Frauen die Chance bieten, ihre Bemächtigungswünsche und aggressiven Regungen zeigen und in Grenzen ausleben zu dürfen in der Gewißheit, damit weder die Gruppe zu zerstören, noch selbst hinausgedrängt zu werden. Frauen könnten dann im eigenen Erleben zur aktiv Handelnden – zur „Täterin" – werden und Verantwortung für die persönliche Lebensgestaltung im Rahmen des gesellschaftlich Möglichen selbst tragen (Rohde-Dachser/Menge-Herrmann 1995). Die Konzeptualisierung von Frauen nicht nur als Opfer und Bedürftige, sondern als Akteurinnen und „Herrinnen" ihrer selbst bedeutet, sich selbst als Frau nicht länger zu verharmlosen, sondern als mit Macht und aggressiver Potenz ausgestattet zu erleben (Gambaroff 1995). Die darin enthaltene Durchsetzungskraft ermöglicht Selbstbehauptung; der Weg dahin erfordert aber nach Marina Gambaroff (1984) unweigerlich eine Auseinandersetzung mit dem Entsetzen vor sich selbst angesichts eigener zerstörerischer Regungen.

Es stellt sich die Frage, ob die Projekte und mit ihr die Frauenbewegung in der Lage sein werden, diese negierte und gefürchtete Dimension des Weiblichen in sich aufzunehmen. Denn der Blick auf die verborgene Seite der Frauen ist schwer erträglich, weil er die in gut und böse aufgeteilten Geschlechterbilder problematisiert und die Gruppe der Frauen selbst als Heimat und Ort weiblicher Entfaltung ins Wanken geraten läßt (vgl. Benjamin 1981). Gerade die einseitige Thematisierung männlicher Unterdrückung und weiblicher Unterdrücktheit hat Frauen geeint und Erfolge für Frauen gezeitigt. Doch der Wunsch nach der guten Welt drinnen – unter den Frauen –, angesichts der bösen Welt draußen – unter der Vorherrschaft der Männer –, erweist sich als illusorisch. Christa Wolfs „Kein Ort – nirgends" prägt die Gruppenstimmung, und ihre in „Kassandra" entworfene Utopie einer glücklichen Höhle der Frauen entschwindet.

---

16  Viele Konflikte in Frauenarbeitszusammenhängen sind zerstörerisch, geprägt von früher, narzistischer Wut über gescheiterte Allmachtsphantasien, wo es noch keine ausreichende Gewißheit beidseitigen Überlebens gibt und dem Kampf daher etwas Archaisch, Grenzenloses anhaftet. Diese Gefährlichkeit von Frauen findet Ausdruck in dem zunehmend populären Slogan „sisterhood is powerful, it can kill you". Er erlaubt eine Neuinterpretation des alten Slogans „Frauen gemeinsam sind stark", denn Stärke hat beide Seiten, sie kann entweder nutzbringend oder schadend verwandt werden.

Der Traum „von einer vollkommenen Gleichheit und Wechselseitigkeit" (Benjamin 1993, S. 81) verkörpert durch die Mutterfigur, respektive die sie repräsentierende Gruppe der Frauen, muß aufgegeben werden.[17] Frauen stehen dann vor der Schwierigkeit, sich in einer Welt ohne phantasierte Mutter zurechtzufinden und eine eigene Welt zu konstituieren, jenseits von Allmachts- und Größenphantasien und ohne Entwertung einmal gehegter Hoffnungen und vormaliger Sehnsüchte.

„Die wirkliche Alternative zur defensiven Allmachtsphantasie bildet die Trauerarbeit [...]. Und Trauer ermöglicht Handlungen zur Wiedergutmachung, die nicht vollkommen sein müssen, um den expressiven Raum wieder herzustellen, der uns mit einem verständnisvollen Anderen verbindet." (Benjamin 1993, S. 82)

Voraussetzung dazu ist auf der individualpsychologischen Ebene eine ausreichende innere Repräsentanz der guten Mutter, die das Selbst befähigt, die Abwesenheit einer immer vorhandenen äußeren Zufluchtsmöglichkeit zu ertragen. Bezogen auf die Frauenprojekte könnte das bedeuten, an den positiven Seiten der Anfangszeit festzuhalten – das ehemals Gute nicht zu entwerten. Gerade wenn sich frauenbewegte Praxis sowie feministische Theoriebildung von der Idealisierung des Weiblichen verabschieden, ist es wichtig, sich deren Bedeutung bewahrend vor Augen zu führen. Christa Rohde-Dachser versteht die positive Besetzung des Frauenbildes als

„unerläßliche(n) Schritt (wenn auch vermutlich ein(en) Zwischenschritt) auf dem Wege der Befreiung von Frauen aus ihrer Verstrickung in die [...] patriarchalischen Denkstrukturen und der dazu notwendigen Versicherung des Wertes ihres eigenen Geschlechts" (Rohde-Dachser 1991, S. 264).

Eine Auseinandersetzung mit dem idealisierten Frauenbild sollte nicht nur seine Wirkung als Bindungsfaktor umfassen, sondern ebenso damit verbundene Vorstellungen und Ziele in der Frauenarbeit und -politik. Inhaltlich orientierte Debatten werden jedoch erschwert, wenn sie zu stark von gruppendynamischen Prozessen überlagert werden: Sei es, weil sich die Ziele als unerreichbar erweisen, in alltäglichen Beziehungsverstrickungen untergehen oder sonst an prägender Kraft verlieren. Der schleichende Verlust von Zielen (Ich – die Gruppe – das Ziel) fördert den Rückfall in symbiotische Strukturen (Ich – die Gruppe) am stärksten dort, wo das gemeinsame Dritte am undeutlichsten ist. Das größte Problem dieser regressiven, inhaltliche Auseinandersetzungen erschwerenden Beziehungsform ist neben dem Verlorengehen der frauenpolitischen Aufgabe der Verlust des notwendigen inneren Raumes zur Unterscheidung zwischen Phantasie und Realität, aus

---

17  Jessica Benjamin bezieht ihre Analyse auf die individuelle Ablösung. Eine Übertragung auf Gruppenprozesse ist nicht unproblematisch, da zu den intrapsychischen interpsychische Phänomene hinzu kommen, dennoch eine nicht unübliche Hilfskonstruktion (vgl. Oberhoff 1994, Finger-Trescher 1991), da es durchaus Parallelen zwischen individuellen und kollektiven unbewußten Phantasien gibt (Rohde-Dachser 1991, Kap.15).

dem sowohl Kreativität als auch angemessenes Handeln erwachsen. Denn diese Unterscheidungsfähigkeit basiert auf einer klaren Differenzierung zwischen dem Ich und den Anderen, die gegenseitige Anerkennung erst ermöglicht und Voraussetzung jeder Selbstentfaltung ist (Benjamin 1993).

*Projektdynamik zwischen Verschmelzung und Selbstwerdung*

Auf der manifesten Ebene wollen Frauen in den Projekten und anderen Frauenzusammenhängen ihre Autonomie stärken und ihre Selbstverwirlichung erproben, auf der latenten Ebene hingegen scheint es jenseits bewußter Intentionen einen starken Wunsch nach symbiotischen Beziehungen zu geben, denen das Ideal der Gleichheit Vorschub leistet. Hinweise auf derartige Beziehungsmuster bietet die für Frauenzusammenhänge typische, tendenziell grenzenlose Art des Umgangs miteinander, die den Charakter einer Implosion oder einer Explosion annehmen kann, indem die Gruppendynamik entweder auf Verschmelzen oder Ausstoßen zuläuft (Sichtermann 1993). Das Moment des Bodenlosen wird verstärkt durch die uneindeutigen Strukturen vieler Projekte, die vom Wunsch nach persönlicher Repräsentation des Ganzen bestimmt sind – als grandiose Ausformung der Politik in erster Person und in Maximen wie „alle machen/können alles" ihren Niederschlag finden. Es soll keine Unterscheidung zwischen der eigenen Person und dem Projekt geben; alles, was mit dem Projekt zu tun hat, hat mit der eigenen Person zu tun und alle eigenen Vorstellungen sollen in dem Projekt zum Ausdruck kommen. Dabei darf das Projekt nicht größer sein und nicht mehr umfassen als die Gruppe der Frauen, die es geschaffen hat und aufrechterhält; sie verkörpert das Projekt oder es existiert nicht. In der Aufbauphase kann durch diese Gleichsetzung eine große, innovative Kraft freigesetzt werden (Oberhoff 1994, Benjamin 1993), die wesentlich zur Verwirklichung des Projektes beiträgt, sozusagen seine Geburtsstunde bedeutet. Aber danach bedarf es einer gewissen Eigenständigkeit der Zielsetzung, die nicht umstandslos in dem Verwirklichten aufgeht, sondern darüber hinausweist. In der Phantasie einer Einheit von Projekt und Mitarbeiterinnen ist kein Raum für das Projekt als eine dritte Größe. Auch in mittlerweile stark professionalisierten, arbeitsteiligen Projekten können Unzufriedenheit oder innere Aufgabe des Projektes Resultat dieser verlorengegangenen Gleichsetzungsphantasie sein.

Als unumgänglich erkannte organisatorische und inhaltliche Entwicklungsprozesse sollten – nach einer Phase des Abschiednehmens – zugunsten der Aufrechterhaltung des Projektes positiv besetzbar sein (vgl. Sichtermann 1993). Voraussetzung dafür ist, reale Schwierigkeiten zur Kenntnis zu nehmen, ohne in der Wut oder Enttäuschung gegenüber Projekt, Team oder Adressatinnen steckenzubleiben. Dazu bedarf es der ausreichenden Trennung zwischen Gefühlen und Projekt, zwischen Phantasie und Realität. Dann können Grenzziehungen flexibel gehandhabt werden und haben nicht länger etwas Starres, da sie weniger dem Sog regessiver Wünsche entgegengehalten werden müssen. Begrenzung ermöglicht Vielfalt durch Begegnung mit der Realität jenseits innerer Verstrickungen und ist daher Voraussetzung für eine größere Handlungsfähigkeit (Berger 1989). Zwischen angstvollem Verharren und ängstigendem Zerfließen werden psychodynamische Bewegung und handlungsorientierte Auseinanderzusetzung mit der Welt wie sie ist möglich, da genügend Raum zwischen dem Selbst und den Objekten geschaffen werden kann.

Ein erster Schritt in Richtung Wahrung der eigenen Identität kann unter Umständen in derzeit beobachtbaren Phänomenen der Verweigerung wie in lähmendem Schweigen gesehen werden (Teckentrup 1995). Dem Verharren in diesem Stadium haftet etwas Trotziges an und Trotz bildet nach Gabriele Teckentrup eine Zwischenstufe, die dem Festhalten an einem Ort zwischen Autonomie und Bindung entspricht und einen kreativen Vorstellungsraum zu eröffnen vermag.

„Trotz wird dann eine befreiende und kreative Wirkung haben, wenn in dem Abstand, den er zu dem anderen herstellt, nicht Angst, Schuld und Scham vorherrschen, sondern die aggressiven Kräfte einen Raum bekommen, in dem sich die Erfahrungen von neuen Fähigkeiten und Eigenschaften entfalten können, die dann in das Selbst integriert werden. (Teckentrup 1995, S. 69).

Welche Richtung diese Zwischenphase letztendlich nimmt, dürfte im wesentlichen davon abhängen, wie sehr es gelingt, die positive Besetzung einst gesteckter Ziele aufrechtzuerhalten und in den äußeren Entwicklungen und inneren Dynamiken auch neue Möglichkeiten und nicht nur Gefahren zu sehen.

Die Gemeinschaft der Frauen muß sich unter neuen Voraussetzungen als fruchtbar erweisen. Es geht nicht länger um den Zusammenschluß als Leidende und Zu-kurz-Gekommene, sondern um Interessengruppen von Frauen, die sich trotz aller Unterschiede zu gemeinsamem Tun zusammenfinden und etwas erreichen wollen. Bisher hat eher Leid die Frauen verbunden und positive Gefühle geweckt, während Lust und Können nicht gerade ansteckend schienen, da sie schwerer zu vereinheitlichen sind und einzelne aus der Gruppe hervorheben. Neid verliert erst dann seinen destruktiven Stachel, wenn das Beneidete erlangbar und selbst einmal besessen werden kann, d.h. mit der Idee eigener Entwicklungsfähigkeit verknüpft ist (König 1995). Derzeit herrscht jedoch noch eine große Ambivalenz gegenüber weiblicher Stärke und Macht, geprägt von einer zumeist geheimen Sehnsucht nach starken Führerinnen und gepaart mit der Bereitschaft, sie aufgrund eigener Bedürfnisse nach Unabhängigkeit zu bekämpfen (Sichtermann 1993).

Frauen können jedoch nur dann frauenpolitisch weiterkommen, wenn Verschiedenheit in Überzeugungen, Fähigkeiten und Persönlichkeitsstrukturen akzeptiert werden und gleichzeitig das Wissen um die Ähnlichkeit aller Frauen vorhanden ist. Jede Frau verfügt über gute und böse, gewinnbringende und schädliche Anteile und ist in der Lage zu Liebe und zu Haß. Die Anerkennung des Trennenden und des Verbindenden in einer Person macht einen intersubjektiven Raum erforderlich, in dem Symbolisierungen stattfinden können (Benjamin 1993). Dann vermag sich eine Gruppe der „von Welt erfüllten und in die Welt hineinschreitenden" (Rohde-Dachser 1991, S. 283) Frauen zu entwickeln, die sich auf die Suche nach einem eigenen inneren und äußeren Ort jenseits patriarchaler Festschreibungen aber auch jenseits weiblicher Idealisierungen und Entwertungen begeben und sowohl den Blick auf die gesellschaftliche Realität der Frauen als auch auf die eigenen Verstrickungen werfen können (vgl. Holderberg/Mielke 1995).

## 4. Resümee: Von der Idee zur Bewegung zur Praxis

Die Neudefinition des Politischen und das Einbeziehen des Privaten hat die Projektebewegung ermöglicht und macht weiterhin den Stachel der neuen Frauenbewegung aus, da sie

„die herkömmlichen Formen des Politischen als Verkehrsform öffentlicher Angelegenheiten in Frage gestellt und zu beeinflussen gesucht hat." (Gerhard 1995, S. 252)

Dafür stehen die Themen der Projekte – wie „private" Gewalt gegen Frauen und Mädchen und ebenso ihre Suche nach neuen Organisationformen der Anliegen von Frauen. Weibliche Lebenserfahrungen sind nicht nur öffentlich gemacht, sondern Ansätze zu deren Bewältigung geschaffen worden. Doch das sprengende Moment der Frauenanliegen ist durch die zunehmende politische Umformung dem „schleichenden Prozeß institutionellen Vergessens" (Eckart 1995, S. 84) ausgesetzt.

Auf der Ebene psychodynamischer Prozesse gilt es, die Entidealisierung des Weiblichen auszuhalten, ohne zur Idealisierung des Männlichen zurückzukehren, d.h. etwas Neues jenseits der herrschenden Geschlechterpolarität zu suchen. Das Schwierige daran ist, die sichtbar werdende Unvollkommenheit der Frauen zu ertragen und gleichwohl den Aufbruch der Frauen aus ihrer Situation als „Zweitem Geschlecht" weiter zu betreiben.[18] Die Desillusionierung in der Arbeit mit und für Frauen ist möglicherweise gerade den

---

18  Eine Fähigkeit, die Männer Frauen vorauszuhaben scheinen, denn Männer haben die Idee der Vorrangigkeit ihres Geschlechtes aufgrund von Mißerfolgen und sichtbar gewordenen Schwächen bisher nicht freiwillig aufgegeben.

Erfolgen der Frauenbewegung geschuldet, da sie Frauen nicht nur als Protestierende, sondern als in vielen öffentlichen Bereichen Handelnde, sichtbar machen (Brückner 1994d). Die damit einhergehende unausweichliche Präsentation von Schwächen und Problemen kann einen ausschließlich negativen Spiegel für Frauen darstellen, wenn die Zerstörung des Ideals des ganz Anderen nicht auch als Chance für etwas Neues im Bestehenden gesehen werden kann. (Rohde-Dachser 1991, Kap.15).[19] Ohne psychisches, soziales und politisches Beharrungsvermögen in Zeiten von Stagnation und Rückschritten lassen sich keine zukünftigen Handlungsperspektiven entwickelen (Gerhard 1994a). Die Projekte bedürfen zur Absicherung ihrer politischen Intention gesellschaftspolitischer Perspektiven, um das Ziel der Emanzipation – die Chance zu einem eigenständigem Leben – nicht aus dem Auge zu verlieren (List 1993).

Die Frauenprojekte stehen vor dem Dilemma, daß sie einerseits gegen die Gesellschaft kämpfen, um ihre Forderungen durchzusetzen, andererseits auf die Anerkennung eben dieser Gesellschaft zur Realisierung ihrer Initiativen angewiesen sind (Schuijt 1995). Anerkennung in Form erfolgreicher öffentlicher Förderung zieht angesichts der Verberuflichung und damit einhergehender Abhängigkeit von Staat und/oder Markt zwangsläufig eine wachsende Einbindung in bestehende Strukturen nach sich. Das legt nahe, das dualistische Weltbild von „Anderssein" und „Gleichsein", von „deren Gesellschaft" und „unserer Gesellschaft" zugunsten einer kritischen Position innerhalb der Gesellschaft aufzugeben (Effinger/Körber 1994). Einst starre Grenzen zwischen autonomen und institutionalisierten Politikformen lösen sich innerhalb und außerhalb der Frauenbewegung zunehmend auf. Dennoch hat sich die Frauenbewegung keineswegs verflüchtigt, sondern vervielfältigt (Gerhard 1995, Jansen/Baringhorst/Ritter (Hg.) 1995).

Von der autonomen Frauenbewegung und ihren Projekten sind wegweisende Impulse ausgegangen. Aber ihre Positionen und Anliegen hätten sich nie so verbreiten können, wenn sie nicht von Frauen (und Männern) in anderen gesellschaftlichen Bereichen aufgegriffen worden wären, beziehungsweise Feministinnen nicht Zugang zu Institutionen erlangt hätten und dort Einfluß nehmen könnten. Konsequenz dieser Vielfalt ist, daß es derzeit keine exklusiven Orte feministischer Politik und feministischen Denkens mehr gibt, mit allen Vor- und Nachteilen, Chancen und Gefahren, die das in sich birgt. Daher scheint eine politische Doppelstrategie angemessen: Beharren auf eigenen Räumen aus begründbaren, spezifischen Interessen oder Benachteiligungen und gleichzeitig das Bestreben, einer eigenständigen, gesellschaftlichen Teilhabe in allen Bereichen.

---

19 Dieser Prozeß wird für Frauen leichter, je weniger die Müttergeneration dem alten Frauenideal weiblicher Selbstaufgabe entspricht. Das erleichtert, „einen eigenen Weg als Frau zu gehen, ohne innerlich beständig zwischen der aggressiven Verteidigung des Aufbruchs und unbewußten Schuldgefühlen hin- und hergerissen zu sein" (Düring 1995).

# Literaturverzeichnis

Altenkirch, Brigitte (1989): Die Moral des Nichtverletzens in Arbeitsbeziehungen von Frauen. In: Projekt offene Frauenhochschule (Hg.): Frauen untereinander. Wuppertal; Selbstverlag

Annecke, Ute (1990): Das Echo patriarchaler Ergänzungsmoral zwischen Frauen. In: Beiträge zur feministischen Theorie und Praxis 28

Beauvoir, Simone de (1968): Das andere Geschlecht. Frankfurt; Fischer Verlag

Beck, Ulrich (1986): Risikogesellschaft. Frankfurt; Suhrkamp Verlag

Becker-Schmidt, Regina (1985): Probleme einer feministischen Theorie und Empirie in den Sozialwissenschaften. In: Feministische Studien 2

Benhabib, Seyla/Butler, Judith/Cornell, Drucilla/Fraser, Nancy (1993): Der Streit um die Differenz. Feminismus und Postmoderne in der Gegenwart. Frankfurt; Fischer Verlag

Benjamin, Jessica (1981): Die Antinomien des patriarchalischen Denkens. In: Wolfgang Bonß/Axel Honneth, Sozialforschung als Kritik. Frankfurt; Suhrkamp Verlag

– (1990): Die Fesseln der Liebe. Frankfurt, Basel; Verlag Roter Stern

– (1993): Phantasie und Geschlecht. Studien über Idealisierung, Anerkennung und Differenz. Basel, Frankfurt; Verlag Stroemfeld/Nexus

Berger, Margarete (1989): Zur Bedeutung des „Anna-selbdritt"-Motivs für die Beziehung der Frau zum eigenen Körper und zu ihrem Kind. In: Mathias Hirsch (Hg.): Der eigene Körper als Objekt: Zur Psychodynamik selbstdestruktiven Körperagierens. Berlin, New York; Springer Verlag

Bion, Wilfried, R. (1971): Erfahrungen in Gruppen und andere Schriften. Stuttgart; Enke Verlag

Brandau, Heidrun/Hagemann-White, Carol/Haep, Margreth/del Mestre, Annette (1990): Wege aus Mißhandlungsbeziehungen. Pfaffenweiler; Centaurus Verlag

Brückner, Margrit (1982): Eine Zwischenbilanz: Gewalt gegen Frauen und Frauenhäuser. In: Literatur Rundschau

– (1987a): Die Entwicklung der Frauenhausbewegung im Spiegel ihrer Veröffentlichungen (seit 1980). In: Sozialwissenschaftliche Literatur Rundschau 15

– (1987b): Die janusköpfige Frau. Frankfurt; Neue Kritik

– (1990a): Vom schwierigen Umgang mit Enttäuschung: Frauenhäuser zwischen Selbsthilfe und Professionalisierung. In: Burkhard Müller/Hans Thiersch (Hg.): Gerechtigkeit und Selbstverwirklichung. Freiburg; Lambertus Verlag

– (1990b): Grenzgänge zwischen gesellschaftlichen Ursachen und restitutiven Interventionen. In: Christian Büttner u.a. (Hg.): Psychoanalyse und soziale Arbeit. Mainz; Mathias Grünewald Verlag

– (1991a): Reflexionen über das Andere der Frauenprojekte. In: Frauenforschung 1/2

291

- (1991b): Betroffene Frau, bezahlte Hausfrau, Expertin oder...? Identitätssuche in Frauenprojekten. In: Sozial Extra 10
- (1991c): Von der Aneignung weiblicher Lebensräume oder die Frau in der Tapete. In: Kulturanalysen 1
- (1992): Frauenprojekte zwischen geistiger Mütterlichkeit und feministischer Arbeit. In: Neue Praxis 6
- (1994a): Probleme und Chancen der Professionalisierung der Frauenbewegung - am Beispiel der Frauenhäuser. In: Akademie für Sozialarbeit und Sozialpolitik e.V. (Hg.): Soziale Gerechtigkeit, Lebensbewältigung in der Konkurrenzgesellschaft Bielefeld; Böllert, KT-Verlag
- (1994b): Abschlußbericht des Frauenforschungsprojekts „Qualifikationsanforderungen in Frauenprojekten" unter Mitarbeit von Karin Krah, unveröff.
- (1994c): Beziehungsverstrickungen in der Frauenarbeit im Sozial- und Bildungsbereich. In: Institut für Sozialpädagogische Forschung Main e.V. (Hg.): Differenz und Differenzen: Zur Auseinandersetzung mit dem Eigenen und dem Fremden im Kontext von Macht und Rassismus bei Frauen. Bielefeld; Böllert, KT-Verlag
- (1994d): Geschlecht und Öffentlichkeit – Für und wider das Auftreten als Frau oder als Mensch. In: Margrit Brückner/Birgit Meyer (Hg.): Die sichtbare Frau. Freiburg; Kore Verlag
- (1996): Gewalt gegen Frauen ohne Ende - Auf der Suche nach feministischen Perspektiven. In: Sozialmagazin (erscheint demnächst)
Brückner, Margrit/Holler, Simone (1990): Frauenprojekte und soziale Arbeit. Frankfurt; Schriftenreihe der Fachhochschule Fankfurt
Buckwar, Claudia/Schild, Steffi (1993): Wir haben unsere eigene Frauenprojektebewegung. In: Renate Rieger (Hg.) a.a.O.
Burgsmüller, Claudia (1991): Frauenprojekte zwischen Lachverbot, Egozentrismus und Affidamento. In: Silvia Henke/Sabina Mohler (Hg.): Wie es ihr gefällt VI. Freiburg; Kore Verlag
Chodorow, Nancy (1985): Das Erbe der Mütter, München; Piper Verlag
Chrysanthou, Traude/Markert, Katahrina/Missal, Jutta/Peterssen, Anke/Rieger, Renate (1993): Frauenprojektegeschichte gegen den Strich gebürstet. In: Renate Rieger (Hg.) a.a.O.
Clausen, Gisela (1993): Konflikte bewältigen, Supervision und Organisationsentwicklung in Frauenprojekten. In: Claudia Koppert (Hg.) a.a.O.
Cohen, Jean L. (1994): Das Öffentliche und das Private neu denken. In: Margrit Brückner/Birgit Meyer (Hg.): Die sichtbare Frau, Freiburg; Kore Verlag
Davis, Kathy (1991): Die Rhetorik des Feminismus. Ein neuer Blick auf die Gilligan-Debatte. In: Feministische Studien 9
Devereux, Georges (1967): Angst und Methode in den Verhaltenswissenschaften.München; Hanser Verlag
Diezinger, Angelika/Kitzer, Hedwig/Anker, Ingrid/Bingel, Irmgard/Haas, Erika/Odierna, Simone (Hg.) (1994): Erfahrung mit Methode, Freiburg; Kore Verlag
Dinnerstein, Dorothy (1979): Das Arrangement der Geschlechter, Stuttgart; Deutsche Verlagsanstalt
Dormagen, Christel (1993): Von Macherinnen und Mitmacherinnen. Erfahrungen im Courage-Kollektiv. In: Claudia Koppert (Hg.) a.a.O.

Düring, Sonja (1993): Widerstreitende Gefühle, eine Geschichte zur Mißbrauchsdebatte. In: pro familia magazin 6
– (1995): Der Bruch mit der Mutter. In: Hamburger Arbeitskreis für Psychoanalyse und Feminismus (Hg.): Evas Biss. Weibliche Aggressivität und ihr Wirken. Freiburg; Kore Verlag
Eckart, Christel (1995): Feministische Politik gegen institutionelles Vergessen. In: Feministische Studien 1
Editorial (1995): Ausflüge nach Utopia - Ein Diskussionsprozeß. In: Beiträge zur feministischen Theorie und Praxis 39
Effinger, Herbert (1993): Von der politischen zur professionellen Identität. In: Journal für Sozialforschung 1
Effinger, Herbert/Körber, Klaus (1994): Professionalisierung im intermediären Bereich. In: Neue Praxis 1
Feministische Mädchenarbeit e.V. (1993): Jahresbericht
Flaake, Karin (1989): Berufliche Orientierungen von Lehrerinnen und Lehrern. Frankfurt, New York; Campus Verlag
– (1991a): Weibliches und männliches Denken und Handeln - Differenzen und Komplementaritäten am Beispiel des Verhältnisses zu Einflußnahme und Machtausübung. In: Walter Herzog/Enrico Violi (Hg.): beschreiblich weiblich - Aspekte feministischer Wissenschaft und Wissenschaftskritik, Zürich; Rüegger Verlag
– (1991b): Frauen und öffentlich sichtbare Einflußnahme. In: Feministische Studien 1
– (1993): Lieber schwach, aber gemeinsam als stark, aber einsam? In: Claudia Koppert (Hg.) a.a.O.
– (1994): Die „andere Stimme" - verborgen im Hintergrund? Das Verhältnis zu Einflußnahme und Machtausübung im Arrangement der Geschlechter. In: Kramer/Menzel/Möller/Standhartinger (Hg.) a.a.O.
Flaake, Karin/King, Vera (Hg.) (1992): Weibliche Adoleszenz. Zur Sozialisation junger Frauen. Frankfurt, New York; Campus Verlag
Finger-Trescher, Urte (1991): Wirkfaktoren der Einzel- und Gruppenanalyse, Stuttgart, Bad Cannstatt; frommann-holzboog Verlag
Foulkes, S.H. (1986): Gruppenanalytische Pschotherapie. Frankfurt; Fischer Verlag
Frauenberatung Wien (Hg.) (1993): Zusammenspiel und Kontrapunkt, Frauen-Team-Arbeit. Wien; Wiener Frauenverlag
Freytag, Gabriele (1993a): Die große und die kleine Freiheit, Sieben Thesen über die Ähnlichkeit von Hausarbeit und Projektarbeit. In: Claudia Koppert (Hg.) a.a.O.
– (1993b): Ethik im Frauenprojekt - Spannungsfelder weiblicher Freiheit. In: Eva Arnold/Ute Sonntag: Ethik in Therapie und Beratung, Tübingen; DGVT-Verlag
– (1994): Was ist feministische Therapie? In: Zeitschrift für Frauenforschung 4
Gambaroff, Marina (1984): Emanzipation macht Angst. In: Dies., Utopie der Treue, Reinbek; Rowohlt Verlag
– (1995): Psychoanalytische Überlegungen zu einem verschlossenen Bereich weiblicher Macht. Frauen und Destruktivität. In: Hamburger Arbeitskreis für Psychoanalyse und Feminismus (Hg.): Evas Biss. Weibliche Aggressivität und ihr Wirken, Freiburg; Kore Verlag

Gerhard, Ute (1990): Gleichheit ohne Angleichung. Frauen im Recht. München; Piper Verlag

– (1991): Verborgene Parallelen zwischen alter und neuer Frauenbewegung. In: Forschung Frankfurt 3

– (1992): Westdeutsche Frauenbewegung zwischen Autonomie und dem Recht auf Gleichheit. In: Feministische Studien 2

– (1994a): Frauenbewegung und Frauenpolitik in der BRD. Wo stehen wir heute? In: Ilse Modelmog/Ulrike Gräßel (Hg.): Konkurrenz und Kooperation: Frauen im Zwiespalt? Münster, Hamburg; Lit Verlag

– (1994b): Feminismus zu Recht. In: Margrit Brückner/Birgit Meyer (Hg.): Die sichtbare Frau, Freiburg; Kore Verlag

– (1995): Die „langen Wellen" der Frauenbewegung - Traditionslinien und unerledigte Anliegen. In: Regina Becker-Schmidt/Gudrun-Axeli Knapp (Hg.): Das Geschlechterverhältnis als Gegenstand der Sozialwissenschaften. Frankfurt, New York; Campus Verlag

Gildemeister, Regine/Wetterer, Angelika (1992): Wie Geschlechter gemacht werden. Die soziale Konstruktion der Zweigeschlechtlichkeit und ihre Reifizierung in der Frauenforschung. In: Gudrun-Axeli Knapp/Angelika Wetterer (Hg.): Traditionen. Brüche. Entwicklungen feministischer Theorie, Freiburg; Kore Verlag

Gilligan, Carol (1984): Die andere Stimme. München, Zürich; Piper Verlag

Gröning, Katharina (1993): Beratung für Frauen. In: Neue Praxis 3

Hagemann-White, Carol (1992): Strategien gegen Gewalt im Geschlechterverhältnis. Pfaffenweiler; Centaurus Verlag

– (1994): Feministische Wissenschaft und feministische Herrschaft. Zum Problem einer Familialisierung von Macht. In: Ilse Modelmog/Ulrike Gräßel (Hg.): Konkurrenz und Kooperation: Frauen im Zwiespalt? Münster, Hamburg; Lit Verlag

Hagemann-White, Carol u.a. (1981): Hilfen für mißhandelte Frauen. Abschlußbericht der wissenschaftlichen Begleitung des Modellprojekts Frauenhaus Berlin. Stuttgart; Klett Verlag

Hänsch, Ulrike (1993): Frauenprojekte im Zustand kollektiver Ermüdung und erfolgsorientierter Anpassung. In: Beiträge zur feministischen Theorie und Praxis 35

Haustein, Petra (1995): Zwischen eigentlich Notwendigem und aktuell Machbarem - Eindrücke der aktuellen Lage von Frauenprojekten und des frauenpolitischen Klimas im Jahr 5 der Einheit. In: Rundbrief a.a.O.

Heiliger, Anita (1994): Feministische Mädchenarbeit als Ansatz gegen (geschlechts)-hierarchische Wertorientierungen. In: Zeitschrift für Frauenforschung 1+2

Heinrich, Karin u.a. (1990): Zwischen Alltagsfrust und Größenwahn. Weinheim; Deutscher Studienverlag

Helfer, Inge (1971): Die tatsächlichen Berufsvollzüge der Sozialarbeiter, Arbeitshilfen H.3. Frankfurt; Schriftenreihe des Deutschen Vereins - Selbstverlag

Helfferich, Cornelia (1994): Die „Austreibung des Patriarchats unter der Haut". In: Margrit Brückner/Birgit Meyer (Hg.): Die sichtbare Frau, Freiburg; Kore Verlag

Henschel, Angelika (1993): Geschlechtsspezifische Sozialisation – eine Studie im Frauenhaus. Mainz; Mathias Grünewald Verlag

Hömberg, Barbara (1995): Geteilte Schwestern? Die Zusammenarbeit in der Ost- und Westfrauenbewegung. In: Rundbrief a.a.O.

Holderberg, Angelika/Mielke, Erika (1995): Schlaglichter. Weibliche Aggressivität – männliche Zuschreibungen – weibliche Identifikation. In: Hamburger Arbeitskreis für Psychoanalyse und Feminismus (Hg.): Evas Biss. Weibliche Aggressivität und ihr Wirken, Freiburg; Kore Verlag

Holland-Cunz, Barbara (1990): Konturen einer politischen Ethik der Konfliktbearbeitung. In: Beiträge zur politischen Theorie und Praxis 28

Hopf, Christel (1991): Qualitative Interviews in der Sozialforschung. In: U. Flick/E. Kardoff/H. Keupp/L. Rosenstil/S. Wolff (Hg.): Handbuch qualitativer Sozialforschung, München; Psychologie Verlags Union

Jansen, Mechthild M./Baringhorst, Sigrid/Ritter, Martina (Hg.) (1995): Frauen in der Defensive? Zur backlash-Debatte in Deutschland. Münster; Lit Verlag

Jung, Dörthe (1993): Das Experiment Frauenbewegung. In: Renate Rieger (Hg.) a.a.O.

– (1995): Der diskrete Eintritt in die Macht. In: Hessische Landeszentrale für politische Bildung u.a. (Hg.): FrauenStadtGeschichte z.B.: Frankfurt am Main. Königstein; Ulrike Helmer Verlag

Kavemann, Barbara (1995): „Das bringt mein Weltbild durcheinander." Frauen als Täterinnen in der feministischen Diskussion sexueller Gewalt. In: Michele Elliott (Hg.): Frauen als Täterinnen, Ruhnmark; Donna Vita Verlag

Kernberg, Otto (1988): Innere Welt und äußere Realität, München, Wien; Verlag Internationale Psychoanalyse

Kieper-Wellmer, Marianne (1991): Wo Frauen unter sich sind, Überlegungen zu Struktur, Beziehung und Macht in frauendominierten sozialpädagogischen Einrichtungen. In: Supervision 20

König, Karl (1995): Charakter und Verhalten im Alltag. Göttingen, Zürich; Verlag Vandenhoeck & Ruprecht

Kontos, Silvia (1989): „Von heute an gibt's mein Programm" – Zum Verhältnis von Partizipation und Autonomie in der Politik der neuen Frauenbewegung. In: Neue Soziale Bewegungen 53

Konnertz, Ursula (Hg.) (1991): Grenzen der Moral, Tübingen; edition diskord

Koppert, Claudia (Hg.) (1993): Glück, Alltag und Desaster, Berlin; Orlanda Verlag

Koppert, Claudia/Lindberg, Birgit: Projekte der Moderne, zu zwanzig Jahren feministischer Zusammenarbeit. In: Koppert, Claudia (Hg.) (1993) a.a.O.

Krah, Karin (1993): Zeitbudgetstudie im Rahmen des Projekts „Qualifikationsanforderungen in Frauenprojekten" an der Fachhochschule Frankfurt (unveröff.)

Kramer, Nicole/Menzel, Birgit/Möller, Birgit/Standhartinger, Angela (Hg.) (1994): Sei wie das Veilchen im Moose... Aspekte feministischer Ethik. Frankfurt; Fischer Verlag

List, Elisabeth (1993): Die Präsenz des Anderen. Frankfurt; Suhrkamp Verlag

List, Elisabeth/Studer, Herlinde (Hg.) (1989): Denkverhältnisse – Feminismus und Kritik. Frankfurt; Suhrkamp Verlag

Lorenzer, Alfred (1970): Sprachzerstörung und Rekonstruktion. Frankfurt; Suhrkamp Verlag

– (1986): Zur März Konferenz im Hamburger Institut für Sozialforschung „Konformismus". In: Journal 14, Psychoanalytisches Seminar Zürich

MacKinnon, Catherine A. (1989): Feminismus, Marxismus, Methode und der Staat: Ein Theorieprogramm. In: Elisabeth List/Herlinde Studer (Hg.) a.a.O.

Marcuse, Herbert (1975): Marxismus und Feminismus. In: Ders., Zeitmessungen. Frankfurt; Suhrkamp Verlag

Meyer, Birgit (1992): Die „unpolitische" Frau. Politische Partizipation von Frauen oder: Haben Frauen ein anderes Verständnis von Politik? In: Aus Politik und Zeitgeschichte, B 25-26

– (1994): Ist das Projekt der Frauensolidarität gescheitert? In: Ilse Modelmog/Ulrike Gräßel (Hg.): Konkurrenz und Kooperation – Frauen im Zwiespalt? Münster, Hamburg; Lit Verlag

Metzger, Martha (1993): Workshop: Frauenprojekte – Institutionen, Beziehungen zwischen Autonomie und Abhängigkeit. In: Frauen Beratung Wien (Hg.) a.a.O.

Möller, Carola/Fröse, Marlies (1993): Der Staat reicht die Scheidung ein. In: Beiträge zur feministischen Theorie und Praxis 35

Müller, Burkhard (1994): Sozialpädagogisches Können, Freiburg; Lambertus Verlag

Muriel, Lucia (1993): Die weiße Mauer hat ein Hüben und Drüben, über die Notwendigkeit antirassistischer Strukturen in den Frauenprojekten. In: Renate Rieger (Hg.) a.a.O.

Nave-Herz, Rosemarie (1993): Die Geschichte der Frauenbewegung in Deutschland. Hannover; Niedersächsische Landeszentrale für politische Bildung

Nestmann, Frank/Schmerl, Christiane (Hg.) (1991): Frauen – das hilfreiche Geschlecht. Reinbek; rororo

Nunner-Winkler, Gertrud (1991): Die These von den zwei Moralen. In: Dies. (Hg.): Weibliche Moral. Die Kontroverse um eine geschlechtsspezifische Ethik. Frankfurt, New York; Campus Verlag

Oberhoff, Bernd (1994): Der frühkindliche Symbiose-Separationsprozeß in seiner Bedeutung für ein Konzept kreativen Lernens in der Supervision. In: Supervision 25

Ostner, Ilona (1986): Weiblichkeit als Beruf. In: Sozial Extra, Okt.

– (1991): „Weibliches Arbeitsvermögen" und soziale Differenzierung. In: Leviathan 2

– (1993): Interessen und Akteure im Sozial- und Gesundheitsbereich. Neue Wege der Institutionalisierung von Fraueneinfluß in einem Frauenarbeitsbereich. In: Soziale Berufe in der Krise, Aufwertung und Berufsperspektiven, Fachtagung der Senatsverwaltung für Arbeit und Frauen Berlin, Hrsg. von der Senatsverwaltung für Arbeit und Frauen; Broschüre im Selbstverlag

Otto, Hans-Uwe (1991): Sozialarbeit zwischen Routine und Innovation (unter Mitarbeit von: K. Böllert, H. Brönstrup, G. Flösser, G. Hard, A.Wellinger), Berlin, New York; Verlag de Gruyter

Paritätischer Wohlfahrtsverband (1995): „Gefordert ist eine Parteilichkeit für Mädchen und junge Frauen" – Positionspapier zur Mädchenarbeit. In: Blätter der Wohlfahrtspflege 4

Polzin, Gisela (1992): Von der Selbsthilfegruppe zur Institution, zur Veränderung des Selbsthilfegedankens bei Wildwasser Berlin-West in der Zeit von 1984 bis 1987. In: Namenlos, Schriftenreihe zur Selbsthilfe für Mädchen, Frauen, Lesben gegen sexuelle Gewalt 1/2; Vertrieb: Wildwasser Darmstadt

Pühl, Harald (1989): Alternativprojekte: Der Kollektivmythos als Chef. In: Supervision 15

Prokop, Ulrike (1994): Einige Überlegungen zum Thema Entwicklung weiblicher Identität. In: Margrit Brückner/Birgit Meyer (Hg.): Die sichtbare Frau, Freiburg; Kore Verlag

Rabe-Kleberg, Ursula (1993a): Verantwortlichkeit und Macht, Bielefeld; Kleine Verlag

– (1993b): Normalisierung und Professionalisierung der Berufe im Sozial-, Erziehungs- und Pflegebereich. In: Soziale Berufe in der Krise, Aufwertung und Berufspersektiven, Fachtagung der Senatsverwaltung für Arbeit und Frauen Berlin, Hrsg. von der Senatsverwaltung für Arbeit und Frauen; Broschüre im Selbstverlag

Racki, Martina (Hg.) (1988): Frauen(t)raum im Männerraum: Selbstverwaltung aus Frauensicht, München; AG SPAK Publikationen

Rieger, Renate (Hg.) (1993): Der Widerspenstigen Lähmung? Frankfurt, New York; Campus Verlag

Rieger, Renate (1993): Frauenprojekte in Ostberlin. In: Dies. (Hg.) a.a.O.

Rohde-Dachser, Christa (1991): Expedition in den dunklen Kontinent, Berlin, Heidelberg, New York; Springer

Rohde-Dachser, Christa/Menge-Herrmann, Karin (1995): Weibliche Aggression aus psychoanalytischer Sicht. In: Hamburger Arbeitskreis für Psychoanalyse und Feminismus (Hg.): Evas Biss. Weibliche Aggressivität und ihr Wirken. Freiburg; Kore Verlag

Rogers, Carl (1972): Die nichtdirektive Beratung. München; Kindler Verlag

Rommelspacher, Birgit (1987): Mütterlichkeit und Professionalität: In: Dies. (Hg.): Weibliche Beziehungsmuster. Frankfurt/New York, Campus Verlag

– (1992): Mitmenschlichkeit und Unterwerfung. Frankfurt, New York; Campus Verlag

Rundbrief des Arbeitskreises „Politik und Geschlecht" in der Deutschen Vereinigung für Politische Wissenschaft (1995), 4. Jg., Nr. 8

Runge, Brigitte (1992): Frauen-Selbsthilfe und Frauen-Projekte. In: Christel Faber/Traute Meyer (Hg.): Unterm neuen Kleid der Freiheit das Korsett der Einheit, Berlin; Edition sigma

Sellach, Brigitte (1993): Die Zukunft der Frauenprojektepolitik. In: Beiträge zur feministischen Theorie und Praxis 35

Scheffler, Sabine (1989): Supervision in selbstorganisierten Projektgruppen. In: Zeitschrift für integrative Therapie 3/4

– (1993): Wer ist denn nun das schönste Aschenputtel? Zur Stabilität und Institutionalisierung der Frauenprojektarbeit. In: Frauen Beratung Wien (Hg.) a.a.O.

Schmidbauer, Wolfgang (1980): Alles oder Nichts. Reinbek; Rowohlt Verlag

Schuijt, Lenette (1995): Frauen organisieren, Weinheim, Basel; Beltz Verlag

Schütze, Fritz (1983): Biographieforschung und narratives Interview. In: Neue Praxis, 3

Sichtermann, Marie (1992): Die Suche nach dem Glück in Frauenprojekten. In: Kofra 56; Hg. Kommunikationszentrum für Frauen zur Arbeits- und Lebenssituation e.V. München

– (1993): Zur Notwendigkeit einer kreativen Streitkultur in der Frauenbewegung. In: Frauen Beratung Wien (Hg.) a.a.O.

Sichtermann, Marie/Siegel, Brigitte (1993): Das Chaos ist weiblich, Organisationsentwicklung in Frauenprojekten. In: Renate Rieger (Hg.) a.a.O.

Smaus, Gerlinda (1994): Physische Gewalt und die Macht des Patriarchats. In: Kriminologisches Journal H.2

Sprock, Kerstin (1995): „Da sind wir eben unterschiedlich...". In: Beiträge zur feministischen Theorie und Praxis 39

Stiegler, Barbara (1994): Berufe brauchen kein Geschlecht, Zur Aufwertung sozialer Kompetenzen in Dienstleistungsberufen, Hrsg. vom Forschungsinstitut der Friedrich-Ebert-Stiftung, Broschüre im Selbstverlag

Teckentrup, Gabriele (1995): Einige Gedanken zum weiblichen Trotz. In: Hamburger Arbeitskreis für Psychoanalyse und Feminismus (Hg.): Evas Biss. Weibliche Aggressivität und ihr Wirken, Freiburg; Kore Verlag

Teubner, U./Becker, J./Steinhage, R. (1983): Untersuchung „Vergewaltigung als soziales Problem – Notruf und Beratung für vergewaltigte Frauen, Schriftenreihe des BMJFG, Stuttgart; Kohlhammer Verlag

Thürmer-Rohr, Christina (1987): Vagabundinnen, Berlin; Orlanda Verlag

Thürmer-Rohr, Christina u.a. (1993): Modellprojekt Beratungsstelle und Zufluchtswohnung für sexuell mißbrauchte Mädchen von „Wildwasser" AG gegen sexuellen Mißbrauch e.V. Berlin, Schriftenreihe des BMJFG, Stuttgart; Kohlhammer Verlag

Trescher, Hans-Georg (1992): Studium im Praxisbezug. Praxisbezug in der Lehre psychoanalytischer Pädagogik. In: K.A. Chassé/Anke Drygala/Anne Schmidt-Noerr (Hg.): Randgruppen 2000, Bielefeld; KT-Verlag

Uhlmann, Edda (1995): Die Zerstörung des Begehrens unter Frauen. In: Hamburger Arbeitskreis für Psychoanalyse und Feminismus (Hg.): Evas Biss. Weibliche Aggressivität und ihr Wirken. Freiburg; Kore Verlag

Verein Sozialwissenschaftliche Forschung und Bildung für Frauen -SFBF- (Hg.) (1990): Über weibliches Begehren und sexuelle Differenz, Autonome Frauenbildungsarbeit am Beispiel der Frankfurter Frauenschule, Materialienband 7. Frankfurt; Selbstverlag

Vogt, Irmgard (1992a): Projekt: Qualifikationsanforderungen in Frauenprojekten – Bericht über das Untersuchungsdesign, im Rahmen der Studie „Qualifikationsanforderungen/Arbeitsprofile in Frauenprojekten" an der Fachhochschule Frankfurt (unveröff. Manuskript)

– (1992b): Auswertung der Interviews, im Rahmen der Studie „Qualifikationsanforderungen/Arbeitsprofile in Frauenprojekten" an der Fachhochschule Frankfurt (unveröff. Manuskript)

Volhard, Cornelia (1992): Die Gruppe,in: Margrit Brückner (Hg.): Frauen und Sozialmanagement, Freiburg; Lambertus Verlag

Wellendorf, Franz (1986): Supervision als Institutionsanalyse. In: Harald Pühl, Wolfgang Schmidbauer (Hg.): Supervision und Psychoanalyse, München; Kösel Verlag

Windaus-Walser, Karin (1988): Die Fährte „Mann". In: Pro Familia Magazin 3

Winnicott, D.W. (1979): Vom Spiel zur Kreativität. Stuttgart; Klett Cotta Verlag

Wohlatz, Sonja (1993): Workshop: Multikulturelle Gesellschaft und interkulturelle Zusammenarbeit von Frauen. In: Frauen Beratung Wien (Hg.) a.a.O.

Wülffing, Gisela (1994): Die öffentliche Frau – ein vertrautes oder fremdartiges Zauberwesen? In: Margrit Brückner/Birgit Meyer (Hg.): Die sichtbare Frau, Freiburg; Kore Verlag

Wulf, Ortrud (1994): Chance oder Sackgasse? Sozial Extra 12

Zehn Jahre Frauenhaus Hochtaunus (1995), Hg. von Frauen helfen Frauen e.V. Hochaunuskreis, Text Petra Hartmann und Mitarbeiterinnen; Selbstverlag

# Anhang: Untersuchungsinstrumente

1. Sachfragebogen
2. Interviewleitfaden
3. Bogen zur teilnehmenden Beobachtung
4. Zeitbudgetraster

## Sachfragebogen

Projekt:
Interviewpartnerin:
Datum:

Daten zum Projekt:

1. Träger:
   Gründungsjahr:
   Arbeitsaufnahme:
2. Projektbeschreibung (Lage, Räumlichkeiten)

3. Zielgruppe:

4. Arbeitsbereiche:

5. Finanzierung:
   ☐ Spenden
   ☐ Bußgelder
   ☐ Vereinsbeiträge
   ☐ öffentliche Gelder          ☐ Stadt / Kommune
                                             ☐ Land
                                             ☐ Bund
                                             ☐ Arbeitsamt
   ☐ Kursgebühren / Teilnahmebeiträge
   ☐ andere

6. Mitarbeiterinnen
   Anzahl:
   Bezahlung:
   Ausbildung:

7. Organisationsstrukturen:

8. Entscheidungsgremien:

9. Zusammenschlüsse:

10. Mitgliedschaft in Organisationen:

Bemerkungen:

## Interviewleitfaden:

Vorstellung des Projekts:
Es geht darum, das „Andere" der Arbeit in Frauenprojekten herauszuarbeiten. Dazu sollen unsere Untersuchungen einen Beitrag leisten.
Wie bei den anderen Untersuchungsverfahren, so garantieren wir Dir auch in diesem Teil Anonymität. Das Interview hat zwei Teile, einen, wo ich Dich bitte zu erzählen und einen, wo ich Dir Fragen stelle. Wenn Dir eine Frage zu viel wird, kannst Du sie einfach unbeantwortet lassen.

### I. NARRATIVER TEIL
Einstiegsfrage:
Damit ich mir ein Bild von Deiner Arbeit hier machen kann, ist es vielleicht am besten, wenn Du mir beschreibst, wie Dein Tagesablauf hier ist und welche Arbeiten dabei anfallen.
(Der Einstieg entspricht im Vorgehen dem narrativen Interview, d.h. die Gesprächspartnerin hört einfach nur zu. Geplante Dauer: 30 bis 45 Minuten. Anschließend folgen Nachfragen.)

### II. LEITFADEN-INTERVIEW
Wenn Du findest, daß Du die eine oder andere Frage im I. Teil schon beantwortet hast, dann sag das bitte.

*Der individuelle Arbeitsplatz*

1.  Wann fängst Du gewöhnlich mit Deiner Arbeit hier an? Und wann hörst Du auf?
2.  Was ist aus Deiner Sicht der Schwerpunkt Deiner Arbeit?
3.  Mit welchen Methoden arbeitest Du gewöhnlich? Machst Du mehr Einzelarbeit oder mehr Gruppenarbeit und wie gehst Du dabei vor?
4.  Welche anderen Arbeiten fallen noch bei Dir an?

*Expertise*

5.  Gibt es bei Euch Expertinnen für bestimmte Arbeiten? Und wofür bist Du die Expertin? Woher hast Du Deine Kenntnisse und Dein Wissen als Expertin?
6.  Wie ist das, hat die Arbeit, die Du hier machst in manchen Punkten Ähnlichkeit mit der Arbeit von Hausfrauen?
7.  Wie gehst Du damit um, wenn Du mitten in einer Arbeit noch schnell was anderes erledigen sollst, wie machst Du das? Und wie kommst Du damit zurecht? Welches Gefühl hast Du, wenn immer etwas dazwischen kommt und wenn Du mit dem, was Du Dir vorgenommen hast, nicht vom Fleck kommst?

*Das Team*

8.  Wer hat wem was zu sagen?
9.  Wie regelt Ihr Konflikte untereinander?

10. Gibt es bei Euch eine Diskussion darüber, wie Ihr mit Machtansprüchen und Machtbedürfnissen umgehen könnt?
11. Gibt es bei Euch im Projekt hierarchische Strukturen?

### Die Mädchen/Frauen

12. Wie erlebst Du die Mädchen/Frauen, die hierher kommen?
13. Was brauchen sie am meisten?
14. Gibt es etwas, das Du von den Mädchen/Frauen gelernt hast?
15. Was machst Du, wenn Du Dich hier bei der Arbeit ärgerst, wenn Du sauer wirst über Mädchen/Frauen hier?

### Nähe/Distanz

16. Gibt es bei Euch eine Diskussion darüber, wieweit Ihr private Beziehungen zwischen Euch eingeht? Ist das ein Problem in Eurem Projekt? Und wie gehst Du damit um: Hast Du Freundinnen, die noch hier sind oder die früher hier waren?
17. Und wie eng sind Deine Beziehungen zu Deinen Kolleginnen? Seid Ihr auch außerhalb der Arbeit viel zusammen?

### Das Andere

18. Welche Rolle spielt die Betroffenheit bei Euch im Projekt? Wie gehst Du mit Deiner eigenen Betroffenheit um? Hast Du manchmal Schwierigkeiten, Dich vom Schicksal Deiner Klientinnen zu distanzieren (Beispiel/konkreter Fall)?
19. Was heißt für Dich Ganzheitlichkeit? Wie kannst Du das in der konkreten Arbeit umsetzen?
20. Wie fließt Parteilichkeit in die Arbeit ein?
21. Wie ist das bei Euch: hat jede von Euch einen „persönlichen Arbeitsstil"?
22. Welche Qualifikationen sollten Kolleginnen mitbringen, wenn sie hier arbeiten wollen? Was sollten sie können, wo sollten sie ihre Stärken liegen?
23. Kannst Du bitte kurz den politischen Anspruch Eures Projektes beschreiben? Gibt es dazu eine Auseinandersetzung unter Euch Frauen?

### Projektstruktur

24. Wie siehst Du das: sind die Projektstrukturen hilfreich für Deine Arbeit oder gibt es auch einiges, was Dich eher behindert?
25. Welche Bedeutung meßt Ihr der Teamarbeit bei? Welchen Raum nimmt das Team ein?
26. Wie macht Ihr das mit der Öffentlichkeitsarbeit? Wer organisiert sie und wer vertritt den Verein nach außen?

### Schluß

Fällt Dir noch etwas ein, was Dir wichtig ist, was Du mir noch sagen möchtest?

Vielen Dank für Dein Interesse an unserem Projekt und Deine Mitarbeit.

*Bogen zur teilnehmenden Beobachtung*

| Zeitspalte | A - Beobachtung | B - persönliche Eindrücke | |
|---|---|---|---|
| 1 | | | |
| 2 | | | |
| 3 | | | |
| 4 | | | |
| 5 | | | |
| 6 | | | |
| 7 | | | |
| 8 | | | |
| 9 | | | |
| 10 | | | |
| 11 | | | |
| 12 | | | |
| 13 | | | |
| 14 | | | |
| 15 | | | |
| 16 | | | |
| 17 | | | |
| 18 | | | |
| 19 | | | |
| 20 | | | |
| 21 | | | |

*Zeitbudgetraster*

| Zeit | | Tätigkeit | | Interaktionspartnerinnen | Ort | Kommentare |
|---|---|---|---|---|---|---|
| Uhrzeit | Dauer | Geplante Tätigkeit | Ungeplante Tätigkeit | Mit wem? | | |
| | | | | | | |
| | | | | | | |
| | | | | | | |
| | | | | | | |
| | | | | | | |
| | | | | | | |
| | | | | | | |
| | | | | | | |